守护石窟

石窟人诉说石窟保护的奉献与情怀

王金华 郭桂香 编著

上海古籍出版社

本书的出版获得以下单位资助

敦煌研究院
陕西省文化遗产研究院
大足石刻研究院
陕西省文物保护研究院砖石文物保护科研基地
广西鼎之晟园林古建筑工程有限公司

谨致谢忱

追寻点滴故事　倾听大家言谈

• 守护石窟：石窟守护人诉说石窟保护的奉献与情怀

作者：王金华　郭桂香　编著

本书是由复旦大学牵头发起，王金华教授和郭桂香编审组织成立采访组，联合敦煌石窟、大足石刻、云冈石窟、龙门石窟、麦积山石窟等共同实施中国石窟保护七十年口述史计划的结晶。此计划的实施殊为难得，被访人多已80、90高龄，是与共和国共命运的一代人。从他们的口述中，不仅能够了解新中国成立后石窟保护70年的发展历程，还能从不同视角体味70年间重要的石窟保护工程，如敦煌莫高窟崖面挡墙支护工程、云冈石窟"三年"抢险加固工程、麦积山石窟"喷锚支护"加固工程、龙门石窟奉先寺加固工程及潜溪寺石窟治水工程、大足石刻治水工程（136窟及卧佛治水工程）、敦煌莫高窟第85窟国际合作壁画保护工程等工程背后的点滴故事。这项口述史计划，既是向中华人民共和国70周年华诞献礼，向为石窟保护、研究、弘扬等作出贡献的所有人们致敬，同时也是石窟保护重要的当代口述史料的记录和整理，是对老一辈石窟人的纪念。

• 考古学人访谈录 I

作者：王巍　主编；
　　　乔玉　执行主编
定价：45.00

• 追迹：考古学人访谈录 II

作者：王巍　主编；
　　　乔玉　执行主编
定价：58.00

• 问学之路：考古学人访谈录 III

作者：王巍　主编；
　　　乔玉　执行主编
定价：68.00

● **外国考古学研究译丛（5种）**

- **国家与文明的起源：文化演进的过程**

  文明与国家起源理论的必读经典，回望今天"国家"与"文明"的"原貌"

  作者：［美］埃尔曼·塞维斯　著

  译者：龚辛、郭璐莎、陈力子　译，陈淳　审校

  定价：98.00

- **圭拉那魁兹：墨西哥瓦哈卡的古代期觅食与早期农业**

  农业的起源，如同在漆黑的一片星空中发现了一颗明亮的星星

  作者：肯特·弗兰纳利　主编

  译者：陈淳、陈虹、董惟妙、董宁宁、殷敏、韩婧、潘艳

  定价：148.00

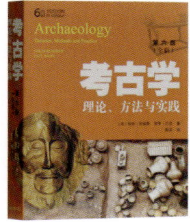

- **考古学：理论、方法与实践**

  近二十多年风靡全球、极具影响力的考古学教科书

  作者：［英］科林·伦福儒，保罗·巴恩　著

  译者：陈淳

  定价：268.00

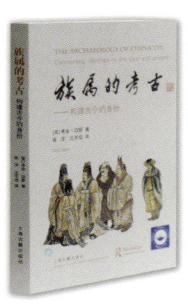

- **族属的考古：构建古今的身份**

  用考古材料追溯民族历史，构建古今身份

  作者：［英］希安·琼斯　著

  译者：陈淳　沈辛成

  定价：68.00

- **聚落与历史重建：秘鲁维鲁河谷的史前聚落形态**

  考古学史上里程碑式的著作，难以超越的考古学经典

  作者：［美］希安·琼斯　著

  译者：谢银玲、曹小燕、黄家豪、李雅淳　译，陈淳　审校

  定价：128.00

石窟寺保护七十年启动大会

余鸣谦先生为采访活动题字

黄克忠先生和马家郁先生在大足136窟讲述当年的修复故事

敦煌莫高窟治沙工程采访现场

采访组与樊锦诗先生合影

采访组与李最雄先生合影

采访组与王旭东院长合影

采访组与郭相颖先生合影

采访组与黄克忠、解廷凡先生合影

采访组与刘景龙先生合影

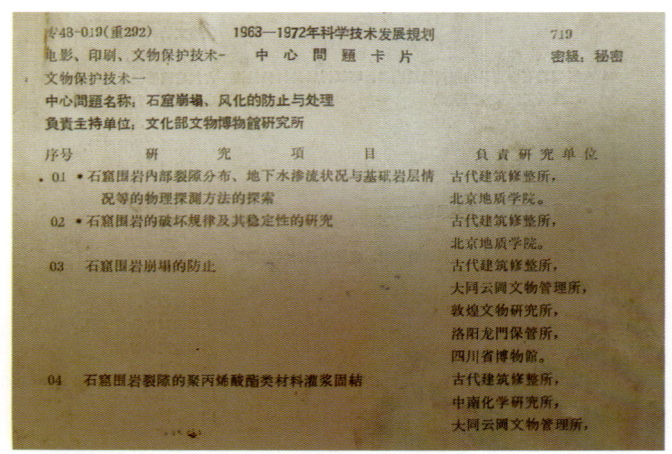

1963 年至 1972 年科学技术发展规划——石窟寺保护研究计划

1978 年大同云冈文物保管所获全国科学大会奖

向中华人民共和国七十周年华诞献礼！

向为中国石窟保护工作作出卓越贡献的人们致敬！

序 一

石窟寺是古代"丝绸之路"上最具代表性的文化遗产，其形成和发展与古代"丝绸之路"关联密切。据不完全统计，我国现存各种石窟寺遗址超万处，主要分布在古代"丝绸之路"的沿线，由西向东渐次展开，并延及中原和南方地区，就像一串璀璨的珍珠镶嵌在古代"丝绸之路"上。石窟寺是最具代表性的佛教文化遗产，其形制、内容及艺术表现形式的演变反映了古印度佛教中国化的进程，是佛教中国化的一个具象表现与实物见证。中国石窟寺具有丰富且深厚的艺术与科学价值，成为迄今可见的中国古代绘画、雕塑、建筑等艺术的滥觞，以及研究中国古代历史文化的宝库，同时也是丝绸之路上的多民族、多文明交融互通的历史见证。作为文化遗产，石窟寺的加固、渗水病害的治理、风化病害的防治、生物病害以及沙害的治理等保护工作，涉及地质学、岩体力学、土木工程学、环境学、生物学、探测技术等多个学科领域，因而最具全面性和挑战性。与古遗址、古建筑、古墓葬等其他文化遗产类型相比，石窟寺以其传承脉络清晰，文化内涵相近，内容关联密切，保护体系健全，堪为体系最完整的文化遗产类型。

回顾 1949 年新中国建立后 70 年间的石窟保护工作，十分重要的一个特点是：石窟保护一直是我国文化遗产保护的重点领域之一，无论是保护工作的规模，还是保护理念、原则、技术的不断进步，都对我国文化遗产保护工作产生了重要的推动作用，为我国文物保护事业作出了重大贡献，成为我国文化遗产保护的典型和代表。而且石窟保护更具国际性，在我国文化遗产保护国际交流与合作中发挥了重要作用。目前，以敦煌石窟为代表的"十位一体"保护利用成果，形成了"中国特色，敦煌经验"文化遗产保护利用模式，在国内外形成了重大影响，引领了我国石窟保护以及我国文化遗产保护事业的发展。

2019年8月19日，习近平总书记视察了敦煌莫高窟并与专家学者座谈。习总书记强调，研究和弘扬敦煌文化，既要深入挖掘敦煌文化和历史遗存蕴含的哲学思想、人文精神、价值理念、道德规范等，更要揭示蕴含其中的中华民族的文化精神和文化胸怀，不断坚定文化自信。新中国成立70年来，以敦煌莫高窟为代表的我国石窟寺的几代保护者、研究者，不忘初心、筚路蓝缕，将毕生的精力和心血投入到石窟寺的保护事业中。在他们的共同努力下，不但产生了举世瞩目的保护研究成果，而且形成了以坚守、奉献、担当、创新为核心价值的精神财富。这一精神财富是中华民族文化精神和文化胸怀的最好诠释，是文化自信的集中体现，是需要所有石窟寺人和所有文物保护工作者都来学习传承的。我国已进入中国特色社会主义建设新时代，"走出一条符合中国特色的文物保护利用之路"，是新时代赋予当代文物工作者新的使命，我国文化遗产保护工作也由抢救性保护向预防性保护与抢救性保护并重转变，总结我国70年石窟保护工作经验，有所作为，有所突破，推动我国石窟保护研究工作与时俱进，更是当代石窟人责无旁贷的时代使命。

由复旦大学王金华教授牵头筹划，联合敦煌石窟、大足石刻、云冈石窟、龙门石窟、麦积山石窟等世界文化遗产地，以及陕西省文化遗产研究院、陕西省文物保护研究院、暴风影像等单位，编辑出版中国石窟保护70年口述史——《守护石窟》一书。本书以保护者亲历的实践为素材，记录了中华人民共和国成立以来石窟保护的发展历程，总结、凝炼了70年间我国石窟寺文物保护工作的经验与成果，专业性与通俗性相结合，内容丰富、材料真实，是一部可信、可读、可考的口述史。本书通过与共和国共同成长的老一辈石窟人口述的方式，把自己记忆中的人物、故事等描述出来，把他们的人生与中国石窟保护工作千丝万缕的关系梳理出来，讲述了各自在石窟保护中的亲身经历和情怀，同时把他们的喜怒哀乐与历经千年的石窟进行对话，令人感怀、感动。这将是一部带着泥土清香、人文温度的著作。该书的出版，对于传播石窟文化价值，展示石窟文物保护的理念、实践创新与学术成就，彰显石窟保护者的智慧，是一件具有重要意义的事情，希望本书成为中国石窟保护史最为生动、直接、宝贵的资料。

今年是中华人民共和国成立70周年，本书的出版不仅为中国文化遗产保护事业留下了一份珍贵记忆，也为共和国的华诞献上了一份有特殊意义的礼物。

最后，请允许我向为本书付出辛勤劳动的所有同志表示衷心感谢！向为中国文化遗产保护事业作出贡献的一代代工作者致以崇高的敬意！

中国文物保护基金会理事长　励小捷
2019年9月于北京

序 二

随着佛教东传，石窟寺及其建筑、雕塑艺术沿着丝绸之路，由西向东传播到了中国内地。佛教石窟寺是对地面寺院的模仿，在一千多年佛教中国化的过程中，中国石窟寺也不断与当地文化传统和审美情趣相融合，形成了富有中国特色和风格的石窟类型。

石窟寺以建筑的形式，将历史和生活艺术保存下来，将科学技术的发展直观地诠释给公众，将中华民族以人为本、向善向上的生活理念，敢于斗争、敢于拼搏、敢于胜利、生生不息的创造精神，求同存异、和而不同、海纳百川的开放精神，传递给我们。每一座石窟寺，都是一座不可移动的博物馆，是一处公共文化的科普长廊，是一个百科全书式的档案馆，不仅是中华民族优秀的物质文化艺术宝库，也是国家的金色文化名片，更是国际对话的文化大使。

所以，今天人们可以从各个角度欣赏它、审视它、研究它，并从中汲取智慧的灵感，它推动了科学技术的创新发展，创造了具有时代精神和品质的特色文化，满足了公众对美好生活的需求。而这一切都需要建立在物质存在的基础之上，这就需要我们科学、妥善地保护好石窟寺。

然而，中国的石窟寺经千百年来自然营力的破坏，早已破败劣化，疾病缠身。失稳、水害、风化，至今仍是它面临的三大难题。

石窟寺是岩土上的建筑艺术，它的保护与治理涉及工程、地质、化学、历史、艺术等诸多学科，是一项长期的艰巨任务，需要树立正确的文物保护理念，不断深入地认知、挖掘其价值，需要严格执行文物保护的原则，并以自然科学与人文科学相结合的手段来支撑。

　　石窟保护一直是我国文化遗产保护的重点领域之一。在过去的70年里，中国石窟寺的科学保护经历了从无到有的过程。无论是保护工作的规模，还是保护理念、原则、技术，都对我国文化遗产保护工作起到了推动作用。一些石窟保护工作的开展更是提升了我国文化遗产保护事业的发展水平，具有典型性和代表性。国家文物局首批三家重点科研基地之一，便是依托敦煌研究院设立的古代壁画保护科研基地；首家也是截至目前唯一一家文化遗产类国家工程中心，也落户于敦煌莫高窟。石窟保护成就基本上代表了我国文物保护工作的发展水平。

　　支撑这项事业的，则是一个优秀群体长期的默默奉献。祖国的需要就是他们的志愿。他们常年与大山、荒漠和绝壁相伴，不忘初心，坚守不悔。新中国成立初期，他们在极其艰苦的条件下守护着石窟，摸索着开展研究，他们组建科研队伍，研发保护材料，培养复合型人才。他们穿梭于大大小小的石窟之间，足迹遍及天南地北的悬崖绝壁，他们用思想和行动、理论和实践，抒写了保护石窟文物、弘扬中华优秀传统文化的最美篇章。《守护石窟》中的讲述人，就是这个优秀群体的典型代表。他们中，有中国石窟保护工作筚路蓝缕的开创者、引路人，有不畏艰难、致力于中国石窟寺科学保护的探索者，有一生奋斗在石窟保护第一线的大国工匠，还有依法行政、敢于斗争，以匠心呵护石窟文物、弘扬文化的管理者。他们的故事，是那样平实质朴，却是发自内心，源自行动，读来感人肺腑，顿生敬仰。

　　复旦大学王金华教授组织这样一个访谈活动极富意义，通过视频访谈，请前辈们讲述亲历的石窟保护人生，以口述的形式，将他们孜孜求索，研究、保护石窟的历史记录下来，将他们敢于担当、默默奉献的精神传承下来。这本书，自带历史的温度，情感细腻。通过口述人的一呼一吸，我们清晰地感受到他们保护石窟、弘扬文化的情怀，也热切地感受到新中国成立70年来石窟保护波澜壮阔的发展历史。

经过70年的探索与发展，我国石窟保护工作成绩显著，也面临着多方面的挑战。在"五位一体"发展理念下，石窟寺文化的保护、传承、利用也成为新时代的新课题。在石窟保护由抢救性保护向预防性与抢救性并重转变，和由本体保护为主向本体保护与周边环境保护并重转变的新形势下，在突破既有关键技术的基础上，进一步深化多学科的融合，加强石窟寺的价值发掘，优化系统解决方案，提高保护与弘扬效果，推动我国石窟保护工作以及我国文化遗产保护工作取得更大进步，是我们新一代石窟人的时代使命。在此，希望更多的有识之士加入进来，为文物保护、中国特色社会主义文化建设献计献策，为中华民族的伟大复兴添砖加瓦。

中国科学院院士
中国岩石力学与工程学会理事长

2019年9月

王旭东	敦煌，二十八年的相伴与相知 171
赵声良	敦煌，此心安处是吾乡 195
张锦秀	我经历的八年麦积山石窟维修加固工程 213
蒲成生	麦积山石窟，我参与的曲折波澜的加固工程 233
马家郁	因《十年规划》结下的一辈子石窟情缘 245
郭相颖	大足石刻，值得一生奉献的事业 267
陈明光	共产党人的生命是奉献 299
邓之金	大足石刻初期的保护 309
黎方银	我与大足石刻，无悔几十年的好时光 313

目录

励小捷　序一　1

何满潮　序二　1

王金华　前言：中国石窟保护七十年历程　1

余鸣谦　三十余年奔走石窟的片断记忆　1

黄克忠　心系石窟：经历六十年的思与行　11

陆寿麟　文物修复的现代性在于保护文物价值　37

贾瑞广　石窟保护实践最重要　47

樊锦诗　择一事，终一生　65

李最雄　敦煌，我终身挚爱的家园　81

李云鹤　「面壁」六十余年乐在其中　119

孙儒僩　我与敦煌的情与缘　141

方 云	地质学是石窟保护的基础 335
刘景龙	一朝入龙门从此无二心 345
陈进良	我所经历的石窟保护 365
余江宁	保护固态 传承活态 发展业态 377
解廷凡	要对得起国家的培养 391
唐 贵	云冈石窟三年工程改变了我的一生 401
张 焯	为下一代守护好历史 409
王 恒	能为云冈石窟做些工作很快乐 423
王金华	后记一 430
郭桂香	后记二 436

前言：中国石窟保护七十年历程

王金华

石窟寺是我国十分重要的文化遗产类型，因其规模之大、分布之广、体系之完整，在我国文化遗产中占有重要的地位，在世界文化遗产中也是独具中国特色的文化遗产类型：（1）我国石窟寺是传承脉络最为清晰、关联性最为密切、体系最为完整的历史文物遗存。其以佛教为主线，沿丝绸之路由西向东、向南分布，时代及传播脉络清晰。其规制相似，文化内涵相同，并自成体系。与古建筑、古遗址、古墓葬等文物类别相比，其历史文化传承体系最完整。（2）我国石窟寺是分布广泛、规模最大的文物类别。根据现有考古资料，我国有各种级别的石窟寺及摩崖造像群超万座，如果按单个窟、龛核计，将有几十万处，而且在全国各地均有分布。（3）我国石窟寺是内容最为丰富的文物类型。石窟寺包括古建筑、古遗址、洞窟构筑物、壁画、彩塑、石雕像、题刻、题记等，内容丰富多彩。（4）我国石窟寺是真实性、完整性保存最好的文物类别。尽管石窟寺原有寺庙建筑以及环境遭到了严重损毁，但现存石窟寺遗址的构筑物、石雕像、壁画、彩塑等内容，基本保持了建造时期的状态，保存的内容真实性及完整性相对最好。（5）我国石窟寺是人工构筑物与自然地质体相结合的文化景观。古人在选择石窟寺雕凿地点时，大多选择在风光旖旎、景观独特的地点，或水流潺潺的河流阶地地貌，或山岭峻峭的沟谷地貌景观，既具有人为建造、艺术创作的特点，又具有自然地质体的构造、结构特征。与古代建筑等其他文物类型，以及欧洲石质文物相比，我国石窟寺具有别具一格的文化景观独特性。

纵观我国石窟保护70年的发展历程，石窟保护一直是我国文化遗产保护的重点领域之一，石窟保护工作基本上代表了我国文物保护工作的发展历程和发展水平：（1）保护理念在实践中逐渐完善和成熟。石窟保护技术经历了从早期的简易型除险支撑、抢险工作，到与土木工程学、地质学、岩土工程学、材料学等学科相结合，再到与现代多学科合作的全面保护、综合性保护，再到今天理论和技术逐步成熟的抢救性保护、预防性保护相结合的过程，在保护实践中，将我国传统的保护理念与国际文物保护理念相融合，逐步发展并完善，取得了一大批成果，且形成了具有中国特色的文化遗产保护思想和理念。（2）多学科融合的保护科技支撑模式和技术体系基本成熟。在70年的探索与发展中，我国石窟保护形成了"重视前期试验成果支撑，科学研究贯彻保护过程，动态设计和实施"的工作模式，并将考古学、美术学、建筑学、地质学、工程学、材料学、化学、物理学等多个学科融合为一体的综合性保护科学，同时在保护工作的精细化、精准化探测和少干预实施等方面形成了比较成熟的技术体系。（3）在我国文物保护历程中，一些重大石窟寺保护工作及其成果具有典型性和代表性，对我国文化遗产保护工作起到了推动作用，提升了我国文化遗产保护事业的发展水平。20世纪60年代初期云冈石窟的保护，开启了我国文物科技保护工作的新纪元；诸如敦煌石窟"三年工程（1963—1966）"和云冈石窟"三年工程（1973—1976）"，国家主导、重点支持的重大文物保护工程模式对我国文物保护工作产生了重大影响；在大足石刻探索式保护中形成的日常维护与预防性保护为主体的保护模式，逐渐得以推广；敦煌石窟与美国、日本等国际机构合作开展的85窟壁画国际合作保护模式，则是我国文化遗产保护在国际合作交流中的成功示范。（4）"中国特色，敦煌经验"的文化遗产保护模式，在国内外形成了重大影响。敦煌石窟在保护研究实践中，探索出了符合我国国情、适合敦煌石窟实际的"基于价值完整性的平衡发展质量管理模式"和"十位一体的保护利用模式"，以及"坚守大漠、甘于奉献、勇于担当、开拓进取"的"莫高精神",建立了目前唯一一家文化遗产类国家工程中心——"国家古代壁画保护工程技术研究中心",保护成果走向全国,走向世界,是我国文化遗产保护事业发展的样板。

石窟保护工作的时代特征

20 世纪 40 年代

经有识之士呼吁,石窟寺得到社会关注

1941 年至 1943 年,著名画家张大千赴敦煌莫高窟,对洞窟进行了调查、断代、编号,并对壁画进行描摹,回去后的展览宣传引发了社会的关注。1944 年成立了"国立敦煌艺术研究所",这是我国第一个依托石窟寺建立的文物保护机构。1940 年 1 月 17 日至 21 日,梁思成、刘敦桢、莫宗江、陈明达考察了大足石刻;及 1947 年 4 月 27 日至 5 月 5 日,杨家骆邀当代学者马衡、何遂、顾颉刚、张静秋、朱锦江、冯四知、庄尚严、傅振伦、梅健鹰、雷震、何康、苏鸿恩、程椿蔚、吴显齐等 15 人组成大足石刻考察团考察大足石刻,大足石刻得到了社会的关注。1941 年 5 月 3 日,冯国瑞考察麦积山石窟,首编《麦积山石窟志》;及 1943 年秋王子云任团长的西北艺术文物考察团考察麦积山石窟,首次进行了摄像建档活动,麦积山石窟得到了社会各个方面的关注。类此,40 年代有识之士对石窟寺的考察、研究、呼吁等,为新中国成立后石窟保护工作得到重视并得以顺利开展奠定了基础,我们永远不能忘却他们。

表1　20世纪40年代，对石窟寺具有重要影响意义的考察工作

时　间	石窟	事　件	代表性保护工作
20世纪40年代	敦煌石窟	1941年至1943年，著名画家张大千对洞窟进行了断代、编号和壁画描摹。	清除流沙、修建临时栈道、安装窟门等。1944—1945年，修筑了莫高窟中寺至下寺的保护围墙，处于看护、维护阶段。
		1944年1月1日，成立"国立敦煌艺术研究所"，隶属中央教育部；1945年6月撤销，1946年5月恢复，隶属中央研究院，1948年又隶属中央教育部。	
	麦积山石窟	1941年5月3日，冯国瑞考察麦积山石窟，首编《麦积山石窟志》。	1946年10月至12月，维修东崖卧佛洞到牛儿堂的栈道及修瑞应寺。
		1943年秋，王子云任团长的西北艺术文物考察团考察麦积山石窟，首次进行摄像建档。	
		1944年2月，冯国瑞偕同刘文炳再次赴麦积山石窟考察，编《调查麦积山石窟报告书》。	
		1946年10月至12月，争取部分资金维修；1947年初，冯国瑞联合地方有识之士成立"天水麦积山石窟建修保管委员会"。	
	云冈石窟	1939年至1944年，日本京都东方文化研究所水野清一、长广敏雄等先后7次在云冈石窟拍照、实测、拓印、考古发掘。	云冈石窟的保护得到了社会关注。
		1942年7月1日，成立"大同石佛保存协会"。	
		1949年4月，在云冈设立山西大同县政府驻地。第一次贴出保护云冈石窟重要文物的布告。	
	大足石刻	1940年1月17日至21日，梁思成、刘敦桢、莫宗江、陈明达考察大足石刻。	大足石刻的价值和保护得到了社会的关注。
		1947年4月27日至5月5日，杨家骆邀当代学者马衡、何遂、顾颉刚、张静秋、朱锦江、冯四知、庄尚严、傅振伦、梅健鹰、雷震、何康、苏鸿恩、程椿蔚、吴显齐等15人组成大足石刻考察团考察大足石刻。	

20 世纪 50 年代
艰难困境下的探索前行

新中国成立后的 20 世纪 50 年代，国家加强了石窟寺价值考证、研究和石窟寺保存状况的调查、评估工作，对石窟寺价值重要性的认知得到大幅度提升，为未来国家制定保护管理政策奠定了基础。

50 年代初期，国家百废待兴，但石窟保护工作仍得到国家和社会的重视，重要的石窟寺建立了专门的保护管理机构。比如：1950 年 7 月 1 日，"敦煌艺术研究所"更名为"敦煌文物研究所"；1951 年成立"龙门森林古迹保护委员会"，1953 年更名"龙门文物保管所"；1952 年 11 月成立"四川省大足县石刻保管所"，1953 年更名为大足县文物保管所；1953 年 9 月成立"大同市古迹保养所"，1958 年更名为"山西云冈文物管理所"；1953 年 9 月 1 日成立"麦积山石窟文物管理所"，等等，石窟保护工作开始进入正轨。

50 年代的石窟保护工作以环境整治、日常维护和应急除险为主。由于几百年间缺乏有效的管理，在自然侵蚀作用和人为破坏下，分布在荒野中的石窟寺大多处于岌岌可危的荒芜状态。当时国家社会经济建设刚刚起步，在资金、物质等方面无法给予充足的支持，而面对残破不堪的石窟寺如何进行保护的问题，也缺乏技术支持和理念指导，当时的石窟人并没有等、靠、要，而是以历史责任感和对历史文化的敬畏之心，在实践中探索前行，以确保石窟寺安全为第一原则，对开裂变形、岌岌可危的石窟岩体进行了支护加固、除险，对石窟环境进行了清理、整治，同时针对价值重大、保护形势严峻的石窟寺开展科学的试验性保护研究，为后期保护工作奠定了基础。比如：1951 年

6月，文化部文物事业管理局委派北京大学赵正之、宿白教授，清华大学莫宗江教授以及古代建筑修整所余鸣谦工程师等四位专家，勘察莫高窟保护现状，制定保护规划，对5座唐宋窟檐作了详细勘察测绘，并进行了复原整修；1956年至1958年委派古代建筑修整所专家余鸣谦、杨烈、律鸿年，对第248—260窟约60米长的岩体建造木栈道，并进行石柱支顶加固试验，这是敦煌石窟首个大规模试验项目和加固保护工程。1952年6月至1953年7月，西南军政委员会拨专款1.2万元，兴建大足石刻北山石窟保护性长廊建筑，共设置54开间，建筑总面积约2200平方米，至今保护长廊仍在发挥有效的保护作用；1953年至1959年，对大足石刻宝顶山大佛湾地狱变、父母恩重经变、华严三圣、孔雀明王龛，以及北山大佛湾危险岩体等，进行了加固和整治。

表2　20世纪50年代，国家组织的石窟考察工作及抢救性除险加固工作

时间	石窟	事件	代表性保护工作
20世纪50年代	敦煌石窟	1950年7月1日，敦煌艺术研究所更名为敦煌文物研究所，隶属文化部文物事业管理局；1959年隶属甘肃省文化局。	1956年至1958年第248—260窟加固工程是敦煌石窟首个大规模试验项目和加固保护工程，为后期保护工作提供了经验。这一时期处于试验探索阶段。
		1951年6月，文化部文物事业管理局委派北京大学赵正之、宿白教授，清华大学莫宗江教授以及古代建筑修整所余鸣谦工程师等四位专家勘察莫高窟保护现状，制定保护规划，对5座唐宋窟檐作了详细勘察测绘，并进行了复原整修。	
		1956年，文化部文物事业管理局委派古代建筑修整所专家余鸣谦、杨烈、律鸿年，对莫高窟南区第248—260窟约60米长的岩体以石柱支顶试验加固并建造木栈道。	

续表

时间	石窟	事件	代表性保护工作
20世纪50年代	大足石刻	1952年11月，成立四川省大足县石刻保管所，1953年更名为大足县文物保管所。	1952年6月至1953年7月，兴建北山佛湾南、北段保护性长廊建筑；处于除险加固、环境整治探索阶段。
		1952年6月至1953年7月，西南军政委员会拨专款1.2万元，兴建北山佛湾南、北段保护性长廊建筑，共设置54开间，建筑总面积约2200平方米。	
		1955年8月16日，被四川省人民政府公布为省级文物保护单位。	
		1953年至1959年，对宝顶山大佛湾地狱变、父母恩重经变、华严三圣、孔雀明王龛，以及北山大佛湾危险岩体等，进行加固和整治。	
		1956年，兴建宝顶山转法轮塔八角形、三重檐、木结构楼阁式建筑。	
		1956年，由重庆建筑工程学院设计，在牧牛图东南至圆觉洞口上方，依崖壁地势，兴建一组保护性木结构仿古建筑。	
		1956年，护法神与牧牛图南进出口梯道兴建了一座石拱桥。	
		1956年，万岁楼、观音殿等古建筑进行保护修缮。	
	云冈石窟	1953年9月，成立大同市古迹保养所，管辖云冈石窟，隶属察哈尔省，11月撤销察哈尔省，改为隶属山西省。	修缮保护性建筑及清理石窟前地面，处于看管和环境整治阶段。
		南京工学院刘敦桢、陈从周等（1954年6月），刘开渠率领的古代雕塑考察团（1954年11月），西北艺术学院美术系王子云等（1955年5月），清华大学建筑系美术教研组吴冠中、华宜玉等（1955年6月），相继考察云冈石窟。	

续表

时间	石窟	事件	代表性保护工作
20世纪50年代	云冈石窟	1954年11月至1955年6月，对第5、6、7窟木构窟檐、山门、过殿等建筑进行维修（4亿元旧币）。	
		1956年4月，原大同市古迹保养所更名为山西云冈古迹保养所，隶属山西省文物管理委员会，1957年10月隶属大同市文化局，1958年8月30日更名为山西云冈文物管理所，1959年3月挂牌。	
		1957年，被山西省人民政府公布为第一批省级文物保护单位。	
		1954年至1959年，清理窟檐杂草乱石、维修保护建筑。	
	龙门石窟	1951年，成立龙门森林古迹保护委员会，1953年成立龙门文物保管所。	1957年西山后山公路通车、西山窟前公路断路，大大改善了龙门石窟的保护状况。
		1957年，西山后山公路通车，西山窟前公路断路。	
		1958年，文化部拨款修建古阳洞、药方洞窟门建筑。	
	麦积山石窟	1952年10月至12月，西北局文化部常书鸿带队的西北考察团考察麦积山石窟，修建西崖栈道。	20世纪50年代的考察，使麦积山石窟的重大价值得到发掘，为麦积山石窟列入第一批国家文物保护单位奠定了基础，也为获得国家重视支持保护工作奠定了基础。同时修建了部分栈道。
		1953年，王子云、何正璜等考察麦积山石窟。1953年7月至8月，中央文化部组织以吴作人为首的专家组考察麦积山石窟，提出修建东崖栈道的保护建议。	
		1953年9月1日，成立麦积山石窟文物管理所。	
		1957年4月18日，公布为甘肃省第一批省级文物保护单位。	
	巴中石窟	1955年，陈明达考察四川省巴中、通江石窟寺，并首次发表《四川巴中、通县两县石窟介绍》。	

20 世纪 60 年代至 70 年代

这 20 年是我国石窟保护史上值得大写特写的 20 年，是对我国石窟保护产生重大影响的 20 年。60 年代初，开启了我国利用现代科学技术进行科学保护的先河，并在石窟寺关键保护技术方面取得了突破，同时通过保护实践，逐步形成了比较成熟的保护理念，为我国石窟保护工作的发展奠定了坚实的基础。

在我国 70 年石窟保护工作中，20 世纪 60 年代是一个值得纪念的重要时期。虽然此时，我国石窟保护刚刚起步，此间还有过阶段性的社会动荡，对我国文物保护工作造成了一些影响，但我国石窟保护工作者在国家的重视和支持下，勇于实践，在文物保护中探索利用当时先进的科学技术成果，实施了一些具有代表性的重大工程，尤其在石窟寺岩体裂隙灌浆材料、石窟岩体锚杆加固等关键技术方面取得了突破，不但解决了当时制约石窟保护的瓶颈问题，奠定了我国石窟寺科技保护工作的基础，而且支撑了我国石窟保护几十年的发展。裂隙灌浆材料技术、锚固技术等，在今天的保护工作中仍在发挥作用。

20 世纪 60 年代是我国石窟寺科技保护的先端，也是我国文物保护科技事业的起端。1960 年初，古代建筑修整所王书庄所长（副局长兼所长）、姜佩文副所长、纪思等，拜访中国科学院化学研究所所长柳大纲教授，寻求合作开展石窟寺文物保护材料的应用技术研究，双方同意以云冈石窟第 1、第 2 窟为加固保护对象，联合组建石窟寺加固保护项目组，古代建筑修整所由纪思负责，中国科学院化学研究所林一研究员指导，中国科学院中南化学所高分子化学专家叶作舟为项目负责人，项目的研究内容是甲基丙烯酸甲酯于石窟寺裂隙灌浆加表面封护加固的应用研究，由此开启了我国石窟寺科技保护的先河。在此基础上，1961

年至1966年，古代建筑修整所与中国科学院中南化学所、大同云冈文物管理所、洛阳龙门保管所、敦煌文物研究所、四川省博物馆等合作，开展了石窟围岩裂隙灌浆加固材料、断裂岩石雕刻品黏结加固材料——聚丙烯酸酯类、环氧树脂类材料黏结应用工艺技术的研究，和风化岩石雕刻品的聚丙烯酸酯类、有机硅类材料封护固结研究工作。石窟寺岩体裂隙环氧树脂类加固材料等关键技术取得了突破，并在我国石窟保护中得到了广泛的应用。1961年初，古代建筑修整所姜佩文副所长等拜访北京地质学院党委书记周守成同志，征求协作进行石窟保护的科学研究；北京地质学院指定岩石矿物专家苏良赫教授、工程地质水文地质专家王大纯教授等联合开展石窟保护的科学研究。1962年春至1964年夏，古代建筑修整所与苏良赫、王大纯教授等人，先后勘查研究了大同云冈石窟、敦煌莫高窟、天水麦积山石窟、洛阳龙门石窟与巩县石窟等，开启了石窟保护地质科学的研究工作。

20世纪60年代至70年代实施了多项石窟保护重大工程，在我国石窟保护工作以及我国文物保护工作中具有代表性和示范性。比如：1963年至1966年采用了重力挡墙"挡"、梁柱"支顶"和清除危岩"刷"的工程措施，加固莫高窟岩壁长达576米，加固洞窟354个，这是我国第一次与岩土工程、土木工程等学科相结合实施的重大工程，对以后我国石窟保护工程具有示范作用；1971年6月，古代建筑修整所姜怀英、陆寿麟等勘察奉先寺造像损毁状况，开始研究改性环氧树脂类灌浆材料加固技术，并成功应用于1972年至1974年实施的奉先寺卢舍那大佛等造像开裂病害的加固保护工作中，为龙门石窟未来加固保护工作提供了坚强的支撑，也为之后环氧树脂类灌浆加固材料在全国石窟寺加固保护工作的推广应用奠定了基础；1973年9月15日，周恩来总理陪同法国总统乔治·蓬皮杜到云冈石窟参观访问，提出云冈石窟"三年修好"的指示，1973年4月成立了以山西省省委宣传部副部长卢梦为组长的"山西云冈石窟维修工程领导组"，全面启动云冈石窟加固保护工程，至1975年8月竣工，云冈石窟"三年"工程顺利完成，对我国石窟保护工作的发展产生了重大影响。

在20世纪60年代至70年代，有几个事件也值得我国石窟保护史记录：1962年古代建筑修整所成立专门的石窟保护机构"石窟组"，标志着石窟寺作为专门的保护领域，纳入全国文物保护科技计划；1971年，正值"文革"中期，因为国家外交工作的需要，国务院图博口领导小组从"五七干校"抽调姜怀英、陆寿麟等知识分子开展龙门石窟保护工作，有知识界、科技界"破冰"之意义。

这一时期的石窟保护实践也为我国"必须遵守不改变文物原状的原则"的形成提供了理论支持和实践经验。

表3　20世纪60年代至70年代，我国石窟保护技术与理论发展的重要阶段

时间	石窟	事件	代表性保护工作
20世纪60年代至70年代	敦煌石窟	1961年3月，被国务院公布为第一批全国重点文物保护单位。	1963年至1966年采用了重力挡墙"挡"、梁柱"支顶"和清除危岩"刷"的工程措施，加固莫高窟岩壁长达576米，加固洞窟354个，这是我国第一次与地质工程、土木工程等学科相结合实施的重大工程，对以后我国石窟保护工程具有示范作用。同时对利用现代科学技术保护壁画进行了探索。
		1962年8月，文化部以徐平羽副部长为首的莫高窟考察团到敦煌考察，将莫高窟加固问题上报国务院，得到陈毅副总理的关注和周恩来总理的批准，之后徐副部长与铁道部吕正操部长联系，得到了吕部长的全力支持。	
		1962年在窟顶建立了气象观测站。	
		1962年11月，铁道部西北勘测设计院勘测队伍100多人进入莫高窟，开展敦煌石窟地质勘察工作。	

续表

时间	石窟	事件	代表性保护工作
20世纪60年代至70年代	敦煌石窟	1963年第二季度，铁道部兰州第一设计院桥隧处和地质处编制完成莫高窟第一期加固工程初步设计。1963年5月，铁道部西北铁路工程局哈密工程处开始组织施工。1966年7月，莫高窟第一、二、三期加固工程顺利竣工，加固岩壁长达576米，加固洞窟354个。	
		1963年至1969年，实施第130窟壁画锚杆加固及修复工作，第55、196、427窟等残损塑像的修复加固工作，露天壁画边沿加固等工作。	
	大足石刻	1959年至1965年，宝顶山毗卢洞、孔雀明王龛整体修复加固，1972年毗卢洞顶作水泥砂浆油毡防水层。	大足石刻以探索性的日常维护和除险加固工作为主，并形成大足石刻保护工作的特色，"重视日常维护"一直在大足石刻保护工作中发挥重要作用。
		1961年至1979年，宝顶山大佛湾作缺失窟檐修复，并在窟檐处作锯齿状滴水线。	
		1962年，国家文物局古代建筑修整所余鸣谦、杨玉柱、姜怀英到大足勘察、测绘。	
		1962年，九龙裕太子龛整体修缮加固。	
		1963年，北京地质学院苏良赫等赴大足，对大足石刻风化状况进行勘察、调研。	
		1964年至1965年，南山石窟三清洞、龙洞等石窟进行加固及作水害治理。	
		1972年，宝顶山圆觉洞洞顶作水泥砂浆、油毡防渗处理。	
		1977年，四川省文物管理委员会马家郁等赴大足，对北山韦君靖碑、宝顶山牧牛图进行化学材料加固试验。	
		1979年，对宝顶山释迦涅槃造像前残破弟子造像进行修复加固。	

续表

时间	石窟	事件	代表性保护工作
20世纪60年代至70年代	云冈石窟	1960年5月至6月，古代建筑修整所会同北京地质学院开展水文地质勘察。	20世纪60年代初期，文化部文物管理局古代建筑修整所联合中国科学院中南化学所、北京地质学院，以云冈石窟为对象，开始尝试与地质学、材料学等学科相结合，进行试验研究和应用，尤其在灌浆加固材料方面进行了系统性应用研究，既取得了科学研究成果，又应用到了保护实践中，取得了显著成果；1978年，云冈石窟岩体灌浆加固材料获得全国科学大会奖。周恩来总理指示"三年"工程的顺利实施，对我国石窟保护技术的进步产生了深远影响。
		1960年6月至11月，中央文化部组织了云冈石窟勘测队，对石窟进行了全面的勘测和测绘。1962年开始，对第2窟泉水温度和气温进行了监测。	
		1960年6月，编制《云冈石窟岩石风化的化学方法处理部分工作报告》；1960年10月14日，中央文化部副部长徐平羽在北京主持召开"云冈石窟保护专家会议"，确定了在第1、2窟进行加固试验工程。	
		1961年3月，被公布为第一批全国重点文物保护单位。	
		1962年9月，文物博物馆研究所与中南化学研究所完成《大同云冈石窟第一窟塔柱化学处理设计方案》；1962年10月和1963年7月至10月，对第1窟塔柱，第2、10和第11窟前立壁间一龛内佛头像、臂膀，以及第41窟塔柱等，首次应用化学材料灌浆黏结、锚杆牵拉及传统加固技术，取得了良好的加固效果。1963年10月，文物博物馆研究所完成《云冈石窟第一二窟实验工程总结》报告。	
		1964年5月，山西云冈石窟文物管理所更名为山西云冈石窟文物保管所；7月，对第22、23窟倒塌间墙进行复位加固，对第32窟坍塌顶板进行黏结复位加固；1965年，采用环氧树脂类灌浆材料对第1、第23、第32窟进行灌浆加固。	
		1971年3月至10月，国家文物局拨付30万元，对第9、第10窟进行加固；1972年5月至8月，对第5、第6窟顶板进行环氧树脂灌浆加固。	

续表

时间	石窟	事件	代表性保护工作
20世纪60年代至70年代	云冈石窟	1973年9月15日，周恩来总理陪同法国总统乔治·蓬皮杜到云冈石窟参观访问，提出"三年修好"的指示；1973年4月，成立以山西省省委宣传部副部长卢梦为组长的山西云冈石窟维修工程领导组，自1973年12月开始，至1975年8月结束，"三年"工程顺利竣工（余鸣谦主持）。	
		1977年8月，对第6窟中心柱裂隙进行环氧树脂灌浆加固；1978年，石窟岩体灌浆加固材料获得全国科学大会奖。	
		1979年8月，第3窟顶板岩体垮塌；8月15日，国家文物局局长任质斌以及罗哲文等到云冈察看第3窟塌方，决定拨款加固。	
	龙门石窟	1961年3月，被国务院公布为第一批全国重点文物保护单位。	20世纪70年代初期至中期，围绕奉先寺造像抢险加固工程，开始环氧树脂灌浆材料的改性研究并取得成功，不但完成了奉先寺造像的加固保护工作，为龙门石窟未来加固保护工作提供了坚强的支撑，也为之后环氧树脂灌浆加固材料在全国石窟寺加固保护工作的推广应用奠定了基础；1978年，龙门石窟岩体灌浆加固材料获得全国科学大会奖。
		1966年3月，筹建石窟保护化学实验室；7月，宾阳中洞崖体危岩崩塌；9月，清理5立方米危岩。	
		1969年4月，通过石窟中心的焦枝铁路动工。	
		1970年，在宾阳中洞喷涂850#有机硅作防水试验。	
		1971年6月，图博口抽调姜怀英、陆寿麟等勘察奉先寺造像损毁状况，开始研究改性环氧树脂类灌浆材料；7月，在奉先寺南壁力士、天王进行加固试验。	
		1972年，奉先寺北壁天王、力士灌浆加固。	
		1973年，奉先寺卢舍那大佛灌浆加固。	
		1974年，加固奉先寺北壁力士、菩萨，以及南壁阿难菩萨，至此奉先寺加固工程竣工。	

续表

时间	石窟	事件	代表性保护工作
20世纪60年代至70年代	龙门石窟	1975年，伊阙佛龛碑灌浆加固。	
		1976年，整修奉先寺窟顶排水沟，拆除宾阳洞砖券门洞、潜溪寺前窟檐。	
		1977年，加固潜溪寺门穿岩体，窟顶修建排水沟。	
		1978年，拆除宾阳洞南北6间砖瓦房；同年，龙门石窟岩体灌浆加固材料获得全国科学大会奖。	
	麦积山石窟	1963年6月，国家文物局局长王冶秋视察麦积山，麦积山石窟保护工作正式纳入国家保护计划。	1972年至1984年实施的麦积山石窟"喷锚黏托"加固保护工程，是一项借助现代科学技术、多学科合作、科学决策的代表性工程，至此，我国石窟寺加固保护技术——锚固技术形成完善、成熟的加固体系，对20世纪80年代至今石窟寺锚固技术的广泛推广应用，具有示范、指导作用；1985年，麦积山石窟"喷锚黏托"加固技术研究与应用获得国家科学技术进步奖三等奖。
		1964年，麦积山石窟建气象站。	
		1966年完成了整个山体最危险的一段栈道——5窟至135窟的天桥维修工作。	
		1972年，国家文物局组织专家编制了麦积山石窟加固保护三个方案；1973年，国家文物局同意第一方案，即东崖加固，措施是黏、锚、顶、罩，以及西崖文物搬迁。	
		甘肃省建筑勘察设计院提出全崖"锚杆挡墙、大柱支顶、化学灌浆黏结"的方案，1975年得到国家文物局批复同意。	
		国家文物局在征询中科院陈宗基教授的意见后，于1978年5月30日批准同意，将原方案改为非预应力锚杆配合钢筋挂网喷射混凝土的"喷锚支护"加固方案，即最后确定的"喷锚黏托"加固方案。	
		1977年初开始，至1984年4月，麦积山石窟维修加固工程全面竣工。完成的主要工程量：喷护总面积9100平方米，其中设置锚杆2300根，总进尺12500米；架设钢混结构新栈道1000米。	

20 世纪 80 年代至 21 世纪初

这 20 年是我国石窟保护工作全面开展的 20 年，保护技术体系基本成熟，综合性保护工作受到重视，以敦煌石窟为代表的国际合作交流工作取得显著成果，我国石窟保护的国际影响力大大提升，"中国特色，敦煌经验"的文物保护模式在探索实践中逐渐建立。

80 年代后期，尤其是 90 年代初期，我国石窟寺抢救性保护工作全面展开，石窟寺保存状态大大改善。其间，1972 年至 1984 年的麦积山石窟整体性抢险加固工作及其科技成果，对我国石窟保护工作产生了重大影响。但是，麦积山石窟保护工作决策过程十分坎坷，保护过程十分曲折，但保护效果十分显著，保护成果十分丰富：1972 年国务院图博口领导小组组织专家编制了三个加固保护方案，经审核批复同意了第一方案，即部分原状加固和部分石窟搬迁的方案——东崖加固、西崖文物搬迁方案；但甘肃省建筑勘察设计院在进一步勘察研究的基础上，提出全崖"锚杆挡墙、大柱支顶、化学灌浆黏结"的方案，甘肃省文物局于 1975 年报请国家文物局审核，同意了后一方案；1977 年保护工程在具体施工中，又引发诸多争议。为确保麦积山石窟保护工程的质量，国家文物事业管理局在征询中国科学院地质研究所陈宗基教授的意见后，于 1978 年 5 月 30 日批准同意将保护方案改为非预应力锚杆配合钢筋挂网喷射混凝土的"喷锚支护"加固方案，即"喷锚黏托"加固方案。1984 年 4 月，麦积山石窟维修加固工程全面竣工，完成的主要工程量有喷护总面积 9100 平方米，其中设置锚杆 2300 根，总进尺 12500 米；架设钢混结构新栈道 1000 米。麦积山石窟"喷锚黏托"加固保护工程，是我国石窟保护史上工程规模最大、历时最长的保护工程，是一项借助现代科学技术，多学科合作、动态设计、信息化施工、科学决策的代表性工程。至此,我国石窟寺形成了完善、成熟的锚固技术加固体系。之后的20年间,该加固技术支撑了我国石窟加固保护工作的全面展开,其中比较有代表性的保护工作有:1984年敦煌莫高窟南区南段的第四期加固工程,加固了第130—155窟之间26个洞窟长达172米的崖面;1984年至1987年西千佛洞石窟加固工程,加固了长达174米的崖面;1990年至1994年由李最雄、王旭东等负责的榆林窟加固工程;1986年至1992年由黄克忠总体负责的龙门石窟五年综合保护工程;1991年3月启动的云冈石窟"八五"整体加固保护工程;1989年至1999年由姜怀英等负责的新疆克孜尔石窟加固保护工程;1989年至1994年由黄克忠、马家郁等主持的乐山大佛三期危岩加固工程,等等。

80年代开始,针对石窟寺各种病害治理的综合性保护工作得到重视,保护工作内容更加丰富。

1989年至1999年,李最雄、王旭东等,针对敦煌石窟窟顶戈壁沙害,探索开展了工程治沙、生物治沙、化学治沙等综合性科学治理工作,取得了显著效果;80年代中期起,敦煌石窟壁画修复保护工作取得了突破性成果,其中,1986年,"敦煌莫高窟起甲壁画修复技术"获文化部文化科技进步一等奖;1989年至1993年,敦煌研究院李最雄、王旭东等与美国盖蒂保护研究所合作,开展莫高窟85窟保护并取得成功,"敦煌莫高窟第85窟保护修复研究"获2004年度国家文物局文物保护科学和技术创新奖二等奖。

1981年至1984年,黄克忠、马家郁主持潮湿环境下石窟裂隙灌浆材料的试验研究并取得成功,该材料用于大足石刻北山石窟136窟渗水裂隙灌浆工作,取得了显著效果;1991年至1995年,贾瑞广等主持完成了大足石刻北山石窟隧洞治水工程以及窟顶防渗排水工程,北山石窟渗水病害得到了有效治理。1990年至1993年，黄克忠、潘别桐、刘景龙负责的"石窟洞窟漏水及治理"专题研究取得科技成果，并成功应用于龙门石窟水害治理工作。1996年至2003年开展了麦积山石窟渗水病害的研究和治理工作。1984年至1985年，炳灵寺石窟实施了防护堤坝钻探灌浆加固和坝面加宽等水害治理工程。

1991年，黄克忠、马家郁负责完成了国家科学技术委员会课题"治理乐山大佛的前期研究"，并获得国家文物事业管理局科技进步二等奖。1993年，须弥山石窟采用了有机硅类、丙烯酸类化学材料，对风化雕刻品进行了喷涂加固抢救性保护工作。1983年，由李最雄负责对炳灵寺石窟进行了风化造像PS（硅酸钾）材料保护试验，并于1992年在第12龛、第96—129窟龛、第50—58窟龛进行了风化喷涂加固保护工程，面积达30平方米。1993年至2002年，在国家科学技术委员会、国家文物事业管理局、甘肃省科学技术委员会、国家自然基金委员会等支持下，由敦煌研究院李最雄、王旭东等负责，与中国科学院兰州冰川冻土研究所、中国科学院长春精密光学机械研究所、中国科学院计算技术研究所、美国梅隆基金会、美国西北大学、（中国）浙江大学等合作，开展壁画数字化技术、数字敦煌研究工作，为数字敦煌建设奠定了基础。

表4　20世纪80年代至21世纪初期，我国石窟保护全面发展时期

时间	石窟	事件	代表性保护工作
20世纪80年代至21世纪初	敦煌石窟	1984年8月，敦煌文物研究所扩建为敦煌研究院。	敦煌石窟探索壁画保护工作的科学化、规范化之路，形成了我国壁画保护的标准、规范、指南，开始引领我国壁画保护工作。
		沙害治理工作：工程治沙：1990年10月，在莫高窟窟顶戈壁上实施"A"字形尼龙网栅栏；2003年10月至2004年4月，在中小沙丘、砂砾质戈壁地带实施麦草方格、棉花秸方格、蜂巢式塑料网沙障和砾石压沙试验和治理工程。	

续表

时间	石窟		事　件	代表性保护工作
20世纪80年代至21世纪初	敦煌石窟	沙害治理工作	化学治沙：1989年，开展无机材料和有机材料固沙试验，实施面积2000平方米。试验证明PS（硅酸钾）材料具有较好的渗透性、抗风蚀性、耐候性。	科学治沙工作取得突破性成果，解决了困扰莫高窟的风沙堆积的难题。在文物保护国际合作领域，走出了一条符合我国国情的文化遗产保护利用之路，并对我国文物保护事业的发展产生了深远影响。
			生物治沙：1992—1999年，分三次种植的当地乡土沙生植物，当年成活率达85%以上，保存率达95%以上。	
		加固工程	1984年，经国家文物局批准，进行了莫高窟南区南段的第四期加固工程，加固了第130—155窟之间26个洞窟长达172米的崖面。1984年至1987年，进行了西千佛洞石窟加固工程，加固了长达174米的崖面，并架设了通往15个洞窟的崖面通道和水泥栏杆。	
			80年代后期，开始砂砾岩PS（硅酸钾）材料加固试验并取得成功，1988年获文化部科技进步二等奖，1995年又获国家科技进步二等奖。	
			进行砂砾岩岩体裂隙灌浆材料PS-F（F粉煤灰）研究，并于1990年至1994年用于榆林窟加固工程，1995年获国家文物局科技进步二等奖，1997年获国家发明四等奖。	
			1999年，采用PS（硅酸钾）材料对莫高窟木桥廊段长约60米、宽30米的崖面进行防风蚀、雨蚀加固。	
		壁画保护	1999年至2001年，对莫高窟3窟崖顶周围40×40米的崖面进行加固，对裂隙进行PS-F（F粉煤灰）灌浆加固。	
			1986年，"敦煌莫高窟起甲壁画修复技术"获文化部文化科技进步一等奖。	
			1989年至1993年，敦煌研究院与美国盖蒂保护研究所合作，开展莫高窟85窟保护工作并取得成功；"敦煌莫高窟第85窟保护修复研究"获2004年度国家文物局文物保护科学和技术创新奖二等奖。	

续表

时间	石窟	事 件	代表性保护工作
20世纪80年代至21世纪初	敦煌石窟	壁画保护：1987年至2006年，与日本相关大学科研机构合作，开展壁画酥碱、环境、脱盐、加固材料筛选试验研究工作。	
		科学研究工作：20世纪90年代初，与兰州大学、国家地震局兰州地震研究所合作，开展地震及抗震安全性评估研究，以及区域环境演化研究。	
		1999年起，与日本大阪大学合作，开展莫高窟区域水环境调查和研究。	
		20世纪80年代中期至90年代，与（中国）兰州化工研究院、东京国立文化财研究所、美国盖蒂保护研究所、日本大阪大学等合作，开展莫高窟环境监测及环境质量评价研究。	
		20世纪80年代起，与美国盖蒂保护研究所、东京国立文化财研究所等合作，开展壁画病害机理、保护加固材料的筛选、修复工艺方法等研究工作。	
		1991年5月，与美国盖蒂保护研究所合作，开展观众对洞窟环境影响的实验研究。	
		1993年至2002年，在国家科学技术委员会、国家文物事业管理局、甘肃省科学技术委员会、国家自然基金委员会等支持下，敦煌研究院与中国科学院兰州冰川冻土研究所、中国科学院长春精密光学机械研究所、中国科学院计算技术研究所、美国梅隆基金会、美国西北大学、（中国）浙江大学等合作，开展壁画数字化技术、数字敦煌研究。	
	大足石刻	1981年至1984年，黄克忠、马家郁主持潮湿环境下石窟裂隙灌浆材料的试验研究，并用于北山136窟渗水裂隙灌浆，取得了显著效果。	

续表

时间	石窟	事件	代表性保护工作
20世纪80年代至21世纪初	大足石刻	1982年至1984年，黄克忠主持北山136窟渗水病害的物理探测研究和治理工作，取得了显著效果。	20世纪90年代，大足石刻北山石窟水害综合治理工作取得了显著成效，标志着我国石窟寺水害治理工作的全面展开。
		1982年，贾瑞广负责宝顶山"截膝地狱"复位加固工程。	
		1989年，中国地质大学潘别桐、方云主持完成了北山、宝顶山水文地质勘察工作。	
		1991年至1995年，贾瑞广、王金华主持完成了北山石窟隧洞治水工程以及窟顶防渗排水工程，取得了显著效果。	
		1995年至1997年，实施了北山多宝塔维修工程。	
		1997年至1998年，由王金华负责实施了宝顶山圣迹池环境整治和卧佛截水坝水害治理工程。	
		1998年至2000年，由王金华主持实施了宝顶山"观经变"造像岩体加固工程。	
	龙门石窟	1984年，修建宾阳洞敬善寺、奉先寺至火烧洞栈道。	1987年至1992年，龙门石窟实施了"五年"综合治理工程，建立了我国石窟寺重视前期勘察评估工作，重视科学研究，重视改善石窟寺保存环境等综合治理工作的工作模式。
		1990年，由国家文物事业管理局立项，进行"石窟洞窟漏水及治理"专题研究，并在1993年2月通过鉴定。	
		1992年，完成潜溪寺、宾阳洞、万佛洞、奉先寺、古阳洞、药方洞等洞窟近景摄影测绘。	
		1986年，根据国家文物局决定开展龙门石窟综合治理的意见，由黄克忠总体负责，自武汉地质学院潘别桐教授完成地质勘察工作开始，1987年至1992年实施了五年综合保护工程：1987年实施了奉先寺以南100米区域危岩加固工程，奉先寺台级改造、窟顶防渗、山顶围墙修建等工程；1988年铺设防渗层、建造山顶排水沟等；1989年实	

续表

时间	石窟	事　　件	代表性保护工作
20世纪80年代至21世纪初	龙门石窟	施了八作寺至南极洞岩体加固、栈道修建、药方洞窟檐修建、洞窟渗水治理等工程；1990年实施了封信四岩体加固、潜溪寺至摩崖三佛加固、修建栈道等工程；1991年修建了潜溪寺仿唐窟檐及窟顶防渗排水层、宾阳洞雨棚、东山围墙等，至1992年3月竣工。	"八五"综合性保护工程大大改善了云冈石窟保护管理工作。
	云冈石窟	1980年8月第3窟顶板垮塌，1981年5月至1982年秋完成顶板复原工程及崖壁梁孔塌方加固、中间明窗垒砌和窟内壁面风化蚀空带加固工程。	
		1981年实施了39窟中心塔柱的艺术修复；1982年实施了37窟加固修复和3窟前立壁加固修复；1983年实施了1窟中心柱加固；1985年实施了前室东部塌方复原工作。	
		1991年3月，根据田纪云副总理指示，安排1000万元用于云冈石窟"八五"保护维修工程。	
	麦积山石窟	1985年至1995年，采用传统工艺——小桩挂麻工艺，修复了诸多洞窟的壁画和造像，其中191窟和165窟是这个时期修复的代表性洞窟。	
		1996年至2003年，开展麦积山石窟渗水病害的研究和治理工作。	
	须弥山石窟	1982年，被国务院公布为第二批全国重点文物保护单位。	
		1984年起，针对几座大型洞窟（如第5、51、105窟）和一些重点洞窟进行了抢险加固工作。	
		1993年，采用有机硅类、丙烯酸类化学材料，对风化雕刻品进行了喷涂加固工作。	
	克孜尔石窟	1989年，由新疆维吾尔自治区文物维修队负责，实施了窟前栈道构筑工程。	
		1999年，由辽宁有色金属101地质矿业局实施了石窟岩体抢险加固工程。	

续表

时间	石窟	事件	代表性保护工作
20世纪80年代至21世纪初	炳灵寺石窟	1983年8月，对风化造像进行PS（硅酸钾）材料保护试验；1992年，对第12窟龛、第96—129窟龛、第50—58窟龛进行风化喷涂加固，面积达30平方米。	
		1984年至1985年，实施了防护堤坝钻探灌浆加固和坝面加宽工程；1997年10月至1999年10月，实施了炳灵寺石窟岩体加固与渗水治理工程。	
		1998年7月，在炳灵上寺3—5号窟外砌筑围墙进行保护；1999年5月，对洞沟8号窟及周围舍利塔砌筑围墙进行保护。	
	乐山大佛	1991年，完成了国家科学技术委员会课题"治理乐山大佛的前期研究"，并获得国家文物局科技进步二等奖。	
		从1989年至1994年，先后进行了三期危岩加固工程：对大像碑、九曲栈道、大佛窟左壁、凌云栈道等处危岩进行了加固。	
		1990年至2002年，进行了五次修缮，其中2001年对乐山大佛的头、脸、肩、胸、手、脚进行了保护维修。	
	榆林石窟	1994年至1996年，敦煌研究院联合中铁西北科学研究院，对榆林窟东西崖体裂隙灌浆并作崖体防风化加固；1994年至1997年，敦煌研究院对榆林窟第6窟窟顶作防渗加固，并对崖体作防风化加固。	
	广元千佛崖	1988年，由四川省考古研究所主持千佛崖石窟"千佛洞危岩块体"锚固与裂隙环氧树脂灌浆加固工程。	
	天梯山石窟	1992年至1998年，实施了两期加固工程，对崖壁坡体进行了加固，并修建了围堰大坝、隧道、栈道以及相关道路等。	

续表

时间	石窟	事　　件	代表性保护工作
20世纪80年代至21世纪初	彬县大佛寺	1990年至1993年，陕西省文物局与德国巴伐利亚州文物保护局合作，实施了彬县大佛寺勘察研究工作。	
	甘肃北石窟寺	2002年至2004年，甘肃铁科地质灾害防治技术工程公司承担了北石窟寺岩体抢险加固工程。	
	安岳卧佛院	1994年，四川省考古研究所对卧佛龛顶部接檐，檐长30余米，进深15米，悬空2米多宽，檐后修建了排水系统。	

21世纪初至今

我国石窟保护工作的科学技术水平得到全面提升，保护工作更加规范，保护理念更加完善，国际影响力得到显著提升，我国石窟保护工作向预防性保护方向转变。

进入21世纪，我国加大了文物保护工作力度，先后制定、修订、完善了一系列有关文物保护的法律、法规、政策、措施等，更加重视文物研究工作和科技成果的支撑作用，动态设计、信息化施工、全程监测的标准化模式基本形成。尤其是《中国文物古迹保护准则》的编制与发布，为我国文物保护的规范化、科学化奠定了理论基础和实践指南，为国际文物保护提供了借鉴，该准则已成为我国不可移动文物保护的行业准则。

新形势下，我国文物保护理念更加完善。文物保护工作由抢救性保护逐渐转向抢救性保护与预防性保护相结合；保护工作由工程模式转向科学研究贯彻全过程的工作模式，且更加关注文物本体安全、改善文物保护环境的模式。以敦煌石窟为代表的"中国特色，敦煌经验"保护模式基本形成，并开始走向国际，服务于"一带一路"国家发展战略。

新世纪以来，比较有影响的文物保护重大工程有：2004 年至 2014 年，历时十年的广西花山岩画修复保护工程，在石质文物修复加固关键技术——天然水硬性石灰复合材料研究及推广方面取得了突破性成果；2002 年至 2014 年大足石刻千手观音修复加固工程；2008 年至 2015 年，龙门石窟潜溪寺石窟水害治理工程；2014 年至 2017 年，大足石刻卧佛水害治理工程；联合国教科文组织日本政府信托基金进行的新疆库木吐喇千佛洞综合加固保护工程和河南龙门石窟加固保护工程；2017 年，敦煌研究院《干旱环境下土遗址保护关键技术研究及应用》获得国家科学技术进步奖二等奖，等等。

行业发展的主线：国家主导下，政府担起主体责任

我国石窟保护的发展壮大，得益于国家对历史文化和石窟寺的高度重视，以及在政策、资金等方面的强力支持和保障。其中，国家文物局作为国家文化遗产保护的行政主管部门，其指导下的政府担起主体责任，以及保护方针、政策、原则的主导、引导作用尤为重要，重大石窟保护工作得到国家领导人的重点关注和支持，这些都是我国石窟保护工作得以发展壮大的保障。

新中国成立初期的 50 年代，尽管百废待兴，但国家及各级政府着手成立了石窟保护管理专门机构，将自然荒芜、破损严重的石窟寺纳入了国家法律保障的工作范畴，为我国石窟保护工作的规范化发展

奠定了基础。之后，石窟保护管理机构职能不断健全，人员结构不断完善，稳定的保护队伍逐步形成，保护管理水平和能力不断提升。同时，在经济基础极其薄弱的情况下，国家拨付专项资金支持，并统筹全国科技资源支撑石窟保护工作，这些都体现了国家主导、引领行业发展的特点，其中敦煌石窟、云冈石窟、龙门石窟的保护工作最具代表性。

敦煌石窟

20世纪40年代，敦煌石窟开展了清除流沙、修建临时栈道、安装窟门、修筑莫高窟中寺至下寺的保护围墙等工作，但敦煌石窟岌岌可危的状况并没有得到很大的改善。为此，1951年6月，文化部文物局委派北京大学赵正之、宿白教授，清华大学莫宗江教授以及古代建筑修整所余鸣谦工程师等4位专家组成工作组，在敦煌莫高窟工作了3个月，后由古建筑学家陈明达编制了《敦煌石窟勘察报告》及敦煌石窟维修保护和研究中长期工作规划，并下拨若干斤小米的经费[1]用于莫高窟的除险和修缮加固工作。1956年夏秋之间，文化部文物局又专门委派余鸣谦、杨烈、律鸿年等3位专家，指导开展了248—260窟保存状况调查、勘察评估及加固试验工作。

1962年文化部报经国务院批准进行莫高窟抢险加固工程，周恩来总理批准下拨100余万元专项资金。1962年8月，文化部徐平羽副部长带领王朝闻、刘开渠、宿白、陈明达、李鸣岗、赵松乔、余晓尧、胡继高等专家团队，调查研究莫高窟保护工作，提出了治沙和石窟全面整体加固的保护计划，得到了陈毅副总理的关注和周恩来总理的批

---

1. 解放初期因为物价不稳定，单位的经费和个人的工资都以小米计算，并以小米的市场价格折合成当时的货币。

准。铁道部吕正操部长全力支持并指示铁道部西北勘测设计院承担勘测设计任务，由此启动了莫高窟全面加固保护工程。1963年第一季度，由铁道部兰州第一设计院桥隧处和地质处负责，开展了莫高窟加固工程的设计工作。经文化部文物局批准，在1962年前期加固试验工作的基础上，1963年5月，铁道部西北铁路工程局哈密工程处组织了120人的施工队伍，进莫高窟实施了加固保护工程，至1966年7月竣工。敦煌莫高窟三年整体加固保护工程是新中国成立后实施的第一项大规模保护工程，不但对敦煌石窟进行了有效的保护，而且对我国文化遗产保护工作也起到了示范和指导作用。

1981年8月8日，在原敦煌文物研究所所长常书鸿和时任所长段文杰陪同下，邓小平一行前往莫高窟。在详细听取了敦煌文物研究所的工作汇报后，邓小平主动提出："你们有困难没有？"段文杰汇报了莫高窟的研究和保护面临的问题。邓小平立即指示解决。在认真参观洞窟的壁画和彩塑后，他指示说："敦煌的保护是件事，还是件大事！"为落实邓小平关于保护好莫高窟的指示精神，国家财政当年下拨300万元专款，解决莫高窟存在的资金困难。国家文物事业管理局和甘肃省政府也组成了联合工作组，到敦煌实际指导，抓好工作落实，为敦煌石窟保护研究工作的深化奠定了坚实的基础。

云冈石窟

1960年5月，文化部文物局委托文化部古代建筑修整所会同北京地质学院科研人员，到云冈石窟进行为时一个月、大规模的联合地质水文调查。6月至11月，文化部组织云冈石窟勘测队，对云冈石窟进行地质勘察、保存状况调查评估，撰写了《云冈石窟工程地质问题的报告》。报告包括云冈石窟残破状况、自然破坏的主要因素与今后修整的意见，同时指出了崩塌与风化是危害云冈石窟的主要问题。为了保护石窟文化遗产，建议采取：①修建护壁，②排水防渗，③对大佛进行保护，④对已风化的造像、雕刻进行加固，等综合性保护措施。10月14日，时任中央文化部副部长的徐平羽在北京主持召开"云冈石窟保护专家会议"，确定了在第1、2窟进行加固试验工程。

1971年，国家文物局局长王冶秋高度重视云冈石窟提出的保护维修意见，专门向国务院提请云冈石窟保护计划。1972年3月，国务院批准图博口领导小组关于云冈石窟保护问题的报告并拨专款30万元，要求在三年内完成对五华洞第9—13窟加固保护工作，该工作由文化部古代建筑修整所工程技术人员指导施工。

1973年4—8月，为确保周恩来总理陪同法国总统乔治·蓬皮杜参观云冈石窟的安全，云冈石窟对第5、6窟顶板，第5、6、11、12窟中的危石进行了加固治理，并建设了第7—20窟前砖墁通道。9月15日，在陪同法国总统乔治·蓬皮杜到云冈石窟参观访问时，周恩来总理提出了"三年修好"的重要指示。为此于1974年成立了"山西云冈石窟维修工程领导组"，并确定了"抢险加固、排除险情、保持现状、保护文物"的维修工程原则。6月，开展了第9、10、11窟以化学材料灌浆加固为主要内容的保护工作；12月，启动了云冈石窟三年全面维修工作，保护工作的重点是"对洞窟中较大的自然裂隙和危及到文物安全的危石进行抢险加固"。至1976年9月，完成了第11、12、13窟前立壁支护，第20窟大佛头部及头部蚀空和西间墙护坡的加固，第18窟大佛身躯、顶板及壁面裂隙的牵拉和化学灌浆，第14、15、16、17、19窟内大佛、顶板壁面裂隙以及窟顶上方的护坡覆盖层加固等保护工作，并通过了国家文物局的验收。经多年的研究和试验，以及"三年保护工程"的深化和应用，在高分子材料黏结和传统锚杆支护技术的应用方面为石窟保护开辟了一条新路，在后期推广中应用到了龙门石窟、大足石刻的保护中。1978 年 3 月 18 日，山西云冈石窟文物保管所与文化部文物保护科学技术研究所的石窟危岩用高分子化学材料灌浆加固研究成果获全国科学大会奖。

龙门石窟

1960 年 5 月，文化部文物局委托文化部古代建筑修整所会同北京地质学院科研人员，到龙门石窟开展工程地质、水文地质勘察和保存状况评估工作，启动了龙门石窟保护的基础研究工作。

1971 年 4 月，龙门文物保管所向国务院图博口并国家文物局局长王冶秋报告了奉先寺九尊大佛等石窟寺岩体开裂、变形，存在垮塌破坏，亟须开展抢救性保护的报告，得到国家领导人的批复同意。1971 年 6 月，国务院图博口领导小组从湖北省抽调原文化部古代建筑修整所姜怀英、陆寿麟、陈中行、蔡润等赴龙门石窟开展石窟岩体垮塌问题的调查，研究石窟裂隙灌浆材料——改性环氧树脂化学灌浆材料，并制定了加固保护方案，于 1974 年完成了加固保护工作。

1986 年 6 月，国家文物事业管理局决定对龙门石窟进行综合性治理保护工作，以中国文物研究所黄克忠为总规划设计师，与武汉地质学院潘别桐教授等合作，完成了龙门石窟系统性地质勘察评估工作，实施了以石窟岩体加固、石窟渗水病害治理、修建栈道、建造保护窟檐等为主要内容的综合性保护工作，于 1992 年 3 月竣工。

麦积山石窟

1952 年 10 月中旬至 12 月初，中央政府文化部组织中央美术学院、西北军政委员会文化部、敦煌文物研究所三家单位组成考察团，由常书鸿先生带队，参加人员有段文杰、史苇湘、范文藻、王去非、冯国瑞、孙儒僩、窦占彪等，赴天水考察麦积山石窟，后在《文物参考资料》上发表了《西北文化部完成麦积山石窟勘察工作——发现具有民族风格和高度艺术价值的雕像和壁画》，在当时的学术界引起了比较大的反响。为此，1953年7月至8月，中央人民政府文化部社会文化事业管理局郑振铎局长亲自组织麦积山石窟勘察团，吴作人任团长，团员有王朝闻、常任侠、冯国瑞、李瑞年、罗工柳、邓白、孙宗慰、萧淑芳、戴泽、律鸿年、吴为、张鸿宾、程新民、张建关等，后编写并发表了《麦积山石窟勘察团工作报告》和《麦积山勘察团工作日记》，引起了国内外研究我国古代佛教艺术、古代雕塑史和美术史人士的极大关注，雕塑家刘开渠把麦积山石窟誉为"我国历代的一个大雕塑馆"；考察团提出"政府能考虑以现代工程上应用的科学方法（如横穿崖石裂隙，贯以钢筋和灰浆）来巩固这个危崖，以保存我们民族一千四五百年以前所创造的、在艺术上有惊人造诣的人类文化的奇迹"，使麦积山石窟的价值得到了社会的认可，保护工作也得到了政府的重视，之后麦积山文物保管所于1953年9月成立。至此，麦积山石窟保护管理工作逐步进入正轨。

其他

2002年，时任国务院副总理的李岚清关注到内蒙古自治区阿尔寨石窟保护工作的迫切性，专门作出做好阿尔寨石窟保护的批示。国家文物局高度重视，委派张柏副局长带队考察阿尔寨石窟保护工作，并制定了近中远期保护计划，分三期实施了阿尔寨石窟全面保护工程。

2004年3月，时任国务委员的陈至立考察广西壮族自治区花山岩画保护利用工作，作出"一定要做好花山岩画保护工作"的指示，国家文物局局长单霁翔代表国家文物局，与广西壮族自治区政府达成共同开展花山保护的战略合作协议，并把花山岩画保护列入"九五""十五"国家重大文化遗产保护项目，由此花山岩画保护工作得以全面启动。自 2005 年至 2014 年十年间，花山岩画开展了地质勘察、环境监测、保护材料试验、环境整治、试验性施工、抢救性保护工程施工等全面系统的保护工作，确保了花山岩画的安全保存。同时花山岩画保护工作在石质文物保护关键技术——修复保护材料（天然水硬性石灰）取得突破，不但解决了制约花山岩画抢救性保护的瓶颈问题，而且天然水硬性石灰在我国砖石文物、壁画修复加固等方面得以推广应用，提升了我国岩土文物保护的科技水平，同时为 2016 年花山岩画成功申报世界文化遗产奠定了坚实的基础。

2008 年国家文物局单霁翔局长考察大足石刻保护工作，针对大足石刻大佛湾摩崖造像千手千眼观音造像严重损毁的状况，提出了把千手千眼观音列为"国家石质文物保护一号工程"的建议，由此国家投入巨额资金开展了长达八年的修复加固保护工作。这成为我国石质文物保护工作由抢救性保护向预防性与抢救性相结合，保护工程转向本体保护的转折点。

科学研究的支撑与推动

在我国石窟保护 70 年的发展历程中，科学研究及其成果起到了决定性支撑作用和推动作用，其中两次国家级重大科技研发计划的成果显著，影响尤为深远。

第一次重大科技研发计划是 1963 年至 1972 年的国家十年科学规划。20 世纪 60 年代初，针对石窟寺岩体开裂、垮塌，以及石雕像的风化破坏问题，国家文物局联合中国科学研究院中南化学所、北京地质学院，开展了石窟寺地质勘察研究工作和开裂岩体灌浆加固技术研究工作。以此为基础，1962年，国家文物局组织编制了《石窟崩塌、风化的防止与处理》专项研究计划，并纳入国家科委计划局编制的国家十年科技规划，即《1963年—1972年科学技术发展规划》。石窟保护专项研究计划设置了10个研究项目：（1）石窟围岩内部裂隙分布、地下水渗流状况与基础岩层情况等的物理探测方法的探索；（2）石窟围岩的破坏规律及其稳定性研究；（3）石窟围岩崩塌的防止；（4）石窟围岩裂隙的聚丙烯酸酯类材料灌浆固结；（5）断裂岩石雕刻品的聚丙烯酸酯类、环氧树脂类材料黏结应用工艺技术的研究；（6）石窟岩体风化营力与规律的研究；（7）风化岩石雕刻品的聚丙烯酸酯类、有机硅类材料封护固结；（8）石窟中水的处理与防止；（9）石窟雕刻品白面石灰岩凝浆的消除；（10）重要石窟群原状的研究。组织全国文物博物馆科研机构联合开展科学研究工作，他们包括：牵头负责单位为文化部文物博物馆研究所，参加单位有：古代建筑修整所、北京地质学院、中南化学研究所、大同云冈文物管理所、洛阳龙门保管所、敦煌文物研究所、四川省博物馆、上海博物馆、南京博物院、陕西省博物馆、山东省博物馆等。十年科技规划文物保护科技专项实施后，全国文物博物馆科研机构引进了一批科研人员，如黄克忠、王丹华、胡继高、陆寿麟、徐毓明、马家郁、曾中懋等，充实、壮大了我国文物科研队伍，奠定了我国文物保护中的科技人才基础。更为重要的是，石窟保护科技专项计划，在石窟寺岩体裂隙灌浆材料、锚固技术、风化石雕像的风化加固材料等关键技术方面取得了突破，尤其是环氧树脂类灌浆材料的改性关键技术的突破，支撑了我国石窟保护几十年的科技发展，为1978年石窟寺岩体裂隙灌浆材料（云冈石窟、龙门石窟）获得全国科学大会奖提供了坚实的科学支撑。

第二次重大科技研发计划是2008年列入"十一五"、"十二五"国家科技支撑计划项目的"石质文物保护关键技术研究"（以云冈石窟为例）等重大研发计划项目。石质文物专项计划设置了6个研究项目：（1）石窟水分来源综合探测技术研究；（2）无损或微损检测技术在石窟保护中的应用研究；（3）石窟岩体稳定性评价系统研究；（4）石窟危岩体治理关键技术研究；（5）污染物病害及清洗技术研究；（6）风化病害及保护技术研究。研究项目包含了石窟寺水害、失稳病害、风化病害、污染病害等主要危害的探测技术、评估技术、治理技术等关键技术研究，项目研究单位包括中国文化遗产研究院、云冈石窟研究院、中南大学、西安文物保护中心、中铁西北科学研究院有限公司、中国地质大学、中国科学研究院武汉岩土力学所等全国十几家科研院所。项目在石窟寺凝结水探测技术、裂隙水探测技术、石窟寺保存状况评估无损或微损探测技术、污染物系列清洗技术、石窟寺岩体稳定性评估系统及安全标准、石窟危岩体加固新设备新材料、风化病害新材料等方面得到突破或取得了新进展，为提高我国石窟保护综合科技水平起到了十分重要的推动作用。"十一五"、"十二五"研发计划造就了以苏伯民、汪万福、黄继中、马涛、齐扬、杨军昌、周伟强、赵西晨、郭洪、周铁、杨文宗等为核心的一批石窟保护的中坚力量，延续、传承、壮大了我国石窟保护事业。

除了国家重大科技政策支持的推动作用外，以敦煌石窟为代表的石窟保护科学研究工作及其成果，也是提升我国石窟保护科技水平的重要推力，尤其是以李最雄、王旭东为代表的敦煌石窟人，在西北地区砂砾岩石窟寺、土遗址PS（硅酸钾）系列保护材料科学研究及关键技术领域取得了突破，形成了系统的系列成果，不但解决了西北地区干旱条件下砂砾岩石窟寺的保护科学问题、关键技术问题，也对我国石窟寺在保护材料关键技术方面起到了引领、推动作用。

我国在石窟保护关键技术——保护材料领域的成果，反映了我国石窟保护的发展历程和水平，从 20 世纪 60 年代云冈石窟的聚丙烯酸酯类材料，到 60 年代至 70 年代云冈石窟、龙门石窟环氧树脂类材料，80 年代中期潮湿环境下环氧树脂类材料，90 年代初期至 21 世纪 PS（硅酸钾）系列材料，至新世纪以来天然水硬性石灰材料、新型无机硅酸盐胶凝材料等等，材料科学的不断提升标志着我国石窟保护科技水平的不断提升。随着时代发展的脚步，我国的石窟保护乃至整个文物保护领域必将达到新的高度。

老一辈石窟人之奉献精神

常书鸿、段文杰、樊锦诗等老一辈敦煌石窟人铸就的"坚守、奉献、担当、进取"的"莫高精神"，是我国石窟人守护石窟、守护文明的代表。在喝着盐碱水、住着土坯屋、信息闭塞、亲情远隔的艰难困苦条件下，"祖国的需求就是我的志愿，祖国的召唤就是我的理想"、"一代人有一代人的责任"，"敦煌女儿"樊锦诗先生奉献了自己的青春、家庭、子女，她驻守大漠几十年，开创了敦煌莫高窟壮丽辉煌的保护事业；九十五岁高龄的孙儒僩老先生，因为常书鸿先生的精神感染和对敦煌壁画的热爱，从生活优裕的重庆长途跋涉到荒凉的莫高窟，"此生将了，心留莫高"，将一生的感情献给了敦煌莫高窟的保护；我国石窟保护的开拓者，世纪老人、九十八岁高龄的余鸣谦先生，主持了周恩来总理指示的云冈石窟"三年工程"，风霜雪雨中奔波了三年，但谈起几十年的石窟保护，从不言及个人得失，谦谦君子一生，淡泊名利，其伟大的人格和为文物保护事业无私奉献的精神让人敬仰；我国文物保护界唯一的"大国工匠"李云鹤先生已 88 岁高龄，仍然吃住工作在石窟寺现场，"石窟寺的壁画、塑像是有生命力的"信念和对历史文化的高度敬畏，支撑着耄耋老人在我国石窟寺壁画、塑像修复保护领域默默奋斗了一生，而且至今还在总结、提升保护技术。心系石窟，辛勤耕耘，在我国石窟保护实践和理论研究中作出重大贡献的黄克忠先生，与石窟结缘，并为之奋斗了一辈子，全国石窟寺基本上都留有他的足迹，对实际保护工作既全心给予具体的技术指导和高屋建瓴的理论指点，在原则上又十分严格，谈起我国石窟保护总是如数家珍、饱含深情，并对未来发展充满期待；李最雄先生在艰苦的环境下，坚守科学精神，奋发拼搏，探索前行，在砂砾岩石窟寺及土遗址保护关键技术 PS（硅酸钾）材料领域取得了突破，开创了我国石窟寺科技保护的新纪元；具有"文艺范"的马家郁先生本来崇尚靓丽的文艺事业，因为国家石窟保护科技规划的需求而与石窟结缘，其间未受"文革"影响而放弃追求，在潮湿环境下为我国石窟寺科技保护作出了突出贡献；还有在文物科技保护领域孜孜以求、高屋建瓴的陆寿麟先生，"国家花钱把我培养出来，我不能对不起国家"的云冈石窟保护人解廷凡先生，踏进龙门就再无"二心"的龙门石窟刘景龙先生，"若有来世择业时，再卧青灯古佛前"的大足石刻郭相颖先生，以及献身我国石窟保护实践，作出卓越贡献的常书鸿、段文杰、姜佩文、纪思、叶作舟、胡继高、姜怀英、杨烈、贾瑞广、杨玉柱、高念祖、蔡润、潘别桐、陈明光、邓之金、王庆煜、曾中懋、陈进良、张锦秀、蒲成生、程崇勋等等与共和国共同成长的石窟人，他们开创了我国石窟保护的壮丽事业，他们守护石窟，守护历史，守护文明，追求、探索、奉献、砥砺前行的精神，是我国文化遗产事业的精神财富，应该永远铭记并传承下去！

附：

1963 年—1972 年科学技术发展规划
719　密级：秘密

专 48—019（重 292）电影、印刷、文物保护技术—中心问题卡片
文物保护技术
中心问题名称：石窟崩塌、风化的防止与处理
负责主持单位：文化部文物博物馆研究所

序号	研究项目	负责研究单位
01	石窟围岩内部裂隙分布、地下水渗流状况与基础岩层情况等的物理探测方法的探索	古代建筑修整所 北京地质学院
02	石窟围岩的破坏规律及其稳定性研究	古代建筑修整所 北京地质学院
03	石窟围岩崩塌的防止	古代建筑修整所 大同云冈文物管理所 敦煌文物研究所 洛阳龙门保管所 四川省博物馆
04	石窟围岩裂隙的聚丙烯酸酯类材料灌浆固结	古代建筑修整所 中南化学研究所 大同云冈文物管理所 敦煌文物研究所 四川省博物馆
05	断裂岩石雕刻品的聚丙烯酸酯类、环氧树脂类材料黏结应用工艺技术的研究	古代建筑修整所 中南化学研究所 上海博物馆 大同云冈文物管理所 洛阳龙门保管所 四川省博物馆
06	石窟岩体风化营力与规律的研究	古代建筑修整所 北京地质学院

续表

序号	研究项目	负责研究单位
07	风化岩石雕刻品的聚丙烯酸酯类、有机硅类材料封护固结	古代建筑修整所 中南化学研究所 南京博物院 大同云冈文物管理所 洛阳龙门保管所 陕西省博物馆 四川省博物馆 山东省博物馆 上海博物馆
08	石窟中水的处理与防止	古代建筑修整所 大同云冈文物管理所 洛阳龙门保管所 四川省博物馆 北京地质学院
09	石窟雕刻品白面石灰岩凝浆的消除	洛阳龙门保管所
10	重要石窟群原状的研究	古代建筑修整所

国家科委计划局制发　1964.1

三十余年奔走石窟的片断记忆

余鸣谦

我国著名石窟寺与古建筑保护专家，我国石窟保护的开创者。1922年生，江苏镇江人。1943年毕业于北京大学工学院建筑工程系。曾任北平市工务局文物整理工程处技佐、北平文物整理委员会技士。新中国成立后，历任北京文物整理委员会技术员、文化部文物保护科学技术研究所高级工程师、文化部科技委员会委员、中国文物保护技术协会副理事长。长期从事古建筑和石窟寺的保护和维修，参加并主持了北京雍和宫的瓦木油饰彩画和河北正定县隆兴寺转轮藏殿、赵县安济桥的修复及山西大同云冈石窟中央区窟群的加固工作。著有《石窟保护三十年》《中国古建筑构造》等。1962年，文化部决定组建文化部文物博物馆研究所，其中成立石窟组，余鸣谦任组长。

怀着幸高心情向石窟调查、研究、保护一切工作人员致意！

金鸣谦 二〇一九年 三月

新中国成立后，我供职于北京文物整理委员会，也就是现在的中国文化遗产研究院。石窟寺，是在悬崖陡壁上开凿的洞窟，是一种以土石为材料的古代建筑。石窟寺的保护，是我们国家不可移动文物保护中重要的一部分。在我的从业生涯中，有30余年是在与石窟寺打交道中度过的，我去过很多石窟寺，参加过很多次的石窟寺保护，去得最多的还是敦煌莫高窟。

几次去敦煌

1951　第一次去敦煌调查

记得20世纪50年代初，文化部文物局组织各方面的人员对西北各地石窟寺进行调查，我参加了1951年开始的对敦煌莫高窟的调查。那时，新中国刚刚成立，百废待兴，被连续多年的战争和外来侵略者的掠夺所侵扰破坏的大量古建筑、石窟寺等，亟须得到保护。

大概是6月份，文化部文物局委派赵正之、宿白、莫宗江和我4人，组成工作组去莫高窟，由赵正之带队，并带去了文物局给敦煌文物研究所的一份奖状，以表彰常书鸿先生等40年代在敦煌所作的贡献。这份奖状在常书鸿文集里用到了。我们在莫高窟工作了3个月，对莫高窟进行了全面考察，包括对自然环境、洞窟的损害情况、石窟崖面原状研究、洞窟的建造年代、窟檐情况等进行了调查。

我们住在窟前敦煌文物研究所的办公区内。这里原是上、中两个寺庙，大概清代就有了，上寺叫雷音寺，下寺叫皇庆寺，坐东朝西。我们住的是北侧厢房，房子是土坯盖的，和敦煌文物研究所的职工一起生活，喝的是大泉河里的水，里面含有很多盐碱，喝起来又苦又涩，我喝完就拉肚子，每天拉好多次，过了半个月才慢慢适应。那个时候石窟寺比较苍凉，人也比较少。由于敦煌文物研究所的人出去做调查了，更加荒凉。

我们调查了当地地理环境、地质构造、气象、风沙、水流、地震等自然因素对洞窟的影响。我们对所有 469 个洞窟的现状与破坏情况进行了勘查，包括洞窟的开凿年代、形制、窟檐、壁画等内容，都进行了分析和统计。

洞窟破坏最严重的是崖体本身的崩塌裂隙，有纵裂、剥裂、平裂、危石等；然后是被风沙磨损的壁画，变色、脱落、局部崩塌等。

莫高窟的洞窟是在砂砾岩层上开凿的，它本身就很酥松，容易风化，加上一千多年风沙、雨水等的作用，产生了裂隙，发生了崩塌。尤其是上层洞窟的窟顶很薄，或者已经接近沙层，已经酥裂崩塌，底下崖壁悬空，形成危岩，而且在向内部发展。

风沙的破坏是最大的。风沙沿地面平飞，刮到脸上，火辣辣地痛。鸣沙山上的流沙沿崖面斜坡落下来，就像下雨一般；很多露天洞窟壁画已经被磨蚀得褪色，塑像就像初塑的泥胎；风起时，窟前的涡流将积沙卷进窟内，磨蚀窟内的壁画和塑像。敦煌文物研究所已经采取了一些力所能及的办法，如在窟前种杨树、筑挡沙墙、给洞窟装门。挡沙墙作用有限，因为沙子高过墙后就没用了。但他们在洞窟安装的窟门作用倒不小。

洞窟多为仿木结构，早期窟顶为人字坡顶，甚至有些坡顶下有斗栱的痕迹，窟外有木制窟檐。我们对洞窟结构、窟檐的构造及其损坏情况进行了记录，并画了平面图。针对洞窟的危险情况，就当时洞窟的条件，提出了几条暂时的保养意见。我们认为，当务之急是解决崖体的崩塌危险，适当恢复崖面原状。

这次的考察资料，事后我们交国家文物局了，（再）由陈明达先生执笔，写了一份报告，发表在《文物参考资料》上。敦煌文物研究所在此基础上提出了补充意见。

这个期间，我们还将三危山上一座荒凉的六角亭子搬到了莫高窟窟区。

> 它就很偏僻，去那里要过一个河，
> 河水非常湍急，
> 如果不小心的话就容易掉到水里去。

1956 第二次到莫高窟

1956年夏秋，这次也是受国家文物局委派，我带着杨烈、律鸿年去的。主要任务是勘察测绘第248—260窟这组早期的北魏洞窟，为加固它们收集资料。连测量带画设计图稿，大概待了半个月。这个工程是当时敦煌石窟规模最大的一次，之前大家都没有经验，我们是摸索着干的，敦煌石窟的孙儒僩也和我们一起做设计，对怎么加固，怎么配石头，怎么削石头，怎么施工提出了要求。冬季的时候，我们做了几套加固方案。国家文物局邀请专家在我们所里召开了讨论会，陈滋德处长主持了会议。对石窟加固的原则进行了广泛的讨论，肯定了其中一个方案，明确这是一个试验性的加固工程，但要和长远的规划相结合，用的材料要可逆。工程施工交给当地做了，是孙儒僩负责完成的。

1960年代 印象最深的敦煌调查和加固

我前前后后多次前往敦煌调查。为期最长、印象最深的一次就是60年代的挡墙支护抢险工程。这也是继1956年临时性加固后开展的一次石窟全面加固工程。1962年，文化部徐平羽副部长带领专家组成考察团到敦煌莫高窟考察，讨论了治沙和崖壁稳定性问题，并组织专家进行了勘察，提出石窟加固依然是首要问题。

我也参加了这次调查。记得刚开始调查的时候我就摔了一跟头，其实那个高度并不算高，也就2米多，而且底下有沙子，但是不知道怎么回事我忽然就晕倒了，好在最后吃了药，慢慢缓了过来。

徐部长回到北京后，很快就将敦煌石窟的险情、勘察结果报到了国务院，认为敦煌石窟的修复工作迫在眉睫，建议实施石窟加固工程，得到了批准。在他的推动下，工程进展很顺利。加固施工设计任务由铁道部西北勘测设计院承担，由西北铁路工程局哈密工程处实施。这是徐部长联系铁道部，铁道部下的命令。当时成立了工程办公室，王毅是办公室主任，敦煌文物研究所孙儒僩是甲方代表，我是工程监理。工程在前期加固试验工作基础上，于1963年5月正式动工，施工单位组织了100多人常驻莫高窟，到1966年7月完工。因为时间长，我没有一直待在那里（北京还有任务），但我有近三分之二的时间待在工地上，一年中施工9个月，我每年去两次，每次待上两三月。除了监督施工程序、用材、质量等外，空余时间也教敦煌所的年轻人学习日语。这个工程是新中国成立后我们国家开展的第一个大规模石窟保护工程，也是第一个大型野外不可移动文物保护工程，不仅解除了敦煌石窟的险情，也确立了文物保护的原则。

1962　组建石窟组

1962年，文化部决定成立"文化部文物博物馆研究所"。除了保留古代建筑修整所的机构名称外，扩大了研究所的业务范围，增加了馆藏文物的化学保护、石窟寺与木构建筑的化学保护及相关研究工作。石窟组在这样的基础上成立了。在这以前我们做了一些预热工作。文研所一共分为六个组，包括人事组、工程组、勘察研究组等。当时工程组的人比较多，所以把石窟组（从工程组）单独分出来了，很有必要。石窟组由我牵头，最初的组员有杨烈、孟繁星、贾瑞广等几个人，后来人员增加、力量壮大了。石窟组成立前，石窟（保护）工作早就开展了，像云冈石窟、大足石刻，还有很多地方，但主要是调查工作，还是很零星。石窟组成立后，几个人的目标、任务更加明确，分头前往各地石窟调研、抢险，就像一支救火队。

1973—1976　云冈三年

1973年9月，周恩来总理陪同法国总统蓬皮杜参观云冈石窟，了解到云冈石窟发生了崖顶岩石脱落的险情，要求文物部门妥善处理，并向在场的100多位中外记者承诺，三年修好云冈石窟。其实在这之前，在50年代、60年代保护的基础上，根据云冈的情况，由杨烈执笔，我们石窟组已经制定了一个十年保护修复计划，曾在《文物参考资料》上发表。周总理说时间太长，（要求）三年修好。王冶秋局长当即责成我们所的几位同志勘察，组织力量抢救处理险情。同年，山西省委成立了云冈石窟维修工程领导小组，决定由我主抓这项工程。另外，所里姜怀英、蔡润、杨烈、杨玉柱、贾瑞广和云冈的解廷凡等是工程的技术人员。为了这个工程，云冈石窟还招了一批工人。

1974年春季，三年工程正式启动。在此后的三年里，除了冬天冰冻了不能干活外，其他时候我们都在云冈，都在工地上，住在石窟附近村子的戏台里。工程的中心任务是解决洞窟裂隙崩塌的问题，确保石窟安全。但三年时间确实很紧，我们按照"抢险加固、排除险情、保持现状、保护文物"的工作原则，先易后难，根据不同洞窟险情的轻重程度，分别对待。有些洞窟的工作很简单，很快就能完成；但有些洞窟就比较复杂，需要更为细致一些。我们采取的措施主要是灌浆、锚固、补砌、支护等方法，加固那些悬石裂隙，使残断落石归于原位。比如，第20窟是云冈石窟最大的一个洞窟，里面隐藏有中心柱子，快要倒了，那尊大坐佛的胸部已经崩塌成几块，一道几公分宽的裂隙将它分成了上下两部分。经过反复试验，我们采取环氧树脂化学灌浆与锚杆加固相结合，将塌了的石块黏结起来，修复了坐佛，支起了中心柱。昙曜五窟等其他洞窟也有不同程度的险情，我们一一处理了。1976年9月，国家文物局王冶秋局长亲自带队，组织验收组对工程进行验收。大家评价还不错，王冶秋说工程完成得很好，还与大家合影留念。

大足的工作多而碎

60年代初，我们石窟组两次去四川大足、广元、乐山等地，去调查西南地区石窟的保存状况。开展工作比较多的是大足，但很零碎，有的效果显著，有的不太显著。尤其是宝顶山，工作做得比较多。大足的情况不像云冈、龙门，它一年四季都是潮湿的，水汽大，在这种潮湿的环境里治水、治风化很难，效果不太理想。工作做完了以后，仍然有毛病。举一个例子，大佛湾有一个"卧佛"，因为渗漏，从上部漏水。修了以后，是有一点效果，但是效果不太理想，不太能经得起时间的考验，还是有一点渗漏。虽然这尊卧佛的体量不是那么大，但渗漏一直是个难题，对它的研究几十年都没有断。

石窟保护的复杂

我国的石窟寺数量众多，分布在天南地北，所处环境各不相同，依附的山体地质构造很不一样，保存状况有好有坏，保护工作的难易程度也不一样，有些工作相对简单，但整体上是很复杂的。石窟寺的岩体一般有砂岩、石灰岩、砾岩，等等。其中，砾岩松脆，是最危险的。例如敦煌石窟的岩体以砾岩为主，岩体上存在大量的岸边裂隙，这种裂隙很容易恶化、发展，如果不加以修复，就会掉落，整个壁画就会粉碎。它的修复工作就非常繁琐。相对而言，云冈石窟就要好些，它以砂岩为主。但就是同一个石窟寺里，危险情况也不一样，比如云冈石窟的第1、2窟，占地面积小，容易做工作；而其他如20窟等大型洞窟，工作就要复杂多了。还有一些山体很大的石窟，到现在为止都没有完成保护工作，没有达到预期的效果。

20世纪五六十年代，那会儿生活条件都不太好，石窟寺又普遍比较偏僻，所以工作起来有很大的难度，环境是比较艰苦的。例如炳灵寺，它很偏僻，去那里要过一个河，河水非常湍急，如果不小心的话，就容易掉到水里去。再如，莫高窟处于沙漠戈壁中，不说交通，饮水都十分困难。但这些石窟寺都是国家宝贵的文物，再多的困难我们也得克服。我们的一个愿望就是要想方设法、尽最大可能将它们保护好。科技在不断地进步，（我）很欣慰，在我们的工作基础上，石窟保护上了一个又一个台阶。但保护石窟是一项长期的工作，希望我们的后来者积极研究、积极探索新的保护方法，将石窟寺文化遗产更好地传承、发扬下去。

心系石窟：经历六十年的思与行

黄克忠

1938年生，上海人。1961年毕业于北京地质学院；1961—2002年任职于中国文物研究所（前身为古代建筑修整所，现为中国文化遗产研究院），1985年被聘为高级工程师，曾任室主任、副所长；1989年被聘为国家文物局专家组成员；1992年享受国务院政府特殊津贴；2001年退休。曾任中国文物学会副理事长，敦煌研究院兼职研究员，中国地质大学、西北大学兼职教授，中国文物信息咨询中心顾问。

40多年来，从事石窟、摩崖石刻、墓葬、遗址的勘察、规划、维修加固设计、施工指导等工作。主持过多项文物保护研究项目，参与过多项国际合作项目。主要著作有：《石质文物与古迹保存技术》《文物保护与环境地质》《岩土文物建筑的保护》；主编有：《中国文物保护及修复技术》。在国际会议及国外刊物上发表论文14篇，国内刊物上发表论文40余篇。曾获得国家科技进步三等奖1项，部级一、二、三等奖6项。

石窑保护七十载有感

心系石窑六十载，　回忆往事多感慨。
从无到有创业艰，　群策群力迎挑战。
天南海北勤实践，　科技支撑出人才。
捷报频传振华夏，　喜看今朝艳阳天。

黄克忠
己亥年春

我国石窟保护的开创是从敦煌文物研究所开始的，那个时候还是20世纪40年代。当时的条件十分艰苦，以敦煌石窟的常书鸿为代表的一批前辈，在艰苦的环境下，除了临摹壁画、守护石窟，还做了一些力所能及的保护工作。

结缘石窟

20世纪60年代初，我们国家还没有专门从事石窟保护的机构，更没有对口的专业人才。看着各地各个石窟都面临着如何保护的问题，国家文物局很是头疼，找什么单位配合开展工作？需要什么领域的专业人才？当时古代建筑修整所的领导们拜访了很多高校和研究所，但他们一听是做石窟保护，基本上都皱眉摇头，因为没有人做过，大家对它都太陌生了。功夫不负有心人，几经周折，终于找到了两家合适的单位，一个是中国科学院中南化学研究所，另一个是北京地质学院。两家单位都很热情，表示愿意支持石窟保护的工作。也就是从那个时候，当时的文化部副部长徐平羽、文物局局长王冶秋，开始积极地筹划这个事情，包括怎么把专家请到石窟去调研，调研以后怎么开展工作。

具体负责联系专家的是古代建筑修整所（古建所）的所长姜佩文。古建所在哪里呢，就是现在的南河沿大街，北京饭店的停车场。当时是一个古建筑，叫作皇亭子的一个大庙，我们单身的住在大庙里面。办公也在大庙里面。我是1959年毕业实习时就到古建所的，当时姜所长引进了十几位大学生，有物理、化学、地质等专业，但主要是学化学的。这些大学生基本都在古建所工程组里工作，后来从工程组里分出来化学组和石窟组，余鸣谦先生任石窟组的组长。要说科学保护石窟有真正开创的话,就是这个时期。记得当时石窟组有杨烈、贾瑞广、宋森才、张智,还有从地质学院毕业分配来的两个大学生。他们面临着新的问题和挑战。虽然古建筑有一套成熟的传统技术,但石窟保护怎么干?成立的小组要怎么开展工作?文化部徐平羽副部长亲自主持开了一个会,把工作要求说了以后,组织专家、教授们去考察了几个大石窟,包括敦煌石窟、麦积山石窟、云冈石窟和龙门石窟等。他们经过调研后,提出必须进行现场实验,最后定下来把云冈石窟当成一个试验点,因为和其他几个石窟比起来,云冈石窟的病害更严重。于是以云冈石窟为实验基地,将所内主要力量投入勘察、试验、研究的大兵团作战中。针对第1、2窟的严重病害,尤其是水患,在北京地质学院王大纯教授的指导下,试验工程获得了成功。此外还对灌浆材料和防风化材料进行了大量室内外试验。这些为后来的三年抢险工程,准备了充分的保护技术与方案。

  在这种背景下,我们北京地质学院三个学生的毕业实习就被安排在了云冈石窟。我们参与了对基础的调查和勘察工作。所以说,我还没有成为正式员工之前,就已经参与了石窟保护的工作,从这时与石窟开始结缘。

  当时正是20世纪60年代初,是我国经济困难时期。年轻人可能不知道,我们那个时候连吃饭都成问题。吃的什么?小高粱,带榆树叶的窝窝头,对胃损伤很大,所以今天我胃不是很好。但当时真是什么也没有。我们单位的姜所长就在北京买了所谓"高级糖",到云冈石窟慰问我们。所里对我们要求很严格,驻在现场不能自己回来,到11月底才让我们收队。当时已经下雪了,根本什么都干不了,我们就卷着铺盖卷准备回京。但是没有想到,下雪以后公交车就没了，当时所里年轻的宋森才就拉着装行李的板车，我和朱希元两个人在后面推，走了16公里到大同市，才乘上火车返回北京。

不光是我们，有不少地方的石窟保护工作者还没有这样的生活环境。1963年，樊锦诗从北大毕业以后去了敦煌石窟。刚去的时候，住的还是用牛棚改造的房子。当时喝的水是苦水，因为含有硫酸镁，喝了以后就拉肚子。就算是这种情况，他们在阴冷的洞窟里临摹壁画，用他们的双手为保护洞窟做了不少力所能及的工作。那时候敦煌石窟的风沙还没有得到有效治理，鸣沙山上的沙子每天都流下来很多，他们拿着手推车一车一车往外拉。在这么恶劣的环境下，他们能够坚持不懈，付出一辈子的心血，完全是出于他们对石窟保护的重要性的认识，完全是出于对它的热爱，可以说这就是我国知识分子文化自信的有力表现。在这70年里，几代人坚持不懈，不畏艰苦，为中国石窟保护作出了非常大的贡献。敦煌研究院的知识分子自称为山沟里的人，现在却是国内文物保护界公认的一面光辉旗帜，已站在国际文化遗产保护的舞台上，成为光彩夺目的一颗明星。它是在国家政策支持，领导重视，保护工作者奉献，管理者开放、奋斗，引进人才，科学规划的前提下，走上了科学保护的轨道，为后来的发展奠定了坚实的基础。

石窟保护科学之路

文物保护十年规划始于1962年。在北大红楼召开的第一次文物保护十年规划会议，我参加了。记得当时请了各个省文物领域的专家来开会，有的是局长，像上海方面请的是上海博物馆的馆长沈之瑜先生。请了全国很多这样的专家。当时吃饭就在红楼的地下室食堂。开会没有像样的桌子，我们说拿块桌布遮一遮，姜所长就从他家里拿了盖箱子的漆布布置了会议室。我们第一个文物保护十年规划，就是从这里开始的。由此拉开了科学保护文物的序幕，后面接着有了"十五"规划，"十一五"规划，"十二五"规划，到现在的"十三五"规划，大大推动了文物保护科学研究水平，文物保护工作也越来越受到重视，支持力度也越来越大。

这些规划起了非常重要的作用，它能够让大家知道在一个时期里主要干什么，它能引导我们开展具体的研究工作，并把科学研究贯穿于保护的全过程。尤其是石窟保护，前期研究十分重要。它的研究工作是治理工程的前提，没有这些前期研究工作，就提不出保护工程方案。我举几个例子来说明保护工程中科学研究工作的重要性。

> **吃的什么？小高粱，带榆树叶做的窝窝头。**
> **住的还是用牛棚改造的房子。**
> **喝的水是苦水，因为含有硫酸镁，**
> **喝了以后就拉肚子。**

麦积山石窟保护：一波三折的持久战

1963年，文化部文物博物馆研究所（后简称"文研所"）[1]派出一支队伍去甘肃麦积山石窟做勘察。这支队伍由书记和我们几个人组成。去了麦积山石窟一看，那个地方不仅是地震多发区，而且预报显示，近几年还将发生地震灾害。为了监测石窟的安全情况，我们在开

---

1. 1962年组建。

展地质勘察工作的同时还埋了一些裂隙位移计进行监测研究。当时没有好的手段，我们就自己想点子，把石膏涂抹在裂隙两边，如果有振动，石膏很脆，会马上裂开，监测人员就能立刻报告给我们。

石膏是 1964 年涂上的，没有想到 1965 年当地就发生了一次地震，麦积山石窟打电话说这个石膏已经裂开了。说明什么问题？裂隙在移动。我们马上写报告给国家文物局。国家文物局的领导很紧张，下达指示说麦积山石窟必须要抢救了，叫我们赶紧组织队伍做设计方案。但麦积山石窟抢救方案在文物局等部门讨论了好多年（没有实施），其中当然有"文革"的因素在里面。所以是 1972 年才真正启动的。后来 1976 年唐山大地震，让我们更紧张了，因为在甘肃也有明显的震感。麦积山石窟加固工程迫在眉睫。终于，国家文物局于 1978 年批准了陈宗基先生[1]提出的喷锚加固治理方案。

麦积山石窟抢险加固工程方案的确定也经历了一波三折，其中有管理问题，但更重要的是技术问题。最初是甘肃省建筑勘察设计院做的方案设计。他们做了一个大柱子的方案。可这个石窟高达 85 米，想想从底到顶立个柱子，这个柱子要多大？基础要埋多深？这个方案明显不合理，所以说没被采纳。后来有人提出切割搬迁方案，把这些造像都搬走，放到个安全的地方去，说如果大地震来了就全毁了。但统筹考虑，决策者还是不敢下这个决心。

大概在 1974 年前后，正在左右为难的时候，正好科学院力学研究所的陈宗基教授从荷兰回来了，当时地质研究所王思敬主任[2]介绍我们去拜访了陈教授。我们把麦积山石窟的情况一介绍，陈教授听了很

---

1. 1946 年留学荷兰德鲁浦科技大学，获博士学位。中国科学院地球物理研究所研究员，1980 年当选为中国科学院院士（学部委员）。
2. 1963 年获得苏联莫斯科地质学院副博士学位。中国科学院地质研究所所长，1995 年当选为中国工程院院士。

感兴趣，因为和他的专业刚好可以对上。他带着一个秘书去看了麦积山石窟的情况，回来以后国家文物局组织召开了座谈会。他提出的方案是喷锚加固技术，这项技术当时在地质矿山领域是很成熟的技术，他说这项技术用在麦积山石窟保护中是可以的。

三个方案里，最终选择的是与当时科技进步的成果结合起来的技术，即这项技术。当时这项技术正好引入我们国家，文物部门有幸可以利用到这项技术。而且，这个方案还可以原地保护，不用改变面貌。国家文物局批准喷锚加固方案以后，1978年，首先由甘肃省科学研究所做了一些前期研究和现场试验。例如锚杆荷载试验、悬臂梁试验等等，都做了，然后开始搞施工设计。设计阶段由甘肃省建筑科学研究所易武志这位工程师完成。这位工程师很负责，而且很有经验，是湖南人。他是北京建科院下放到甘肃的。他的专业技术底子非常好，锚杆试验、灌浆材料试验等等，都是他组织做的。为什么后来又变成工程办公室搞设计了呢？矛盾出在甘肃省文物局，它和建筑科研所闹了什么矛盾，是经济问题还是什么问题，不知道。

另外在治理工程方面，在人事协调等方面也存在许多不协调的问题，比如办公室的一位设计人员，自身专业不对口，还坚持自己画图，排挤外面的专家，画出的图纸实在不行。在这种情况下，还是把易武志拉去了，他是作为聘请的专家去的，不是代表单位参与的。但结果建筑科研所也同意了，因为建筑科研所已经干了很长时间了。麦积山石窟治理工程的好多图，尤其是五工段等真正关键部位的钢筋骨架牛腿设计，都是易武志设计的。现在整套资料还在易武志手里。

设计完了就要施工，当时的施工队伍是甘肃省第五建筑工程公司，还算不错。有一个很好的队长，叫作王戊己，他非常负责。隐蔽工程做得很认真，才有现在的麦积山石窟稳固的栈道。当时"五建"

起了很好的作用，这支施工队伍在麦积山工程竣工后也受到了表彰。但后来这位队长去世了，这支队伍就越来越不行了。

麦积山石窟保护项目一直到1984年竣工，整个工程里面的研究工作非常多，而且审查很严格。我有幸参加了这个工程。刚开始的时候是余鸣谦工程师带着我去的，后来基本上是我管这个项目，等于是国家文物局派专家常驻在那里。这个项目1985年得了科技进步奖。喷锚加固这项技术广泛应用在以后的石窟保护中，到现在还在用，麦积山石窟加固工程起了一个重要的先导作用。它的一套理论，一套研究方法，为以后的石窟稳定性加固树立了榜样。

石窟保护中的新技术、新手段与新方法

从1981年到1999年的20年间，新技术、新手段、新方法在石窟保护中得到了广泛的应用，仅获得的各种奖就有11项。而且这里面好多都是"十年"规划要解决的重点课题、重点难题。20世纪八九十年代，我们当时在石窟保护的研究上花了很大力气。其中包括乐山大佛的前期研究、防风化的研究、灌浆保护材料的研究等。

要调查石窟病害并对病害进行评估，没有检测技术手段不行。石窟治水的研究中，用了很多检测方法、手段。有的是（我们自己的）发明，有的是引用外面的技术手段，这样确保提交方案时具有科学依据。另外呢，1988年文化部科技办接了当时国家科委的一个项目，叫作云冈石窟风化石雕保护研究，1988年的经费是12万，在当时来说，资金规模相当可以了。这个项目让我们在云冈石窟做了很多工作，我们和铁道科学院合作，研究出了无损探测的微测深仪。这个是我们创造发明的。它可以测什么？测风化石雕的风化深度，也可以测保护材料渗进去以后的深度，它是我们当时科研项目的一个重要成果。还有就是筹建石窟寺的文物实验室，当时进口了比较先进的设备，从丹麦引进了岩石磨片切割机，买了1万多元的偏光显微镜，用于探测岩石的微观结构。还有一些其他设备，也是那个时候引进的。在云冈石窟建设风化长期监测场之前，我们收集了大量国内外的动态资料，比如说意大利有一个文物保护条例，已经出到第11期了，我们把它翻译过来，让大家一起研究学习。另外我们还和科学院地质研究所曲永新老师合作，做了云冈石窟岩石表面粉状物的微观研究，（研究文章）当时在外国杂志上发表了。这些成果都是我们项目的结果。再说一个，重庆大足北山石窟第136窟水害治理。这个窟的水害治理工作，主要是用了灌浆材料，是潮湿环境的灌浆材料。四川文物考古所和四川晨光化工研究所合作，进行了材料室内和现场试验。另外还筛选了多种表面防护材料，最后选定的材料在宝顶山上使用，效果非常好。所以说研究成果可以直接指导石窟保护。我们在整个石窟保护的过程中，对研究都十分重视，这个是石窟保护的一个很大的特点。

同时，也开启了文物预防性保护先例。当年国家计委公布了一个课题，叫作影响文物保护的环境因素及环境质量标准。当时这个课题很大，文研所、历史博物馆、故宫博物院、敦煌研究院、广东省博物馆、西安文物保护修复中心、云冈石窟保护所、重庆博物馆、上海博物馆等，10家单位参加，都是文物部门的大单位。国家文物局为了保证课题运行，定了两个课题负责人，我和陆寿麟两个人就担起了这个重任。课题研究的时间很长，从1995年开始，一直到2002年结项。

课题的内容很多。文研所当时负责的是全国重点文物保护、环境保护的现状分析。故宫博物院负责故宫大气环境的污染监测。上海博物馆负责博物馆保护环境质量标准制定。广东省博物馆负责高温高湿地区的博物馆环境控制。西安文物保护修复中心负责对土遗址类文物保存的理想环境条件的研究。云冈石窟研究所负责工业粉尘对石雕的危害和防治对策的研究。重庆博物馆负责酸雨沉降大气污染对博物馆文物的影响研究。敦煌研究院负责影响壁画保护的环境因素和环境质量标准的研究。历史博物馆负责制定历史博物馆里面无机质地文物环境质量标准。此外，还在故宫里面设了一个环境监测站。那个时候我们在课题上花了很大的力气，可惜成果只是结项，并没有推广。值得一提的是，真正发挥作用的是上海博物馆，他们的研究坚持下去了。还有一个是云冈石窟的粉尘问题，他们的研究成果和美国盖蒂研究所请的加州理工大学的专家的研究成果结合在一起，为公路搬迁提供了非常重要的科学依据。这个研究尽管没有报奖，也没有得奖，但是非常好，在预防性保护上开启了先例。

石窟水害治理的漫漫长路

从20世纪60年代到现在，我组织或者参与了很多重大的石窟保护标志性工程。回顾往事，印象最深刻的还是治水，几十年里，这个方面经历最多、最痛苦，也是到后面最高兴的事情。

两代人的大足石刻治水

两代人在大足石刻治水工作上进行了探索与实践。重庆大足这个地方气候潮湿，雨水也多。我们一直在做大足石刻的治水工作，从北山石窟采用开挖排水隧洞的治水，再到后来宝顶山圣迹池综合治理工程，治水效果都是值得肯定的。圣迹池的环境治理是"卧佛"综合治水工程的组成部分。自20世纪50年代，我们就开始了对"卧佛"的治理工作，直到2017年取得显著的治理效果，经历了60多年的艰苦探索、研究实践。

对文物本体进行治水的前提是细致地做好地质勘察工作，查明渗水病害的机理。中国科学院武汉岩土力学所做的前期研究为治水奠定了很扎实的基础，中国地质大学又补充做了很多调查研究工作。在施工阶段，设计单位和施工单位进一步做了施工的补充勘察，做了灌浆的试验，还在外面布置了一个试验场。这些勘察、补充勘察、试验等，修正并完善了设计方案，使得治理措施更加科学、更加有效。可以这么说，卧佛的治水是找到了合适的勘察设计单位，找到了合适的施工单位，这两个单位强强联合，才能够有这么好的成果。"卧佛"综合治水工程的完成经历了两代人的努力。治水工程先把"卧佛"周边环境中的污水往外排，改善了居民的生活环境及"卧佛"周边的环境。这些事情做好了以后，条件创造好了，我们才有功夫研究卧佛本体的治水。所以它是一个系统工程，并不是简单的"卧佛"治水的单项工程。

乐山大佛水害，仍需治理

乐山大佛水害治理依然严峻。20世纪80年代的时候，国家文物局批复并拨付了60多万的科研经费，做乐山大佛的前期研究工作，（后来）还获得了国家文物局科技进步二等奖。乐山大佛的前期研究是我和马家郁主导的文研所与四川文物考古所等七个单位一起做的。我们进行了勘察、测绘，还用一些仪器探测佛像头部内部的状况。探测出来，大佛状况很不好，两个眼睛已经成了窟窿，鼻子是后期人们用水泥糊的，嘴巴也是一个大窟窿，所以都不敢动。但是这种状况怎么弄？你看大佛的腮帮子是越来越厚，都不像唐代的样子了。曾经想过能不能把它剥一剥，但是没敢动。后来，在综合治理前期研究中，把病害找到了。然后就提出来，最重要的事情还是治水。因为大佛身上有4个含水层，造成了严重的生物风化，每年小树和杂草长得到处都是，这些生物根本除不尽。所以要治理乐山大佛，如果前期研究没有做到位，提出来的方案就缺乏针对性。最近完成的这一项工程，仅仅是解决了大佛胸部掉块的安全问题，但真正要治理的话还是要治水，这是根本性的问题。

有经验，也有教训

20世纪60年代，我们在云冈石窟尝试做保护工作。首先要定一个地方做试验工程，当时选在了第2窟，因为它的破坏非常严重。为什么这么说呢？听它的名字大家可能就懂了。第2窟叫作寒泉洞，窟内泉水漫流，到了冬天，水渗到石头缝里结了冰，体积变大，把缝胀得更宽。长年累月下来，窟底下的石头就全成了碎块。由此，地基变得不稳定，石窟的壁面已经向外移动，随时可能坍塌，非常危险。

那我们这些地质学院的学生去干嘛呢？先做地质调查，在那里挖一个槽，看泉水是怎么破坏石窟的。同时中南化学所的研究员带着文研所的贾瑞广、李哲元，他们就在第2窟里面做灌浆试验，也做了一些表面保护、防风化保护等试验。也就是这个时候，刚刚出现的有机硅新型材料，也在云冈石窟做了现场试验。云冈的第2窟治水，成效非常好。它的效果是怎么来的？是北京地质学院水文系主任王大纯教授提出来的。他说，要让泉水往下降，降低它的水位高度，完了以后，水就不在地面上泛滥了。我们按照他的要求，杨烈搞了设计，挖了一个深沟，挖到地下1米5的位置，下降的地下水就直接从窟里面排到窟外面去了，一下子整个洞窟就干了。你们现在看到的第2窟，是经过一、二期工程的第2窟，是干燥的，从20世纪60年代到现在，已经60多年了，效果还非常好。这项工程给了我们极大的信心，那就是石窟的水可以治。这样成功的治水案例还有一些。但后来没有那么顺利了。像云冈石窟全面治水，当时投入精力很大，但是到后来，真正大规模的治水都没有进行，文物局没有批。和美国合作的在西部窟群做的一个覆盖层、防水层试验，结果由于云冈石窟管理部门不配合，把它都废了，很多很先进的科学仪器都废了，很让人心疼。原来还在钻孔里面安装一些设备，测水位升降，测温湿度，在整个排水系统里面安了一些仪器设备，也全都废了。这个就是伤心的事。

到了龙门石窟，治了很多次水。比如2007年至2008年潜溪寺石窟治水工程，由于施工单位不配合，管理单位也不负责，结果半途而废。没有想到，施工之后，漏水漏得比原来更厉害了。之后经过了近10年的艰苦努力，治水才成功。这个成功里面包含了很多研究，包括渗水途径研究、灌浆材料研究、精细地质调查，我们用一些探测手段把真正的渗水途径找到了，几个因素加在一起，治水才成功。所以这个案例给我印象最深，由失败到成功，由开始投入少到投入多。

在云冈石窟的试验里面，并不都是成功的，也有失败的。20世纪60年代，当时在第一窟的壁面上做了一小块防风化的材料试验。当时涂了丙烯酸酯类材料，没有想到浓度太大，没渗透进去。结果过了没多长时间，壁面表面出现了黄色龟裂，出现了很多裂隙。大家非常紧张，赶紧叫人把它洗掉。化学材料清洗可没那么容易，洗了很长时间才洗掉。这个事件说明了什么？现场试验不能直接在文物本体上做，只能在外面非文物本体上做。做完了以后，得到认可了，成功了，才可以到文物上实施。这个经验教训就是从这里开始的，后来成为了我们文物保护领域的一条准则。

与盖蒂保护研究所合作 30 年　最成功，最有成效

我们和美国盖蒂保护研究所的合作，是我国石窟保护最早的，也是持续时间最长、最有成效的国际合作。我参加的敦煌项目和他们合作 30 年了，直到现在还有联系，几乎每年都和他们见面。

1989 年的时候，美国盖蒂保护研究所的所长叫作蒙来尔，带着阿格纽先生，两个人来我国考察。国家文物局推荐他们到我们所，让我出面和他们谈。我当时就向他们推荐了两个单位，一个是敦煌石窟，一个是云冈石窟。因为我在云冈工作了很长时间，比较了解情况，但不知道管理层面是否配合，他们是否觉得合适。他们去看了以后非常满意，当年就和国家文物局谈合作。当时国家文物局副局长沈竹主管这个事，确定了敦煌石窟和云冈石窟两个点。我当时感到很荣幸，推荐的两个点，他们都采纳了。

经过了前期的会谈和几个月的准备，当时工作做得非常到位了，我们打算 1989 年 6 月就到洛杉矶去签合同。我们订的是 6 月 5 日的机票，但没想到前一天发生了一些事。6 月 5 日还能不能去？沈竹说还是要去，不去的话，合同签不了，损失就太大了。因为盖蒂保护研究所是非常好的一个合作单位。于是我们打算提前到机场，5 号白天一大早就去等着，看情况行事。到了机场以后发现机场气氛很紧张，但我们终于还是坐上了飞机。因为我们这个合作是联合国教科文组织牵头的，接待方就说我们是联合国教科文组织的专家，不从普通通道

走，从另外一个通道出去，这样就避免了记者的采访。

机场出来还是很紧张，因为之前的计划安排全被打乱了，心里没有底，人家是什么态度我们不知道，肯不肯签合约我们也不知道。沈竹还是有能力的，谈了几次就感觉还是有戏。但是从当时那个情况看起来，马上签合同是有困难了。

当天晚上，他们安排我们到迪斯尼看花车巡游。我们哪有心情看？几个人坐在台阶上，苦思冥想明天的会怎么开，怎么说，怎么才能在这样的情况下达成合作。第二天，盖蒂保护研究所的总裁出面了，叫作威廉姆斯，是个很友好的老头。他说，根据这个情况，我们签合同是要缓一下了，搞一个备忘录怎么样？我们就答应了。实际上，这个备忘录就代替了合同。所以，这一次签约有惊无险，还是成功了。签完备忘录后，他们每年都来我国，春天来一次，夏天来一次，每年来的时间不等，根据工作性质，有时半个月，有时还要再长一点，派的专家很多。

敦煌石窟方面呢，当时敦煌研究院段文杰是院长，樊锦诗是副院长。樊锦诗主管和盖蒂的合作项目。一开始，谈的过程中碰撞是有的，因为当时都不了解对方，讨论的时候，这个意见不统一，那个意见不协调。反正讨论了很多次，开了好多会。慢慢地、慢慢地，我们对保护理念的理解，对合作项目共同的想法，碰到一起了。从领导管理层的支持力度来说，代表国家文物局的沈竹，代表敦煌研究院的段文杰，都非常支持。除此以外，底下还有一批可以干实事的年轻人，这些因素综合起来，就代表着国际合作的条件成熟了。

相反，云冈石窟就没有这个条件。当时可以合作的人里面只有一个黄继忠可以，还有一个大专毕业的苑静虎。和敦煌研究院比起来，技术和人才基础总体薄弱。云冈石窟的领导也不得力，思想非常左。

他说，和美国合作？美国是帝国主义。所以他就不配合。当时解廷凡副所长负责这个事，还能做一些事，但是最后由于主要领导的阻力，也做不动了。盖蒂保护研究所的人在云冈的工作处处遇到阻碍，最终阿格纽就把这个项目停了，他们也损失不少。阿格纽当时请的这些专家都是世界上有名的保护专家、环境专家，比如说加州理工大学的环境学教授，他来做测试的这些设备都是当时最先进的，北极长城站的设备都没有这些先进。可惜就这么毁了。

我们和盖蒂保护研究所的合作是第一个全面系统的国际合作。虽然我们当时比较穷，没钱，但和他们的合作并不是单纯地要钱、要经费、要设备。这个应该感谢我们的领导，就是沈竹和敦煌研究院的段文杰和樊锦诗，他们的观念不是要钱，而是培养人才，这恰恰和盖蒂的理念碰到一起了。一开始在讨论合作计划的时候，这个问题就放到桌面上开诚布公地说，大家都认为要以培养人才为中心。但也要说明，每年盖蒂投入的经费很多，他们要从世界各地聘请最优秀的专家到敦煌来，这些钱全部是他们出的，来回的差旅费也是他们自己出的，带来的设备又是无偿的。因为他们背后有一个非常雄厚的资金支持，不是美国政府，是基金会。基金会是一个比较独立的机构，当时他们在埃及、在非洲都有合作项目。他们认为我国的项目值得大量投入，这个和他们基金会的领导有关系。因为我们在敦煌做出成绩来了，他们愿意不断投入。

盖蒂和敦煌石窟的合作，几个项目都做得非常好。比如说山顶流沙的监测和流沙的控制这个项目。从监测风沙移动规律，到构建一个风沙帐，到种植固沙生物，再到大面积的方格固沙，在窟前用PS（硅酸钾）材料渗透加固，形成一个立体的防沙体系。原来治理前，每年鸣沙山上的沙流下去以后，至少要用十几车去拉，治理之后减少了

90%的沙，现在只有少量的沙子流下来。所以这是非常成功的一个项目。第二个项目是敦煌石窟85窟整体保护项目。它为我们国家的壁画保护程序、做法和监测手段、保护材料等一系列工程都树立了典范。第三个就是莫高窟整体保护规划，这个是在《中国文物古迹保护准则》的基础上做的规划，非常成功。还有一个就是游客管理，它对游客的一些指标进行监测，目的是弄清楚到底游客对洞窟壁画有没有危害，对里面空气的污染是什么情况。在用上了窟内窟外的监测手段以后，一段时间后得出的结论是，游客对洞窟壁画带来了影响。在这个基础上才制定了一个游客管理的制度。现在敦煌研究院的管理上了一个大台阶，这个和盖蒂保护研究所的合作有很大的关系。

编制与修订《中国文物古迹保护准则》

莫高窟的整体保护规划是在《中国文物古迹保护准则》的基础上做的。这个准则是怎么提出来的？实际上是盖蒂保护研究所的阿格纽提出来的，不是咱们自己先提出来的。但是在北京市古代建筑研究所，王世仁当所长、晋宏逵当副所长的时候，倒是做过类似的工作，当时想搞一个这样的东西，不过不叫准则，叫导则。可惜半途而废，没有做成，也没有和国家文物局申请什么项目。真正开始是在敦煌和盖蒂的合作项目干了三四年以后，阿格纽对樊锦诗和我提出来的。他说咱们需要一个适合我国的规则，当时也不叫准则。

后来我们谈了几次，又和沈竹提，他觉得这个想法挺好。然后，国家文物局就正式把它当成了一个项目。沈竹副局长退了以后，就是张柏副局长主抓这个事，负责准则的编写。当时承德文物局长挺积极的，邀请我们到承德去讨论。在那里就成立了一个小组。这个小组里面有搞环境的，有搞考古的，有搞建筑的，有搞管理的，有搞石窟的，几个方面都有。编辑组长是张柏，负责实际编写工作的是王世仁。

盖蒂方面提出来，不只是盖蒂参加准则的编写，他们希望澳大利亚遗产委员会也参加。国家文物局同意了，当时遗产委员会的主席莎莉文也参加了这个项目。开始编写前，首先要弄清的问题是我们国家缺什么。他们提出来两个，一个是保护程序，过去我们在这个方面不是很重视。另一个是我们的档案、记录不规范。那么到底这个档案该怎么做？应该在准则里体现出来。然后就是要调查我们国家目前文物古迹保护的状况，看看有什么要求，管理上是什么状况。我们一起在国内走了不少省，国外也安排了好几次考察，到澳大利亚做了两次考察，到美国的考察我参加了起码三次，每一次的考察都是逐步深入的。

在这个过程中，逐步明确了到底文物保护的原则是什么，国际上是怎么样的，国内是怎么样的，里面就牵涉到一些讨论了。比如说我们常说的文物的三大价值，《文物保护法》提出了历史价值、科学价值和艺术价值，对方就提出来，应该还有文化价值。当时在编的时候也有矛盾，尤其是澳大利亚莎莉文这个主席，她比较认真，这个问题提了好几次。最后我们告诉她，我们的准则是用来解释法律的，现在法律提出来三大价值，如果我们加入别的价值，可能会引起不同的意见。最后他们理解了我们，接受了我们的意见，没有把这个文化价值放进去，直到第二次修编才放进去。像这样的讨论是比较多的。

当时的争论还有很多，包括在保护的一些看法上、技术上。比如说"不改变文物原状"这个问题，就讨论了很长时间。他们有一些做法和我们是不一样的。我们希望在保护修复中能够做到远看差不多，近看有区别。而他们是远看近看都要有区别。类似这样子的讨论、争论是比较多的。但是越争论，大家越往一个目的上靠。前提是什么？我认为，盖蒂保护研究所这几个专家首先是尊重我们的，不是凌驾于我们之上的，不是说你们很落后我就来教育你们，不是这样的。大家是商讨，这是一个非常好的态度，是我们友好合作的前提。有不同意见，大家就讨论；讨论还是不行，就先搁置。在每一个考察的地方都有讨论，都有一个文字的记录。在这个基础上，逐条逐条完善。小组讨论的草稿改了十几次，最后才把这个准则方案定下来。

这个过程是中外理念、技术、方法碰撞融合和理解的过程。说实在话，和盖蒂保护研究所的合作对我来说受益匪浅，开拓了我的眼界，让我知道了我国的想法和外国的想法，知道应该怎么对待这些问题，对这些问题都有了更全面深入的看法。不止对我，对我们帮助都很大。晋宏逵的体会也非常深，他发表过好几次文章，都谈到这件事。

过了10年以后，有好多新的理念出来了，像文化景观、文化线路等等，这些东西都来了，我们感觉原来的准则不够用了，就准备修编。当时修编的事在文物局领导之间有不同的意见。童明康副局长强力支持并亲自抓修编的落实工作，把这个修编准则弄出来了。但是弄出来以后，他就退休了。他退休以后，推广的力度就不如第一次准则，这是很可惜的。实际上，这个准则在国际上反而影响很大，有好多国家用我国的准则来说话、当范例，国内反而推广得不好。这事清华大学的吕舟教授感觉非常伤心，因为修编是清华大学主持的，他们费了很大的劲，讨论修改了很多稿。准则的事，我从头到尾再到修编都参加了，也是准则制订参与者中在修编时留下的唯一一个人，其他人都没有参加。

客观地看，文物保护准则对我国来说，在理论上奠定了一个基础，为我们工程的实践立下了非常好的规矩，它的影响是深远的。这一点，我觉得在我整个工作生涯中，它是我一个很重要的成果。所以当年获得国家文物局文物保护科学和技术创新奖一等奖，还是实至名归的。

广泛的国际合作

与意大利的合作

我们和意大利的合作，值得称道的一点也是他们着重对人的培养。1995年到1998年，我们在西安合作，建成了西安文物保护修复中心。当时培训了十几个人，现在这些人都是文保界的顶梁柱，有的是非常好的教授，有的是非常好的研究员，这一点应该说是成功的。

这个培训中心先在西安，后来又到了北京。从2004年开始，在文研所建立了第二个培训中心，比西安更上了一层楼。它成了国家文物局的高级培训中心，而且一直在发挥作用。不仅仅是培养国内的人才，也培养国际方面的人才。每年有十几个培训班，工作量很大，成效也很显著，培养了一大批文物保护人才，这是与意大利合作非常好的一点。而且对方给的钱也不少，这两个单位的仪器设备都是他们提供的。可以说，盖蒂之后，就是和意大利的合作了，都是长期的合作，没有断过。他们资助也是一个接一个，而且意大利大使馆在这个方面一直做得很好，这一点是值得称道的。

与德国的合作

陕西省文物局与德国科技部、巴伐利亚州合作的彬县大佛保护项目，这个项目是比较成功的。我国当时聘请了大专家葛修润院士来帮着做。彬县大佛的头、颈部有一条裂隙，比较致命的一个裂隙，而且这个裂隙在不断发展。怎么进行保护？首先我们对这个大佛进行了激光扫描。当时是1993年，还没有完全开发出激光扫描技术。但那个时候葛院士已经做了工作。德方也拿出来一些先进技术，其中有锚固技术，在锚孔里面填充沙子。这些技术我们国家没有。他们做了一些试验工作，也对窟顶部的彩绘做了不少研究修复工作。所以研究和工程相结合，效果挺好的。唯一有一点遗憾是治水，大佛的治水做得马马虎虎。合作项目结束以后，我们自己立项做治水，这一点有些遗憾。德国人在合作过程中的严谨、一丝不苟的精神很让人感动，在彬县大佛的保护上很能体现出来，做的其他一些项目也很不错。

与日本的合作

在国际合作的项目里，有成功的，像敦煌；有半成功的；也有不成功的。2002年到2007年，联合国教科文组织利用日本政府的信托基金，和我们合作保护河南的龙门石窟和新疆的库木吐喇石窟，这个项目有好也有坏。当时中日合作的第一批经费，龙门是125万美元，新疆也是125万美元；我们的配套经费，第一次是龙门50万人民币。在龙门选了三个洞窟，前期在皇甫公窟和路洞进行。每年日本派来专家，和我国专家一起讨论，制定工作计划。比较起来，这个合作和美国的合作就有差距了。差距在哪里？理念不同。为什么理念不同？因为日方的石窟保护的概念不够完善，日本的石窟非常少，而且做的项目成功的不多。我参加敦煌石窟去日本的代表团，几次提出来想参观一个在日本南部的石窟，但他们总不安排。后来一个专家悄悄告诉我，那个石窟的治水方案没有成功，一直到现在，（治水）还是个问题。在这样的背景下，他们派的地质专家在不了解龙门的情况下，想当然地提出了一个计划，说要打几个深孔。打这个深孔的钱竟然占整个合作经费的一大半，非常不合理。我们在会上就提出来，整个龙门石窟是一个天然的剖面，已经可以看得清清楚楚，再打深孔起什么作用呢？日本专家说要观察水汽对石窟造成的损害。我们说在龙门石窟最重要的是大气降水造成的危害，这占了 90% 以上的病害。水汽对龙门石窟有什么危害？我们没有看到。就这个问题争论得很厉害。因为他要打很多深孔，我们极力反对。最后双方各退了一步，打了两个深孔，几个浅孔。类似于这样的例子不少。另外，工作计划受到阻碍还有一个客观原因，他们带来的仪器具有监测国家机密的功能，由于国家安全原因，这些仪器设备运到龙门以后就不好办了。

但有几位日本的专家还是不错的，他们是想把这个项目做好的，包括冈田健这样的专家，对我国还是很友好的，后来也慢慢同意了我们的一些想法，把这个计划往我们的方向改。原来以他们为主的计划，变成了以我们为主的计划。由于经费的限制，把工程规模缩小后，其他方面的工作投入就非常少了。即使这样，用完了经费，这个项目也就只干了一半，光是一些研究。但关键是要治水啊，怎么办？后来还是国家文物局出钱，按照原定的工程计划再继续干下去。

所以对于龙门来说，这个合作项目虽然做了，但只做了一半，应该说成效不是很显著。但是在库木吐喇石窟，是另外一组日本专家，就和盖蒂保护研究所的专家一样，很尊重我们。他们有什么意见，就来和我们商讨。这个队伍还很能吃苦，他们带来设备，自己背着爬到山顶上去。其中有个仪器叫 X 衍射仪，很重，是当时挺好的仪器。在这个基础上，双方就合作得很好，计划进展得也很顺利。我方王金华做的保护设计，他们基本都通过了，尤其在五华洞的设计，把底下已被掏空了的危岩加固了，而且施工后效果挺好。施工队伍也很不错，正好是兰立志负责的辽宁有色金属101地质矿业局的队伍。验收的时候，新疆文物局盛春寿局长对他们评价很高，这个合作项目很不错，非常成功。

从接受援助到支援他国

回顾这70年，过去的国际合作都以对方的资金为主，我们是接受援助的。例如和盖蒂保护研究所合作的时候，每一次出国经费都不少，都是他们报销。1993年，我们张德勤局长参加了东京的一个有关保护吴哥窟的（联合国）教科文组织会议。张局长回来以后说，我们要参与柬埔寨的保护项目。当时想，我们没有钱，但我们可不可以和日本搞一个合作项目，我们派专家和日本一起做。当时是这个想法。第一次去柬埔寨时派了一个代表团，当时有我、童明康、孟宪民，外事处5个人左右。我当团长，负责谈这个项目。当时西哈努克亲王还出面接见了我们，大使陪着我们去他们的王宫，还送礼物给我们。他们对我国寄予了很大的期望，希望我们参与到吴哥窟保护这个项目来，接待我们比较隆重。

按原先的计划，我们去找日本代表团。他们当时有两个队，一个是政府队，一个是大学队。我们找的是政府队，约好了见面。没有想到这帮人对我们的拜访非常轻视。他们的态度是，你们可以参与到我们这个项目里面来，但不是合作关系，你们派专家过来就可以了，你们是来向我们学习的。尤其是他们的一个技术人员，非常狂妄。这让我们非常生气，谈了很短一会儿就走了。回国以后我们写了一个汇报，向领导说明了情况，我们说和日本人无法合作，应该自己建队伍。

文物局领导看到汇报以后，也很生气，日本的这个态度太失礼了。后面汇报给了商务部。商务部说现在正好在援助柬埔寨，可以在文化方面拨一笔钱。这样，我们才组建了自己的队伍。第二次去柬埔寨就是考察地点，最后选点确定了周萨神庙，这就走上了正轨。当时柬埔寨对我们还是非常欢迎的。这个就是开始计划七年，实际上干了十年的周萨神庙项目。项目拖的时间很长，里面发生了各种事，既有经验，也有教训。有的人说你们是工匠式修复，当时"工匠"是贬义词。那时候我们自己确实有问题，研究工作做得太少，光是修，觉得修好就完了。资料收集、出论文这些工作都不够。到了第二期茶胶寺项目的时候，吸取了之前的经验和教训，慢慢就改过来了。

尤其到现在，我们可以承担主席国的项目了。例如柏威夏寺项目，我们和印度是主席国，而我们承担了最主要、最危险、修复量最大的工作。柏威夏寺项目一共5个寺庙，印度1个、俄罗斯1个，其他3个是我们负责的。我们不仅做修复和保护，也进行研究。第三期的王宫遗址是吴哥窟的核心区，也是最重要的地方，过去由我们单独做，现在我们和吴哥窟文物局一起合作。他们非常友好。他们文物局里面有十几栋房子，其中有一栋专门分给我国的工作人员，其他国家没有，日本也没有。

柬方一直提出来要做崩密列遗址。这个遗址原先是非常大的一个寺庙，寺庙完全塌了，没有进行修复。现在好多国人去参观，当地就搭了一些简便的栈道。结果很多国人说，这个地方看着最好，可惜塌了没有修复。现在柬埔寨提出来，请我们和他们一起来研究。我们接受了。最近合同签的是王宫遗址，崩密列和柏威夏寺项目也在进行研究。

这几十年来，从一开始我们接受人家援助，到现在我们在尼泊尔、柬埔寨、缅甸等国支援人家，这是石窟保护道路上的进步，也是我们国家在文化遗产上的进步。70年石窟保护的道路走到现在，是很光辉的。

我的一生心系石窟，情系友谊，这个友谊包括我国的朋友和外国的朋友。这是我的感觉。我的这一辈子，用这两句话来概括，是再合适不过的了。

文物修复的现代性在于保护文物价值

陆寿麟

1940年生,江苏苏州人。1963年毕业于北京师范大学化学系,同年到文化部文物博物馆研究所(后更名为文化部文物保护科学技术研究所)。故宫博物院文物保护科技研究馆员,故宫博物院学术委员会委员,国家文物局科技专家组成员,曾任中国科学技术协会第四、六、七届全国委员会委员,中国文物保护技术协会第四届理事长。

文化遗产
国之瑰宝
科学保护
功在千秋

陆寿麟
二〇一五年三月十四日

从古董修复到文物保护

我进入文物保护行业是很偶然的，是20世纪60年代初，文物保护开始引进科学技术的时候（进入的）。

新中国成立以后，党和政府十分重视文物保护工作。20世纪50年代初，刚刚解放，百废待兴，经历了长期战争和外来掠夺破坏的大量古建筑、石窟寺等不可移动文物亟须抢修，又有大量考古新发现的珍贵文物需要修复保护，国家颁布了一系列关于文物保护的法令和指示，在中央和地方设立保护文物的专门机构，取得了很大的成绩。那个时候的主要工作就是对文物本体进行修复、复原，然后保存起来。但是在这个工作过程中，逐渐发现了问题，就是如果按中国传统的方式来修复文物的话，会造成很大的问题。

文物保护的核心，在传统修复中，我们对于古物的认识是从古董市场上来的。但是古董市场上，对文物的修复追求"完整性"，就是需要将残破的东西修整复原，越完整越好，这样才能在市场上便于流通。但新中国成立后，我们不以古董交易为追求核心，看待这些古物的目光就需要发生变化，也就是关于古物的定义和概念要有所变化。以前所说的"骨董"，或者西方人提的"古代艺术品"，都是在描述这些古代的物质遗存，这些概念都没有错，但是用"文物"一词来描述它们，是我们国家自己提出来的一个全新的理念，这背后蕴含着一种全新的价值认识和保护需求。

我们所提倡的"文物"观念，是说古代社会遗留下来的这些遗物，对当代人来说具有历史价值、艺术价值和科学价值，所以为了维护这些核心价值，我们原来的修复概念要有所变化。这就涉及具体的保护工作——我们不是仅仅把物质层面的材料修整复原就可以了，我们还需要保护文物的核心价值。因为以前传统的保护方法就是把器物保存下来就完了，但如果仅仅保存器物，如果价值没有得到有效保存的话，那这个文物就失去了它的价值，就不构成文物了。从这个意义上来讲，原来传统的一些修复方法已经不足以全面实现现代的保护概念了。

在20世纪50年代末，文物保护特别是石窟保护，都是采用工程手法。这解决了不少问题，但有些问题仅仅靠工程手法还不能解决，如岩石风化、大面积的开裂崩塌等，就不能很好地解决。我们老一代的有识之士，如王冶秋、王书庄等人意识到，对于长期遭受自然力的各种影响的文物，出现了各种不同的病害。而在自然力的损害方面，完全凭借传统技术保护文物也已经不适应，需要科学技术，必须要有现代的科技知识介入，才能对文物进行有效的保护。而且从国家层面来讲，当时就将科技保护提到了相当高的层面。50年代末期，在国家进行中长期科学技术发展规划的时候，文化部就想到把科技保护工作列入国家的发展规划，其中就涉及文物保护和建筑保护等工作项目。后来70年代到80年代初，在北京人民大会堂召开了文物发展规划会议，在四川开过一次文物保护规划会。所以可以说，我们国家关于文物科技保护的认识是开始得比较早的。

前辈重视人才培养引入门

第一代从事文物科技保护工作的前辈，包括陈滋德、王冶秋、王书庄等等这些同志，共同发起倡议，向科技部申请科技项目。他们不仅是科技保护工作的开创者，也逐渐培养起了我们这一代人。

那个时候，在文物修复这一方面，还没有科技保护方面的人员队伍，也没有相关的专业教育。前辈们决定从专业学校、科研院所寻找年轻人，把人调到文物部门来。所以文物保护科技工作一开始，就决定向科研院所借助人才。当时国家文物局的陈滋德同志已经感觉到了需要科技人员进入这项工作中，他做了很大的努力。

当时，姜佩文在国务院人事局工作，1962年左右，他去高等院校、科研院所联系，向教育部提出了要毕业生的指标。所以从那时候起，直接通过教育部，把包括我在内的两个学生要了过来，和高校一起联合培养人才。当时（北京）师范大学派了好几位教授，有考古学的、有物理化学专业的，进行联合授课，让我们一起参与学习。1963年我一毕业，系主任就把我叫过去，说已经联系好工作了，不用我填志愿，就安排在学校物理教研室的一个实验室。后来国家文物局、古代建筑修整所的领导亲自到院所联系，把我们要了过来。同一年参加工作的还有北京大学、天津大学、复旦大学、武汉大学、南京大学等等高校的毕业生，都非常优秀。

于是我就这样加入到了文物保护工作中。记得当时的领导说："不需要你们立刻热爱上这份事业，因为你们都还不了解它是什么。现在是因为国家的事业需要，先请你们来到这个岗位，你们先慢慢熟悉工作，发掘你喜欢做什么，你找到喜欢做的事业后，就按照自己的喜好去做。"当时我们的工资虽然不高，但是生活上的事宜都尽量给安排了，并且在这样的系统里遇上了开明的领导，我觉得很轻松快乐。当时，我们每个方面的工作都得到了大量的支持，甚至在70年代特殊时期，都能在政治运动的大浪潮下坚持每个人手头的工作。同时，学校也专门给我们安排了实验室，系主任每一天都带学员上课，上午他总会到每一个实验室来转一圈，也每一天都到我的实验室来，适时地提出一些研究建议（我做的第一个项目是青铜器保护）。

好领导给予自由工作的好环境

实际上在我们文物保护事业的发展过程当中，业务人员确实非常重要，但更关键的不仅仅在于业务人员本身，而是从领导阶层开始的整个管理体系给予的全面支持。我感觉我们这个黄金时期，与领导给予的自由宽松、全力支持的工作氛围脱不开关系。

我记得在王冶秋同志当局长的时候，那个时候我还只有 24 岁，他经常来实验室看看我们的情况。有一次，我修复了一个云南大理三塔的舍利匣。那个东西，外面看着是生锈了的铁。后来我仔细观察了 20 多张照片，发现里面还有东西。于是我把基座的一个铁罩打开了，发现里面先是一个铜鎏金的方塔，里面再是一个银塔，再到里面是一个小金塔，最里面是一个小玛瑙塔，一层一层，几个塔镶嵌套在一起。于是我就一层一层拿出来。拿出来以后，（发现）最里面还有一个铁镜。我观察的时候发现，铁镜有大量的铁锈盖着，里面有什么不知道。后来我把它送到钢铁研究院，当时只有钢铁研究院是有设备的。我说，你帮我照一下内部 X 光，看看有没有东西。钢铁研究院的工作人员说，这破破烂烂的铁镜显然没有东西啊。我就说，你照照试试吧。最后一照，发现内部是银的，很漂亮。于是他们马上打电话给我说，里面太漂亮了。后来王冶秋局长知道了这件事，特意把我叫过去，说你做得好。我（现在）觉得这只是一件普通的工作，但是我们当时只是二三十岁的年轻人，局长一句话、特意地鼓励，我们就非常地受鼓舞。

当时的局长做事就是这样的事无巨细。还有，我们的实验室建成过程中，也受到了王冶秋局长的大力支持。他当时刚从外面回来。他在外访问的时候听到了关于碳十四的信息,正好别人也跟我介绍了最新的碳十四技术。于是我就在电话中向王局长建议,我们应该搞这个实验室。他听了以后就马上给蔡(学昌)所长打了电话,说我们也搞,然后我们这个实验室就这么建起来了。

很多具体事情,像我们这种做业务的年轻人,都可以直接与他沟通联系。虽然王冶秋是一位局长,并且当时王局长是可以直接给总理打电话的,总理也可以直接找他,但是我们丝毫不觉得局长高高在上,他对我们年轻人的事务非常上心,会给我们一种亲切感。所在这种气氛下做什么事情都非常方便,一旦我们有什么想法,都能够很快与领导沟通开展。所以我讲具体的业务不重要,整个事业得到飞速发展,离不开第一批领导所建立的工作环境和氛围。他鼓励我们在实干的过程当中培养个人兴趣,然后依据兴趣逐渐摸索一套工作思路。

修复龙门石窟

在参与龙门石窟修复工作之前的那段时间,我们都在"五七干校"。当时所有在"五七干校"的人都被告知不可能离开,需要一辈子在这里安家。1971年,(龙门)石窟向国务院报告,受(石窟)东山焦枝铁路施工的影响,石窟有岩石掉落现象,有崩塌的危险。国务院决定从干校抽调几个人回来,进行龙门石窟的保护。王冶秋局长当时在北京坐镇,于是就立马向组织借调姜怀英、陈中行、蔡润和我四人,前往龙门修复石窟。

当时主要解决的是龙门石窟的风化、开裂、崩塌等问题,在工程上采取化学灌浆和工程锚固相结合的办法,解决石窟的稳定性问题。在龙门的工作时间一般是从夏天到秋天。

我们修复龙门石窟时最大的任务就是修复奉先寺，一佛、二弟子、二菩萨、二天王、二力士一共9尊像，从1971年起开始进行加固修复。当时奉先寺的破损非常严重，可以从老照片上看到残损状况。我们先从南边的天王力士开始修复，这几尊像在当时已经残缺不全了，有一尊就剩下半个胸部了，所以第一年先从南边开始做试验。当时我们的胆子也大，都是30多岁的青年，加上龙门石窟的刘景龙、冯吾现，还有河南省博物馆的陈进良，几个人一起做，具体操作的工人找的是石窟南边村里的石工。至于灌浆材料，当时正好武汉中南化学研究所在研究，但是他们采用的灌浆材料主要是泥土灌浆材料，使用的场所还是大坝。我们就借了他们的材料，在奉先寺做试验，逐渐形成可以供我们修复用的灌浆材料。

第一年在做南北天王力士像的时候，石像的胸部已经整个塌了。但是我们在向地下挖掘的过程中，发现掉落的石块就落在残像脚下，有好几吨重。于是我们就决定将石块整体推上去，粘贴回去，现在还能看得到修复的痕迹。我们采用了改性呋喃环氧树脂。当时调好环氧树脂材料后需要放到烘箱里面烘到200度，然后才能固化。它固化的时间是很快的，灌浆加固动作必须快，操作时间很短，几分钟内必须干完，如果干不完，就没有办法黏了。为此需要对环氧树脂类材料进行稀释、改进固化剂，降低黏度，增加流动性，便于操作。从这个意义上讲，我们当年在修复龙门石窟时对环氧树脂类材料进行改性试验的研究具有创新性，1978年龙门石窟裂隙灌浆材料获得（全国）科学大会奖，就是奖励这个新材料。

1971年我们修复了南壁的天王力士，1972年修复了北壁的天王力士，1973年最后修复了龙门石窟的卢舍那大佛。这项工程已经过去46年了，到现在也没有出什么问题。最后在造像本体的外观上，我们也进行了一些讨论，结论是封缝不用做得太平，封缝的材料也是先配好了，等到干了之后，打磨得和周围的石头的表面基本一致。佛像表面的一些流水纹最后都保留了，这是为了从外观上和周围的自然环境协调，没有修得太新。由此，我对现在乐山大佛的修复就有一些意见，修得太新了。

这归根结底是一个关于艺术审美的问题。我们做修复的，必须各个专业都要懂，都要有一点儿兴趣，要有文学知识、数理化知识，还要有美学的知识。因为我们今天所谓的文物，都是在历史情境下的产物，今天很多的文物在制造时都是实用品，都是为了服务生活需要制作出来的。但是在历史发展过程中，有一些有价值、有收藏意义的文物被保留了下来。这个背后其实经历了两个阶段，第一个阶段是破损的物品还有实用功能，还在使用期，那对它的保护和修复就是为了继续使用，断了修起来，坏了补起来，也谈不上多少价值内涵的问题。但是发展到第二个阶段，就是属于西方国家认知的古代艺术品阶段，认为文物有纪念意义、保留价值和收藏价值，需要保存文物的艺术价值的完整性，同时形成了相应的收藏和流通市场，逐步形成了所谓的修复保护形制。

所以文物的产生是在历史情境中，由意识形态指导的产物。我们今天利用当代的工业材料来修复文物，对它进行研究和保护，要先了解它的精神内涵，也必须使用科技手段。我们要承认的是，大部分保留下来的文物都是首先具有美学价值的，所以修复人员必须懂相关的美学知识和艺术知识。

我做的最早的、比较大的石窟保护就是龙门石窟保护。我在龙门石窟待了3年，一直到奉先寺完成加固（保护）。中间也穿插了一些其他工作，如参与过云冈石窟第5、6窟的抢救性保护工作。那时候正赶上法国蓬皮杜总统访华，（周恩来）总理要陪他参观云冈，公安部的同志去云冈检查时，洞里掉了一块石头下来。公安部长马上通知王冶秋局长。总统要参观呢！王冶秋去看要怎么办，就叫我回来去云冈，检查到底是怎么回事。那时我正在龙门。这就是云冈第5、6窟的抢救性保护。那时，对一些比较危险、比较重要的岩石做了灌浆加固。（周）总理陪蓬皮杜总统参观后提出了云冈三年保护（目标）。我那时做的是前期抢救性工作，后来就没有参与了。

价值研究是核心

在过去传统中，关于文物保护，只是想着将残破的文物复原，但现在的修复体系，要求有效地保护它的价值内涵。因此保护文物首先要了解文物的价值内涵，就是要先对文物作价值分析，再进行病害调查，然后给出处理方法和对策，最后是评估修复效果。实际上，也是通过我们的具体工作，一步步建立起了这样一套理念和方法。有时候在修复过程中，也可能会对价值造成一些损害，为了避免或者尽量减少这种价值损害，我们在动手修复之前一定要先把价值内涵分析清楚。与此同时，还有一些特殊文物，在保护修复时要求也就更加严格了。比如现在经常讲物质文化遗产和非物质文化遗产，但是我想，所有的物质文化遗产，实际上它们的价值内涵都是非物质的，所以应该做的研究就是分析物质遗产的非物质内涵。文物保护表面上保护的是物质的实体，实际上这是它的"皮"，只是一件衣服，而价值才是它的核心和内涵，是它的"毛"。皮之不存，毛将焉附？从这个意义上讲，价值研究最为重要。

修复不完全等同于保护。因为保护文物是以保护文物的价值内涵为主旨的,而修复只是将残缺的物品修整复原。对于艺术品来讲,要保持艺术品的完美性,有的时候在修复过程中需要做旧;但是如果从学术价值来讲,就没有必要再去做旧。所以修复到底做成什么样子,没有死规定,是根据价值保存和展示的需要,根据具体情况来展开的。所以我们修复界经常讨论的可识别原则,在理论层面怎样争辩都不重要,关键是具体修复什么,需要服务什么样的目的,是为了展览展示?还是为了研究?能完整地体现文物价值才是最好的修复方式。

我们所谓的"可识别"和"原真性",本身就是要打架的。我的外语基础不好,但我不认同"威尼斯宪章"这个译名。因为"宪章"是大法,有法必依、违法必究。宪章就是最高大法,一个国家制宪是根本大法,但所谓的"威尼斯宪章"无非就是修复保护的一份导则,充其量就是大家坐在一起,讨论出来的一个所谓的共识,而且这个共识是全部人的共识还是部分人的共识?这份共识超越文物法了吗?如果没有的话,那就应该重新斟酌命名的问题。再谈到如今的《中国文物古迹保护准则》,50年代,我们在做古建筑修复的时候有一条原则是"不塌不落",这讲求的是一个安全性和稳定性的原则。但是今天的保护准则里居然没有一条是讲稳定性的,把所有的小毛病治完了,但却没有对全身的稳定性的要求,这就不对了。

石窟保护实践最重要

贾瑞广

　　1934年生，山东掖县人，高级工程师。1954年9月入职北京文物整理委员会（中国文化遗产研究院前身），曾任石窟研究室副主任。曾主持多项全国重点文物保护工程。1978年曾获全国科技大会奖（团体），1983年至1985年两次获得文化部科技进步三等奖，1989年获得科技进步三等奖。

我们国家的石窟维修保护我参加了多处,但工作中尚下很多遗憾希望新同志们更进一步把我国的石窟保护工作做的更好,我相信你们会取得更大成绩。

贾瑞子

中国文化遗产研究院

二〇一九年三月十四日

石质文物与地质的协作

  我是 1954 年参加工作的，那年我 22 岁。刚入职的时候在文化部文物整理委员会工作。我们单位有很多个工作组，我们的工作组叫作"工程组"，主要负责古建筑和石窟领域，以古建筑为主。参加工作时受刘老先生与罗哲文老先生的影响很大，现在两位先生都过世了。工作后我与祁英涛、余鸣谦先生共事，还有负责管理资料文献的杜仙洲先生。

  1958 年，我们在山西开展了永乐宫搬迁保护工程。由于时间紧、任务重，我与祁英涛在永乐宫一待就是 7 个多月。后来文物局认为不仅是古建筑，石窟寺也应该受到重视，于是就成立了石窟组，由余鸣谦老师带领杨烈先生、孟繁兴先生还有我专门做石窟寺的保护工作。王冶秋局长非常重视文物的保护工作，特别是古建筑与石窟寺。为了做好这项工作，还专门从外系统调来了姜佩文副所长和王书庄副局长直接负责（石窟保护工作）。姜佩文副所长为人和善又很有能力；王书庄副局长非常重视文物的保护工作，特别是古建筑与石窟寺。当时我和杨烈、孟繁兴对于石窟寺很生疏，所里就派我们到北京地质学院，跟着在校生一起学习地质和化学的相关知识。同时王局长还出面联系了中国科学院化学研究所的柳大纲所长[1]来对我们进行指导。就这样，我们在地质学院学习了两年多。

  隔行如隔山啊。那时我们不懂地质，他们搞地质的不懂文物，更不懂石窟，所以两家遇到问题不知道怎么办，也闹了很多笑话。好在

---

1. 1925 年东南大学化学系毕业，1946 年赴美进修，1948 年获美国罗彻斯特大学研究生院博士学位，1955 年当选为中国科学院学部委员。

那时候社会风气很好，讲究各个行业之间的大协作。大约在 1959 年，我们所长亲自出面，找到地质学院的党委书记。人家党委书记很重视这个事，就指定两个系负责协作。这两个系中，一个是水文工程地质系，系主任是王大纯[1]王先生，另一个系的系主任是刚从英国留学回来、在地质学院地质博物馆做展览的老教授，搞岩石研究的，叫苏良赫[2]。苏先生对石窟、石刻造像比较有兴趣。苏良赫先生和王大纯先生经常到我们所里来。江所长也非常积极，陪着他们前往云冈、龙门、乐山去考察石窟寺，当时主要以云冈石窟为主，这是因为云冈石窟是我们单位的重点。那时候的工程项目没有系统的计划，只是对破损的石窟造像修修补补。自从我们与地质大学开始协作，地质学院的老师与同学们开始对石窟有了认知，我们文物方面的学者也开始接触地质学，并认识到石窟与地质之间存在的种种关系。

讲一个当年的笑话。云冈石窟底部大概一米多高的区域都风化了，当时并不知道这是怎么回事。地质学的专家们因为不懂文物，他们弄不清楚这是怎么破坏的，是大水淹的吗？还是别的原因？我们不懂地质，当时也摸不着头脑。通过合作与交流，慢慢地，我们认识到这是水文地质上的问题。云冈石窟所在地的气候变化比较大，冬季干燥，夏季潮湿，我们要保护石窟寺，首先要解决的就是水的问题。即便到了现在，水依然是石窟的主要祸害。就这样，我与尹军老师及其他几位讲师、同学们一起开始研究云冈石窟的水害问题。那时云冈的第 14 窟、昙曜五窟以及西部的部分石窟都存在漏水问题。第 14 窟的

---

1. 1943 年毕业于西南联合大学地质系，历任北京地质学院、武汉地质学院教授、水文及工程地质系主任，我国地质及工程地质研究所副所长。
2. 1937 年毕业于清华大学地学系，1938—1946 年在昆明西南联合大学任教，1947—1950 年在英国曼彻斯特大学地质系学习，获博士学位，1952 年任北京地质学院教授、博物馆馆长，1980 年当选我国硅酸盐学会常务理事兼工艺岩石专业委员会主任委员、非金属矿专业委员会副主任委员。

部分水害问题是由山上的水通过窟内的裂隙流进来的，这就需要用化学材料对裂隙进行填充。我们请教了中国科学院化学研究所的江阳燕老师。江老师是研究石刻风化的，曾经指导过天安门广场的人民英雄纪念碑的修复工作。那时的修复工作我也有参与，所以跟江老师比较熟悉，经常向她请教问题。起初，我们用水玻璃对第14窟的裂隙进行修补，后来发现这个办法行不通。我们意识到需要请教更多领域的专家为我们出谋划策。机缘巧合，我们找到了当时一位名叫林——[1]的专家，林教授是从美国回来的，主要研究化学材料的灌浆技术。这个技术最早是从苏联学习过来的，在当时是保密的，所以林教授要求同他一起工作的必须是党员并具有一定的文化程度，就这样单位选中了我与林先生一同开展工作。

为了能够尽快了解化学材料这个领域，我去林教授任教的中国科技大学听课。当时还有一位同领域的教授名叫叶作舟[2]，也加入了云冈石窟的修复工作。就这样，由两位地质学教授和两位化学教授带领团队，工作就好开展了。此外，中国科学院位于武汉的化学研究所当时与我们单位关系不错，他们也投入了力量来支持我们的工作，于是我们单位派了包括我在内的两名员工到这个研究所去学习，在那里吃，在那里住，在那里做实验。

后来黄克忠先生那届的应届毕业生也来了，有两三个人参与我们的工作。那时候中央比较重视科学研究，要求我们一礼拜工作五天，

---

1. 1932年毕业于福建协和大学化学系。1935年获燕京大学生物化学硕士学位，1950年获美国宾夕法尼亚大学哲学博士学位，1956年回国任中国科学院化学研究所研究员、中国科学院研究生院化学部副主任，兼中国科技大学研究生院化学部主任，长期从事有机硅高分子化学及其反应机理和高分子灌浆材料的研究。
2. 1943年毕业于浙江大学化学系，中国科学院武汉化学研究所、中南化学研究所副研究员，广州化学研究所副所长，1959年以来先后主持、指导研制成功以环氧树脂、丙烯酰胺、甲基丙烯酸酯等为主剂的10多种灌浆材料，已被广泛应用于隧道、水工、建筑、油井、矿山、桥梁、地下工程等的堵水补强、地基加固及文物保护等方面。

用一天时间参加政治学习或党课。所以那时我们的主要精力就是做石窟的科学技术研究,非常拼命。工作一直有进展,直到"文革",团队就散了,大家被分去了"五七干校"。

这就是我刚参加石窟工作前几年的经历。

> **那年我们到云冈石窟,住的是戏楼,**
> **吃的是高粱面、红薯、土豆,**
> **有时候甚至吃树叶、西瓜皮。**

我参与的云冈大会战

云冈石窟大会战有两次。

第一次大会战

第一次大会战是在 20 世纪 60 年代末。这次大会战的主要目的是测绘云冈石窟。这是基础工作,没有图就没法开展后面的工作。当时日本学者手里是有一套图纸的,那是他们以前在云冈测绘的,出了 32 本大图录。王冶秋先生很不满意这件事。60 年代末,王冶秋先生以所长的身份去日本拜访,带回了三套图书,一套留在图书馆,一套交给云冈石窟,另一套在我们单位。第一次大会战,我们所里古建筑、石窟,甚至资料文献、彩画人员,全部到了云冈,就是希望我们自己把图纸测绘出来,能够赶超日本。

那时候我们在技术方面是很落后的,测绘这方面,基本上还在用钢尺、皮尺去测量,然后再回家作图。直到王冶秋局长去日本交流,发现对方已经在用计算机进行测量了,于是他回国后提出我们也要这么做。恰好当时我完成了云冈的加固工作，于是就让我与后来任职文物处处长的庄敏老师一同负责。我们通过多方打听，得知建设部的勘察设计研究院有一台这样的设备，于是我们就过去了解；后来又将这件事报告给文化部的科技办，打算买一台这样的设备辅助石窟的测量工作。之后我们两家单位合作，他们有摄影、画图的专业人员，我们出文物方面的专家，就这样搞了石窟摄影测量、近景摄影测量，这在当时的石窟保护领域算是一大成绩，还得了国家科技进步奖。

第二次大会战

第二次大会战是在1973年。"文革"后，云冈石窟一直没有对外开放，直到1973年，周总理陪同法国总统蓬皮杜来到云冈石窟参观，这才重新开放。王冶秋局长陪同他们一同参观了云冈东边的几个洞窟。当时云冈石窟由于岩体不稳定，经常有石头掉落，成了安全隐患。针对这一问题，我们单位已经做了一个十年的保护规划，但是周总理说十年太久，要我们三年内做好，这就是第二次大会战的起因。这次会战由余鸣谦先生牵头，姜怀英先生、解廷凡先生、蔡润先生，还有我一起参与工作。当时洞窟的水害问题已经差不多搞清楚了，因此首先要解决的就是安全问题，就是洞窟裂隙崩塌的问题。为了解决这个问题，成立了云冈石窟修缮委员会。我们在这个委员会待了3年，把云冈石窟的第1窟到第20窟全部做了修缮。其中重点修缮了第9、第10窟和第20窟。第20窟是一尊大佛，云冈石窟的"外交官"，胸前部分都崩塌没了。第9、第10两窟的价值很高，是精华洞窟。当时两窟的顶部有较大裂隙，导致渗水，同时还有安全隐患。这些修缮资料我都转交给了云冈石窟。

化学灌浆 这项持续 3 年的灌浆工程主要由我与云冈石窟的工程师解廷凡先生负责。具体做法是，先对裂隙进行清理，将裂隙外表面先封起来，然后在裂隙中"下管子"，通过管子把灌浆材料灌到裂隙里面去。说到灌浆材料，它的选取非常严格，需要在实际操作前先做试验。开始我和另外一个武汉化学研究所的同志，他是搞灌浆的，我是搞封护材料的，我带着他去做封护试验。石窟表面不是风化吗？我们设想将一种化学材料喷到石窟风化的表面，使其凝固来提高强度，我们先在室内做了一些试验，试验效果也还可以。选择第 1、第 2 两窟作为室外试验窟进行操作。之所以选这两个窟，是因为它们位置比较偏远且价值也不及其他洞窟。但是，室内试验好做，在洞窟裂壁上不好做，在室外，试验变得非常困难，材料无法渗透到风化的岩石内部。怎么能让这个材料能够渗透到风化石头里面去？怎么办呢？就想了一个办法，做了一个支撑，将它靠在墙上，再把材料灌到里面，它不就渗到里面去了吗？可要弄懂化学材料这个东西太难了，因为不同部位的岩石的化学成分不一样，再加上风化程度不同，用同种材料无法覆盖全部的风化问题。过了一些日子，已经附着在岩石上的材料就变色了。恰好王冶秋局长到了云冈，一看火了，怎么搞的？！当时我们很害怕，已经灌进去了，怎么取下来呢？怎么办？就想了各种办法，最后还是把它清洗掉了。现在很好，看不出来。这个事情让我吸取了很大的教训。

除去灌浆材料的选择，灌浆的过程也很有讲究。化学灌浆试验成功后，灌浆对于温度、黏度以及灌入的量都有严格的要求，天气太冷或太热都不能进行操作。记得搞第 9、第 10 窟的时候，是那一年的夏末秋初，不冷不热，我和云冈石窟的解廷凡工程师负责灌浆，在夜里灌，那个时候温度正好。我们灌了一整宿，后来算了一下，差不多用了两辆解放车那么多的材料。这个材料在当时是非常贵的，差不多每500克16块钱，再掺杂一些别的材料配成灌浆用料。我有点心疼，带着工人工作一晚上，两个大铁矿没有了。不过，总理要求，就得给它搞好，一定要保证质量。

灌浆的过程要保持压力的稳定，否则很容易漏浆。裂隙里面跑浆了，怎么办？我们就豁出去，直接下手。可是那里面有一些东西是有毒的，像甲醛、甲苯这些化学材料。我们根本就顾不上了。那就是招架也招架不住，它往外漏，你灌进去它往外流，那么就想办法堵，找材料堵。有一次，在尝试各种办法都堵不住漏浆的时候，一位王姓工人拿出他无意中装在口袋里的肥皂去堵漏浆，没想到居然就这么成了！你看，有些事情是在实践当中学习到的，意想不到的方法却起到了很大的作用。直到今天，解决灌浆漏浆的问题还是用肥皂来堵。

另外一项修复工作就是锚杆加固工程。当时试验也是在第2窟里进行的，主要由杨烈先生、杨玉柱先生负责。总的来说，锚杆试验算是成功的，但也有不够科学的地方。后来我们在这个基础上做了一些试验和改进，比如说锚杆先打眼，打眼得有水；钻眼，钻进去以后怎么握紧……好多工程上的工艺问题很复杂，通过试验，我们一步步摸索，来解决。

就这样，我们结合灌浆、锚杆拉杆、支顶这三种方法，一边拉、一边顶、一边黏，云冈石窟的加固工程进行得有条不紊。

我与大足石刻

有了之前在云冈石窟的工作，总结出很多经验教训，之后几年，大足石刻的工作就不困难了。其实，我第一次接触的石窟就是大足石

贾瑞广　55

刻，那是 1964 年，那时候是调研、勘察。当时对大足石刻的"牛鬼蛇神"并不感兴趣。1981 年，全国石窟保护技术协会在大足县开会，我跟蔡学昌所长、余鸣谦先生、李晓东先生都去参加了会议。会议主要讨论的是大足石刻的保护问题。当时，大足石窟破坏得比较厉害，最大的问题就是宝顶山柳本尊、大佛湾的地狱变相西头有一块很大的石头，好几吨重，开裂变形，垮下来了。这个石头，过去有人搞过，没搞上去，也没有归安，一直放在那儿。这个任务就交给我了。他们说，老贾你来做这个，大足石刻先解决这个问题。因为这个垮塌石头上的雕刻比较好，而且柳本尊在大足石刻里面是很出名的一组造像，所以要把它推回去，复原归安。

  这项工作是充满挑战的，一个是因为好几吨重的石头要复位有很大难度。当时那个工作环境不是现在这个情况，吊车开不进去。想了很多办法，后来想到了一个办法。毕竟我在云冈石窟搞了几年，带了一些徒弟，有那么几个工人技术挺好。我把云冈石窟的工人请过来，我做好设计，画了图，在现场指挥他们实施，最后当然搞成了，成功了。

  大足石刻的另一显著问题则是水害。大足石刻和云冈不一样，它潮湿，水害更严重。潮湿就增加了灌浆方面的难度，需要保证在有水的情况下材料仍能起到黏结作用。这个灌浆材料的任务就交给了四川省博物馆，由四川省文物考古研究所的两位化学材料专业的大学生来做，其中一位就是现在的马家郁老师。在他俩的帮助下，材料的问题就解决了。灌浆工艺由我来解决。我的设想是先把掉落下来的岩体扶正，推到原先的位置，再在后面做一条流水沟。起初工人们不敢相信这么重的大石头可以黏住不掉下来，工人说，这么大的石头掉下来，怎么能黏上？我说你们不相信不要紧，我们在云冈石窟都做了那么多，不用怕，你们给搞上去。后来工人们一看，这么大的石头吊上去了，真的没掉，佩服得不得了。也就是说这个化学材料确实能解决石窟里面的崩塌问题。

大足石刻的石窟很多。虽然宝顶山大佛湾较为热闹，但是要论艺术价值，还是北山石窟价值更高，那比宝顶山精致多了。我特别喜欢北山，对北山石窟有一种特殊的感情。北山石窟的136窟是我在大足做石窟保护工作的典型代表。当然不只我一个人，还有马家郁马工，还有四川省的功劳。当时我主要负责灌浆工艺。由于136窟顶板裂了，从上面不好灌浆，只能从下往上灌。我整夜地想这个方案应该怎么做，后来决定将管子插上去，然后把裂隙封起来，用管子从下往上灌。为这项工作，我们沿着裂隙埋设高度不同的注浆管，用从上而下的方式注浆，你就知道这个浆灌多深了。这个方案后来成功了。在这里，我还发现了136窟雕刻的匠人和年代，郭相颖馆长还写了文章。

136窟里顶板有裂隙，窟顶上漏水，漏水漏得厉害，还有后壁也漏水。两个漏水的问题不好解决，很难解决。我提出将在水利部勘察设计院工作的黄克忠同志调回来负责渗水病害的治理工作，他是北京地质学院水文地质专业毕业的（当时黄克忠先生已从文物保护科学技术研究所调至水利勘察设计院）。他从地质上考虑这个水从哪儿来，在哪儿打井，这个井怎么打，打多深。后来水害的治理也比较成功。

最满意的是，1996年，我在大足搞了一个排水隧洞。大足有两个洞窟有排水问题，一个是宝顶山的圆觉洞，还有一个是大佛头部的毗卢洞。我们的前辈用的就是地下排水，有效治理了渗水病害。我考证后认为这个措施挺好，所以考虑采取隧洞排水的措施。20世纪80年代，我联系了中国地质大学的潘别桐教授一起合作。我们两个人很早就熟了，搞连云港孔望山石刻的时候我们就在一起。后来潘别桐教授看完了现场，向我介绍了他的助手、中国地质大学的讲师方云老师。那年正好王金华毕业，方云带着王金华他们这一班的学生来实习，进行勘察工作。此后我接二连三提出了很多排水的方案，往局里报，直到最后这个方案上报后，才得到了局里的批复。我们采取的是无声爆破。曾经在山东四门塔附近的石窟成功地做过一次，但太慢。大足石刻有许多人参与了保护工作，王金华也作出了一些贡献。

　　排水这件事我是越做越有兴趣。当时，赶上大卧佛也有漏水问题，我就在大卧佛的排水上做了一些尝试。卧佛的漏水有几个问题，上面是圣迹池的一个水池子。首先把大佛上面的圣迹池水池治理了一下，做一个泵，不让水往大佛这边流。后来发现这个方案不行。第二个方案是将水池清理之后在底部做防渗层，也不行。于是就有了第三个方案，打底下去，穿洞往外排水，但是这种排水方式并不彻底，当时只能做到这个程度。后来他们做的我不知道。

　　我又做了一个方案。这个方案我怎么做的呢？在大佛前面打三个竖洞进去，充分考虑自然条件，在竖洞的后头做一道沟，上面再做一两层排水。这个方案如果实现了，不敢说把宝顶山大佛的水害全部解决，但是宝顶山大部分的水害问题都能得到进一步的解决，而且花不了多少钱。但我已经退休了，可能没报上去。我到现在都没有放弃。这是一件非常遗憾的事情。

　　大足当时还有一个开路的问题，但是因为我们知识比较缺乏，观点也不一样，所以修路的工作失败了一次。当时大足石刻文管所所长王庆煜，他倾向于从门口向下做梯子。我和他的意见不同。我认为，往下做梯子太没有艺术性了。文物的观赏不只是图近、图方便，还要有一定的艺术性。因此，我设想参观路径应从下往上走，不要从上往下走，让游客有一些幻想，想大足石窟大佛湾里面都是什么样的。如果让游客站在上面，一眼看到底，全看完了，觉得没什么，觉得不就这么点东西吗，就失去了遐想的空间。但我的想法他们嫌远，没有采纳。在这个改道问题上，我们是有一些争议的，因为我们毕竟不是本地的专家，不能做主，还是需要上报，由局里决定。后来大足进行了改道，就改得比较好，包括北山也一样，也有改道。

参与的其他石窟保护

除了云冈石窟和大足石刻，全国各地的其他一些石窟的保护工作我也参与了一些。

例如麦积山石窟的锚杆灌浆工作。当时有关麦积山石窟的修复方案有很多，一个（方案）是希望将泥塑取下来重新弄，另一个（方案）是希望用喷锚来解决，最后选择了第二个方案。虽然喷锚在石窟里已经有了一些实践成绩，但是麦积山石窟适不适合喷锚还不一定，这个问题直到现在也很难说。不主张的一方强调历史性，认为喷锚会破坏石窟的历史价值；主张的一方是站在抢救的角度，认为不采取喷锚，石窟就会垮掉。当时甘肃建筑科学研究所有一位设计师名叫易武志，我帮助他在麦积山做了些喷锚的试验。后来因为大足石刻的工作，我离开了，麦积山石窟的加固保护工作就交给甘肃省了。

新疆的石窟我也去过很多次。第一次是因为库木吐喇石窟快要被周围的水库淹了。第二次是因为新疆新发现了一个洞窟。我和蔡学昌先生、高念祖先生、陆寿麟先生等 4 个人去的。蔡学昌和高念祖是老人了,他们现在都 90 多岁了。我年龄比较小,陆寿麟最小。我们看后提出一些方案,做没做就记不清了。后来我和施子龙去过一次。施子龙是学化学的,也是我们所里的,他是华侨。我们俩去了,在库木吐喇现场做了一些试验。克孜尔石窟我去过三次,最后一次是 1987 年。原来我们去的时候有好几个人都在那儿搞过,主要是搞一些测绘,做洞窟的残破记录。后来这些工程是姜怀英负责的。那地方很难搞,都是松散砂砾岩。

除了新疆,我们还搞了云南金川湾石窟,还有震惊了文物界的连云港孔望山。孔望山的工作我负责做方案、画图纸,然后交给工人来做。孔望山在石刻里年代最早,都说它是汉代的。我对那里一个大象的石刻很感兴趣,观察大象风化破坏的原因时,发现它的前腿部位刻有文字,于是拍了一些照片,但是并没有跟别人说。后来有一次在云冈石窟开会,我跟连云港的李工提到这事,建议他去看看。之后在我们院 70 周年院庆的时候,连云港派人来说这事很关键,希望我再去现场一次。象腿文字的事情之后被电视台频繁报道。

再就是河北省响堂山石窟,我在北响堂石窟也做过灌浆工作。敦煌石窟我也去过,敦煌石窟的保护工程是余鸣谦负责的。我们当时主要关注的是敦煌石窟的铺地花砖,当时花砖磨得比较厉害,我们想办法将它保护起来,我和高念祖高工,还有敦煌石窟的王进玉一起负责。起初,我们参考故宫的做法,给地砖上桐油,也想搞一个涂层。搞了一些不同配方,试了不同的桐油,后来又到南苑那边的北京油漆厂调研。北京油漆厂的郭书记是一位女同志,有五六十岁了。她也是老革命,她对文物保护兴趣很大,觉得他们这个油漆方面的材料能够为文物保护提供点材料,太好了,要去现场。当然,我们先做了一些试验。后来他们的黎副厂长、总工,还有一位石主任,也去了现场。

我们一块儿，做了好几处地面的花砖保护工作。后来这些情况我在国际会议的时候跟大家做了介绍。

石窟的保护一定要实践

做文物保护工作非常辛苦，也存在许多争议，老被人挑毛病。当然也拿过好多奖。不管怎么说，我是100%的努力了，甚至在大足得了病。就在大足石刻宝顶山大佛湾修路那会儿，大足石刻方面坚持要把路修到跟前，下面拿土填。六十多吨土！当时我不同意这个方案，我说做涵洞，水从底下排，他们不听，非要坚持做。工人就按这个意见给修了，垮了。正好那天我在大足，夜里给我吓坏了，这个垮塌是会砸死人的，而且那个地方是乡下。我是负责搞这个工程的，就睡不着觉。后来县长知道了这个情况，派了吉普车将我们从大足拉到县里，住了一宿，第二天才回来。

吃住也很艰苦。那年我们去云冈石窟，先从北京坐火车到大同市。市文物局为我们找了一辆铁轱辘毛驴车。我们就坐着这个毛驴车，带着行李，脸盆、暖瓶、图板、丁字尺、钢尺都带上，从早晨到中午，坐了半天才到云冈。住的是戏楼；吃的是高粱面、红薯、土豆，有时候甚至吃树叶、西瓜皮。在大足石刻也是如此。因为地滑只能穿草鞋，非常辛苦。

石窟的保护一定要实践，实践最重要。你别光写文章。我不是说写文章不好，有的文章写得很好。实践和写文章相结合，才能将石窟保护的工作研究得更加透彻。但是（只有实践）确实有问题。还有一个，过去我们的工作为什么那么急？第一有时间限制，第二有任务，都是"救火队员"。你要想按部就班地干，干不成，后面还有任务呢。

你要写文章，可能这个文章来不及，所以那时候真是没有办法。

另外，一定要尊重地方的干部，得和大家搞好关系，比如说搭架子，就得和工人搞好关系，得告诉工人怎么捆，怎么绑，得亲自上架。我觉得老同志不是炫耀自己，是告诉你们怎么样能把工作做好。

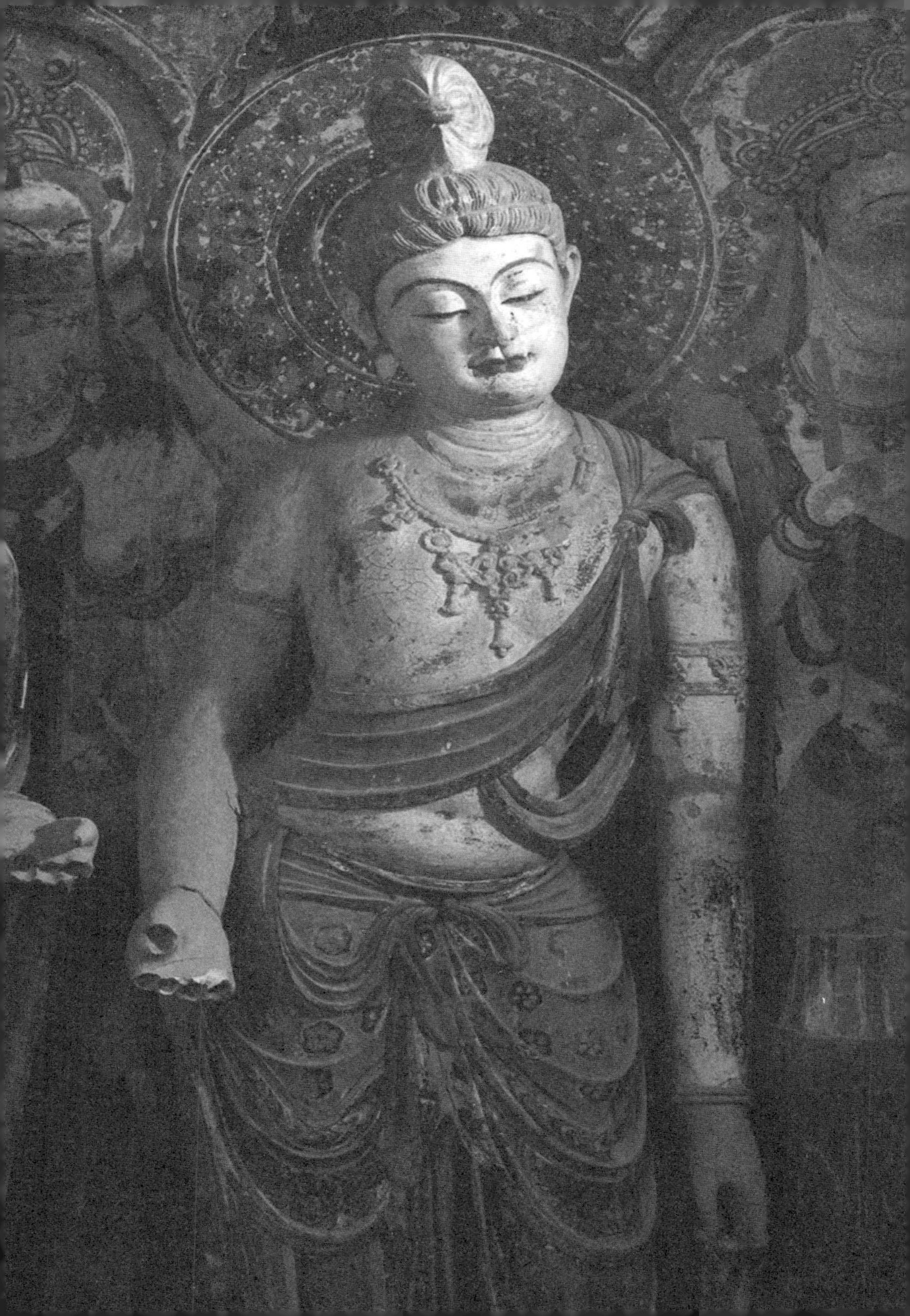

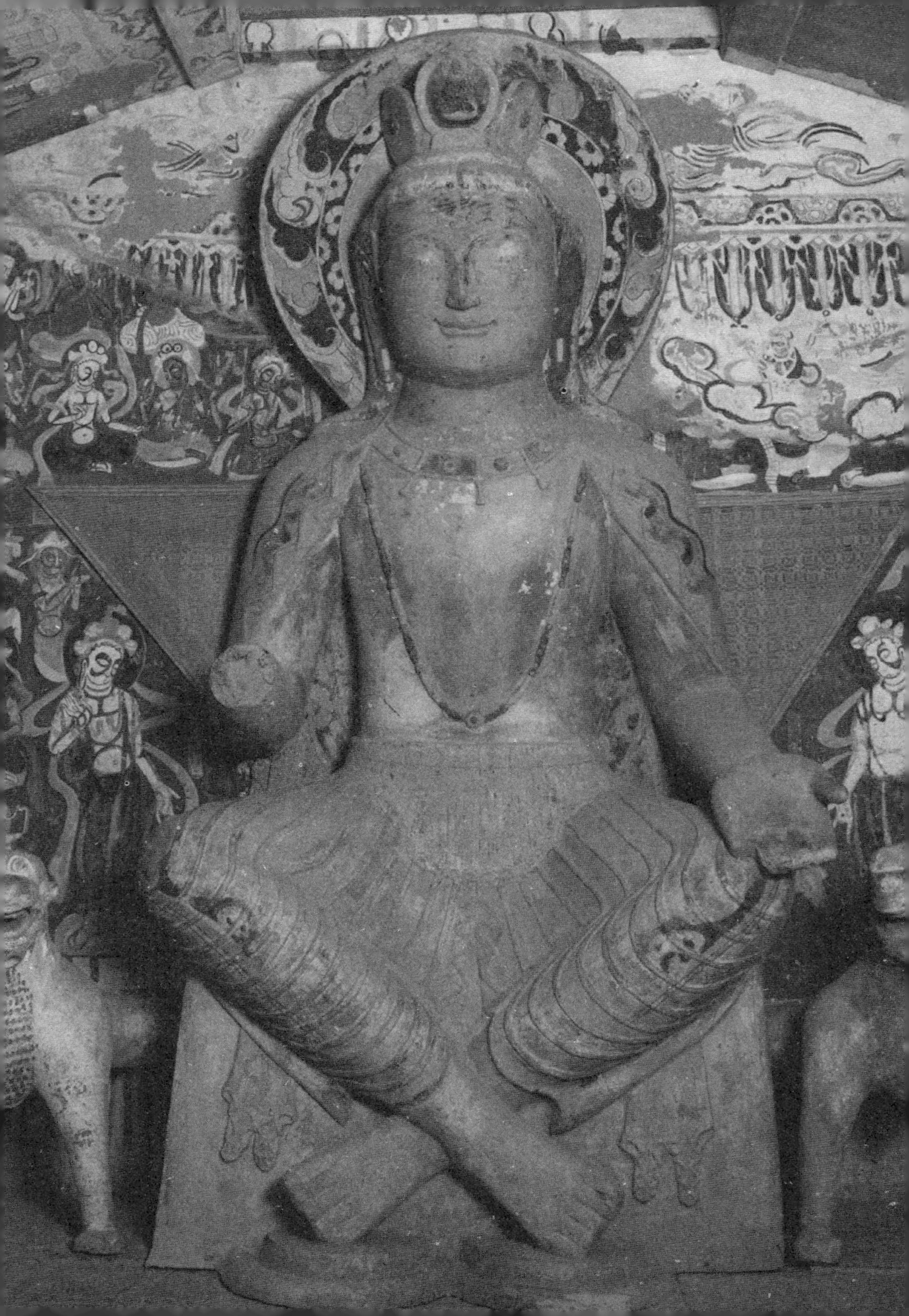

樊锦诗

1963年毕业于北京大学历史系考古学专业，同年9月入职敦煌文物研究所，1977年任副所长，1984年任敦煌研究院副院长，1998年任敦煌研究院院长，2015年1月起任敦煌研究院名誉院长。1988年任副研究员，1994年任研究员。曾任兰州大学兼职教授、敦煌学专业博士生导师，1999年被聘为兰州大学敦煌研究所名誉所长、学术委员会副主任，兼任中国敦煌吐鲁番学会副会长。2018年，作为文物有效保护的探索者，被党中央、国务院授予"改革先锋称号"，并颁授"改革先锋奖章"。2019年9月，经国家主席习近平签署，被授予"文物保护杰出贡献者"国家荣誉称号，被誉为"敦煌的女儿"。

> 严格做到依法管理科技保护文物古迹。
> 樊锦诗
> 2019.7.

择一事，终一生

祖国的需要就是我的志愿

我是在上海念的小学和中学。那个年代，我们年轻人都非常向往北大的学术氛围和爱国的精神。等到要考大学了，我想那就考北大吧。当时考完有点后悔，因为成绩并不是很理想，考不上怎么办？也没想那么多。最后还是运气好，考上了，就这么来了北大。五年以后就准备等分配了。当时的人想法很单纯，国家培养了我们，祖国的需要就是我们的志愿，我们这些普普通通的大学生，学习就是为了将来能为祖国服务，建设祖国。这个话不是空话，这是那一代青年人的思想。

分配的时候，学校把我和马世长分到敦煌了。因为莫高窟要搞一个大的保护加固工程，国家批了 100 多万。莫高窟前面都是遗址，加固之前需要先挖掘，所以需要学考古的。可是敦煌研究所当时没有干考古的，所以他们一定要招学考古的过来。马世长的母亲哭得要命，因为他是独子，家里还有姐姐和妹妹。我父亲知道了我分配的消息，也很担心。他给学校写了封信，但是他不知道写给谁，就把信寄给了我，让我交给学校领导。我拿到这个信，厚厚的，打开一看，上面写的意思大概是，我这个女儿身体不好，去年去实习，回来还病了，请学校改派。看完这个，心想这怎么行，我已经跟学校表态了，要服从分配，我的表态是服从内心的，不是嘴巴上应付的，要是搬出父亲来当救兵，这个做法不好，不能言而无信。所以那封信我就没交，然后就来了敦煌。后来，"文革"怕别人抄家，我在敦煌的时候，把祖父的信和父亲的信统统烧掉了。

其实分配之前，我来敦煌实习过一次。我向往敦煌有一个原因，是我们念中学的时候有一个历史课文介绍过它。不知道为什么，那篇课文特别吸引我，我就非常想要来看看，但一直没机会。那个时候没有旅游，怎么可能来旅游呢？大学五年级的第一学期，说是要分专题实习，分了若干组，一个组大概五六个人。正好，有一组到敦煌，那时我们好多同学都想着要来。最后我来了。原来，莫高窟不是一个洞、两个洞，它有无数个洞。今天看看这个洞，明天又换一个洞看。总而言之，真是叫你震撼并为之倾倒。

怪不得这些老先生来了，都留在这里不走了。当你下洞以后就是另外一个世界。老先生已经来了有十几年了。他们穿得很土，住的土房子，睡着土炕，用的土桌子、土凳子。没有电灯，没有交通工具，物资也匮乏，完全是一个闭塞的状态。如果你想读报纸，大概是一个礼拜到十天之前的。还有，我们老前辈的子女没学可上。但即便这样，他们就这么坚持下来了。这是我1960年看到的景象，实际上这个景象比1944年研究所成立的时候已经略有改善了，但是这个生活和工作条件也没多少变化。我实习待了一阵，后来就水土不服。水是咸的，拉肚子拉得厉害。走了以后没想过再来，想着怎么是这么一个地方啊，还不如我们上海郊区的一个镇。

但是，国家的需要就是我们青年人的志愿。那时不是我一个人这样。所以，我们就这么来了。这里面有好多曲折。第一个曲折就是"文革"，学校也不是不讲道理，他能照顾的还是照顾的，谁有朋友了，谁要结婚登记了，都还能照顾的。但是"文革"谁管谁啊。说个笑话，当时有一句话叫"东风吹，战鼓雷，如今世界谁管谁"。这个时候就没人管了。没人管，我们也得结婚。我1963年毕业，1967年结婚，到第二年就有了孩子。这一有孩子就有想法了，希望赶紧走。因为我先生分配在武汉大学，我可以回南方，可以一家团聚，但当时根本办不到,走不了,因为已经天下大乱了。

从那以后,尽管"文革"时不搞业务,对敦煌却有了不一样的感觉,因为慢慢地对它了解了,知道莫高窟确实是了不得,价值非同一般。我也理解了为什么那些先辈们能在这里待20年。此外,在这里时间长了,也产生了感情。如果就工作来说,在哪不能工作呀,我已经在这里待了这么多年,真正到"文革"以后,一晃就20年了,就这么走了吗?好像还想做点什么。

是留还是走?当然,更多的还是甘肃不让走。最后成了我和先生两个人商量。甘肃不让走,武汉大学也不让走。商量来商量去,最后是我先生说,为了这个家,他走。他知道,我对敦煌已经有感情了,他放弃了他商周考古的教学,来敦煌改行做佛教考古。他在这里是有贡献的,本来(大家)不知道北区石窟。我和他讲北区一直想搞发掘,但是没有干考古的,我又一直有事,也不可能再去搞,他来了正好。所以,他在学术上是作了贡献的。可惜他前年走了。

在敦煌住土坯房一直住到80年代,可以说是邓小平同志来了以后改善的。邓小平同志是1981年来敦煌的,安全管得很严,他们说只能用一刻钟给小平同志介绍莫高窟,然后再参观。小平同志主动问我们,你们有什么困难,你们说。当时段(文杰)先生说,一个是保护的经费,我们永远把保护放在第一位。第二个是这个地方生活条件太差了。小平同志答复一定给解决。真的是说到做到。没几个月,财政部拨款300万,这一下就把我们的生活条件都改善了。我们在窟区盖了一些房子,通了电,卫生间里也有了卫生纸。以前是没有卫生纸的,我老说"方便根本就不方便"。在城里盖了宿舍,我们就可以在城里住。城里离莫高窟有25公里,过去哪里有这个条件。现在当然更好了,在城里盖职工宿舍,上下班有班车坐,孩子(上学)的问题也能解决。

敦煌研究所是 1944 年成立的，到 1984、1985 年才改善工作和生活条件。所以这些老先生，段文杰、史苇湘等等先生，一想起他们我就会激动。他们去的是多少年前啊，才 20 岁左右，不会超过 30 岁。他们都是两口子，有些还埋在莫高窟对面的山脚下。他们是献了青春献终身，献了终身献子孙。所以，这一点上真的感动我，而且这也是我留下的一个因素。现在也没什么后悔。当然，对家庭，对我先生、孩子是一个损失。但我没有做过对不住自己良心的事。我始终提醒自己，敦煌不能在我的手里头有任何损失，不然我就是罪人。我们做过的事情一定要经得起历史的检验。我们做的事要对得起当年创造这些文化遗产的祖宗，对得起我的前辈。我不能白来一趟。我就是这么想的。

我在敦煌待了 55 年，去年（2018 年）退休。这些年，从莫高窟的山沟跑到榆林窟的山沟，再从榆林窟的山沟跑到另一个石窟的山沟，成天在这里头转。有人问过我，你不想动一动？问的人可能有升官发财等别的意思。我说，这一天忙得不得了，也不爱进城，就干脆变成乡里人，这是一个做事的地方。城市里各种嘈杂，风气越来越坏，我不喜欢。所以我留在这里，能为莫高窟干一件事，是值得的，没什么后悔的，至少它有意义。不是说了吗，祖国的需要就是我的志愿。

保护与利用究竟是怎样的关系？

所有的世界遗产都是特殊的和具有全球价值的。敦煌莫高窟因为它符合世界文化遗产公约的全部六项标准而被列入《世界遗产名录》。联合国教科文组织、世界遗产委员会的评价是这样说的：莫高窟地处丝绸之路的一个战略要点。它不仅是东西方贸易的中转站，同时也是宗教、文化和知识的交汇处。莫高窟的492个小石窟和洞穴庙宇，以其雕像和壁画闻名于世，展示了延续千年的佛教艺术。

保护这样一个世界文化遗产，看着它越来越好，是很欣慰的，也是很值得的。我们始终按照《文物保护法》"保护为主，抢救第一，合理利用，加强管理"的方针做事，我们依据法律管理，利用科技保护。我们既做好了保护，也做好了弘扬。保护和旅游的矛盾，客观上就存在。承认它，并不等于无可奈何了，关键是怎么处理好这个矛盾，让它变成双赢，变成平衡。国家要我们就是干这个事的，不像有的人说你们光知道搞保护。把门关上的做法不对，但是也不能为了开放而去破坏。习总书记说要"让文物活起来"是有前提的，并不是说破坏了文物去活起来。习总书记说过很多的关于文物保护、合理利用的话，明确要求"走符合国情的文物保护和利用之路"。

我们是文物保护单位的基层工作人员，文物的保护和利用该怎么处理？我们理应思考这个问题。中国文化遗产研究院实际上一直在做这个事，大量的公司也在做这个事。大家总说要以保护为主，为什么要以保护为主？非常简单的道理，文化遗产是祖先留下的根脉，是中华文明5000年历史的见证，没有这5000年，有我们现在这些人吗？有现在的文化吗？有现在这种健康的精神吗？都没有，这就是中国。中国的其他东西是慢慢学过来、搬过来的，但这5000年的文明是中国独有的。我们很多人不明白，他们认为这些东西没用。我认为这种无用之用才是大用，它是维系我们民族5000年文明的根脉，是一个历史实证。文物还有一个特点，我们都知道是不可再生的。所以，从种种的道理来说，都应该保护好它。无论是研究、旅游，还是教育、培养年轻人，首先都要有文物在。现在旅游的主要内容是什么？是文化呀。我们的一些官员把文物建筑拆了以后再造，他认为你那个是旧的、是破的，他要造一个新的。但他不知道，造一个没有灵魂、只是一个躯壳的赝品，没有任何意义。现在这种破坏太严重了。保护和弘扬的关系是辩证的关系。如果这个旅游的资源都坏了，还旅游什么呢？这是一方面。但如果把门关上，为了保护而省掉旅游带来的麻烦，也是不对的。文化遗产是全人类的财富，应该叫人民去享受、去欣赏、去学习、去研究。

我也考察过一些地方，但现在不想再去考察了。我们的历史文化名城、古城区、古街道、古村落都去哪了？有保存好的，但是很少。绝大多数都破坏了，特别是历史文化名城，都是一个面孔，都是水泥钢筋玻璃做的。这样的一个城市还有历史吗？还有文化吗？还有情趣吗？还有特色吗？都没有了。古村落也是，大量的都弄没了，村落里哪还看得见一个过去的土地庙？哪里还有特色的建筑？无论是道教的还是佛教的都没有了。心痛啊，好多文化遗产，甚至是世界文化遗产，照样被破坏掉。

但是，这几十年也有成绩。像敦煌，1944 年成立研究所的时候就是一个废墟，经过这么多年的努力，现在完全是另外一个样子。还是这句话，保护、研究、弘扬、管理，只有每个方面都做到了，才能真正保护好文物，弘扬好文化。

旅游是利用遗产地的一条途径，但旅游不是光收一张门票就完事了的，要思考问题。我们要做负责任的旅游。责任之一是保护好文物。之二是要让游客看好，让游客不虚此行。全世界的人们远道而来，有的坐飞机，有的坐火车，就等买这个票，要是看完了扫兴而归可不行。所以，我们敦煌研究院做了好多科学实验，比如承载量、空气检测等等，并在保护石窟的基础上制订了有利于保护洞窟文物和便于游客观赏的洞窟开放标准、洞窟开放使用管理制度、洞窟轮流开放制度、洞窟监控办法。针对旅游旺季游客不断增加的情况，制定了有效控制游客数量的游客参观线路和预约制度。一是保护文物，二是考虑到观众的舒适程度。如果人进到洞窟后，前胸贴后背，那还看什么呀？所以搞旅游，也要有旅游之道，不能光为了钱。现在观众的水平比原来高了，他要看你环境干净不干净，旅游设备先进不先进，讲得好不好。

所以我们要深入研究，怎么用通俗的语言讲深奥的内容？它到底美在什么地方？它的情趣在什么地方？为什么唐代好？它跟别的时代有什么不一样？我们敦煌研究院现在培养了一支知识型的、懂外语的、负责任的讲解员。为了让游客满意参观，敦煌研究院长期坚持做好讲解员每年的专业、外语、服务等方面的培训和考核，不断将敦煌学者最新研究成果融汇到讲解词中，让深奥难懂的中古时期的佛教艺术、人文历史，在讲解员准确优美、深入浅出的讲解中，让游客舒适愉悦地领略。我们还办青少年夏令营，要让孩子们弄懂，给他们普及科技和民俗文化知识。我们国家任何事业的希望都是在年轻人身上，只有他们看懂了、喜欢了，他们将来才有可能会选择这个行业，或者他明白这个事情应该要怎么对待，才会尊重这个行业的规则，那么这个事业就有了希望。

所以，游客管理与保护工作同样重要。我们正在做数字化建设，也是缘于这两个责任。我们想把它永久地保护下来，还想让观众看好。我们一直在动这个脑子，为永久保存、永续利用珍贵的敦煌莫高窟文物信息，从 90 年代开始，我们就在进行计算机等数字信息技术保护与利用的探索。首先尝试的是建立壁画数字档案。数字档案证明窟内的敦煌艺术可以搬到窟外观看，由此启示我们，可否利用敦煌数字档案做成敦煌数字电影，让敦煌艺术观赏空间极大地拓展。在这样思考的基础上，敦煌研究院对石窟外观赏数字电影可否实现、采用什么样的数字放映技术、放映什么内容的数字电影等等问题，进行了长时间的反复调查、论证、试验。根据试验的结果，决定采用4K超高清影视技术、8K超高清球幕电影技术，分别展示莫高窟千年历史文化背景、莫高窟精彩洞窟艺术，并建设放映数字电影的场馆——莫高窟数字展示中心，让游客通过观看数字电影，对敦煌艺术有初步的观赏体验，然后到莫高窟实地适度观赏洞窟，进一步提升观赏体验和感受。就是这样，从数字档案到数字存储，到现在的数字敦煌，我们一步一步地往前推进，现在，数字化成果已经应用到研究、保护、展示、弘扬、管理等各个方面。这样既减轻了洞窟压力，使洞窟文物得到了保护，又丰富了游客的观赏体验，充实了文化艺术知识，实现了文物保护与开放利用的双赢。

所以，旅游也是要负责任的，对文物负责任，对游客负责任，人家来一次要有所收获，不虚此行。我们文物管理部门要动这个脑子。好做不好做？我看不难做。但真好做吗？有时候也不太好做。

莫高窟可以上市吗？

我们是一个文明古国，但现在有些人变得很不文明。新中国成立以来，文物遭受过几次大的破坏。第一次破坏是在1958年，那个时候我还小；后来"文革"又是一次破坏；改革开放好像是更大的一次破坏。改革开放本身没有问题，而是有些人的处理方式有问题，没有平衡好经济发展和文化弘扬的关系。改革开放要发展经济，但是发展经济跟文物保护有什么矛盾呢？我以为这中间并没有矛盾，发展经济不能让所有的行业都去挣钱。很多人说，现在的教育已沦为挣钱的工具了，文物也成了挣钱的工具，成了获取经济利益的手段。这是不对的。不可移动的文化遗产不能抵押，不能作为企业来经营，它不是某个企业的财富，而是全人类共同的财富，这是不能改变的。

我就听到过这样一个令人啼笑皆非的事：说寺庙本来是慈悲的地方，结果现在有的寺庙不仅挣钱，甚至还有骗钱的行为。如，有什么拿出999、9999，住持就给你做这样做那样。这是慈悲吗？释迦牟尼是这么说的吗？这里本来应该是劝诫"诸恶莫做，诸善奉行"的地方，但是它现在变质了、变味了，这里没有慈悲，这是在做恶。

也有人动员过我们将莫高窟捆绑上市，转来转去，就是想把敦煌交给企业去管理。企业是干什么的？是以盈利为目的的。如果我是一个企业家，我也想挣钱。但莫高窟是人类的文化遗产，绝不可以拿来做交易、做买卖。法律有规定，但是人家不管，就是要做。类似的问题面临过很多次。一方面我跟领导反映，向政协、人大的委员们反映。另一方面，我们拟定了一个条例，光靠我们说别人是不听的，有了规章制度才行。我是1998年当的敦煌研究院院长（之前我是副院长、常务副院长）。当院长后，我就赶紧着手制定《甘肃敦煌莫高窟保护条例》，这个事得到甘肃省人大、甘肃省政府的支持。我当时把国际上的先进理念，例如《威尼斯宪章》《保护世界文化和自然遗产公约》《国际文化旅游宪章》，还有咱们国家的《文物保护法》的精神都写进这个条例里，包括文化遗产不能作为企业经营等内容都写进去了。

但还是有一些人不管这个法律和规章制度，非要把它交给企业去管理。这个做法合适吗？第一是政策性。它不符合法律。《文物保护法》里明确规定了，各级文物保护单位，应分别设置专门机构或者专人负责管理，敦煌研究院也好，故宫博物院也罢，它就是一个管理机构，是代替国家行使管理职责的。第二是专业性。我们有30多个专业，我交给你企业，你懂这个专业吗？企业会好好保护吗？交给企业，企业是讲利润的，没钱了就卖一个洞出去，难道我不会吗？这里，不存在我们霸占着不让，是国家让我们在这儿管，我们的首要任务就是把它保护好，保护好才有研究的资源和旅游的资源。所以，一切都要通过科学管理、科技保护。第三是社会性。社会的影响力是很大的，群众也不允许这样做。第四是保护持久性的问题。要是交给企业管理，能长久吗？某某企业干不下去了，一天两天撤了，后果谁来承担？所以这个绝对不行。

幸亏我们制定了这个条例，后来还真的起了作用，再有人来想把莫高窟企业化，我就拿出这个条例与他们理论。不过，这成了他们获取经济利益的障碍了，他们就想了各种办法把它怎么动一动。我在《瞭望》杂志2015年第8期发表过一篇《坚持莫高窟文物管理体制不动摇》的文章，也提到过这些问题。面对多方面的挑战，敦煌研究院的探索和实践之所以成功，一个重要的因素就在于莫高窟的管理体制始终未变，有一个依法设立的保管机构；能够履行法律赋予的职责和义务；能够制订并实施长远的发展规划不动摇；能够聚集协调国内外多学科专家为文物保护和旅游开放的提升、进步作出贡献。"保护为主、抢救第一、合理利用、加强管理"，是处理好文化遗产保护和利用关系所必须遵守的国家方针，敦煌研究院不折不扣地执行这一方针，在确保文物安全的情况下，合理开放利用，绝不允许过度旅游开发、对文物造成不可挽回损失的局面发生。

如果改变莫高窟的管理体制，将莫高窟的旅游开放管理权抵押、租赁给企业去经营，变成企业追逐利益的"唐僧肉"、"摇钱树"，想方设法用尽耗竭，这样珍贵脆弱的文化遗产将很快被破坏，多年辛苦聚集起来的人才队伍也将流失殆尽，前途令人堪忧。

习总书记在福州说过一句话："作为历史文化名城的领导者，既要重视经济的发展，又要重视生态环境、人文环境的保护，发展经济是领导者的重要责任，保护好古建筑，保护好传统街区，保护好文物，保护好名城，同样也是领导者的重要责任，二者同等重要。因此，在经济发展了的时候，应加大保护名城、保护文物、保护古建筑的投入，而名城保护好了，就能够加大城市的吸引力、凝聚力。二者应是相辅相成的关系。"就是说明了经济发展和文物保护二者的关系。

他还有一句话："现在有些地方名城保护、古建筑的保护出现一些问题，根源就在于只顾眼前的一些经济利益，随意改变文物管理体制，将原为文物部门管理的文物保护单位移交别的部门管理。殊不知古建筑的保护、传统街区的保护、任何文物保护单位、文物保护点的保护，都需有专门业务知识和掌握国家文物法规政策才能保护好。"

不论管理机构叫什么名字，是研究院还是研究所，如果事情做不好照样不对。现在好多地方都叫管委会，因为地方上有林业、有宗教、有文物，所以成立一个综合管理委员会。这个机构理应平衡好各个方面的资源，但是很多时候，实际上它就抓旅游，文物要给旅游开道。现在还有文旅集团。如果这个文旅集团是非常认真负责地在保护文物，我没意见。如果说，这个文旅集团又是跟管委会一样，以旅游为主来利用文物，那我有意见。我最近知道，辽宁成立了一个文化演艺集团，把文物也并进来了。那么我就有一个问题了，如果你是按照文物法在管文物，我没有意见。如果你把文物变成旅游的资源，只管旅游去挣钱，那实际上是违法的。我并没有说演艺不重要，我从念中学开始,各式各样的戏剧我都爱看。但是,为什么有文物行业?为什么有戏剧行业?要么就是看戏,要么就是旅游,难道文物不要了?可文物是根啊。

我始终认为,如果把文化跟旅游这两个关系处理好了,两个行业都能发展,文物也得到发展,旅游也得到发展。这并不难做。政府部门制定好法律、管理好政策、搞好管理工作。基层部门要切实落实,想方设法把这两者做好,辩证地做好。既使文物得到保护,也使文化遗产得到开放,让人们欣赏。敦煌莫高窟从70年前无人管理、一片破败,到今天保护、开放和管理工作得到国内外广泛的认可和赞扬,这是因为70年前就成立了国立的专门保管机构,吸引了一批又一批志士仁人、青年学子到此工作。几代莫高窟人薪火相传,热爱敦煌石窟,忠诚于自己所从事的事业,发扬"坚守大漠、勇于担当、甘于奉献、开拓创新"的莫高精神,坚持不懈地努力探索和实践,才取得今天的成绩。

我们现在是依法治国,文物法也是法,它的法律责任还需要加强。文物不能破坏,破坏了就要追究责任,走私的、偷盗的也需要追究的,偷盗跟破坏文物没什么不一样。但是我们现在追责任了吗?有些地方官员没有追责任,还升官了。这么重要的5000年的文明,怎么把它保护下来?一个靠法律管理,一个靠科技保护。所以说,有法不依,而且不追究责任是不对的。真正要做到检查执法,法把权管住,这个文物保护就有希望。

我们是世界文化遗产的一个缔约国,可以申报世界遗产,别人也可以评价我们的世界遗产,缔约国得承诺,(有遗址)被批准为世界文化遗产的国家,必须有效地保护遗产。当年胡锦涛主席就说我们要有效保护,这有效保护就包括怎么保护、利用、管理它。我以为现在好多了,后来一打听,文旅在一起之后,旅游更严重了,文化部也没说要这么做,地方上怎么可以有那么大的权利。

文物和旅游不矛盾,可我们偏偏把它们对立起来了。我们有一个邻居,国家不大,人家不嫌遗产多,把文物保护得好好的。我们一个大国还嫌文物多了,还把保护和旅游对立起来,好像要有我旅游,就得灭你文物。那个邻居不是这么做的,人家为什么能做到兼顾,我们为什么不能做到?

文化遗产需要人

我们这个行业的人很少,全国的从业人数只有十几万,但是担负的责任是很大的。这个行业力量还很弱,而且人员不稳定。我们的文化遗产都是博大精深的,有悠久的历史和深奥的内容,灿烂的历史文化不是一眼就能看破的,要很有文化的人去研究它、探讨它,研究透了才能利用好它,可惜我们文化遗产里很少有这样的人才,进不来,留不住。

敦煌研究院可以说是拼着老命在培养人了,这么重要的遗产,常(书鸿)先生开创这个事业的时候,起点就不高,后来不断吸引各个专业的人,才成立了一支专业的队伍。但全国还有那么多的世界文化遗产怎么办?我认为必须要设立符合世界遗产这样的机构。我一再建议世界文化遗产交给省里管,因为小地方没有这样的力量,人才、设备、经费都不足。要是省里配备一些人,各方面协调好,就不一样了。保护世界文化遗产的这个班子起码应该是由省里定,或者国家文物局定。随便弄两个人在那看着能行吗?我看过一些世界文化遗产,就是因为它的领导班子的人根本就不懂,在那里瞎搞,只听当地官员的。一成世界遗产了，金字招牌拿到了，就成了旅游的资源了。这个现状，过去我们都反映过。

我们这个行业怎么搞，始终是发展不起来。我觉得是人才的问题以及管理的问题。我们需要各个层面的人才，得有国家一级战略思维的人才，有科学保护的人才，有做研究的人才，还要有能动手的人才。我们现在真正能动手的人多吗？这个文物坏了怎么办？我们有一个老李（李云鹤）86、87岁了，还在敦煌修壁画，院里都很支持他，他对敦煌也有感情。

所以目前我们最缺的是人才，行业没有人怎么能发展起来？我们跟人力资源劳动保障部要人，我们想各种办法引进这样的人。当然，我也知道另外一个问题，待遇低，条件差。莫高窟原来的条件很差的，但我们坚持奋斗，现在也改善了。所以，这个人才问题，是一个非常严重的问题。我始终认为人和钱缺一不可，但是首先是人。我们只要有一批德才兼备的人才，就不怕事情做不好。不说高薪，但得有一定的收入和条件，我们派去一些人，我也不说叫你永远待着。在甘肃，这些世界级的文化遗产，应该有世界级的管理机构。设备可以逐步配备，条件可以逐步完善。我并不是说要他一步登天，只要你抓准了，抓好了，咬住牙坚持四五年，它肯定有变化。

虽然需要人才，也不能一说人才就找人力资源和劳动保障部要，我们自己得想办法培养。咱们说李云鹤刚来敦煌的时候高中都没毕业，只是打杂，但是他好学，加上院里的培养，现在已经成为了大国工匠。榆林窟那个窟整个佛头损毁得都那样了，人家就给修复了，再去找第二个也不一定能办到。

总而言之，文物怎么才能保护好？就是要依法管理、科技保护、深入研究，每样都做好了，才能将文化弘扬出来。

石窟保护七十年,承古开今写新篇!

祝愿

中国石窟文物保护事业七十年的辉煌成就更好地发展、传承、科技创新。让悠久历史辉耀千秋万代!

李最雄 二〇一九年六月

敦煌，我终身挚爱的家园

李最雄
（1941年11月—2019年7月2日）

甘肃兰州人，中共党员，中国著名文物保护专家。1964年毕业于西北师范大学化学系，1991年获日本东京艺术大学保存科学博士学位，是中国文物保护领域第一位博士。曾任敦煌研究院副院长，文博研究馆员，兰州大学土木工程与力学学院博士生导师，甘肃省第八、第九届政协委员，甘肃省政府参事，文化部优秀专家，享受国务院政府特殊津贴。其"应用PS—C加固风砂岩石雕的研究"获1988年文化部科技成果二等奖、1995年国家科技进步二等奖；"砂砾岩石窟岩体裂隙灌浆研究"获1996年国家文物局科技进步二等奖，1997年国家发明四等奖；"古代土建筑遗址的加固研究"获1999年国家文物局科技进步二等奖；"敦煌莫高窟第85窟保护修复研究"获2004年国家文物局保护科学与技术创新二等奖；"西藏空鼓病害壁画灌浆加固研究"获2005年国家文物局保护科学与技术创新二等奖。此外，拥有国家专利3项。

我是一个自然科学工作者，大学毕业后将我的科学知识奉献于社会，奉献于国家，实现自己的理想和价值，一直是我的追求和坚定的信念，也是我们那一代人的信念。当初分配到甘肃省博物馆不久，虽然赶上"文革"的动荡，但这种坚定的信念一直没有动摇过，一直在默默地探索与坚持，也由此为后来建立在全国很有影响的博物馆文物保护实验室和探索发明 PS 保护材料奠定了基础，也为后来投身敦煌石窟保护事业，开创敦煌石窟，乃至我国石窟科技保护事业奠定了基础。我个人的命运与国家的命运、与我国文物事业的命运紧紧结合在了一起。敦煌莫高窟，有我终生感念的事业引路人、对我有知遇之恩的段文杰院长，它是我的坚强后盾，是我实现理想和人生抱负并为之奉献、无怨无悔地挚爱的家园。

甘肃省博物馆的历练和坚持

1964 年，我毕业于西北师范大学化学系，幸运地分配到了甘肃省博物馆。1965 年是我步入文物保护工作的第一年，主要是学习和了解文物保护的主要任务、理念、原则以及文物保护的特殊性。1966 年，史无前例的"文革"开始了，我们搞"封建帝王文物保护"的工作停下了。

1978 年迎来了"科学的春天"，我们这辈文物保护工作者也焕发出了为祖国文物保护事业奉献的青春活力。在时任馆长吴怡如先生的大力支持下，我主持修建了一个约 300 平方米像样的文物保护实验室。1981 年，国家文物局办公室主任金芬、中国文物保护科学技术研究所所长蔡学昌及著名青铜器、铁器保护专家、中国文物保护技术协会秘书长陆寿麟来甘肃省博物馆考察时，把我们的实验室定为西北的重点文物保护实验室,他们回去后,国家文物局给甘肃省博物馆拨款20万元,让我们购一套碳十四测定设备及一些必用的小型设备,建立了专门的碳十四实验室。1982年,国家文物局又委托甘肃省博物馆举办了为期3个月的"文化部文物局文物修复保护训练班",并拨款20万元,用来购置与文物保护修复相关的设备。作为省级博物馆的文物保护研究实验室,在当时的文博界也小有名气。

砂砾岩石窟 PS 加固材料的发明与研究之路

甘肃是我国石窟寺保存最多的省份之一,甘肃的大部分石窟的岩体属于泥质胶结的砂岩、砾岩或砂砾岩,极易风化,有些严重风化石窟的雕像已经面目全非。因此研究砂砾岩石窟的风化及保护是甘肃乃至我国石窟保护中亟待解决、且具有很大挑战性的文物保护课题。砂砾岩石窟的风化及保护研究是我步入文物保护行业首选的科研项目,我非常喜欢也愿意承担这一具有挑战性的任务,当时我就下定决心一定要攻关。在进行砂砾岩石窟风化研究初期,一个偶然的机会认识了我国工程地质界著名的张咸恭教授。

那是20世纪70年代末,我在甘肃省人民医院看病时,认识了一位英文水平很好、甘肃省人民医院的著名外科专家詹医生和他的爱人——甘肃省防疫站营养学专家刘绣云。在与她聊天时,我提到一份与我的课题相关的文物(包括石质文物)微生物腐蚀的英文资料。我大学期间学的是俄语,这些资料对我来说有一定难度,所以想请她帮忙翻译一下。她说自己虽然英文好,但不懂微生物专业,于是就介绍我认识了医院的微生物学专家王凤莲教授。王教授痛快地答应了我的请求。她让我把文献给她带回家去翻译,让我过几天到她家取翻译稿,并说了她家的住址,那里都是校领导和高级教授的住所。几天后,我去她家取翻译稿时还有意带了两块表面长满青苔且已经风化严重的砂岩试样。当我看到译稿中有许多岩石名称时,有些疑惑地问王教授:"您对岩石也很熟悉?"她笑着对我说:"这是我老伴帮我译的,他是搞地质的,"并说,"他是张咸恭,现在在兰州大学地质地理系任教。"我听了非常兴奋,希望能与张教授认识一下。因为那时张先生正忙于编写《工程地质学》教材,出版社催稿,在书房中赶稿子,所以没有接待我。《工程地质学》教材交稿后,我还是请王教授带我去她家里向张先生请教有关砂岩石窟风化的相关问题。这次张先生非常热情地接待了我,他也到访过陕西彬县大佛寺、甘肃永靖炳灵寺等石窟,看到过石雕佛像风化破损的情况,所以对石窟风化问题有点感性认识。他系统地给我讲了岩石风化作用的类型、影响因素、物质与结构变化过程、防治方法原则等。他说许多砂岩石雕佛像都是以第三纪铁、泥质为胶结物的厚层细砂岩,特别强调了泥质胶结物中的黏土矿物,尤其是蒙脱石的不良作用。又讲了黏土矿物的种类、物质结构特征、转化关系、物理力学特性等。他看我兴趣很大,听得很用心,并作笔记,他也越讲越多,那天差不多讲了快两个小时。回去的时候特意叮嘱我以后可以常来,探讨有关石窟风化的问题。因为我学的是化学专业,不懂岩石专业,他所讲的对我来说都是新东西,一下吃不透,那天他讲的我也没记全。自那以后我经常去他家,研究工作中一遇到困难就向他请教,在岩土文物的保护方面他真正是我的启蒙导师,良师益友,逐渐地我们也成了忘年交。在张先生退休回北京之后,每年有机会到北京出差,我都要去中国地质大学看看张先生和王老师。

在与张先生交谈中,我印象最深刻的是先生在讲述砂砾岩风化时反复强调的泥质胶结物中的黏土矿物，尤其是蒙脱石的不良作用。先生为什么要反复强调这一点？带着这个疑问，我在（甘肃）省图书馆借了几本有关黏土矿物的书籍认真阅读学习，慢慢地了解了黏土矿物和蒙脱石矿物的结构，特别是物理化学特性。从此蒙脱石进入了我研究砂砾岩风化的视野，也是我研究砂砾岩风化的"关键词"之一。在环境反复干湿交替变化的过程中，蒙脱石的反复膨胀收缩变化会对泥质胶结的砂砾岩体造成严重的破坏。砂砾岩雕的防风化保护研究的目标，就是通过实验研究，寻找出一种能改变砂砾岩泥质胶结状态，让它有很强的遇水抗膨胀崩解性的途径。

我们在对砂砾岩风化机理的研究中，选择了永靖炳灵寺石窟、天水麦积山石窟和庆阳北石窟寺三种不同环境的砂岩。按照张先生的建议，我们制定了一个砂岩风化研究的技术路线，首先通过分析检测，鉴定三个石窟的岩石类型、结构和矿物组成，分离出砂砾岩中的胶结泥质，特别是胶结泥质中蒙脱石等黏土矿物含量及其特性。然后进行石窟砂砾岩体的物理力学特征研究。最后研究石窟多环境影响因素，如温湿度及其变化、冻融等等，从而揭示岩石风化破坏的过程。

1982年秋在北京召开的中国文物保护技术协会学术研讨会上，我发表了题为"炳灵寺、麦积山和庆阳北石窟寺的风化研究"的论文，引起文物保护界、岩石力学界的关注。张先生也鼓励我们在进一步深化研究砂砾岩风化机理的基础上，研究防风化加固保护材料。岩石力学锚固与灌浆专业会主任杜嘉鸿教授评价论文的科学价值高，在岩石风化研究领域方面有创新，应继续研究防风化保护加固材料。

我们在研究防风化保护材料时仍以庆阳北石窟寺为对象。要使这种砂岩石雕具有一定的抗风化性能，或将已风化的石刻雕像进行渗透加固，就要寻找一种无色、透明、抗老化性能强、渗透性好的加固材料，改变砂砾岩胶结泥质的胶结性能，使胶结泥质耐水、稳定，不再随气候变化而时胀时缩。我们先后采用聚乙烯醇乳液、不同模数的硅酸钠水溶液以及低模数的硅酸钾（PS）水溶液，与从砂岩中分离出的胶结泥质混合制成试样，进行耐水性实验，都未能取得理想的效果。后来我请教了中国科学院化物所的同学师佩伦，知道他做过水玻璃研究。他建议我们把 PS 的模数提高后再试试。因高模数的 PS 不稳定，不好保存，市面上没有销售的产品，只能在实验室里自己制作一个简易小高压釜，将无定型二氧化硅慢慢溶进 PS 溶液中，用来提高 PS 的模数。通过实验发现，用高模数 PS 水溶液，同时选用合适的固化剂、交联剂和表面活性剂，对风化砂岩进行渗透加固，有明显的防风化加固效果。

实验初期，首先要确定 PS 的最佳模数。当较低模数的 PS 和胶结泥质作用后，残留较多的 K_2O 易与空气中 CO_2 和水作用生成 K_2CO_3。若在胶结泥质中含有过多的 K_2CO_3，就会破坏胶结泥质的稳定性并产生酥碱。PS 的模数过高时，则与胶结泥质和岩石碎屑的胶结作用减弱，使加固体的强度下降，这样残留过多的 K_2SiO_3 容易产生凝聚，析出白色的无定形 SiO_2，影响渗透速度，喷涂时也难以操作，同时析出的 SiO_2 沉积在岩石文物表面，影响保护加固效果。在逐渐的实验摸索中，我们用相同浓度不同模数的 PS 水溶液与砂岩中分离出的定量的胶结泥质（C）作用，制得胶结体 PS—C 试块，分别进行耐水、耐 CO_2、耐紫外线、热稳定性、耐酸碱性、耐冻融性、安定性、耐温湿度变化的影响性试验，确定出了 PS 水溶液的最佳模数。

实验中，我们选择的 PS 模数分别为 3.0、3.2、3.4、3.6、3.8 和 4.0，各种模数的 PS 以纯净水稀释至 5% 浓度，分别与砂岩中分离出的定量胶结泥质制备试块进行耐候性能实验。制备六种模数的

PS，再对制备的试块进行十多种性能的测试，需要上千试块。当时没有专门针对岩土质文物物理力学性能测试的规范，我们就根据岩土文物特点，自己拟定了实验规范，博物馆中更没有进行岩土分析检测的大型仪器设备，只能找同学、托熟人，到高校和科研单位去做。进行耐冻融性实验时，需要将岩样放在－30℃的低温冰箱中冻4小时，再从冰箱中取出，置于20℃水中融4小时，反复循环，直到岩样剥落掉渣为止，用循环次数的多少评价岩石的耐冻融性。测试温湿度变化对岩石劣化的影响作用时，将岩样放在80℃的烘箱中烘8小时，再从烘箱中取出置于水汽饱和的恒湿箱中放置8小时，反复循环120次，再与原始试样进行力学强度对比，用两种试样力学强度差异评价岩石耐环境温湿度变化对强度的影响，考查岩石的耐候性。当时没有自动循环的恒温恒湿箱，也没有自动的冻融设备，而且实验是连续进行的，不能间断，全靠人工从－30℃的低温冰箱和20℃水中、80℃的烘箱中和水汽饱和的恒湿箱中搬来搬去，晚上我的助手王亨通住在实验室中，设闹钟提醒进行搬放试样的工作。这样的实验有时要数月，有时甚至一年，在当时的条件下的工作量是可以想象的。

经过近5年的辛勤工作和大量分析测试研究，我们终于发现模数3.8—4.0的PS与胶结泥质作用后形成的胶凝体耐水性最好，在水中浸泡一年也不会崩解，同时也有较强的耐冻融性、耐CO_2、耐温湿度变化特性，制备的PS溶液对砂砾岩体也有很好的渗透性。实验虽然成功了，但对模数3.8—4.0的PS为什么有这样好的性能还是不解。带着这个疑问，我又请教张先生。他建议对经PS加固后的胶结泥质胶凝体与没有处理的胶结泥质进行X射线衍射、差热、红外分析、扫描电镜等的分析测试，进行对比。所有分析测试工作完成后，我带上所有图谱、照片等资料去找他，他认真地给我讲了一上午。

张先生看了 X 射线衍射分析测试图谱和电镜照片等资料后，认为最明显的区别是，北石窟砂岩胶结泥质经 PS 处理后，蒙脱石、绿泥石等膨胀性的黏土矿物的衍射峰基本消失，而明显出现了非晶物质的弥散峰。石英和云母的衍射峰也较加固前变弱，也就是在碱性 PS 溶液处理中，石英、云母也有所消耗。在这一处理过程中，是否有非膨胀性的黏土矿物生成还很难说明，需要进一步的研究。很明显的是胶结泥质经 PS 处理后，除石英、云母有所消耗外，其他黏土矿物的晶形也受到破坏，基本变成了无定形的胶凝体。由于这种无定形的胶凝体具有大的表面能、强的胶结力，就使得 PS—C 胶结体具有较高的力学强度和很好的水稳定性。PS 处理后的胶结泥质中即使还存在少量的蒙脱石，但蒙脱石和钾离子的交换性使蒙脱石的膨胀层距（C- 轴长）缩小，这样大大减弱了它的吸水膨胀性，提高了泥质胶结砂砾岩的抗风化性能。扫描电镜照片中也能明显地看出，胶结泥质在处理前明显呈现皱纹、起脊、蜂窝状的或片状、层状结构，各晶体之间相互离散、孔隙大。由于这种结构具有吸水性强、强度小的特点，导致黏土矿物胶结的砂砾岩极易风化。经处理后的胶结泥质可明显看出黏土矿物片状、层状、蜂窝状结构消失，大的孔隙被填充，变成一种致密的网状胶结体结构。这就是泥质胶结的砂砾岩经 PS 处理后力学强度和水稳定性大大提高，抗风化性能大大增强的主要原因。

张先生讲完后非常高兴，乐呵呵地说："真是功夫不负有心人！"我听后也很高兴，激动的心情油然而生，心里默默地说："加油干，胜利就在前面。"

因为当时对 PS 与砂砾岩胶结泥质作用后是否有新矿物生成这一点不确定，张先生建议我们把研究结果向搞黏土矿物的专家请教。经过跟相关专业的科研人员了解，他们推荐了我国著名的黏土矿物专家、中国地质大学王濮新教授[1]。王教授很年轻，有四十出头，当时他已经在黏土矿物界非常出名，已经取得了许多重大成果，成了陈景润式的科学家了，也被国家树立为全国青年科学工作者的榜样。他平时工作非常忙，不太好找。为了解决我研究中的重大疑难问题，我还是冒昧地给他写了一份信，简单介绍了我们工作的研究进展，并提出了之前的疑问，没想到很快收到了王教授的回信，很热情地表示愿意解答我的疑问。我带着所有的 X 衍射分析、差热分析、红外分析图谱和扫描电镜照片等资料，很快去了北京中国地质大学拜访王教授。他查看了我带去的实验结果资料后表示同意我们的结论。同时解释在常温下，碱性 K_2SiO_3 和胶结泥质不可能生成新的矿物，只有在高温条件下才有可能生成新的矿物。王教授说："你们用高模数 PS 处理砂砾岩胶结泥质，只使黏土结晶状态发生了变化，使原来晶态、离散状的黏土变成了非晶态的网状胶凝体。当然，这种网状胶结态的黏土力学强度、水稳定性也就提高了。"这一解释让我对这一研究领域更加有了继续下去的信心。

有关 PS 与黏土的作用机理，敦煌研究院的苏伯民博士于 20 世纪 90 年代初刚调来敦煌研究院保护所不久，我请他又做了进一步系统的实验研究，他的实验完全证明了王濮新教授的解释。

室内实验完成后，1983 年 5 月，我带王亨通和王琦在庆阳北石窟寺进行了 PS 加固风化砂岩的现场试验，封护加固窟龛 10 余处、石窟造像 20 余身。在现场试验中，分别做了喷洒一遍、二遍、三遍，来

---

1. 1926 年 1 月出生，著名矿物学家，1949 年清华大学地学系毕业后留校任教，1952 年调至北京地质学院任教，主编了《系统矿物学》、发现了袁复礼石、参编《地质矿产术语分类代码（结晶学及矿物学部分）》并多次获奖。他创立了蚀变矿物学研究方向，建立了"矿物岩石材料开发应用国家专业实验室"。

作对比。10多年后的1995年春，我们又去庆阳北石窟寺对过去做过的加固保护效果进行检查，加固保护效果基本良好，特别是有两个风化严重的露天窟龛（18号和271号），加固后经风吹、日晒、雨淋，外观无大的变化。

我们在进行PS—C（砂岩的胶结泥质）对砂砾岩岩体裂隙灌浆试验研究时，看准的试验现场是天水麦积山石窟。

20世纪70年代初，有消息称天水麦积山地区有发生较大地震的可能，国家对麦积山石窟的安全也非常重视，决定70年代末对麦积山石窟进行抢险加固。根据麦积山石窟的保存现状，对麦积山保护加固的工程技术难度、工程量及投入的资金量等估计，是当时国内文物保护加固工程之最。加固方案由中国科学院院士、国际著名岩石力学专家陈宗基教授拍板，决定采用现代岩土工程的喷锚支护工程措施加固，方案由甘肃省建筑科学研究所结构室主任易武志高级工程师设计。易工对我们的PS—C灌浆材料产生了极大的兴趣，也抽时间来博物馆亲自参加实验，遗憾的是我们研究出PS—C灌浆材料已经晚了，已经到麦积山石窟加固工程的最后一年，实验完成时，（甘肃）省建五公司的锚固工程已经结束。我们研发的裂隙灌浆不在工程方案的设计内，工程结束后要拆脚手架，那100多米高的脚手架，我们也不敢留下。在麦积山近1年的砂砾岩石窟岩体裂隙灌浆材料研究和现场灌浆试验，为之后我们在榆林窟加固工程中进一步研究砂砾岩石窟岩体裂隙灌浆的材料打下了坚实的基础。麦积山石窟加固工程结束之后，易武志调回北京工作，我也调敦煌研究院，又立即去日本学习，之间的联系渐渐少了。

1984年8月，国家文物局组织相关专家，对"应用PS—C加固风化砂岩石雕的研究"，在甘肃天水市进行了项目鉴定。专家组成员有兰州大学地质地理系张咸恭教授，著名化学灌浆专家、中国科学院广州化学研究所副所长叶作舟研究员，中国文物研究所所长蔡学昌、教授级高工黄克忠、研究员陆寿麟，西北师范大学化学系教授郑载兴，兰州大学化学系教授张淑民等 9 人组成，专家组组长由张咸恭教授担任，副组长由蔡学昌所长担任。甘肃省博物馆馆长岳邦湖、甘肃省文物局文物处处长锤绳祖也参加了鉴定会。鉴定会上的讨论非常激烈，有专家还从兰州背去一大堆文献资料，引经据典论述观点，有人还抢话筒，感觉有点像辩论会了。最后会议对每位专家的发言做了时间限定，张咸恭教授做了总结发言。这种局面不是鉴定会上一时意见不一致造成的，而是长期错综复杂的环境和内部矛盾造成的，往往把一些科学问题、技术问题人为扩大化、复杂化，甚至是无谓的人身攻击。坎坷的日子早已过去，我已经走到了今天，过去那些让人伤心的事再也不必去想。

这项成果当时申请了国家专利，也获得了国家科技进步奖。

大地湾世界最古老的混凝土研究

1978—1984 年的 6 年间，甘肃省文物工作队在甘肃秦安县的大地湾遗址进行大规模的考古发掘，相继清理出新石器时代房屋遗址 240 座、灶址 98 个及彩陶、石器、骨器等文物约 2 万多件。大地湾是中国西北地区最重要的新石器时代遗址之一，这次大地湾的考古发掘被学术界评为中国 20 世纪百项考古发现之一。在清理出的 240 余座房屋遗址中，有两座编号分别为 F901 和 F405 的房屋特别引人注目，建筑工艺十分高超，规模也很大，仅室内居住面积就达百余平方米，房屋地面经清理干净后，呈浅灰色，明光发亮，与现代水泥房屋地面极其相似。地面断面分层明显，总厚度约 40 厘米，特别从地面的断面可以明显看出，这种地面是用相似于现代人造陶粒轻骨料和灰红色的胶凝材料制作而成的，非常震撼。这是仰韶时期人类的住房，起码也是四五千年以前的建筑，怎么很像现代人造陶粒轻骨料制作的混凝土，简直不可思议。

我当时是被博物馆领导安排做现场保护工作的，当时就对地面材料产生了极大的兴趣，在搭好临时保护棚后，我就开始对 F901 和 F405 的房屋地面材料进行系统的调查和分析研究。我带领王亨通、王琦，还邀请了甘肃省建筑科学研究所的高工张鲁，对 F901、F405 地面的结构进行了分析检测。

我们将从大地湾黄土中捡来的生料礓石、800—900℃煅烧料礓石、生石灰分别粉成 80 目，以 0.6 的水灰比做成浆液，在 $4 \times 4 \times 16$ 厘米铁模中成型，做 300 天龄期的抗折、抗压强度。实验证明，大地湾 F901 和 F405 的地面既不是用生料礓石做胶结材料，也不是用单一的烧石灰做胶结材料，其地面中的胶凝材料很可能是用当地黄土中的料礓石烧制的，胶结材料中主要成分为方解石，除此还有少量水化硅酸钙（CSH）。水化硅酸钙是水泥的主要成分，波特兰水泥的发明只不过是 100 多年前的事（1824 年），四五千年前人类居房的地面材料里怎么会出现水泥？这引起了国际建筑材料界特别是东京工业大学一批世界知名水泥专家的高度重视。

要证明 F901 和 F405 的房屋地面材料是仰韶时期的人造地面材料，还必须对其地面材料做碳十四测定来证明。中国社会科学院考古研究所的仇士华先生曾对山西夏县东下冯龙山文化等遗址中的白灰地面做过碳十四分析，认为这种白灰地面是烧石灰做成的。大地湾仰韶文化遗址的 F901 和 F405 地面建造材料是否也是当时烧制的？也就是说当时是否用烧制料建造地面，仅有以上的分析、测试还不能完全说明问题。我们请中国科学院兰州冰川冻土研究所对秦安大地湾F901和F405地面中的骨料和地面的胶结材料及秦安大地湾黄土中的料礓石，分别做碳十四测定分析。同时，和用木碳标本测定的结果做对比。

我拿着碳十四测定结果请教了我国著名碳十四测定专家、中国社会科学院考古研究所的仇士华研究员，他给我做了非常详细的解释。用大地湾F901、F405地面中的人造陶粒和F405地面的胶结材料做碳十四测定，不但可以断定这些地面建筑在当时是以料礓石为主要原料烧制而成的，也可以粗略地判断遗址的年代。

为了对F405和F901地面中的材料进行进一步的研究，我于2012年请兰州大学土木工程与力学学院的谌文武教授同去秦安大地湾做了一次调查，在大地湾文物保管所所长陈晓钟的帮助下，在距大地湾遗址约5公里的河沟东岸黄土山崖面上，离地面两米多高处的一个平行于地面约30厘米厚黄土层中，发现了大量的与F405和F901地面中骨料相似的碎石，同时在遗址几处有陶窑的地方，周围也发现了大量的碎石。据当时参加过大地湾遗址发掘的考古人员介绍，发掘出的240多个窑都是烧陶用的，没有发现专门烧料礓石和烧骨料的窑，由此可推断陶器和料礓石及骨料都是在这些窑里烧的。

经过对这些与F405和F901地面中骨料相似的碎石的分析测定，确定为钙结核。钙结核怎么能形成这种形状？我又请教了兰州大学地质系的张明泉教授。张教授认为这种钙结核可能沉积在植物的根叶等有机质杂物周围，在长期的地质形成过程中，植物的根叶等有机质杂物腐烂，钙结核就形成管状、不规整的空心圆球状。这就可以初步推断，F405和F901地面中的骨料也是用大地湾附近黄土中的沉积钙结核烧制的。

人类首先开始使用气硬性的胶凝材料——生石灰,但在烧制石灰的过程中,由于无意之中采用了纯度较低的石灰石,也就是说含有硅质、黏土等杂质的石灰石,使得烧成的石灰有了气硬性和水硬性,这个过程也是水泥的发明和使用过程。古罗马人和希腊人首先开始使用天然火山灰水泥,有些地方找不到天然火山灰时,偶然采用了含有硅质、黏土等杂质的石灰石烧制,来代替火山灰,这样逐渐发现了水泥的制造方法,直到 19 世纪初,才发明了勃特兰水泥。从人类使用气硬性胶凝材料到水硬性胶凝材料的考古发现中,也充分证实了这一论点的正确性。

综合以上的研究和分析推断,将秦安大地湾仰韶时期 F405、F901 房屋地面建筑材料称为古老混凝土,是科学的。但这毕竟是新石器时代的建筑材料,受到制作条件和工艺的限制,又经历了五千年大自然的风吹、日晒、雨淋的风化破坏,无论如何不能完全与现代水泥进行比较。就目前的考古发现和文献查证来看,秦安大地湾遗址 F405、F901 房屋地面胶凝材料是目前世界上最早的混凝土,它也可以称为现代混凝土的祖先。

1985 年 5 月,在《我国古代建筑史上的奇迹——关于秦安大地湾仰韶文化房屋地面材料及其工艺的研究》一文撰写完成后,我去日本东京艺术大学研修,路过北京时,到中国社会科学院考古研究所将论文亲手送交给了我国著名碳十四测定专家仇士华研究员。他看过我的论文后说很重要,要尽快送给所长安志敏研究员讨论,并推荐在《考古》杂志上发表。安志敏先生、夏鼐先生都非常重视科技考古方面的论文,特别是夏鼐先生,他是中国社会科学院院长、国际著名考古学家,早年留学英国,特别重视科技考古。《考古》杂志是当时我国社科类的重点权威期刊,发表的都是考古界顶级的论文,待发表的论文也很多，即使已通过评审，见刊最短也得等上一年半载。幸运的是，这篇论文交给《考古》编辑部不到 3 个月就发表了，并且与刊登吊唁夏鼐先生逝世的消息在同一期，这当然是个偶然。当时我已经在日本，听闻这个消息后我又悲又喜，悲的是我国痛失了一位伟大的考古学家，喜的是当时我还是助理研究员，第一次而且很快在《考古》这样高级别的刊物上发表论文。

这篇论文发表后，在国内学术界引起了一些争论，特别在水泥界。中国水泥研究院有学者说，这太不可思议，简直不可能，甚至说这是胡说八道的言论。真正现代科学意义上的水泥——勃特兰水泥是在 19 世纪初才发明的，不过 100 多年时间，怎么 4000 多年前就有了水泥。根据中国文化遗产研究院李黎博士和敦煌研究院赵林毅博士所做的《中国古代石灰类材料研究》证明，中国古代建筑中的石灰中都含有少量水泥成分，特别是我国南方的古建筑。浙江衢州明代的古建筑中的石灰，和现在用传统方法生产的、修复古建筑用的蛎灰中，经分析，含有约 8% 的水泥成分。前面提到过，水泥是从烧石灰的过程中发明的，由于在烧石灰中采用了含少量黏土，或者含少量硅物质的石灰石，偶然发现烧出的石灰具有水硬性，做出的房屋地面又光滑又结实又不怕水。

我想利用在日本研修的机会，对甘肃秦安大地湾 F901、F405 地面材料做进一步研究，来回答国内一些专家学者提出的疑问。

我在日本的研修单位是东京艺术大学保存科学研究室，研究室没有研究硅酸盐方面的专家，也没有做岩土方面的设备仪器。我从东京文化财研究所保存科学部主任江本义理教授处了解到，日本研究硅酸盐的权威科研单位是东京工业大学工业材料研究所，相当于中国的清华大学，而且东京工业大学工业材料研究所有几位国际著名的水泥专家，如中村哲朗、大门正机等正是合适人选。经过段文杰院长协调，1985年秋，我如愿去了东京工业大学工业材料研究所，在中村哲朗、大门正机教授的指导下，对大地湾F901、F405地面材料又进行了一次更精细的模拟实验。对模拟实验的结果，中村哲朗教授、大门正机教授做了更详细、更科学的论述，他们也肯定了我在国内对大地湾F901、F405地面材料的科学认知。通过这次实验，结合我在国内对大地湾F901、F405地面材料科学考古调查、模拟实验、分析测试等方面的工作，充分说明大地湾F901、F405房屋地面材料是目前世界上发现的最古老的混凝土。通过这次研究，日本的一些著名水泥专家和无机材料分析专家认为，把中国秦安大地湾仰韶F405、F901房屋地面建筑材料称为古老混凝土是名副其实的。

1987年初，SCIENTIFIC《サイエンス》(美国科学日文版)的总编辑得知我在东京工业大学工业材料研究所做的中国新石器时代人类居住房屋地面材料研究后，去东京工业大学见我，要求将我的研究论文发表在日文版SCIENTIFIC《サイエンス》上，我当然高兴地答应了。后来在1987年第7期的日文版SCIENTIFIC上刊登了我的论文《世界最古のコンクリート（世界上最古老的混凝土）》。1987年5月回国后，我又在《考古》1988年第8期上发表了第二篇论文《世界上最古老的混凝土》。

段文杰院长的知遇之恩和坚强后盾

"应用PS-C加固风化砂岩石雕的研究"项目于1984年在麦积山通过鉴定，但还存在争议。后来我做砂岩石雕研究遇到了困难，思想很乱。1984年，在全国壁画会议期间我第一次去了敦煌。看了以后觉得很震撼，在这里做工作，肯定能做出成绩来。会议结束后，我很冒昧地给段文杰先生写了一封信，他第二天还是第三天，就回了，而且约在兰州饭店见面。他很高兴我联系他，说他们很需要人，明天就调。他让文化厅主管文物的局长亲自去调，而且是（甘肃）省委常委亲自批了的。甘肃省博物馆不放，但调令是文化厅直接发的，也没二话可说。这样我就到了敦煌。当时好多人问我，雁南飞，南方已经开放了，你怎么跑西边去了？因为当时敦煌的环境很落后，他们不理解我的决定。当时生活确实艰苦，一个澡都洗不上。那时候日本人见段院长就问，段院长你在哪里洗澡？院长说我不洗澡，没处洗。院里有一个洗澡堂，轮着来，这周是女的洗，下周是男的洗，人多了就轮不上。我住的地方后面有一条河，天热的时候就到河里洗。我到了敦煌以后，那天晚上，段文杰院长就组织了一个全院大会，在莫高窟下寺的会议室里让我做一个考察意大利的报告，因为我在调离博物馆前几个月的 1985 年 1 月，参加了国家文物局组织的中国石质文物保护专家组，赴意大利考察 1 个月。

这个考察是意大利提出来的。当时我们文化部的部长朱穆之，他去意大利访问考察，感觉意大利石质文物保护工作做得很好，回国后提出派我国的相关专家到意大利考察学习。于是中国文化部就和意大利外交部签订了一个中意互派石质文物保护专家考察交流的协议。但只给两个名额，这个名额迟迟定不下来。最后国家文物局直接拍板，派黄克忠和我去。还有一位是中央国际广播电台意大利语播音员刘月樵，她的翻译很厉害。到了意大利以后，我们在罗马多待了一天，把整个计划推迟了一天。先是在罗马考察，然后在佛罗伦萨考察。到威尼斯遇上了狂欢节，我们定好的饭店（因为我们）没按时到，被取消了。狂欢节宾馆都满满的，其他的宾馆又住不起，最后介绍到两老夫妻他们个人的小家庭旅馆。他们不了解中国的文化，晚上安排我们三个人住一张床，但我们一定要给刘月樵找一个地方住下，他们就感到很奇怪，问为什么不住，说他们意大利就是这样的。

意大利的文物保护确实做得好，我们当时拿了好多材料，回来的时候跟文物局汇报，处长和局长都在听。我们带回了很多人家规范性的东西，后来请刘月樵翻译成中文。后来我们自己拟定的好多规范，都是参考了那次考察的资料。意大利回来以后，到的那天晚上，敦煌研究院让我做一个报告，我就讲了一下考察的情况，段院长听了之后非常高兴，说："你马上准备去日本，我们现在也要培养高端人才，我们敦煌研究院需要一个具有高素质人才的队伍。将来你回来后的首要任务是组建保护所，你要人我给你，要钱我给你批。但是你自己手头的工作暂且放一下，那些事情你以后再说，现在关键是组建队伍。你先去日本学习，日本做得很好。"

于是刚到敦煌没几天，我就去了日本，在东京艺术大学进修。进修期间，我又把 PS 材料做了一遍。因为文化研究所有一个做石质文物的专家，叫作西浦，我看了他很多文章，他也愿意跟我合作，把这个工作再做一遍。我们做了一年以后，在京都召开了亚洲文物保护会议，这时候西浦却说，你不是有两篇文章嘛，材料你发表，PS 他发表。我当时也没办法，将 PS 让他发表了。他发表以后，一些日本朋友说，李先生你不能让西浦发表，这是你的东西，我们知道你已经在（中国）国内研究了很久。这件事我也很不愉快，第一次到国外，就遇到这样的事。

回来以后，我就跟文化部部长反映了这件事情，这个项目是我在国内做的。之前做科技鉴定的时候，却开成了文化大辩论的会议，把业务事情政治化了。后来由甘肃省科技厅又进行了一次鉴定，维持原来的鉴定结果。那时候经济极度困难，人与人之间还存在"文革"的气氛，做工作确实难。

但是段院长不一样，我刚从日本回来，他就说，小李你马上再出去，要把你培养成高端人才。那年，咱们外交部招待驻华使馆的大使们到敦煌参观，段院长陪一个加拿大大使叫"葛翰"。葛翰看到220窟的时候说："段先生，我今天站在这儿是我一生最震撼的一天，我要帮你做点事。"段院长说："好啊，帮我培养人才。"于是段院长要我刚从日本回来再去加拿大。我当时家里也困难，小孩都大了，很调皮，他妈妈管不过来，我又一直在外面。段院长说："你放心去，家里的事情我派人帮你做。"我很相信他，家人最后也同意了，我就去了。

加拿大在文物保护方面，基础研究做得特别好。我做的是敦煌壁画的颜料稳定性研究，我带了样品去。这些样品是从各个洞窟掉下来的，没确切位置，供我们做实验用，加拿大方面很重视它。当时有一个分析专家和一个光学专家跟我合作，做了一些模拟实验，这个课题很成功。

因为博士论文答辩，我又专门去了日本。答辩的时候我很自信，因为这些事都是我一手做的，是敦煌的东西，别人不可能做这些事，拿不到这些样品。但是我的语言不行，学了一点英语，也学了一点日语，答辩的时候还凑合，专业的东西都能讲。日本的博士答辩很难。当时我一个人坐在两个长桌子前，两边坐满了专家。我在加拿大做了那么好的实验，数据也很强势，但有个日本人专门提了一个问题，他们很重视文献，正好我答辩的那个月，文物保护里有本权威杂志，发表了一篇论文和我的论文一样，他就问这个里面的问题。那本杂志，英国出的，我每期都看，所以我马上就回答出是哪一期讲的，里面重点是铅的变色,铅颜料是怎么变的,怎么氧化的,说得很清楚,最后他们没话说。

博士答辩还有一个环节,现场把答辩人关在一个实验室里,不让拿书和资料,只能拿一个字典,一个小时之内写一篇 3000 字的论文。我早就准备好了。我以中国古代的绘画颜料为题,很快写了一篇文章。但日本审批很严,无论你的导师同意不同意,需要在教授会上表决。当时一起去读博的还有中国文物研究所的徐毓明,我们院里也有两个,他们连答辩都没让参加。

艰难环境下的人才队伍建设

刚到敦煌时,段老给我介绍了敦煌研究院,特别是保护研究所的情况。当时保护所只有 6 名保护专业人员、2 名技术工人和不足 40 平方米的实验室,没有一台分析仪器。段老谈了很多,但中心就是敦煌保护特别缺人才。他给我的第一项任务是"四处去挖人才,敦煌研究院要建立自己的壁画保护科技队伍",他瞄准的是敦煌壁画的科技保护。

当时敦煌保护任务十分艰巨。有大面积起甲、酥碱和空鼓脱落等病害的壁画亟待抢救修复,莫高窟周边风沙危害及崖体风蚀亟需治理。段老深知,要完成这样艰巨复杂的保护任务,没有保护人才,一切都是空谈。没有实验室我们可以建,没有仪器可以想办法购置。但是,十年树木,百年树人,专业人才不可能短时间培养出来。面对当时非常急切的壁画抢救保护任务,只有先四处去挖人才,先找一批具有一定学科专业背景和基础的人才,经过短期保护培训,让他们上岗。当时主管保护工作的常务副院长樊锦诗的心情也和段老一样,找我谈保护研究所人才引进的问题。那几年，我常常陪樊院长找主管人事的（甘肃省）副省长、人事厅厅长，因为她和省上的领导比较熟悉，省上也非常支持敦煌壁画的保护工作。当时调一般的科技人员容易，但要调专业很优秀、在岗的年轻骨干可不是件容易的事，就拿调王旭东、苏伯民、汪万福来说，我真是花了不少时间，费了一番心思和功夫。那时我们已经和兰州大学地质系的张明泉教授等学者合作进行莫高窟崖体稳定性研究。一天张老师对我说："李老师，你们做敦煌石窟的保护研究工作，必须要有工程地质背景的专业人员。"我说："我也一直在想这个问题，你能给我推荐一个吗？"张老师接着说："我当班主任时，班上有个从张掖农村来的小伙子，专业非常好，人很朴实，我们在机场做地质调查挖探坑时，他真像个农村来的小伙子，很卖力，一跳到探坑里，就埋头挖个不停。但是，他毕业已经分配到张掖水电处工作，恐怕单位不放。"我心里暗想，非要把这个小伙子调来。突然间我想起陈绮铃副省长来院里视察时对我们的一个承诺："你们有什么困难来找我。"于是我就请樊院长一同去兰州找陈副省长。她热情地接待了我们。我对陈副省长汇报说，我们现在和美国盖蒂保护研究所及日本东京文化财研究所合作，进行敦煌石窟文物的保护研究，工作上需要一个有工程地质背景的专业人员，人我们已经选好了，名叫王旭东，他已经毕业分配到张掖水电处工作，恐怕单位不放。陈副省长一听，便痛快地说："好办，我这就给省人事厅王厅长打电话，通知张掖地区人事处，把王旭东调给敦煌研究院。"陈副省长的一句话就拍板了。苏伯民的调动就相对容易点，他在地矿部甘肃省中心实验室工作，通过我在中心实验室工作的同学刘启萍了解到，苏伯民是兰州大学化学系毕业的，专业非常好，人也很能干。我对地矿部甘肃省中心实验室也很了解，当年在（甘肃）省博物馆工作时经常去那里做矿物颜料分析,那里聚集了一大批做矿物分析研究的高手。可是,改革开放初期,地矿部门不景气,好多专家都调走了。另外又有我的几位同学帮助,苏伯民很快就调来了。汪万福的调动也比较困难,当时敦煌研究院和美国盖蒂保护研究所合作进行莫高窟顶的生物治沙试验工程,需要一个学林业专业的人员,汪万福符合条件,家又在敦煌,调来后也较稳定。可是汪万福是敦煌林业局准备培养提拔的对象,林业局不放。保护所的副所长李云鹤先生和林业局局长关系很好,通过李老师给局长做工作,最后还是把汪万福调来了。短短几年,先后从兰州大学等院校和科研院所调进了近10名化学、物理及工程地质等专业的年轻人。现在,他们大都已经成为各学科的带头人、业务部门的负责人和骨干,如苏伯民、汪万福、陈港泉、郭宏、王宝义、张拥军等。

20世纪90年代初,由于敦煌工作条件和生活条件都比较差,特别在山沟里,没有城市的热闹和繁华,交通也非常不便,有些人忍受不了单调、寂寞的生活,特别是寒冬腊月,莫高窟就没有几个人。另外,受当时"下海"、"人才流动"等风潮的影响,有些人调来后待一段时间就走了。当时,院里有人也在说,我调来的人去日本镀完金就走了。听到这些话我深感压力。但这也是事实,当时保护所每年派遣至东京文化财进行保护研究短期(2个月)学习的名额有两位,日方提供的费用也很可观,当时我们的工资每月才七八十元,有人说去一趟日本就能挣几年的工资,确实很有诱惑力。段老察觉到这种情况后对我说:"你调进10人,走了9人,留下来1人,只要这个人能把保护所的工作带动起来,把敦煌的文物保护工作搞上去,你就有功劳。"我心里琢磨,段老要我把留下来的人培养成领头羊,现在叫领军人才。

之后，我们引进人才的思路便按段老的指示转变，要重点引进，针对性培养，要把工作重点放在人才培养上。那一阶段，我们采取的措施主要是通过项目带动人才的培养，让调来的年轻骨干深入参与文物保护项目或工程。例如，王旭东一来，我就安排他负责榆林窟东崖抢险加固工程，铁道科学院西北分院做崖体的危岩锚固，他们的几名专家都是学工程地质出身的，这样一来王旭东可以在工程现场跟他们交流，探讨石窟加固的关键问题。他还带领保护所的杨韬、王鹏等一批年轻人做崖体裂隙的PS—F灌浆和风化崖面的PS渗透加固。榆林窟东崖的抢险加固工程也成为我国砂砾岩石窟成功加固的样板工程，工程验收时获得国家文物局专家组的高度评价，PS—F灌浆材料也获得了国家发明奖。榆林窟加固工程结束后，我又和王旭东承担了国家文物局课题"古代土建筑遗址的加固研究"。几年间，我们抬上PS桶坐火车，多次去新疆吐鲁番的交河故城、西安的半坡遗址及秦始皇兵马俑坑等土遗址做现场加固试验。后来，我们一起多次进驻西藏，在拉萨布达拉宫和日喀则的萨迦寺做空鼓壁画灌浆加固现场试验，又同去阿里札达县托林寺和古格王朝进行壁画病害调查。"十一五"期间，他承担并完成了国家科技支撑计划"土遗址保护关键技术研究"课题，取得了突破性的进展，项目成果也获得了甘肃省科技进步一等奖，2017年又获国家科技进步二等奖。在这期间，王旭东于2002年获得博士学位，2009年成为博士生导师。由于他获得3个省部级科技奖，两次职称都是破格晋升，2004年就晋升为研究员，现在又是敦煌研究院院长、国家古代壁画与土遗址保护工程技术研究中心主任，成为敦煌石窟保护的领头人。苏伯民有坚实的分析化学专业基础，他调来时，我们正在做PS加固古代土建筑遗址的实验研究，就安排这块难啃的硬骨头"PS加固土遗址的机理研究"给他做，取得了突破性的进展。2006年，中国科学院上海硅酸盐研究所的李伟东研究员，在与敦煌研究院合作做十一五国家科技支撑计划项目"土遗址保护关键技术研究"时，也对PS与黏土的作用机理做了进一步的研究，他们的研究得到了几乎一致的结论。通过实验，证明了PS作用于黏土矿物后，改变了分离的、片状的晶态黏土矿物的微观结构，形成一种致密的非晶态胶凝网状结构，这种结构变化提高了其物理强度和抗风化能力。苏伯民通过系统的实验研究，在"PS加固土遗址的机理研究"上得出了科学的结论，为PS加固土遗址提供了重要的科技支撑。他还负责了莫高窟第85窟等洞窟壁画病害的分析研究，参与完成的"敦煌莫高窟第85窟保护修复研究"获2004年度国家文物局文物保护科学和技术创新二等奖（他排名第二）。"十一五"期间，他作为项目负责人承担的国家科技支撑课题"文物出土现场保护移动实验室研发"，不但研发出了我国首个具有自主知识产权的移动实验室，还获得国家科技进步二等奖。苏伯民2004年获得博士学位，2005年晋升研究员，担任国家古代壁画与土遗址保护工程技术研究中心常务副主任和保护研究所所长、敦煌研究院副院长，也是敦煌石窟文物保护工作的领军人物之一。

汪万福一进保护所就参加并主持了研究院与美国盖蒂保护研究所合作的莫高窟顶的治沙工作。经过几年对莫高窟顶风沙流动特点的调查和监测研究，他参加设置了防沙障，参加并在后来主持了生物治沙、砾石压沙、草方格固沙等多项防沙治沙工程。团队经过近20年的努力，构建了四位一体的防沙固沙体系，取得了很好的防沙治沙效果，该项目也获得了"十二五"文物保护科学和技术创新奖二等奖。特别是在由我主持的国家二期援藏项目中的"布达拉宫、罗布林卡和萨迦寺壁画的保护修复"工作中，他负责西藏现场的壁画修复工作。

8年的西藏工作，每年都要在西藏待差不多6个月时间。团队取得的"西藏空鼓病害壁画灌浆加固研究"成果，获2005年度国家文物局文物保护科学和技术创新二等奖（他排名第二）。汪万福2006年获得博士学位，2007年晋升研究员，2015年成为博士生导师，也是敦煌石窟文物保护工作的领军人物之一。

陈港泉是经我调进敦煌研究院的最后一位年轻的文物保护科技骨干，也是我作为博士生导师指导的最后一个学生。从来敦煌体验工作、体验生活，到正式调进敦煌研究院，他的调动，（经历了）整整10年时间，中间发生了很多波折。

呕心沥血的西藏壁画保护

2001年7月3日至8月3日，遵照国家文物局指示精神，应西藏自治区区直重点文物保护维修工程领导小组办公室[1]及西藏自治区文物局的邀请，我带领文物保护、考古、测绘、环境、壁画修复、摄影等方面的专家学者和工作人员10余人，重点对西藏布达拉宫、罗布林卡和萨迦寺的壁画保存状况进行了实地考察，并提交了考察报告。

我们考察小组的全体都是第一次进藏，大家都怀着极大的兴趣，感到有点神秘，但也有点担心高原缺氧的恐惧心理。这次我们进藏考察是坐汽车去，准备了许多预防高原反应的红景天等药物，也备了小氧气瓶、氧气袋，院里给我们安排了两辆性能最好的越野车，一辆尼桑越野，一辆丰田越野，分别由乔兆福和李铭驾驶。我们走青藏公路，第一晚住在格尔木的一家铁路招待所。这次考察负责联络的是保

---

1. 后改为西藏三大重点文物保护维修工程领导小组办公室。

护研究所汪万福副所长，他的同学在格尔木铁路部门工作，他建议我们最好一天内直接到拉萨，因为沿途海拔都在4500米以上，没有医院和救护站。

在拉萨的考察受到西藏自治区区直重点文物保护维修工程领导小组办公室常务副主任甲央、布达拉宫维修工程指挥长强巴格桑、罗布林卡维修工程指挥部指挥长尼玛和萨迦寺维修工程指挥部指挥长格桑等的热情接待。这次考察重点是布达拉宫、罗布林卡和萨迦寺的壁画保存现状、壁画的主要病害、壁画的制作材料和一期援藏项目中壁画修复的保护效果及寺院的环境等。在布达拉宫考察时，中国文化遗产研究院的张之平研究员陪我们（考察），她带队在布达拉宫做古建筑维修。二期援藏项目中的壁画修复，她极力推荐由敦煌研究院承担。调查结果表明，西藏寺院壁画最主要、最普遍的病害是空鼓，例如布达拉宫空鼓壁画占病害壁画的80%。

经过对西藏壁画制作材料的分析和一期维修工程中壁画修复效果的考察，我们提出了对空鼓壁画采取灌浆回贴加固的工艺方法。在过去的壁画修复工程中，特别是殿堂、寺院等建筑壁画的修复工程中，我们从未使用灌浆回贴加固的工艺方法修复空鼓壁画。莫高窟的石窟壁画和西藏寺院建筑壁画差异性很大，特别是壁画地仗制作材料完全不同。莫高窟壁画的地仗是用降暴雨时沉积在河床上的黏土（又叫澄板土）掺加麻刀或麦草之类的纤维材料制作而成的，这种地仗具有一定的柔韧性，而且也比较松软，揭取分块时容易用锯锯开，也可用特制的刀铲将其与岩体剥离。灌浆加固的修复工艺方法，我们仅与美国盖蒂保护研究所合作，进行莫高窟第85窟修复研究时做过一些小范围的注浆加固试验，其主要目的是修复酥碱、起甲壁画时为加固地仗做小块注浆加固，不需要将壁画揭取下来，因此还不是严格意义上的灌浆回贴加固。西藏布达拉宫、罗布林卡和萨迦寺三大寺院近 6000 平方米的壁画病害，近 80% 是空鼓。因在世界瞩目的西藏拉萨、日喀则做壁画修复，国家文物局要求必须做到万无一失，这可是一项非常具有挑战性的工作。因此，我们决定先在莫高窟进行系统的近似实际墙体的模拟灌浆回贴加固实验，来验证灌浆材料和修复工艺方法的可行性。

在莫高窟的大型实验场地，我们严格按照现场调查及试样分析的结果，模拟复制了三种墙体。夯土墙所用材料配比为沙 40%、土 50% 和石灰 10%；块石墙所用块石和黏土材料与布达拉宫块石墙相近；轻质墙用当地红柳枝条在木质框架上编制而成。根据分析结果，模拟制作了与布达拉宫壁画地仗相近似的模拟试块，用筛选出的灌浆材料分别贴在块石墙、夯土墙和轻质墙体上，人为做成空鼓。用筛选出的模数为 3.7、浓度 18% 的 PS 为主剂，粉煤灰和阿嘎土（2∶1）为填料，0.5∶1—0.6∶1 水灰比调配浆液，模拟灌浆。为了对比灌浆的可行性，我们也选了丙烯酸乳液做灌浆材料，结果发现丙烯酸乳液黏性很大，可灌性差，被淘汰了。经过秋、冬季节，第二年的春天，对模拟空鼓壁画灌浆加固效果进行物理力学性质测试，特别是力学强度和收缩变形性检测。同时，对灌浆半年后的小块抗拉试块进行拉力测试，将大块的试块从墙体上揭取下来，观察灌浆的密实度及浆液的填充情况。通过浆液结石体的物理力学性质实验、灌浆试块的拉力测试及灌浆密实度的观察，综合评价灌浆加固效果。

2002 年 4 月，受国家文物局委托，敦煌研究院邀请国内外著名文物保护专家，在敦煌莫高窟对"西藏萨迦寺、布达拉宫和罗布林卡壁画保护修复研究"课题中的"西藏空鼓壁画模拟灌浆回贴加固室内实验"进行了评估。马家郁研究员担任专家组组长。与会专家对室内模拟实验给予了很高的评价，同时也提出了下一步现场试验时的注意事项，即浆液结石体强度过高，建议在现场试验时，调解 PS 的浓度，使浆液结石体的强度适宜或稍高于壁画地仗强度。

根据专家组对"西藏空鼓壁画模拟灌浆回贴加固室内实验"的评审意见，2002 年 8 月，我和王旭东所长组织保护所有关技术人员进驻拉萨，同布达拉宫管理处协商，选定无量寿佛殿作为块石墙体的灌浆现场试验区，东大殿作为夯土墙体的灌浆现场试验区，分别进行现场空鼓壁画灌浆加固与小锚杆锚固补强试验，来验证对这两种不同墙体典型空鼓病害壁画的加固效果。

2003 年 3 月底，送走了参加"西藏空鼓壁画灌浆回贴加固现场试验"评审会的专家后，西藏布达拉宫、萨迦寺和罗布林卡三大重点文物壁画保护修复工程正式开工。我计划在施工现场的工作顺利开展后，由汪万福副所长常驻西藏负责现场工作，我就可以回院里了，因为院里的工作也非常忙碌。没想到就在刚送走专家没几天，全国性"非典"开始蔓延，唯有西藏地区没有发生"非典"，中央决定进出西藏飞机停飞，汽车停运，青藏铁路刚开工，出不去了，我在西藏整整待了 3 个月。不过也好，工程一开始就遇到了不少困难和问题，如布达拉宫东大殿西壁一块严重空鼓壁画急需灌浆回贴加固抢修，黄房子笆玛草墙体上起甲、酥碱壁画的揭取修复及回贴加固难度非常大，还有罗布林卡习经室大片严重起甲壁画、马厩过道中小块严重起甲壁画和乌尧颇章墙体错位壁画需要修复等等。这些工作年轻人真的无从下手，特别是西藏寺院里的起甲壁画，照搬敦煌莫高窟修壁画的方法行不通，还需要我待在西藏带年轻人干一段时间，3 个月中我亲自参加了以上几处壁画修复工程的施工方案设计和现场的指导。

2007 年 6 月底，在敦煌研究院自检和布达拉宫维修工程指挥部初验合格的基础上，西藏三大重点文物保护维修工程领导小组办公室组织工程办、布达拉宫维修工程指挥部、中咨监理公司西藏三大文物工程监理办公室等单位的相关专家进行了竣工验收，敦煌研究院和苏州香山·拉萨古建联营体的部分代表也参加了验收会。验收组认为，壁画加固修复工程方法科学、工艺精湛、效果良好，符合"不改变文物原状"的原则，达到了《全国重点文物保护单位西藏布达拉宫壁画保护修复工程设计方案》以及《前期研究报告》的预期目标和要求，可以通过验收。

2007年10月初，我准备从北京出发，去台南艺术大学古物维护所讲学两个月，从北京走的目的是想在北京检查一下身体再去台湾讲学。到北京的第二天，我对女儿李黎说，这些年每天早上天刚刚亮时，我都要从莫高窟新区的住处到老区（即窟区）慢跑两三圈，今年春天开始，跑的时候胃有点轻微的痛，是不是胃有了毛病。她说在北京301医院找个有经验的大夫给我检查一下，再去台湾讲学。一位从美国留学回来的老年女大夫给我做了详细检查。结果出来之后，她对我说："先生，你不是胃上的毛病，你是冠心病，你痛的不是胃，是胃压让你的心脏痛。"刘大夫又问："先生，你是干什么工作的？"我说我是敦煌研究院搞文物保护的，已经7年，在西藏跑了18次。她又说："你这样大年纪了，频繁往西藏跑，不得冠心病才怪呢。你到了西藏，那里缺氧，心脏就使劲扩张，回内地后，不缺氧了，心脏又使劲缩小，心脏这样反复地扩张—缩小，负担太大，很容易得冠心病。给你们领导说一下，以后再别去西藏了。"我又问刘大夫，像我这个情况，去台湾讲学两个月能行吗？她说问题不大，给你带些药，按时吃药，两个月回来做心脏支架。我从台湾回来时，应李美贤女士的邀请，在香港停留三天，为香港大学做了一个"西藏佛教寺院的壁画保护"的学术报告。正好在香港大学碰上正在那里讲学的北京大学马世长教授，他说他也是严重的心脏病，做不成心脏支架，做了心脏搭桥，效果不怎么好。他说做心脏支架效果非常好，你这次回北京了赶快去做。我听了马教授说的，回到北京的第二天正好是 2008 年的元旦，我在北京 301 医院做了三个心脏支架。自此，医生不让我再去西藏，我也不敢去西藏了。之后，我每年都去北京阜外、安贞或 301 等心内科复查，心脏支架的治疗效果很好。这几年身体恢复得不错，精神状态也渐渐好起来，我又动心了，想去西藏。2012 年我和爱人鲁芸商量好再最后去西藏看看，还想乘安师傅的车去，还没动身，被樊院长和王旭东副院长知道了，他们劝我不要再去，有啥事让年轻人代办一下，这一心愿最终没有实现，真是个很大的遗憾。

开创数字化敦煌

敦煌研究院承担的"敦煌壁画数字化信息研究"项目立项有一个历史背景，在 20 世纪 90 年代初，我从甘肃省科技厅计划处常广义处长那里得到一个内参信息，据说近些年在甘肃的河西一带会发生大的地震，一旦发生大的地震，敦煌珍贵的壁画和彩塑文物将会遭受毁灭性破坏，国家和甘肃省对敦煌壁画的安全问题非常重视，（甘肃）省科技厅也正在考虑这个问题。

敦煌研究院已经关注到了莫高窟珍贵壁画一天天严重衰变、劣化的情况。我们曾做过这样的比较，将斯坦因 1907 年拍摄的 85 窟甬道南壁供养人像照片与国立敦煌艺术研究所 1944 年拍摄的同一处照片及现在同处壁画保存现状照片进行比较，发现供养人像从 1907 年到 1944 年，酥碱部位从头部延伸到腹部；从 1944 年到 1990 年，酥碱从腹部延伸到大腿部，在不足百年的过程中，壁画劣化速度是非常惊人的，若发生大地震，那就是毁灭性的破坏。

其实，敦煌研究院早就想办法积极应对类似的问题。20世纪八九十年代，院里已经安排摄录部吴健主任每年都要用从日本购来的高质量录像带、彩片，对莫高窟和榆林窟重点洞窟中的壁画、彩塑进行摄录保存。当时摄录部每年的工作计划中，此项工作是重点之一，还有专人保管，将录像带和彩胶片保存在温湿度适宜的库房里，每年还要将录像带倒一遍，怕黏连损伤。但是相关专家认为录像带时间长了会消磁，彩色胶片时间长了也要老化变质变色。因此，彩色胶片和录像带都不可能永久、高保真地保存壁画、彩塑的珍贵信息。

20世纪80年代开始，随着计算机技术的快速发展，计算机在文物领域得到推广使用，除了利用计算机进行行政和业务管理外，各文物管理部门和单位都加强了计算机进行文物信息保存的研究和探索。甘肃省科技厅常广义处长那天告诉我近年甘肃河西一带会发生地震信息的同时，也告诉我他对用计算机数字化信息技术永久、高保真保存敦煌壁画的想法。

我和甘肃省科技厅的一些中层领导，如常广义处长、后来计划处的陈继处长、成果处的李庆华处长等人都很熟悉。20世纪80年代，我还在甘肃省博物馆时就常去找科技厅争取项目。那个年代实在太困难了，两三万的小项目就能解决科研工作方面的许多问题。我调到敦煌研究院后去（甘肃）省科技厅的次数就更多了，一方面敦煌研究院的影响力大，争取的项目也多，另一方面省科技厅也重视敦煌文物的保护。一次我在科技厅的楼道里碰见李庆华，她开玩笑说，李院长你把科技厅的门槛都要踏断了。

多年来甘肃省科技厅非常重视敦煌的文物保护，常广义任计划处处长时还将敦煌文物保护列入甘肃省科技发展"八五"规划,并于1993年至1996年间,经甘肃省科委投入30万元人民币,以敦煌研究院为主要承担单位,联合中国科学院兰州冰川冻土研究所和中国科学院长春精密光学机械研究所,实施了"敦煌壁画计算机存贮与管理系统研究"科研课题,这是我刚到敦煌研究院后承担的最大的一个科研项目,也是难度最大和合作单位最多的一个项目。课题前期由敦煌研究院保护研究所副所长李实和王宝义负责,1995年王宝义调离敦煌研究院,课题让敦煌研究院保护研究所唯一一个计算机专业的刘刚接手。小刘是改行学计算机的,原来上农大,毕业后留校,又学了几年计算机,专业基础扎实,人非常勤奋,工作责任心很强。那几年我同他一直为项目的实施跑(甘肃)省科技厅,跑合作单位,研究解决项目执行过程中的一些问题,我们自己没把握的事就请常处长拍板。

课题以敦煌莫高窟第45窟为研究对象,采用近景摄影测量方法获取高质量、高精度壁画图像摄影反转片,采用数字扫描方法得到壁画的数字图像,再经过几何纠正和色彩还原等图像处理,得到较高质量的数字图像。该项目的实施,是敦煌壁画数字化保存的初步实践,研究探索了利用计算机进行复杂文物信息获取和保存的技术路线。课题结果表明,使用计算机技术保存珍贵的敦煌壁画是一项可行而且极具发展前景的技术。

常广义调离计划处后,陈继任计划处处长,将敦煌壁画数字化信息研究继续向前推进,1996年9月在兰州八一宾馆召开"濒危珍贵文物的计算机存贮与再现系统研究"课题的立项评审会,甘肃省科技厅厅长魏庆同、副厅长吴新科,敦煌研究院院长段文杰,甘肃省文化厅副厅长兼省文物局局长马文治等领导参加了评审。魏厅长在会上慷慨激昂地说:"咱们甘肃虽然穷,但老祖宗留下这些宝贝,我们一定要保护好。"在国家科委、国家文物局、甘肃省科委等各级组织的关注和鼎力支持下，投入150万元人民币，该项目被立为国家科委的九五科技攻关课题。同期国家"863"项目提供40万元人民币资助，实施了"曙光天演Power PC工作站在文物保护中的应用"课题。课题实施中，敦煌研究院继续与中国科学院兰州冰川冻土研究所、中国科学院长春精密光学机械研究所以及中国科学院计算技术研究所、南京大学等科研单位和大专院校合作开展课题攻关研究。通过课题研究，进一步深化了应用计算机进行敦煌壁画信息保护的认识，并利用有限的资金建立了一套基础计算机存贮处理壁画图像的软硬件平台，为进一步实施数字敦煌项目夯实了基础。

1997年国家自然科学基金委拨款80万元人民币支持"多媒体与智能技术的集成及艺术复原"项目的立项，从1998年1月开始，由浙江大学和敦煌研究院合作进行，研究内容不仅涉及洞窟壁画图像的高精度存储与处理、石窟三维虚拟漫游等，还开展了敦煌风格图案创作、敦煌壁画图像虚拟复原等研究。课题成果在2000年德国汉诺威世界博览会上向世界展示。2003年浙江大学出版社出版发行《敦煌·真实与虚拟》一书，集中反映了一段时间内敦煌壁画数字化研究的成果。

在浙江大学进入该项目的过程中有一个小小的插曲。本来浙江大学可以顺利参加这个项目的，当时潘云鹤院士领导的浙江大学人工智能研究所，在计算机图像、人工智能技术应用等方面的工作已经做得非常出色，我们也希望与浙大合作。但是，浙大先找了中央工艺美术学院的院长常沙娜，浙大想通过与中央工艺美术学院合作的形式进入"敦煌壁画数字化信息研究"课题。常沙娜院长让中央工艺美术学院的副院长王明旨来敦煌找我，我就陪王明旨副院长到时任敦煌研究院院长段文杰的办公室谈合作的事。段院长一口就拒绝了，当时弄得我和王副院长很尴尬。段院长的决定我得执行，但我还想把浙江大学请进来和我们合作。后来经科技部协调，绕了几个圈子把事情办成，让浙江大学进入了"敦煌壁画数字化信息研究"课题。

经过国家系列课题和项目的研究与攻关，我们对实现敦煌壁画数字化已经有了清晰的轮廓。但是，我们在图像和色彩的保真度上还没有达到预期的目标，主要问题是获取的壁画图像距离高保真的质量要求还有一定的差距。后来，我从我院当时在美国西北大学留学的杨薇和敦煌学专家胡素馨处了解到，美国芝加哥西北大学在图像数字化信息处理方面居世界领先地位，当时在全世界风靡一时的电影《星球大战》就是美国芝加哥西北大学制作的。但是，怎么能和美国西北大学合作进行敦煌壁画数字化信息研究，是一个很大的难题。那时，在敦煌莫高窟，凡是外单位的人员进洞窟拍摄、录制及探测工作，国家文物局管理都非常严格，尤其对外国人控制得更严格，基本上不会批准。

怎么能与美国西北大学合作做敦煌壁画数字化信息研究？我与时任敦煌研究院摄录部主任的吴健、时任敦煌研究院接待部副主任的杨薇、美国西北大学敦煌学专家胡素馨教授一起商量。根据我掌握的情况，这件事要做成，首先要做通（甘肃）省文物局的工作，再让（甘肃）省文物局给国家文物局做工作。1996年秋，中国北方文物工作会议在乌鲁木齐召开，会后各省文物局局长来敦煌参观，我陪段院长接待。在此期间，我感到马局长和国家文物局局长张文彬很熟悉，他们之间还时时开玩笑。我想，关于请美国西北大学合作做敦煌壁画数字化信息研究一事，这次我们先做马文治局长的工作，再请他做国家文物局局长张文彬的工作，最后就这样关系套关系地把事情办成了。我回到院里后再与吴健、杨薇和胡素馨商量，让（美国）西北大学发邀请，请马文治、吴健和李最雄前期考察，全部费用（包括国际旅费和在美的食宿费等）都由美方承担，这些要求美国西北大学都答应了，我们很快接到了美方的邀请。临走前主管业务的院领导对我说："老李，我看你们这件事办不成。"我说："试试看，反正费用全部由西北大学承担，我们就算去芝加哥旅游一趟。"这主要是这个人不了解我们与美国西北大学签约、合作做敦煌壁画数字化信息研究的路线图，当时我对这件事是胸有成竹的。与此同时，我们也得到了美国盖蒂保护研究所的邀请。因为在办理敦煌研究院与美国西北大学合作做敦煌壁画数字化信息研究一事时，我把信息也传给了美国盖蒂保护研究所。敦煌研究院与美国盖蒂保护研究所从1989年就开始合作，在莫高窟的风沙治理、环境监测、壁画保护修复以及人才培养等方面都做出了巨大成绩。中国古迹遗址保护协会（ICOMOS China）还和美国盖蒂保护研究所以及澳大利亚合作，制订了《中国文物古迹保护准则》，还将莫高窟第85窟壁画保护项目做为执行《中国文物古迹保护准则》的实施范例和中国石窟壁画修复的范例，对中国石窟壁画的保护修复具有划时代的意义。我已多次去美国盖蒂保护研究所考察、学习和进行莫高窟顶的化学固沙实验。马局长和吴健主任是第一次去美国盖蒂保护研究所。

1998年11月下旬我们出发去美国，第一站先到洛杉矶美国盖蒂保护研究所参观考察，后来又参观了盖蒂博物馆、盖蒂图书馆等。盖蒂保护研究所与我们合作了20多年的老朋友林博明，还亲自驾车送我们到著名的美国西部大峡谷参观。林先生陪我参观大峡谷已经是第三次了，第一次是1990年10月，我和黄克忠先生在新墨西哥城的Las Cruces参加第6届国际土遗址建筑保护研讨会时，他驾车带我和黄克忠先生考察大峡谷。那次本想去拉斯维加斯参观赌城，但时间不够没去。第二次是我陪段院长考察美国地理杂志社，后在哈佛大学、加州大学讲学，最后访问美国盖蒂保护研究所，也是林先生陪我们乘飞机去大峡谷参观的。

大峡谷参观结束后，我们从凤凰城乘飞机直接到芝加哥，首要任务是与美国西北大学商量"敦煌壁画数字化信息研究"合作事宜。到芝加哥的第一天，先参观考察西北大学的图像数字化信息研究中心，在数字中心对吴健带去的莫高窟的壁画照片做了拼接实验。第二天马局长代表敦煌研究院和西北大学的副校长瑞·黑签订了"敦煌壁画数字化信息研究"合作协议书。签订了协议书，完成了最主要的任务，也轻松了。剩下的时间我们就在芝加哥四处走了走，印象较深的是芝加哥的乔丹饭馆。本来西北大学要请我们看一场 NBA 的篮球赛，运气不好，恰好那段时间球员罢工。那次我们在芝加哥没有住宾馆，我和马局长住在西北大学图书馆的一位工作人员家里，她的姓名一时想不起来了，她曾在台湾学过中文，汉语说得很流利，她还有个中文名字。她独自一人，住房很大，三间客房，两个卫生间，我和马局长每人一个卧室，我们似是一家人。马局长喜欢开玩笑，挺热闹的。吴健住在另外一位老师家，因时间关系，我没有去他的住处。这种住宿也是美国人的一种习惯，主要是为了节省费用。请的客人住在老师家，用老师的车，学校要给这位老师支付住宿费和用车费用，不过比住宾馆就省多了。

返回时我们从底特律出境，由于忘了提前确认回程航班，到底特律机场后，我们搭乘的航班普通舱位订完了，机场让我们乘头等舱，也没有增加机票钱，坏事倒变成好事了。我们回国没几天，美国西北大学的副校长瑞·黑和美国梅隆基金会的总裁乘专机访问敦煌。在兰州时甘肃省副省长李重庵会见了西北大学的副校长瑞·黑和美国梅隆基金会总裁。后来我才知道，美国西北大学做图像数字化信息研究是得到了美国梅隆基金会的支持，敦煌研究院与美国西北大学的合作，又引进来了美国梅隆基金会，不但有了技术支撑，也有了资金支持。1998年底，敦煌研究院与美国梅隆基金会、美国西北大学共同开展的"数字化敦煌壁画合作研究"项目正式开始实施，这也是敦煌研究院开创的有关敦煌壁画计算机数字化研究领域中的国际合作项目。通过数期合作，项目完成了莫高窟典型洞窟（包括榆林窟）22个洞窟的数字图像，基于QuickTime VR技术的虚拟漫游洞窟5个。通过双方的密切合作，敦煌研究院当时就建立了一支约12人的敦煌壁画数字化技术队伍，敦煌研究院也具备了承担石窟壁画数字化工作的能力。2002年敦煌研究院同浙江大学合作，为南非共和国完成了馆藏在中国第一历史档案馆的一幅明代珍贵地图"大明混一图"的数字化工作，并进行了成功复制。

在敦煌研究院与美国西北大学（包括美国梅隆基金会）实施敦煌壁画数字化项目的基础上，美国梅隆基金会创立经典数字图像学术库"Artstor"，其中重要的组成便是基于敦煌研究院和美国西北大学的数字化敦煌壁画合作研究成果，称为《敦煌电子档案》，并在《敦煌电子档案》中融入世界各地珍藏的莫高窟藏经洞文物资料，其目标是"虚拟地、重新将曾经是敦煌的、而现今却分散在世界各地博物馆和图书馆中的大量书画、文书和经卷与敦煌壁画联系在一起"。梅隆《敦煌电子档案》实现了"将那些难以访问和在很多情况下根本无法访问的内容可以被访问"的目标。

壁画数字化对珍贵壁画图像、色彩的高保真度、永久性保存，不仅使游客更好地了解莫高窟的历史文化景观，而且使每位游客都可以通过"虚拟"媒体体验,对洞窟有更加深入的认知。在实体洞窟之外的洞窟展示,有效减少了游客在洞窟参观时滞留的时间,提高了游客接待能力,有效缓解了洞窟保护和利用的矛盾,最终达到了保护壁画的目的。

  为了及早实现将数字技术应用于莫高窟的管理,敦煌研究院适时地开展了一些前期的调查和研究工作,2002 年敦煌研究院委托美国梅隆基金会并得到该基金会的大力资助,邀请美国华亚特设计集团对莫高窟游客旅游管理状况进行调查,预测今后游客到莫高窟旅游的发展趋势,并根据敦煌研究院的要求,同敦煌研究院密切合作,做出了一个莫高窟虚拟展示的雏形方案,为下一步的工作奠定了良好的基础。在项目实施初期的 10 多年里,有多少人默默无闻地辛勤工作,付出了大量心血。但在项目初期探索时期,在难以得到坚定的支持下开展工作。当项目有一定成果时,个别人独占研究成果为自己所用,这也引起了一些青年学者的不满,然而个别人却不以为然,大肆宣扬自己组织领导项目实施,个人为项目作出了很大贡献云云,现在回想起来,也只有让历史说话了。

  我在回忆这段"敦煌壁画数字化信息研究"历程时,要特别感谢在"敦煌壁画数字化信息研究"项目实施初期的 10 多年里,甘肃省科技厅所给予的支持。过去,我经常在国家文物局召集的相关会上自豪地说,我们甘肃虽穷,但甘肃省科技厅对文物保护的重视,投入的经费之大,在全国省科技厅中名列前茅,这是在文物界众所周知的。(甘肃)省科技厅计划处先后两位处长常广义和陈继为项目的顺利实施及取得今天这样大的成绩作出了重要贡献。后来陈继任甘肃省科技厅副厅长后,积极促成了敦煌研究院的国家古代壁画与土遗址保护工程研究中心,我们要特别感谢常广义和陈继二位先生。

"面壁"六十余年乐在其中

李云鹤

1932年生,山东青州人,敦煌研究院保护研究所原副所长,副研究馆员。1956年入职敦煌研究院,一辈子从事古代壁画彩塑保护修复工作。除参与敦煌石窟壁画彩塑保护修复外,还参与了新疆、青海、西藏等省市30多家兄弟单位的文物保护修复工作,累计修复壁画近4000平方米、彩塑500余身,并取得了多项保护研究成果。其中"筛选壁画修复材料工艺"荣获全国科学大会成果奖,"莫高窟161窟起甲壁画修复""敦煌壁画颜料X光谱分析及木构建筑涂料"两项成果荣获国家文化部一等奖。2018年荣获甘肃省"陇原工匠"荣誉称号及"甘肃省五一劳动奖章",同年当选2018年"大国工匠年度人物"。

石窟寺壁画彩塑也是有生命力的

李云鹤
2019.4.16.

去新疆闯世界,在敦煌被"拦截"

我到莫高窟工作是一个特别意外的偶然。20世纪50年代,王震主持新疆工作,号召内地知青参加西北边疆建设。我们几个同学刚好高中毕业,也想到新疆去闯一闯。1956年3月,我们结伴出发了。我有一个舅舅在敦煌文物研究所工作。妈妈说,你路过敦煌,去看看舅舅吧。就这样,经过敦煌时就到了敦煌莫高窟。在住了几天后,其他同学已经走了,我也想走。这时,遇见了常书鸿先生。他问我,你到新疆干啥去?我回答说,到新疆去找工作。找工作干?我们这里也需要人呀。你动员其他同学,就留在这里吧。你们几个年轻人留下,平常思想上还可以交流交流。要不,你一个人在这里,没有一个熟人。

那个时候不像现在通讯这么方便,他们到新疆一个多月以后才给我回信。我就给他们发电报,说敦煌文物研究所也需要人,常所长让我动员你们几个来敦煌。我的同学商量后谁都不来。我也犹豫不决,最后决定还是去新疆吧,便和常先生说了。

常先生说:"你别走了,我在敦煌招几个给你作伴。"果然,他在敦煌招来了两个人。这样,我们三个年轻人一同进了敦煌文物研究所。

第一份工作是打扫洞窟卫生。那个时候单位有一个规定,不管你是干什么的,进来后先要劳动三个月,考验你,看看你行不行。什么考验呢?劳动、打扫卫生。我们有这么三项任务。第一项是敲上班的铃、烧开水。另外两项是打扫卫生,一项是生活区的环境卫生,一项是洞窟区的卫生。其中比我小一岁的刘仲文说,我不敢进洞窟,看到那些塑像就害怕,我烧开水、打铃、敲上班的钟。另一个也说进洞窟害怕，挑了打扫生活区的活。剩下的洞窟卫生就归我了。我们就这样分头劳动。

那个时候，基本上没有做保护工作，有一个只是对窟顶上一些"张着嘴巴"的壁画，用泥巴黏一黏，这叫作边缘加固。下面的洞窟都被风沙埋掉了，好多洞窟进不去，真的是疮痍满目。凡是能够进去的洞窟都要打扫。我就按照顺序编号1、2、3、4、5……逐一进去。在打扫卫生的中间，我被洞窟的壁画和塑像震撼了，从来没有见过这么大规模的壁画。有些洞，像描绘五台山的洞窟壁画，几百平方米。想想前人的生活条件比我们那个时候还要艰苦，却做出了那么好的壁画和塑像。我天天来回打扫，就这样干了三个月。

当时单位只有三十几个人。领导说，他们三个的考验期到了，咱们开过会，能通过考验的就给安排工作。经过大家的发言讨论，只通过了我一个，说那两个要继续考验。这就是转正了，给我安排工作了。第二天，我被叫到办公室。常所长说："小李，想给你安排工作。这个工作你肯定不会，咱们国家现在也没有专门搞这项工作的。现在征求你的意见，你愿不愿意做？你不是打扫洞窟吗？洞窟里脱落的壁画、东倒西歪的塑像，你都看见了吧。"我说，看见了。那是非常危险的，有些塑像马上就要塌了。常所长说："现在叫你干啥呢？你先把这个洞窟脱落的壁画清理掉。有颜色的、能用的，放到一边保存起来；不能用的，就把它清理掉。东倒西歪的，给它固定住，别让它塌掉。"我回答愿意做。

就这样干了一段时间。常所长说，你现在就学修复壁画吧。修复壁画就是要把起甲壁画回贴到原来的墙壁上面。怎么贴？用什么胶、多大的比例？用什么工具去贴？这都很难。单位里搞美术的最多，以前从来没有人修过壁画。刚开始，我用毛笔、用滴管等试着做。当时试验的洞窟是新发现的474窟，石头非常大，里面的壁画病害起甲、空鼓都有。常先生说，你就在这个洞窟做试验，先做好材料，再到壁画上面做试验。那个时候什么条件都没有，不要说实验仪器，连放大镜都没有。

用心学习　土法上马摸门道

偷师学艺，改造工具，摸索起甲壁画的修复方法

1957年，文化部邀请捷克专家考察，请来一位先生为我们修复文物。这位捷克专家来了以后，要做一次试验。常先生说，你请他去你做试验的洞窟里面做，看看他怎么做。我就陪他做试验。他用的材料是在他们国家配好的，拿来以后在牙膏一般的管子里面装着，挤到玻璃杯里面去，加上一点水，搅一搅，用注射器往壁画起甲的地方推送。然后，把纱布铺到要加固的壁画上面，用木棍在上面滚。这个好呀。这是什么工艺呢？他往墙上注的材料是保密的，不跟我说。他到北京跟中国文物研究所的人说是石灰水什么的，其实根本就不是那么回事。后来，我们用他残留下来的胶块进行分析，实际上就是我们用的白乳胶材料。

仅仅待了两天，捷克专家就离开了。因为他提出，要在莫高窟盖一座两层的楼房，每天可以洗澡。这个要求在当时简直就是天方夜谭。

他加固的壁画不太成功。因为胶的比例太大；另外纱布铺到壁画上面滚压的时候，纱布的纹路密密麻麻地都印到壁画上面去了。但对于我来说如获至宝，他的工艺对我启发很大，我就开始模仿他的那种办法，用注射器注射。我把这个工具进行了改造。因为注射器在石壁

上用还可以，在顶部就不行，用力小了，胶水就顺着针头淌下来；用力大了，就把起甲壁画打掉了。怎么改造这个工具呢？那个时候我们靠马车进城采购，一个礼拜两趟，一般都不进城的。我到处留心，就想着在哪可以找到工具。一天，我看到同事家（他家有一个老者在医院工作）的小孩，正拿着一个量血压的气囊在玩，茅塞顿开，这个就可以呀。我就哄他，用糖换气囊。换过来以后，把注射器的玻璃棒去掉，将气囊直接绑上针管。这个非常好用，从那个年代用到现在，还在沿用这个工具，只是后来改用吸奶器的胶囊了。

另外，我滚压壁画时不用纱布了。因为纱布在壁画上面印出的纹路，改变了壁画的形象。用什么样的布料呢？这个布料既要光滑，还要吸水。为了找到一种合适的材料，我实验了好多种，最后就地取材，选择了当地的一种纺绸布，它纹理细密，既吸水又光滑，铺到壁画上滚压时不会印出纹路。就这样，逐步摸索形成了一套起甲壁画的工具和修复办法。

第一步是除尘。用洗耳球小心地将壁画翘起处背后的尘土和细沙吹干净，然后再用软毛笔将壁画表面的尘土清除干净。接下来是"打针"，就是将黏合剂，通过小号的医用注射器打进已经和墙壁脱离的壁画背面，使壁画和墙壁重新黏合在一起。第三步是回贴。待胶液被吸收后，用垫棉纸防护的木质修复刀，将起甲壁画轻轻贴回原处。第四步，将比例较少的黏合剂喷洒在壁画表面。第五步是滚压，力道要刚刚好，太轻不起作用，太重会把壁画黏下来，或者把壁画压碎。

后来，我教学生、徒弟，都要求他们按照这套办法修复起甲壁画。有些人不愿意做，只将起甲的壁画黏回去，别的他就不管了。对此，我没有办法，也很无奈。当然，真正要修复好起甲壁画，一定要这样做。壁画之所以起甲，就是因为胶质老化，再加上墙壁光滑，失去了附着力。除了在起甲处注射胶黏剂外,对于那些没有起甲的地方,也注射一点胶液,补强一下,做一些预防性保护。这样就完美了。

学画学雕塑

修壁画、雕塑的人,若不懂壁画、不懂雕塑,是修不好壁画的。年轻时候的我,既不会画也不会塑。我不满足只做一个机械的匠人,就对常先生提出了学画、学雕塑的要求。他马上意识到什么,以为我不想修壁画了。他说,你看那些画家很有名,就想当画家去了吗?当雕塑家去了吗?我赶紧说我不是要出名。因为我给它治病,却不知道它怎么做的。比如,壁画怎么做的,用了哪个时代的颜料,怎么印染上去的,我不知道壁画的制作过程,地仗用了什么材料,哪个时代,有什么特点,我都不知道。我就是想一般地了解怎么样绘制壁画,每个时代的绘制特点又是什么。学雕塑,也是想知道雕塑是怎么做的,里头是石头骨架,还是木骨架,还是草台。他听了很高兴,"你这个想法不错,我给你派一个老师,美术最好的老师,史苇湘先生"。史先生是美术家里面最好的一个。我就跟着他学画线条、画画。那个时候没有电灯,白天就靠自然光;太阳落山的时候,洞子里面很黑,就在洞口前面放一个反射镜,把光反射到洞里面;到了晚上,办公室就一个柴炉,放上柴以后烟熏火燎,但是总比房子里面冷好。大家都聚到办公室,有的在那画,有的在那写。史老师描画,我也跟着描画;他写毛笔字,我也写毛笔字,反正他干什么,我干什么。这样跟着他学了一年。第二年,我跟着孙纪元先生学雕塑。那一年机会非常好。北京中国历史博物馆派来了雕塑人员在196窟调研塑像,还派来了翻石膏的。于是,我又将怎么做模、翻石膏等这一套学会了。再回到修复上面，感觉底气越来越足，见到壁画，就知道是什么时代的了。也明白了早期的壁画不容易起甲，因为它没有地仗层，它的脱落是一点一点地脱落。隋唐以后有地仗层了，才开始起甲。

修复材料也是当时工作中无法逾越的另一道"坎"。怎样迈过这道坎呢？

1962年，莫高窟实施加固工程。为此，文化部请来了各方面的专家，水文专家、地质专家、美术专家、雕塑专家、文物保护专家。文物保护专家是谁呢？就是刚从波兰学习回来的胡继高先生，他也在这个团队里面。我请教他。他说，外国人的壁画和我们的不一样，人家多是湿笔画，我们是干笔画。我提出用材料可以实验，但敦煌这里没有条件，无论是画画还是调颜料，我原来用的是全牛皮胶。我请胡先生在北京帮忙买了一点材料。胡继高先生回到北京以后，我又提了一个要求，请他来莫高窟帮助我做实验。他向领导打了报告。当时文化部副部长徐平羽主管文研所，他批准了。冬天，胡先生就来了，和我在这里待了3个月。我们没有仪器，全部靠土方法。如要分析壁画里面用的麻、棉花等含量，我们先漂洗实验品，然后放在炉子上烘干，用秤去称。终于，我们实验出了一种材料，按几种比例调好以后，分成若干块，在炉子边放一块，太阳下放一块，拿到九层楼顶上放一块，看看哪种材料比较好。像我修复161窟起甲壁画，就是用合成材料修复的，就是胡老师帮着做的。我跟着胡老师还学了一套本事。当时我也找了一些外国材料希望能够作参考，请同事帮我翻译出来了，但都不适用于我们这里。所以有时候感觉特别苦恼。不管怎么着，我们常先生非常好。他说："小李，你就这么干，就要闯，不闯怎么能行？"他给我鼓劲。我每次做实验，修复彩塑，修复完了就请他把关。有一次修复一尊天王像后，征求他的意见，这样修复行不行？他说，可以呀，这个塑像也稳定了，比以前好看多了。其实，还是存在问题的。天王像的两条腿非常大，从视觉上看不稳定。当时我有了一个想法，就是先把里面的那层做出来，不给它做表层。从远处看，天王像穿着靴子，上面有皮带什么的。但是近看的话，它低于原来的那一层有两个毫米多。老先生听了我的想法后就说，你就这么修。我后来修塑像，不管是到敦煌也好，到兄弟单位也好，都是采取这种办法。那个时候我们国家还没有修壁画、修塑像的，所以这些修复方法都是慢慢积累起来的。

  摸索出了修复工艺，配制出了材料。常先生说："你到161窟去吧，我看你现在做的有点儿成绩了。"为什么到那里呢？161窟的起甲非常严重，就像一片一片在墙上挂着一样。进去的时候，空气一流动，像雪片一样地飘落下来。常先生说，你就到那个洞窟去，死马当着活马医。你不修它，它也掉，你修坏了也无所谓。

  1962—1964年，我就用实验的材料和工艺方法修了这个洞窟。这个洞窟的面积是六十几平方米。这是我修复的第一个完整的洞窟。直到现在，每年都要去观察几次，看这个材料对不对，用的工艺方法对不对，总结经验。这些年下来，还没有发现它的任何问题。

用钢筋临时锚固壁画

  我在161窟修复壁画的时候，听到外面一个声响。我想，完了，哪个窟塌了。出来一看，就在130窟的上面，门里面的灰尘像放原子弹一样。我心想壁画可能塌落了。我就下去。顶着灰尘，我进去一看，从十几米高的窟顶上掉下来将近4平方米的壁画，掉到地上全部摔碎了。那个壁画有两三层，每一层都特别厚，加上洞窟的结构上小下大，自重力相当大。我们赶紧报告常先生，给北京打电报（当时我们单位属于文化部文物局直管）。北京当即回电，你们想办法赶紧抢救修复。因为没掉的还裂着一道很宽的缝隙，要是不修复它，它会继续塌落。那个时候没有办法，找材料，找木材，准备了两年。

对于一般空鼓壁画，面积比较小，容易清理里面的灰尘。这么大的面积、这么厚的壁画靠什么胶黏上去呢？没有办法。想来想去，我们决定暂时将壁画锚住。得先把命保住，再来治病。虽然是临时性措施，也要先实验。要看一根钢筋能挂多少重量，这一平方米壁画又是多少重量，我们就在崖上面做实验。结果，我们实验了 6 个毫米的钢筋可以挂 100 斤。我们往上挂石头，再要把它压垮，我们就这么做实验。通过实验觉得可行了，再准备在壁上打孔，埋钢筋，挂壁画。当时没有设备，全部靠人在上面打孔。孔不能随便瞎打，只能打在没有壁画、只有壁画颜料底子的地方，修复不能破坏壁画。这样，我们打了将近 300 个铆钉，把那个洞窟的壁画锚住了，到现在再没塌落。

这些方法都是土办法，是试出来的，每一步都是自己想办法，没有什么先例可学。

不断实践　因地制宜创新法

我有一个习惯，要干这一行就要干好，不干就算了。后来我专职修壁画以后，常先生说，可以，好好钻。意思是，咱们条件慢慢比原来好了，我就这么干着。于是，就这样针对不同的病害状况，一步一步地继续尝试新的修复方法。

整体搬迁复原壁画

揭壁画虽是一种办法，但是它是万不得已而为之的。能不揭壁画，我们就要尽量地不去揭。不要分块，因为一分块就要锯缝，就要破坏壁画的完整性。70年代末，我对莫高窟220窟甬道壁画进行了整体搬迁复原修复。这是我头一次搞壁画搬迁复原修复。这个洞窟里原有三层壁画，只剩下里面的两层壁画了，为了看唐代的壁画，表面的一层已经让人打掉了。但是甬道上的三层没有被打掉，从残破的痕迹可以看到甬道上面的题迹，还有壁画、颜料都比较鲜艳。当时"文革"刚过，我跟革命领导小组提出了要做整体搬迁。我想了一个办法，不用将它分块，把一个甬道变成两个，有条件的变成三个。方案报上去以后，就等领导决定。领导开会讨论后说："老李，你这个办法很好，但是我们没有钱给你买材料。"当时，我觉得材料不多，便说，这样吧，你们要同意我做，其他方面我自己解决。领导说那可以，你能够想办法，就试一试。因为莫高窟的壁画现在是4万5千平方米，若把双层、三层洞窟的壁画分离开，6万平方米都不止。我就领着手下的人到树林里找柿树，把柿树砍回来后加工成模板，用模板做甬道模型。甬道多大，就做成多大。为什么做这个模型呢？就是要把表层壁画分离出来，让它趴到模型层上面，有一个依托就比较安全。这样，我把表层壁画分离以后，趴到模型上面，将它推出来，与原来壁画接在一起。原来的甬道是2米长，后来就成了4米长了。本来还要继续揭剥，但是底下发现了唐代的壁画，另外在北壁发现了五代的壁画，色彩非常鲜艳，考虑到不确定因素，后来就没有再揭剥。但是我们在南边发现了一个小坑，说不定又是一个藏经洞，就向领导汇报了。当晚打开这个小坑，里面并没有藏经书、画卷，但画满了壁画，也画得非常精致。这个整体搬迁复原项目后来获得了国家文化部文物局科技进步四等奖。

在搬迁甬道的经验基础上，后来又做了一次创新。在青海塔尔寺大殿落架维修时，将大殿内140多平方米的壁画做了一次整体搬迁保护。在这里，我是这样做的。我做了一个模型，里面全是木头支架什么的。拆墙的同时，我把壁画和墙体分离，分离出三四十公分，就固定到模型上面。一面撤墙，一面揭壁画；一面墙撤完，一面墙的壁画都分离完，放在模型上，一个泥壳就附着在模型当中。后面再通过角钢加固，防止壁画变形。重新砌墙时，将壁画贴回去。干了一段时间后，我把壁板全部撤掉，壁画就都露出来了。因为固定到板子上面时，在没有颜色的石材层打了一些小孔，撤板后就再将这些小孔修复好。完工验收的时候，寺院的活佛在大殿里转了一圈，就过来说："李老师，我们这个壁画你为什么不给修？"我愉快地回答说，谢谢活佛，我要的就是这个效果，修了和没修一样。

整体异地搬迁洞窟

西千佛洞的下游，有个地方叫南湖殿，有两个洞窟，一个是元代的，一个是北魏的。1992年的时候，我们发现这两个洞窟面临坍塌，壁画、塑像损毁殆尽的危险，亟须修复保护。怎么保护呢？就地加固还是搬迁？在论证会上，我发言建议整体异地搬迁复原。为什么呢？因为那两个洞窟如果在原址加固，得找人看着，保管员至少需要2—3个，他们的生活怎么办？家属子女又怎么办。一连串的问题就来了。而搬到敦煌莫高窟去，既便于保护，又便于看管和修复。当时老先生说，咱们可没听说过谁搬迁石窟的。我想做一次尝试，没有百分之百的把握，百分之六七十的把握还是有的。既然有百分之六七十的把握，他们就同意了我的建议，让我写两个方案，报到国家文物局。我就写了两个方案，一个是就地保护，一个是整体异地搬迁复原。结果，国家文物局批复下来了，同意整体异地搬迁复原方案。这是我的又一次尝试。整体异地搬迁复原的两个石窟就坐落在莫高窟北区的崖壁上，与三危山隔河相望。那两个洞窟的复原壁画就是挂上去的，一个是北魏的，一个是元代的。如果不明说，你可能真不知道那是搬迁复原起来的。

金属骨架"挂壁画"

就像这样，我不断尝试，脑子里一直想着怎么样将壁画保护好，让它不受损失。1991年，青海考古研究所把瞿坛寺的壁画揭下来了，然后用石膏抹上去，因里面的胶性太大，干了以后全部成了碎块，壁画也烂了。国家文物局建议他们来找敦煌文物研究所。我去考察，到那一看，那个状况从来没有见过。这怎么修呢？根本就不能弄平，一压就碎。琢磨了很久，我提出，必须将地仗层去掉，不管那个地仗留下半公分、一公分，都要去掉。只有把石膏层去掉，才有办法修。而文物修复，尤其是全国重点文物保护单位，是不能离开现场的。我提出要求，把壁画拿回敦煌，我们的实验室虽然简单，但是还是有一定的工具的。他们当天晚上开了会，第二天就同意了。我带了不到3平方米的壁画回敦煌后，把后面的石膏层锯成马赛克一样大小，一点点剔掉。剔掉以后，壁画本身已经成了碎片。我就做了一个大的玻璃台，把壁画放在玻璃台上面，一块一块地拼对，线条对不对，人物对上了没有，就这样硬拼了起来。拼起来后，赶紧用泥层把它加固成整体。

按照一般的想法，将拼好的壁画贴上去就可以了。当时我就想不行。因为这个壁画毁坏的根源在于墙体里面的水分走到了壁画里面。既然壁画已经这样了，拼好后能不能挂起来？我们实验一次。我就用金属方块材料做了一个框架，把壁画固定在框架上，拿到青海去了。我向他们说，壁画不能再回贴到墙上，可以挂到墙上，防备今后墙体的水分对它造成再次破坏。他们觉得这个办法挺好。于是，所有的壁画都这样修复处理。往墙上挂的时候，壁画和墙体之间我留了8—10厘米的通风道，潮气就可以从通风道走，不会进到壁画里面去。如果有毁灭性地震，也可以把壁画摘下来运到安全的地方，待地震过去，壁画还是原来的壁画。

用支架固定壁画

多年的实践让我明白，保护壁画没有一成不变的方法，不是所有的壁画都能贴回去。在新疆，我就碰到了这个问题。90年代以后，1991年、1993年、1997年和2010年，我连着去了几次新疆。对龟兹新一窟、新二窟的壁画，修复过两次。为什么是两次？那个洞窟发现得比较晚，80年代才发现的。但是那个洞窟里面的壁画，尤其是顶部那个壁画特别好，无论是画工还是色彩，保存基本完整。

第一次修复的时候是因为起甲，因为发现了以后，湿度太大，干燥过程太快，所以壁画起甲了。我们去现场查看了壁画，觉得应该要修了，但当时他们没有计划。回到新疆乌鲁木齐，我向自治区文化厅建议抢修新一窟、新二窟的起甲壁画，否则将来脱落了，损失太严重。自治区文化厅和我们院联系后，1993年我再次去新疆，完成了起甲壁画的修复。

2010年，这两个窟的壁画出了问题，脱落了一块。当时我想，这个壁画怎么会脱落？我们刚修复过的。当我们赶过去调查，发现是人为的盗割壁画，割取时突然掉了一块。因为发现壁画锯不下来，就被放弃了。我将调查结果报告给领导，壁画是人为造成的，不是自然损毁。那怎么保护壁画呢？要分两个层次，一个是修复表面的空鼓，另外一个就是要解决内部的空鼓。

接受任务后，我把表面的空鼓和脱落壁画的边缘病害全部进行了修复。这个洞窟顶部的壁画地仗层特别厚，有一二十厘米。按照一般加固空鼓壁画的方法，挂浆是黏不住的。为什么呢？因为它的内质特别疏松，挂浆以后，表面那一层能够黏住，但是底下不牢固。这样的空鼓壁画将来还会大面积脱落。

因此这个壁画要采取新的方法。考虑来考虑去，我决定采取一个过去没有用过的办法，用支架保护它。这就打破了常规，无论前人，还是我们这一代，还没有用过支架保护。壁画上一共有八九个菩萨人物，人物之间是用连珠纹圆形图案、线条来分割的。于是，我将0.5厘米的钢板裁成钢条，做成圆形支架，把支架顶到连珠纹圆形图案和线条上，不压到人物上面。每一个菩萨人物之间的线条就是支架的基础，下面用螺丝拴住固定，壁画就很牢固了，一般是不会脱落的。把支架放上去后，我把所有被支架钢条压住的图案全部画到相应的钢条上。这样远看的时候看不出，壁画依然完整。如果想查看原貌信息，可以把下面的螺丝松下来，将支架取下，调查完了以后再钉上。当然这个制作过程比较麻烦，钢条要进行防腐处理，钢条和壁画之间要衬垫，不能让钢条磨损壁画。既不伤害壁画，又可以达到固定壁画的目的。这样在新一窟、新二窟，我采取了这种方法。前几年，借其他的工程验收论证（的机会），我就组织专家们去察看了这两个窟的壁画保护方法。大家对这种新方法比较满意。

在克孜尔一号洞窟主要是修复塑像。印象最深的是那里有一尊小睡佛，破坏得特别厉害，好几十块，它的脚部分没有了，已经看不出脚的形状来。本来我可以选择不做，但似乎有一种责任心，让我不忍放弃。面对这一堆碎片，我耐下心开始拼对，渐渐地，基本形体都出来了，就是缺一个面部。那个时候，新疆没有一尊完整塑像。他们提出能否将头部实施复原修复？这样的心情我理解。但文物复原，得有资料，得有照片；若没有资料，塑成什么样呢？唐代的还是宋代的？我就是塑成唐代的，人家说也不像，因为没有根据。正好那个时候，国家文物局张柏副局长到新疆验收工程。我就请他到一号窟去，听听当地的声音，能不能做复原。他来了以后问大家，有没有资料？结果没有资料。他的观点和我一样，因为这是咱们文物修复的宗旨，没有根据就不能复原。张局长说不能做，因为你们没有资料。有资料可以做。你做出来说不像怎么办？你还不如不做。这样，他们才放弃。

榆林窟旧事

1956年我来敦煌的时候，老先生们都在榆林窟搞临摹。那个时候的交通，坐着卡车只能到锁阳镇，从锁阳镇到榆林窟有28公里，没有路。领导派我给老先生送东西。我拿着东西坐着卡车跑到喀什，雇了一个牛车再送到榆林窟。我坐牛车走了6个小时，就这28公里，就在戈壁滩上。急了，就下来跑一段，等一下，等牛车过来再坐上去，这是第一次到榆林窟的事。

那个时候，榆林窟只有一个文物管理员郭元亨，很有名的一个政协委员。为什么有名呢？就是西路军路过这里的时候没有粮食吃了，向他借了一点儿粮食，还背不动。他就连同毛驴一块送上，让毛驴替西路军战士驮着粮食走。当时程世才将军给他打了一个借条。据说，西路军刚走，驻守在安西县城的国民党风闻郭元亨救助过程世才，便抓住他严刑拷打，还抢走了3.6两黄金和100块大洋。郭元亨为此大病一场，多亏两个徒弟悉心照料，几个月后才逐渐康复。

我送东西过来的时候看到了那个借条。听说程将军在北京担任中国人民解放军装甲兵副司令,我们的同志代郭元亨写了一封信,没有多久首长就回信了。说这是真实情况,一定要对这个人进行照顾,他是对革命有贡献的。郭元亨是一个非常好的人,我来的时候,就是他一个人在这里守着。一直到"文革",研究院关了,给他发生活费,让他就在这里看护洞窟。1976年,郭元亨去世了,按照他以前和我们说的,安葬在安西县踏实乡南戈壁一块高的小的崖体上。在那里,既可以看到蘑菇台,也可以看到榆林窟的塔。

1974年,我过来修壁画,就是那个有最美壁画的25窟。当时窟内壁画脱落得太严重,我们来修。修完了以后,院里面说派卡车接你们回去。结果我们就等着来接,把东西都吃完了。第一天没来,第二天没来,第三天也没来。最后食物也没有了。没有办法,我们跑到蘑菇台求援去了,向他们借盐、借白菜,又坚持了两天,院里面才派车来。原来院里唯一的一辆卡车坏了,修车耽搁了几天。

我兼职榆林窟保护所所长的时候,这里不到10个人。那个时候没有栈道,都从洞里面穿,壁画被全部打坏、打通。直到2018年,才整体改造好了环境。我们来的时候荒凉得不行。一位副所长坚守在这里,我是在莫高窟,在那个时候,我是保护所的副所长,但莫高窟的任务比这里还要重,一年只能来几趟,然后就是逢年过节慰问他们。

慢慢地,我们这么走过来了,积累了一些经验,也逐步形成了一支小队伍。除了本单位的修复任务,兄弟单位有壁画塑像修复的需求,我们都伸出援助之手。比如,80年代麦积山塑像出了问题,我们去了。青海、新疆的壁画,我们去了;浙江杭州凤凰寺、河北曲阳北岳庙、山东泰安岱庙、故宫等地方,我们也去了,也修了壁画。

带好队伍　培养人才

1998年底我退休了,本来是想离开的,当时也感觉有些不痛快。樊锦诗院长再三给我做工作,打消了顾虑,便接受了院里的返聘。这一聘就到了现在。

修复文物绝对不能马虎

樊院长和王院长给我的重要任务就是让我带队伍、培养人。现在修复队伍已经发展成70多人了。分成几个小组,年年在全国各地跑。今年家里三个小组,外面还有三个小组。我对自己要求严格,对学生同样也要求严格。我们经常开会讨论工作中的问题。比如塑像,塑像补好了没有,协调了没有?背后的一些东西,有没有做成原来的样子?无论是明处的工程还是隐蔽的暗处,都必须要修成原来的样子,不能看不着就马虎了,不能有这种想法。该做的一定要做。修复文物绝对不能马虎。有些人做事不太讲究,说句不好听的,偷工减料什么的,这是经常的,做个大概齐就觉得可以结束了。这个时候,我说结束不结束,将来我们要请专家、请领导来验收。现在还不敢请大家,因为还有很多问题,比如,上的颜色和色调一样不一样,新旧对比一样不一样?做工作必须要做到家,做到人家原来的那个样子。现在人一看,这和原来不一样,这就没有做到家。也就是说,我们修复文物还没完。

三代都是修壁画的

我不仅培养了学生,在家里也将技艺传给了儿孙。我家爷孙三代都是修壁画的。我的儿子原来不是修壁画的,是从别处调到院里的。调他过来是我们院长和书记早有的想法，原来我不同意，因为所里要的是学美术的，搞考古美术的，做测绘、画图的，我儿子不是学这些的。后来我接受了布达拉宫的任务去了拉萨，领导没有征求我的意见，就把他调到所里面来了。调来后，我们的书记让我到办公室去一下，说跟你说一个事情。去了以后，他就说，李老师，实在对不起，没有经过你的同意，我们做了一个决定，因为西藏的任务很重，你年龄越来越大，我们害怕没人照顾。把你儿子派过来，他既可以照顾你，也可以给你当助手。我就不能说什么了。就这么调进来，一干就是这么多年。

孙子李晓洋却是我动员来的。晓洋是从澳大利亚学习回来的，学的是室内装饰。5年后回来取东西，而且和家里人商量，还要到那里发展。那里发展形势好，我们可以理解。但是我当时劝他留下来和我学。他不愿意，说这个地方太苦了，不想在甘肃。为什么不想在甘肃？那个时候我领着他们旅游，到我们山东老家，到南方。到青岛的时候，他说山东这么好，你跑到大西北干嘛去。我和他说，爷爷的意思是这样的，不强迫你，你跟我干一年，一方面，我要看你是不是这个料。另一方面，你能不能做这些工作。我们也来个"双向选择"。我就这么动员他。他虽然不愿意，干起活来还像个样，从我内心来说，觉得他是能做的，但是我没和他说，只让他好好干。这样，一直跟着我干了几年。现在自己领着人到四川去做了。我的孙女原是学的建筑，学成以后分到北京一个外企去，后来读了研究生，又分到建筑上去了。在天津干了一年多后跟我说，爷爷，不行了，我回来吧。现在也干我们这一行，在文物保护设计公司里面。

质量十年追踪

文物是没法儿再生的东西。在外面工作，我一般不离开现场。因为带着人，就要对人负责，将来出问题，是你个人的，是我的罪过。对我修过的壁画、塑像，我也养成了质量追踪的习惯。尤其是我采取新的方法修的壁画，我都追踪它十年，每年都要和领导说，我要去看一看。因为我要总结方法，无论材料也好，工艺也好，从这些方面都要考虑，要不然工作质量怎么提高？这些年有的时候去不了，就委托儿子去看看修过的壁画怎么样。2012年的时候，我又开始接待记者，我给这些记者同志提了一些要求，写出来的稿子我要看看。我的工作做到十分，报道时八九分就可以了，好坏要让大家评论，不要靠自己吹。我是山东人，性格比较直，自吹对于工作实在是不利。

大国工匠

2016年，我们现在的马世林书记陪同甘肃省政协主席来榆林窟调研。他对主席说，你们评这个工匠、那个工匠的，我们的李老师干了一辈子了，积累了很多经验，取得了很多成绩，为什么就不能评？他解释说年龄大了。马书记陪他到榆林窟来的时候，我正在架子上。马书记说，主席，这就是我给你推荐的老李，你看一看。我和主席打了一个招呼就下来了。"你就是老李？"我说："是的。"他就问了这么一句话，回去没几天，就派副主席来调查。所以，2017年的时候给我评上了甘肃省荣耀工匠、五一劳动奖。后来甘肃省又报到了国家。其实对我来说，一切都非常正常，因为我搞这些修复工作，我就应该在壁画上面做一些工作，所以没什么（了不起）。

有记者问我，过去的生活苦不苦？我这种精神是从哪里来的？我就会告诉他们，是从常（书鸿）先生他们那里学来的。那些老先生都可以在这里，我为什么不能？我没有觉得多么艰苦，挺好的。

那个时候人也少。吃了饭以后，叫两个工人坐到中间，咱们给他们素描、速写，没闲着的时候。这样才会感觉时间紧凑，如饥似渴地学，没有洋办法就找土办法，先把文物保护住再说，现在的说法是先救命、后治病吧。像敦煌这么大的体量，金碧辉煌，常先生说，我感觉那些祖辈们都是我的光荣，那样的艰苦条件，他们可以在墙壁上画出那样精美的艺术品；咱们条件比那个时候要好吧，人家都可以在那工作（我们为什么不可以）。这些东西，确实让人非常震撼。我跑了这么多地方，也有好的（东西），但是体量小。敦煌不但体量大，时代全，保存得也好。在这样的地方工作，我确实一点儿没感觉寂寞，感觉挺好的。后来说这是莫高窟精神，真的是这样的。

不知不觉时间过得飞快。大国工匠颁奖的时候，主持人问我，李老师你感觉怎么样？我说，感觉时间太少了。为什么？我跑了全国好多文物单位，文物坏得太厉害了，太需要人去修复了。我说修复那么一件文物，比你干一件普通的活要值钱多了。我们甘肃的马（玉萍）厅长让我考察了甘肃很多地方博物馆的文物，看到那个房子漏水，都漏到文物上面了，心急如焚啊。回来就向她反映，赶紧给拨一点钱，先将房子弄弄。文物真的是亟须抢修呀。所以面对这些事情，对一个文物保护工作者来说，任务重不重？

> **壁画、塑像它们也是有生命的，只是不会说话。它们要是会说话，就会去告你，你这样虐待它。修壁画没有细心、决心和耐心，是绝对搞不好的。**

壁画、塑像都是有生命的

有一个学生过年时给我敬酒。他说:"李老师,我非常感谢你。"当然这个很正常。可后面那句"我跟着你学的已经够吃一辈子的了",我不爱听。我现在还在积极想办法,有很多问题都没有解决呢。

真正搞保护文物,预防性的东西太多了。病害太多了,有些东西你觉得能治,你还有好的方法没有?我们敦煌研究院成立60周年的时候,王(旭东)院长主持开了一个座谈会。会上我说,只要我身体能行,你再找一个塔尔寺那样的,我再做一次。为什么?我感觉有些东西还应该改进,比现在做的还要好。因为你没有做,所以你不知道。

现在很多搞文物保护的,做得好的是有,但是真正做工作的还是少,有些东西还是不行。保护的任务太多了,就像莫高窟来说,多层壁画怎么分?我也做过实验。怎么才能把它分开,预防性的问题怎么解决?变色问题怎么解决?还有一些病害,不管是工艺也好,还是材料也好,都还值得改进。做得再好,我感觉还是不满意。因为在那么艰苦的条件下保存下来的文物,如果在咱们这一代毁掉,对得起祖先和子孙吗?所以见到有些人不认真干,我就会跟他们发脾气,告诉他们要善待文物,壁画、塑像它们也是有生命的,只是不会说话。它们要是会说话,就会去告你,你这样虐待它。我希望他们认认真真地修壁画。修壁画没有细心、决心和耐心,是绝对搞不好的。樊院长刚来的时候就跟我说,李大哥,你这么一个山东大汉怎么能够坐下来搞这个工作?我说既然要搞,咱们就要搞好,我是这么一种思想。

我与敦煌的情与缘

孙儒僴

1925年生,四川新津人,研究员。1946年毕业于四川省艺术专科学校建筑科。1947年到敦煌艺术研究所(敦煌研究院的前身)工作。曾任敦煌研究院保护研究所第一任所长,并曾任院学术委员会委员,兼任甘肃省文物鉴定委员会委员、甘肃省文化厅文物保护专家组成员。40多年来,亲历参与了敦煌石窟保护从草创期到发展期的各个阶段,对敦煌文物保护事业作出了卓越的贡献。其担任课题组长的"敦煌莫高窟环境及壁画保护研究"项目,获得国家文物局1992年度科技进步三等奖、1988年甘肃省环保局科技成果三等奖。

当年万里觅追求，相伴赴沙州。岩泉坎坷寻梦，危崖千窟怜。事未就，鬓已秋，伴幽情。此生拼了？祝愿英高，荣载千秋。

孙儒僩 己亥冬春于兰州
时年九十有四

冥冥之中，敦煌的召唤

　　我为什么到敦煌石窟呢？我是学建筑的，已经毕业了。那个时候是五年制的专科。虽然学建筑，我喜欢美术，学过两年美术。毕业后我到重庆茵草厂工作，即现在的建筑公司工作，既搞设计，又搞施工，工作环境很好，生活条件也很好，也安定。当时我接到一个同学的电报，说敦煌文物研究所要招聘一个学建筑的人，但是没有特别指出在已经毕业的学生里头招聘，问我愿不愿意去。这个同学是我当时初恋阶段的一个女同学。我就决定回成都看一看。到了成都，我就咨询了一下我的大学老师。他之前看过敦煌壁画的展览，就大概向我介绍了敦煌石窟和常书鸿院长的情况。专业对口，他认为值得试试。我经过自己的再三考虑，觉得年轻人要闯荡，还有它是艺术研究所，我喜欢美术，我就想去看一看。当时没有打算一辈子在敦煌，想着两三年就回来了。当时和我应聘的还有三个女同学，她们是学美术的。没想到，这一去，就和敦煌石窟结下了一辈子的缘分。

　　我是1947年到敦煌的。从成都出发，同路的还有三个女同学，经过一月零几天，才走到敦煌。一路上，我看到的甘肃的山山水水跟四川的不一样。从天水过来以后都是黄土，到处都是黄土，跟四川的青山绿水完全不一样。当时我就想，敦煌是什么样？现在很难想象那个时候的交通，我们为什么走了一个月零几天，就是要等班车。我在天水等了十天，在兰州等了九天，才等到班车。就这样，经过长途跋涉，我们到了敦煌。

初到敦煌

来了敦煌以后,我见到了红光满面的常书鸿先生,也见到了段文杰先生,我们的第二任院长。

第二天早晨,我就一个人上洞窟转了一圈。非常惊讶!这个藻井,那个灿烂辉煌的色彩,还有大佛,感觉太伟大了。当时敦煌前面的沙堆非常多,我一个人一直跑,一直跑,跑到北区最远的一个洞。跑累了回来,想吃早饭。人家告诉我没有早饭,说这里吃两顿饭,午饭和晚饭,早上自己随便吃一下。就在那里,我的第一个任务就是跟随段文杰先生学习。当时,我对佛教的东西一概不知,年轻的段文杰先生就为我们讲解。后来给我的第一个工作任务是设计一个建筑陈列室。我很快就完成了,陈列室第二年(1948年)就修起来了。

测量洞窟

接下来的任务就是测量洞窟。我虽然是学建筑的,但当时对古建筑一窍不通,实在是不懂这个洞洞,连建筑的名词我都不知道。当然,手工测量后画下来,还是可以办到的,但是我不明白它的作用。所以我就把它寄给我的老师。我的老师就把这个建筑的名词,古建筑的名词一一跟我说明了。就这样,我就从这里开始起步,一点一点地学习中国古建筑。

解放前几年,我基本上在测量建筑。而且建筑图要求要画得很仔细,比如说,敦煌的中心窟,除了画四个壁外,我还要将中心窟的各面画下来。它的剖面、正面、平面、顶部都要分别画出来。另外,我测量了一些东西,叫他们搞美术的人画出来。所以有一些图,到现在还有用处。我比较满意的就是,我画了两个洞窟的彩绘图,完整的内部彩绘，这个可以说在国内绝无仅有。外部测绘已经完全在历史上消失了，但内部的宋代彩绘还是完整的。当时我不懂考古测绘的要求究竟是怎样的，仅看了人家原来搞过的测绘图，就画了下来。现在回想，那些测绘图太简单化了。比如说某一面是多长，另一面是多长，实际上施工并没有那么规矩，它不一定矩形就是矩形，它的角度也不一定很规矩，所以这些都没测绘出来。

测绘当中，我唯一的一个仪器就是一个小平板，小小的找准仪。但洞窟里面小范围的测量，只有小平板管用，经纬仪什么的都用不上。

这些测绘图，特别是石窟彩绘图里比较大一点的测绘图，被借到清华大学建筑系放了好长时间。我临摹了一些壁画的建筑图像，也用到梁思成先生的一篇文章上，做插图了。

那时的艰辛生活

说实在的，这个时候，我们过的日子是非常清贫的。我在重庆的时候生活非常好，到了敦煌以后，从天上掉到地下一样。特别是四川人吃米饭，一下转变到吃馒头和面条，而且是有盐没味的，就是桌子上一碟盐、一碗醋。但是我们安平人适应性很强，我们还是能把它过下来，但是明显感觉到营养缺乏。老同事传授经验，让我们自己照顾自己。开始是养鸡。我们睡的是土炕，土炕后面有个炕洞，把鸡放到炕里面养着，今天下一个，明天下一个，用鸡蛋补充一下营养。后来是养羊，每人买了一头母山羊。常书鸿先生有几十只羊，一个蒙古老太太给他放养。我们的羊也交给她，她一起放出去。晚上就把小羊隔开，早晨挤一点奶子补充营养。我们的生活就是这样的。

一个月发一次薪水。上半年还能过下去；到下半年年底，就不行了。后来,我看了解放战争时期的一些历史,1948年解放战争已经到很紧张的阶段了。那年物价飞涨,发的那点薪水,只能过很困难的生活。年轻人还喜欢吃点荤腥,但很难,尤其是夏天。一般,我们派一个工人骑上驴子,到敦煌买菜、买酱油醋、买点肉,早上出去,下午才能回来。每天敦煌就杀那么一两头猪,很快就卖完了。夏天,戈壁上很热,肉装到麻布口袋里面,到了莫高窟就臭掉了。我们吃不到荤腥,只能自己养鸡、养羊,解决点营养问题。加上1948年,我们的一部汽车抛锚坏掉了,我们的工资都拿去修了汽车。修汽车,是想过后跑生意,增加点收入,却叫那个司机把钱花掉了,结果我们是"偷鸡不成倒蚀一把米"。到1948年底,就非常困难了。

兵荒马乱中的困顿

1949年4月,我们从敦煌县听说,解放军都渡江了,毛主席发布了渡江作战令。那个时候,我们知道,国民党马上要垮台了。那个时候还有外国人到我们这边来。他们说北京解放了,你们可以到那儿去。我们的工资是通过国民党的财政部发一个叫作"拨款通知书"(的凭证),我们拿着拨款的通知,到银行去取现。那个时候,国民党还在给我们寄这个。拨款通知是发下来了,但是银行没有钱可取。从1948年到1949年,我们出纳出了事情,我临时兼会计、出纳。拿到拨款通知书,我去取钱,取不出来。银行说没有钱,给你一种代用券。银行直接拿过一本他们叫作什么券的,上面有的印一万元,有的印一千元。这样,厚厚一本本子发给我,数字都很大。他说可以通用。最后,连这个也发不出来了。大概15个月后,国民党的拨款通知书没有用了。临到解放前一个月,有人给常书鸿先生通了个消息,说国民党的中央银行已经撤退到张掖。当时常书鸿先生就派段文杰,拿着我们几个月的拨款通知书到张掖去取钱。我们当时一个钱都没有了。

兵荒马乱的时候,段文杰冒着危险到张掖去找中央银行。结果到了张掖,说是中央银行已经搬到了酒泉。段文杰又赶快想办法找汽车,到酒泉找到了中央银行,把拨款通知书给中央银行。人家中央银行还认这个账。当时没有钞票,就把几个月的拨款通知书换成一个金条。小小的一个金条,大概有12两,375克,就是我们全部的经费,几个人的工资都在内。段先生当机立断,马上去庆阳,把金条碾成长长一条,像个筷子那么细的一根金条。然后截成一小节一小节的,根据工资情况,一个人发那么一小截,发了一半。另外一半,全部买粮食。这个决定非常英明。因为以后没人管我们了,我们就靠一半金条买的粮食维持生活,一直到9月28日敦煌解放。解放以后,解放军对我们是比较优待的,没有把我们当做敌伪人员。他们从南打到敦煌,要修整一下,开庆功大会。他们请常书鸿先生在主席台就坐,我们也到会堂参加他们的庆功宴会。

后来我们听说,是彭德怀路过酒泉的时候,给定远打过招呼,给部队上也打过招呼,要关照我们单位,所以我们算是比较幸运的。但是我们当时觉得,尽管对我们那么优待,为什么没有人管我们呢?自从1949年9月28日解放以后,定远书记、专员都来看我们,对我们也非常客气,而且把我们的业务人员请到定远县修整了一个多月。但是就是没人发工资,莫名其妙。一直到1950年的10月,我们才听说,中央给我们拨了一部分维持费,一个人发了一点,留下一点做单位的日常开支。这是第一次(和中央的)联系,我们也不知道名称,也不知道是哪个单位管我们。当时我们的交通靠牲口,两匹马,十头驴。人吃的粮食和马的饲料吃完了,就到县政府借粮、借草料,一直维持到1950年的9月。

解放初,顺利被接管

9月份的时候,我们接到通知,中央委托西北军的委员会文化部接管我们。我记得是9月二十几号,由西北文化部赵文明处长、一个大画家,副处长张明堂、延安抗大毕业的,甘肃省文教厅的一个专家、学考古的,还有地区专署的人员来接管(我们)。他们来到敦煌,我们敲锣打鼓地迎接。他们在这里工作了十几天。

接管的时候就告诉我们,我们属中央文化部文物局领导,直属文化部文物局。另外我们领薪金了。解放初期,那个时候的薪金叫作"米袋金",就是说以当月米的价钱为准,给你发工资。接管期间,就评定了每个人的米袋金。当时刚解放,处于非常兴奋的状态,感觉给我们评的薪金太丰厚了,我是1100斤小米。这个也是接管的一个中心内容。

另外一个内容就是开会。常书鸿先生谈谈上两年的情况,我们大家都谈一谈。会上,我第一次听张明堂副处长说,大家可以相互提提意见,展开批评与自我批评。这对我来说是新名词。所以那一次,我们跟常所长提了一些意见,说他哪些地方管理不善,哪些地方有什么问题。张明堂副处长很会处理这种关系。他说,大家提意见,能接受的就接受,以后能改正的就改正。但是这些问题都要归结于当时的国民党政府,那个时候,国民党也快垮台了,他们经济上跟不上,使你们生活处于困难状态,我们感觉到很遗憾,当时帮助不了你们。

据后来了解,在1950年7月,文物局决定改敦煌艺术研究所为敦煌文物研究所。当时他们安排了我们的工作,常书鸿先生携带一部分展品到北京去,要办个展览。我们业务人员到陕西省参加"土改"。

随后，常书鸿先生就跟他们到西安参加第一次文代会，我们继续留在所里面，登记解放前的那些临摹作品，同时进行总结。

年底的时候，常书鸿先生回来了，（然后）带着我们一起到西安。他们两夫妇就上北京；我们几个年轻人，包括段文杰先生，都下到陕西省各个地区参加"土改"。

也就是到了1951年的四、五月份，我们听说展览非常成功，还受到当时政务院的嘉奖。政务院的文艺委员会，主任委员是郭沫若，亲笔题写了奖状，还发了奖金，我们每个人分到一笔奖金。当时已经是抗美援朝时期了，我们还捐了一部分出来买飞机大炮。

把家安在敦煌

"土改"结束后，我们与北大的宿白先生、赵正之先生、余鸣谦先生和莫宗江先生四位，在陕西碰头了。当时他们是去敦煌，我们已决定了要去北京，所以我没有同他们到敦煌。后来非常后悔。

我和另外几个都打算要离开敦煌，一个是我对古建筑不懂，我又不是专门学美术的，那里没有我工作的对象。其他几个人想离开，因为当时敦煌确实生活太困难。到了北京，文物局局长郑振铎、王冶秋，还有办公室主任王毅，几个人都轮番给我们做工作，还开过一次会，说你们哪一个都不能走，有什么问题你们提出来。我比较坚决要离开，因为他们是学美术的，我不是学美术的。

当时问我为什么要离开。我说，母亲岁数大了，叫我回去。同时，我已经二十五、六岁了，要回家完婚。实际上那时候，对象都不知道在哪里，这不过就是个借口，因为我与初恋的那个女同学，到解放后的1950年六、七月间完全断绝了通讯，一直到1951年，这一年间没有任何信息，我的信也给退回来了。不知道什么原因，或者是人家没有选择,或者是有什么事故,我不知道。会上人家问我,你要完婚的是什么人,我们给你调来。当时把我为难的呀,就是我后来的夫人,画画的这个,她是我的同学,但是她对我有没有感情我不知道。我就给她发电报写信,问她愿不愿意到敦煌。她当时参加了部队文工团美术队,在重庆西南军区战斗文工团美术队。我给写的信很快得到了回信,在北京,她说愿意到敦煌。本来我没办法了,这下我就把这个情况跟常先生说了。常先生又给文物局说。当时从部队上调个人是非常困难的。文物局通过解放军政治部,下命令到西南军区政治部,政治部转到文工团,然后就把这个人调过来了。

为什么前面那个,真正恋爱过的那个女同学没有消息了呢?我结婚以后,到1952年才得到她一封信,说1950年的六七月份,抗美援朝期间,他们部队决定入朝,入朝之前下了死命令,任何人不能写信、打电报,(不能)通知任何人,哪怕你的父母、亲属都不能通知。所以她就这样入了朝,完全断绝了消息。是这样一个误会。但是后来我觉得我的选择是正确的,因为她(我的老伴)是学美术的,在敦煌能发挥作用,我前头那个同学是学音乐的。

1950年代对石窟保护的探索

1950年7月1日,敦煌艺术研究所更名为敦煌文物研究所,并成为文化部文物事业管理局的直属单位,此后敦煌石窟的重大保护项目和举措都是在文化部和文物局的领导和关注下进行的。

1951　敦煌第一次迎来北京考察组

再说1951年6月,文物局委派北京大学赵正之、宿白教授,清华大学莫宗江教授以及古代建筑修整所（现中国文物研究所）的余鸣谦工程师四位专家，组成考察组到了莫高窟。他们在莫高窟工作了3个月，对莫高窟进行了全面考察，包括自然环境、洞窟的损害情况、石窟崖面原状研究、洞窟的建造年代、窟檐情况等，并提出修理意见。另外，还做了一些临时性的修缮工程，现在还留下几处，如458、459窟的临时窟檐。拆除了千像塔。这个塔为王圆禄所修，塔现在大牌坊的西北角处，距离石窟前约三四十米，二层，八边形；王圆禄把石窟中的残破塑像集中起来，存放在这个塔内。拆除后，塔中确实发现存放了不少残破塑像。50年代，我和窦占彪同志选择了一些较好的，或是有参考价值的，收藏在第450窟内，对于一些可以看出部分形象的，有一定研究价值的，则将其竖立起来，做一个基座，便于保存和观览。

　　4位专家来自不同的单位，赵正之和宿白是北大的，莫宗江是清华的，余鸣谦是文研院的老人。考察结束后他们回各自的单位了，把资料交给了文物局。当时陈明达先生在文物局工作，他就把这些资料整理出来，写成了《敦煌石窟勘察报告》一文，发表在1955年第二期《文物参考资料》上。虽然报告不是很长，写得很概要，却是很好的一个报告。报告的第六部分实际上就是敦煌石窟维修保护和研究工作的中长期工作规划，成为国家文物局和敦煌文物研究所进行长期保护工作的纲要。报告在发表之前曾在敦煌文物研究所展开讨论，并由常书鸿所长及我写成《对敦煌石窟勘察报告的补充意见》，同时发表。

1952　成立保管组

　　1952年，在敦煌文物研究所下面成立了保管组。常书鸿所长兼任组长，我从美术组调到这个组来工作，另外还有几人。中国文化遗产研究院的王去飞也在文物保护组。他在莫高窟待了一年多，因为他是学文史的，他的工作是常书鸿先生安排的，复查各个洞口的供养人题记。这项工作原来很多人做过，但看法不一样，就让他（再）查一次。

1953年以后，组里就只有我和一个工人。三处石窟、几百个洞窟，两个人，不知道该做什么好。当时对于怎么保护，不知道，只能清流沙、装窟门、封护岩体，把常先生他们40年代修理的一些临时栈道重新修固，觉得比较好看一点，结实一点。常先生修的时候没有钱，就是拿树条条、树枝随便铺起来的，走起来很害怕。（我们）重新把它弄得结实一点。再就是做一些残破壁画的固定工作。比如，有一处壁画，半面掉了，剩下的还张开了一个口，我们就把那个壁画边缘部分拿泥巴固定一下，这个效果很好。我们做了很多，但是对壁画本身、塑像本身，从来不敢轻易动，这是一个原则，不了解的时候不动它。

10年治沙工作

其实，从1944年敦煌艺术研究所成立，治沙就是莫高窟保护工作中的日常重点工作。常先生从外面回来，办公桌上就是一层沙。他说黄沙可恨极了，沙是石窟保护的大敌，一定要首先制服它。

50年代做得最多的就是治沙，人工治沙。

清除窟前的流沙　那个时候，石窟南端距离鸣沙山比较近，流沙的情况比较重，从石窟最南端第131窟至第155窟，积沙高度与第二层石窟地面一样高。这一段石窟中的第146窟在下层，因为地势较低，很容易被流沙埋没，只能用人力经常清沙，在高约4—5米的沙堆之间，第146窟前形成了一个缺口。第130窟下层窟门更低，也是经常有人清除，才免于被流沙埋没。当时也是在沙堆上修了台阶，进入 130 窟窟门后，要下十几步台阶，才到窟内的甬道地面。里外有 2.5—3 米左右的高度差。第 130 窟以北的第 129 窟至第 111 窟一带，积沙与石窟地面等高。第 108 窟也是，洞窟地面较外面的沙堆低 1 米左右。第 108 窟以北，比如第 100、98、96（北大像）、94 窟，直至第 85 窟等，都是大型洞窟，这一段是人群活动的中心，因为经常有人清理，所以积沙不太严重。由此往北，从第 79 窟直到第 45 窟一带，是流沙堆积的严重地段，下层洞窟窟门大多被流沙掩埋，如第 79、76、71、68、61、55、53 等窟，在第 55 窟与 61 窟之间，有 7 个唐代及唐以前的小窟早已被流沙埋没，后被发掘出来，编号为 478、479、480、481、482、483、484 窟，但壁画和塑像已经全部损坏了。

第 76、61、55 窟因为洞窟大，流沙仅封堵了甬道，形成 30 多度的斜坡流入窟内，甬道内被流沙掩埋的壁画全部遭到破坏。堆积的流沙也将水分带入甬道，甚至窟前树木的树根也窜进了甬道。当时 61、55 窟的窟门非常矮小，进入窟门后要顺着在沙堆上修的台阶向下走，才能进入洞窟。这一带第二层洞窟，如第 56、57、58、59 窟一段，沙堆几乎与洞窟地面等高，当时进入第 285 窟只需搭一个矮梯就能上去。第 322 窟以北下层洞窟距地面较高，流沙封堵的情况不太严重。

因为洞窟前普遍都有积沙，在窟前的活动真是走一步退半步。对于开展石窟保护及其他日常工作极不方便。1953 年计划在洞窟前修一条临时的简易道路，所以首先要把窟前大量的积沙清除掉。于是在 1954 年 4、5 月间的农闲时候，租了莫高窟附近农民的几十辆大轱辘牛车。那个牛车（一次）只能拉个几百斤，因为牛车本身就很重，牛拉起来也很费劲，又是沙路。两个月，集中在第 61 窟至第 45 窟一带清沙，共清除流沙 3340 立方米，当年及第二年又清除第 33 窟以北及第 112 窟以南的积沙，总计在六七千立方米以上，以及第 130 窟以南的高大沙堆。就这样，用了两年，基本上把沙丘除掉了。除掉沙子后，一下感觉洞子就宽敞了，非常高兴。

修建防沙墙　50 年代，敦煌文物研究所仍然把防沙治沙作为石窟保护的重点，但是当时苦于缺少治沙理论上的指导和实践上的借鉴，只是凭着对石窟保护的热情来从事这项工作。解放前常书鸿所长就主持修了一些防沙墙，如 233 窟崖顶上有一段防沙墙，大约有 10 米长，上面还有段文杰先生书写的"请爱护古迹"几个大字。1954 年秋天，所里邀请了敦煌地方上的一些老先生座谈，谈石窟保护及有关问题。敦煌名士任子宜先生又提出在石窟山崖边上修建防沙墙的建议。实际上，1954 年，我们已经计划在几处流沙比较严重的地段，如第 372、412、326、412、256、205、182、194、356 窟山顶上、靠近山崖的地方修建防沙墙，每一处防沙墙的长度大约在 15 米左右，第 412 窟顶上的防沙墙长在 20 米以上。

防沙墙全是用土坯砌成的，高约 1.5 米、厚 0.35 米，墙的两面用草泥墁抹，上述几处防沙墙相继在 1954 年至 1955 年完成，大部分承包给敦煌一个叫杨生全的泥工。防沙墙所用的土坯是在莫高窟就地取土拓成的，砌墙的泥土也就地取土，取土的地点在靠近中寺一些较高的地块里。

这些防沙墙相继完成后，当年石窟前的流沙的确减少了，看来是起了些作用，但是当防沙墙后面被流沙填满之后，流沙越过防沙墙的顶部，继续不断地顺着山崖向窟前飘落，这种情况当时也估计到了，但没想到这么快防沙墙就失去了作用。因为我们没有办法计算出鸣沙山每年向莫高窟的输沙量是多少。

为了让防沙墙能继续起点作用，于是又在防沙墙的底部，每隔两三米打开一个洞，把防沙墙后面拦蓄的流沙放下来。在放沙的时候，防沙墙上面还得有工人把沙推向流沙孔。流沙的时候，沙尘四处飘扬，附近的洞窟都受到了沙尘影响。为了控制放沙时的沙尘影响，（我们）想办法用帆布缝成 30 多厘米直径的布筒，长约 20 余米，布筒的上口拿根粗铁丝弯成一个圆形，紧靠在防沙墙的流沙孔上，下面固定在洞窟较远的地方，中间拿树干把它支撑起来，这样流沙可以控制，流向一定的地方，集中成很大的沙堆，方便用牛车运走。这个办法好像很好，沙不再到处乱飞。很不幸的是，几天之后，帆布口袋磨成了洞洞，到处都是洞，但是当时经费又困难，没有那个条件买很多帆布，就算了。

挖防沙沟 修防沙墙的后期，为了进一步防沙，1955 年 3 月 16 日开始，又在洞窟山顶上的平坦处开挖防沙沟，到 4 月 4 日共挖沟 1014 米，沟深 120 厘米，宽约 200 厘米（这 1000 米长的防沙沟用工 471 个），挖出来的沙砾堆在沟的东面，目的也是拦蓄流沙，和洞窟山崖顶上的防沙墙作用相似。1955 年相继完成了防沙墙和防沙沟，大概在两三年时间内，洞窟前的流沙确实减少了。后来防沙沟也被流沙填满，现在山顶上隐约还能看见痕迹。

召开治沙会议 在我们对治沙感到困惑的时候，1959 年夏，国家文物局邀请中国科学院治沙队[1]陈明道队长、李鸣岗等治沙专家，会同甘肃省农林厅、酒泉地区林业局的领导，在莫高窟开治沙会议。会议期间考察了莫高窟鸣沙山及莫高窟的流沙情况，李鸣岗研究员提出治沙的规划意见：

第一步：在莫高窟山顶上建立气象观测站，收集气象资料，为治

---

1. 中国科学院沙漠研究所的前身。

沙提供气象数据。

第二步：在莫高窟与鸣沙山之间设置高立式沙障，在鸣沙山下的沙丘之间布设草方格障。

第三步：在草方格中试验种植梭梭、柠条等耐旱植物。在讨论中，陈队长感慨地说：你们这里治沙也难哦，你们文化部门要人没人，要钱没钱。李鸣岗研究员提了一个主意说：包兰铁路沙坡头一段铁路边上，有大量的高立式沙障已经没有用处了，你们和铁路部门联系一下，可以无偿地调拨给你们。

这次会议之后，我们拟了一个治沙规划并上报文物局，当年冬天之前就从沙坡头运回来一火车皮沙障，同时在敦煌南湖收购了上万斤的芦苇（做草方格沙障），并在鸣沙山下做了些实验。但因当时正值三年自然灾害期间，生活极端困难，也无力进行沙障的施工，到了1960年，所里的大部分职工忙于生产自救，这次治沙工作就此中断了。

建立气象观测站　虽然治沙工作中断了，气象站还是建立起来了，并开始记录气象。马竞驰同志是第一个也是唯一的一个气象记录员。气象观测站建在九层楼山顶上的平坦处，距离九楼约四五十米，观测的项目有：风向、风速、降水、蒸发、日照、温度、相对湿度、地表和地中温度。因为只有一个记录员，每天只安排在8时、14时、20时做三次记录。每年的春、夏、秋三季，记录工作没有多大困难；但是到了冬季以及冬季的前后两月，是记录的困难时期，早晨的8点及晚上的20点的两次记录大多是在天黑之后，摸黑上山顶观测站进行记录，一手拿着电筒，一手还提着马灯，吃力地爬上九层楼山顶。月黑之夜，戈壁上漆黑一片，孤身一人被黑暗包围着，不由产生莫名的恐惧。因为天寒地冻，仪器中的湿球结了冰，按照记录的操作规程，首先要进行消冰，消冰之后要等三四十分钟才能记录，作一次观测记录要上山下山，每次记录要花一个多小时，数九寒天时观测站的气温在零下十几度到零下二十几度，真是天寒风似刀。在这样的条件下，马竞驰同志坚持记录工作，我和李云鹤在他调休时顶班，所以才有上述困难情况的体会。从 1962 年开始进行加固工程的前期工作，1963 年开始加固工程，因为人手紧张，到 1964 年停止了气象记录。

试验性加固工程 1956 年夏秋之间有个大事情，就是受国家文物局委派，古代建筑修整所（现在的中国文化遗产研究院）余鸣谦先生带着杨烈、律鸿年到了莫高窟。他们的目的就是调查研究，为加固莫高窟第 248—260 窟一段早期的北魏洞窟的精华区域收集资料。

他们三人进行了石窟测绘，我就配合他们进行地质挖探，为加固设计收集地质资料。这一年冬天，我到北京古建所，在那里待了两个月，交流学习，配合杨烈进行这一段石窟加固工程的设计。当时对石窟加固都没有经验，为了尽可能科学实效，1957 年 1 月 25 日，国家文物局在古建所召开专家会议，参加的人员有国家文物局文物处的陈滋德处长、陈明达研究员，北京大学的赵正之教授，清华大学建筑系的刘致平、莫宗江教授、朱桂莘先生以及古建所的祁英涛、余鸣谦、杨烈等专家，当时我也在座。会上对石窟加固的原则进行了广泛的讨论，并对第一次加固的几个方案中的第三方案作了肯定。第三方案的要点是：

（1）虽然是临时性的加固，但要和长远规划相结合。

（2）工程的结构部分，如支顶危岩的柱子，可以是永久性的；其他如隔断墙和装修等部分，可以是临时性的。封闭王道士打的穿洞，修建外走廊。

（3）事先作好测绘及地质勘探工作。后来国家文物局下达的文件中说明：这段工程是试验性的加固工程，方整石柱用石灰沙浆砌筑，一旦有必要还可以拆除。加固工程是可逆的。在施工中我们是严格这样执行的。

1957年的第一、二季度为工程备料，首先在敦煌雇请石匠，在大泉的苦口泉开采花岗岩方整石，后来因为大泉河有一段称为石碣子的路段，交通很困难，又改去安西东坝头以北的塔儿泉开采石料。塔儿泉的花岗石料结晶稍粗一些，颜色偏暖一些，但还可以用。采石地点虽然远一些，但是可以用汽车运输。

塔儿泉远离城乡，生活十分艰苦，水也是苦咸的，吃的面粉可以一次多运去一些，菜蔬就没有办法了，采石的工匠们只有吃点咸菜下饭。我当时有一点体会，就是莫高窟无论搞点什么，只要是需要劳动力的事情，离了当地群众，我们就寸步难行。如果说研究十年来，在石窟保护上做了些工作，取得了一定的成绩，首先有敦煌地方和群众的一份贡献。

第248—260窟这段加固，是敦煌文物研究所成立以后规模最大的工程，其主要的结构是方整石砌石柱。当地的泥瓦工还承担不了这项工程；当地的石匠只会开石料，不懂得工程技术。后来是常所长通过任震英先生，从张掖找来一批退休的青岛石匠。那个工程范围不大，1957年8月开始挖基础，9月开始砌石块，工程进行得很顺利，到冬天基本上完成了主力工程。

1957年，当时社会上的政治气氛已经非常紧张了，莫高窟的山沟里也不是世外桃源，三十几个人的单位，反右斗争也进行得如火如荼。我白天在工地负责施工，夜晚参加会议。10月份以后，我正式受到批判和斗争，体力上的消耗和精神上的压力很大，但是对工程我不敢稍有马虎，只想戴罪立功。到年底入冬之前，全部砌完这项支顶工程的所有石柱，工程暂告一段落。

1958年春继续施工，完成了柱子之间的隔断墙（砌筑工程）。因为墙不承重，下层用土坯墙砌筑，上层用板条抹灰墙。砌墙之后又完成了木结构的外走廊。

在工程顺利进行时，一时石料供应不上。经所里和七里镇石油运输公司联系，他们支援了几辆大卡车去安西塔儿泉拉运石料。当时正在接受批判的段文杰、史苇湘、毕可和我都随车搬运石料，当然也有其他干部参加这一重体力劳动。在施工期间，我和段文杰、史苇湘、毕可甚至李其琼也在施工现场搬运石料。这个对我来说，是相当沉重的一个活。我算过，一方花岗岩是2.8吨，一块石头大概就是五六百斤重，我们十个人抬，我老伴李其琼帮我们套个绳子。这对我们来说是相当严峻的考验。不过一咬牙也挺过来了。在这种困难情况下，把它加固了，完成了加固工程。

施工期间常书鸿所长夫妇去日本访问。当他一回到所里，马上就到工地察看，因为这是所里第一处加固工程，他一直非常关心。这一段工完工之后的若干年中，研究所的干部们都非常爱护这一段木结构走廊，冬天每当下雪，干部们就扛上锹、扫把，很快把雪清理掉，保持走廊木地板的干燥。爱护加固工程，实际上体现了大家对石窟文物的爱护。

50年代的石窟保护工作，可以说是百废待兴。我们在缺少文物保护经验和知识的情况下，努力进行外部的维修工作，如除沙、修走廊栈道、安装窟门等，尽量做到减少自然破坏。同时组织引导好群众的参观，减少人为破坏。而根本性的保护修缮，留待时机成熟之后再说。

1960 年代大力开展石窟保护

1959 年我们就下放到甘肃了,离开国家文物局的直接领导了。因为体制的改变,1959 年以前是直属国家文物局领导,1959 年以后归属甘肃省文化厅文物局。1961 年,为进一步开展石窟保护,常书鸿先生叫我写了三个报告,陆续上报。第一是关于进行鸣沙山防风治沙的规划;第二是清理石窟中所存清代末期丑恶塑像的报告;第三是进行石窟加固工程的报告。

1962　敦煌第二次迎来北京考察组

1962 年 8 月,文化部以徐平羽副部长为首的莫高窟考察团来敦煌考察,成员都是一些知名的专家,其中有王朝闻(美术理论家)、刘开渠(中央美术学院教授、雕塑家)、宿白(北京大学教授、考古学家)、陈明达(建筑研究院研究员、建筑史家)、李鸣岗(沙漠研究所研究员、治沙专家)、赵松乔(教授、地理学家)、余晓尧(文物出版社总编)、李槐之(甘肃省文化局局长)以及文物局派去波兰学习文物保护的留学生胡继高(大概是刚刚回国,行色匆匆,还是一身西服,当时看来非常显眼)。好像还有上海电影制片厂的编导等 10 余人。在莫高窟考察期间基本同意清除丑恶塑像 60 多身。开始还把这些塑像暂存在北区的洞窟中,到"文革"中才彻底销毁。

关于治理流沙的辩论

专家在考察了鸣沙山之后,进行了广泛的讨论,李鸣岗、赵松乔两位专家对莫高窟的治沙有完全不同的看法,各自有所依据的理论,在会上展开了激烈的辩论。李先生认为:为了防止流沙对石窟的危害,可以在莫高窟与鸣沙山之间近 1000 米的平戈壁上建立防沙障,在鸣沙山下的小沙丘之间设立草方格沙障阻挡流沙,否则长期的流沙可能把莫高窟淹没。赵教授则认为:在戈壁上设立各种人工障碍,风速降低后沙尘反而就沉降下来了,年复一年戈壁上将形成新的沙丘。说得严重一点,鸣沙山将进一步迫近莫高窟,到那时就更为严重了。现在莫高窟上的戈壁是一种天然平台,是有利的自然地形,不在戈壁上设置沙障,在地理学上叫不堆积理论。至于现在流到石窟前面的沙,他估计数量有限,经常清理花费有限,洞窟也不会被埋掉。徐副部长说,一时定不下来,就继续观察,首先加固洞窟。洞窟加固了,也就减少了风沙的危害。后来大概在 1982 年,赵教授已是近 80 高龄的人,重访莫高窟时把我找到,问我洞窟有没有被流沙埋掉,我告诉他说洞窟保护得很好,没有被沙埋掉,他很高兴,证明他原来的理论是正确的。

全面加固工程的决策

专家在考察石窟的保护情况之后,认为石窟崖壁的裂隙严重威胁着石窟的安全,虽不一定会马上坍塌,但如果有个万一,将造成不可弥补的损失,应该立即把石窟加固提到日程上来考虑。徐副部长当即给甘肃省委汪锋书记挂电话,要求省委派工程师来莫高窟勘察石窟的安全情况,并商谈加固问题。几天之后,省上请来了铁道部西北勘测设计院地质处张总工程师及桥隧处谢英工程师。两位工程师都是富有经验的工程技术专家,除了在石窟内外仔细勘测病害之外,为了摸清石窟的地质病害和崖壁上部的悬崖危石,张总不顾年高和危险,亲自从第 1 窟上部崖边边沿一直向南走了好几百米,看到一些在下面看不见的悬崖危石等地质病害。张总不怕艰险，我当然也就只得紧紧跟上，既可以照顾，又可以向他学习。下临深渊，我们小心翼翼。

经过几天的考察，两位工程师在会上汇报他们的看法，认为石窟应该加固。徐副部长在会议上说，三年自然灾害刚过，国家还处于困难时期，可能一时拿不出很多钱来，但是他想选择两三处重点工程，做个15万的预算，上报国务院，大概可以批准。

徐平羽副部长对石窟加固的决策，很快就推动了石窟加固工作的进程。他雷厉风行，回到北京以后，随即将莫高窟加固问题上报国务院，得到陈毅副总理的关注和周恩来总理的批准。此后徐副部长直接与铁道部吕正操部长联系，得到吕部长的全力支持，吕部长命令铁道部西北勘测设计院承担勘测设计任务。在徐副部长的推动下，当年10月（敦煌已经开始有点冷了），铁道部西北铁路工程局哈密工程处100多人的勘测队伍进入莫高窟。在寒冷的季节开展地质调查、地质钻探、地形和洞窟测绘等浩繁的前期研究，为石窟全面加固工程拉开了序幕。当时，我作为保护所的负责人，又是个摘帽右派，张罗他们的吃、住、行，包括联系汽车。

有一个插曲。在地质钻探过程中，当在第332窟前钻孔时，发现距地表20余米有地下水。我当即向常书鸿所长作了汇报。大家都非常高兴，觉得将来可以打井吃到好水了。可惜后来经过分析和化验，钻孔里的水和莫高窟的地表水基本一样，水量也不大。不过到20世纪70年代，在现在保卫处的南面打了一口约30多米的浅井，基本用上了较为清洁的井水，不再直接从大泉河里打水饮用了。大泉河水在夏天的洪水季节及洪水过后一段时间里，全部是浑浊的泥浆水，不能直接饮用，往往打上来后要经过长时间的沉淀。有了井水后，尽管水质仍然不好，但生活上多少有了一些改进。在莫高窟的饮水问题上，几十年来国家文物局一直很关心，多次提供经费帮助解决用水饮水困难，这方面我是深有体会的。

加固工程方案的确定

　　1963 年第一、二季度，铁道部兰州第一设计院桥隧处和地质处，加紧进行莫高窟第一期加固工程的初步设计（第一、二期加固工程，经商定为两阶段设计，即初步设计和施工设计。初步设计经论证和批准之后再进行施工设计。这样可以保证文物与保护之间的协调和工程本身的设计质量）。4 月份，甘肃省文化局在兰州召开第一期加固工程初步设计论证会，国家文物局派来余鸣谦工程师出席会议。他没来之前，我在文化局租了一个破烂房子，像乞丐一样的房子。余先生来了，住到兰州饭店。文化局的人说，余先生那里有两个铺，你跟他住在一起。

　　有点伤感的是，我不能参加论证会。余鸣谦先生参加论证会，但他话语很少，也不敢问余先生。虽然不要我参加会，但是工作还得做。参会的除了兰州第一设计院的以外，大部分是搞建筑的单位，建筑设计院、建筑研究所等。提出来加固后究竟是什么样，图纸上就正面和平面，表现不出来；要画出一个效果图来，就命令我马上画效果图。我当时是什么工具都没有，住到旅馆里头后，临时买了一张纸和三角板，到那个桌子上凑合画了一个立体效果图，交给余先生。余先生带到会上去，会议开了两三天。很遗憾我不能参加会，哪怕列席也好。实际上，如果让我参加会，我可能可以提些意见的，因为他们作地质勘察的时候，洞口危险的地方、洞口的一些问题，都是我一路带着他们看的，我能指出问题所在。

　　会后知道会议同意加固工程的大原则，即用支顶结构支撑危岩，用重力挡墙防岩体坍塌,刷除突出悬崖危石。在此期间,国家文物局在北京也在多方征求意见,特别是征求了建筑学家梁思成先生的意见,梁先生曾以《关于敦煌维护工程方案的意见》一信答复了文物局。

梁思成《关于敦煌维护工程方案的意见》

一、同意方案从外面砌墙加固的总原则　推测从符秦到元朝约一千年间,数以百计的洞窟陆续开凿。一面新窟陆续出现,一面旧窟陆续残破坍塌。可以想象,在敦煌的整个历史过程中,恐怕没有过全部完整修洁的日子。即使有,也只能维持极短的几年。因此,破破烂烂就是千年来敦煌的正常外貌,少数完整的窟廊或殿阁,其余就是满崖残破的窟窿眼。这就是敦煌给人的基本印象。今天我以砌墙为主,基本上保持这一面貌,我们也只能做到这样。所以我同意这一总原则。

二、需要注意上部的维护崖壁是从上面边缘逐渐风化崩塌的。方案主要从崖脚上加固,似应相应地,或者更重要的是防止从上面崩塌的问题。

三、注意新砌的墙基下陷的问题　新墙和崖壁不是一个整体。墙砌好后可能沉降,方案中有沉降缝,是已注意到这一点了。但望在基础设计和施工过程中特别注意这一点。

四、新墙上不要加任何雕饰　新墙最好完全朴素无饰。要注意的是洞窟的比例,各段墙上上下左右凹凸的比例、阴影、墙的颜色等等的艺术效果。绝不可喧宾夺主。我没有到过敦煌,对于这样的工程结构更是外行,只觉得敦煌的一切主要都在洞内,除了少数窟廊外，外部只是留下大自然破坏的痕迹。我们的目的在保护洞内的东西，从外面加固去保护它，因此这一目的必须明确。此外为了保护绝大多数洞窟，过程上有不可克服的矛盾时，我想破坏少数次要的洞窟也是可以的。当然，若能先破后立，例如先揭下壁画，移开塑像将洞拆改、加固，再将壁画贴回洞内壁上，恢复原状，那就更好了。

几点不成熟意见，仅提供参考。

梁思成
1963年8月9日

梁先生的信，我和同事肖默当时都没有看到。凭着我们对文物保护和石窟建筑艺术的理解，在每一工点的设计进行论证时，都提出些对石窟有利的修改意见，如要根据石窟本身的大小来设计挡墙上的开口，使加固工程的外观不要过于整齐，结合原来石窟崖体的变化，新砌挡墙也要高低起伏。对于几座唐宋木结构窟檐，要保持它悬挑凌飞的姿态，把挡墙适当地收缩一点。但铁道（部兰州第一）设计院是一个大单位，我和肖默怎么也说不服人家，只好听之任之了。待工程完工20多年后，我又遇见当时的工程项目负责人，谈起当时的情况，他反省说：我们当时太年轻，不懂得艺术，更不懂得文物，事已至此，反正石窟不会垮就行了。

在加固工程进行时，国家文物局提出：这一工程要成为可逆的，到必要时可以部分拆除，或全部拆除。所以挡墙用浆砌片石，也多采用预制混凝土过梁和其他构件，在设计和施工中严格遵照办理。事后证明，由于施工质量较好，浆砌片石黏接得异常牢固，要部分拆除是相当困难的。

加固工程的实施

从 1962 年开始，我几乎就忙于这个加固工程，尽管我是个"摘帽右派"。1963 年，铁道部给西北铁路工程局下达了莫高窟加固工程的施工任务。那个文件上说得更清楚，要求铁路局当作一项政治任务来完成，组织一个政治上可靠、技术上精良的施工队伍到莫高窟，要求很严格的。到 6 月份，施工队进入现场。最初进入现场 100 多人，施工队中安排有队长、政委、工程师、施工员等等。常先生跟他们介绍，我是甲方代表，余鸣谦先生是监理工程师。

为了接待这一队工程技术人员和工人，临时在上寺的东面修了 20 间土坯房，上寺的南面原有的临时工住房用作厨房和库房，中寺的正殿用作他们的队部办公室兼住房。还在上寺东南老榆树林中搭了许多帐篷，供他们有家属的人居住。长期以来，莫高窟就只有我们单位几十人居住，突然增加上百号的人，一下感到热闹起来了。

余鸣谦先生在北京有事情，不能全力在敦煌。当时交通也很困难，他一年两次，一次待上两三个月。一年 9 个月的施工，他在的时候，不仅上工地，还负责教我们年轻人日语。我当时顾不上，我是甲方代表。他不在的时候，我代替监理。

根据施工单位和建设单位的协议，施工单位除开采片石之外，其余工程材料都由建设单位供应。加固工程所需工程材料种类不多，但数量较大，很多材料都要从兰州调拨和运输。所以由兰州调拨和运输材料的事由省文化厅文物处负责。文物处当时大概只有三四个人，吴怡如处长和彭岚峰两位同志可以说是全力以赴。而在莫高窟现场，人少事多，我当时也没有调离保护组，既要管工程，还要兼顾保护组的工作。工程队是休大礼拜（两星期休息一天），我们也得跟着上班。

三年多的加固工程期间，莫高窟就是两三个人跟着施工队忙碌。

施工期间，为了开采片石，购进了成吨的炸药和上万的雷管炸药交给工程队保存在山沟里，由他们看管。按规定，炸药和雷管不能在一起存放，我和苏发春把雷管放在一个安全地点，当取雷管时，总是趁中午大家开饭的时候我们才单独活动，以免被人发现。一直到"文革"开始，为了安全，我们把剩余的炸药、雷管、导火索全部交给有关单位处理。

1963年6月，第一期加固工程第六工点首先开工。这个工点比较小，下层共7个洞窟（从110—116窟）多是小型洞窟，上层8个洞窟（从180—187窟）。这些石窟前面不牵涉考古问题，可以作为试点工程，摸索一点石窟加固的规律。清除掉窟前的流沙和崖壁底层风化的岩石之后，在准备砌筑挡墙基础之前，我作为工程监理，在验收隐蔽工程的过程中，发现作为基础的岩体有一条纵向裂隙，贯穿整个工点。由于问题严重，当即停工，并和设计单位取得联系。后来经过进一步挖探，发现加固工程的基础正坐落在一块已经断裂的错落岩体上。经设计院的进一步调查，采取加固措施，稳定了这个错落岩体。后来在第四工点第五段又发现相似的地质问题，都得到了及时处理。

当时，我们的工程办公室主任是王毅，就是文物局下放到甘肃的。文化厅还派了一个会计。他（会计）说，工程经费是完全跟研究所脱钩的，除了修一个小水池子外，研究所没有领工程经费做过任何事情。常所长那么高的地位，为什么不利用机会？他没修过像样的房子。他并不知道当时的情况。工程经费是完完全全用于工程的，开始说的15万的经费，第一期加固工程用了75万，是预算时的5倍，但国务院还是给了。第二期（用了）20多万，总共到了90多万。第三期是我们自己设计的，工程比较简单一点，就是把各个洞里的工段点联系起来，把栈道的作用发挥起来，加固作用不太显著，所以是我们自己弄的，又花了十几万块钱，一共花了近110万，一直搞到1966年的7月，基本竣工。

施工队悄悄撤离

"文革"已经开始几个月了，敦煌文物研究所虽然地处戈壁深处，也有军宣队的两个军代表进驻。从1962年开始的石窟加固工程，经过1962年的前期加固实验，到1963年正式开工，直到1966年7月，莫高窟第一至三期加固工程顺利竣工，没有受到影响。但我很难过，工程竣工后，在当时的政治气候下，我们对施工单位几年的辛勤劳动无动于衷，没有任何表示。7月份，就在工程队要撤离莫高窟的那天，军代表带着研究所的职工下农村去割麦子，我也在其中。我只好向军代表请假，说这批职工在这儿工作四年了，他们的工作非常辛苦，没有电、没有起重设备，完全靠人力施工。我申请上午把他们送走之后再去下乡割麦子。军代表考虑了一下，同意了。就这样，我一个人和文化厅派过来的那个会计，我们两人把施工队伍送走了。然后，我下午拿了个镰刀，从公路上步行几十里路到农村，去割麦子。

第130窟的壁画加固

1962年，文化部徐平羽副部长来莫高窟视察期间，除了治沙、临时加固等事之外，还提到第130窟东壁、北壁、西壁都存在大面积壁画空鼓，有可能大范围剥落，专家要求我们进行黏贴试验。第130窟巨大壁画的泥层很厚，长期的空鼓使壁画已经变形，要黏贴回去相当困难。我们先在东壁南侧进行了试验，效果并不理想。最后我们打算全面铆固。

1965 年，在第 130 窟搭设满堂脚手架。当时搭架的材料，全靠窦占彪同志带领几个工人，利用现有的一些短料东拼西凑，从下往上，搭到大佛窟的顶部，这样我们可以安全地行走在大佛的左右肩头间。130 窟的四壁及顶部一共打了 100 多个铆孔，每个铆孔中安装一根长 30 多厘米的短铆杆，铆杆头上安装十字铁夹板，并用螺栓固定。夹板长约 25 厘米，铆孔点均选在壁画底色的部分，避开有图案或人物的位置。在安装夹板后，在夹板表面涂上和被夹板遮挡住的底色相同的颜色，这种伪装在远处可以鱼目混珠，基本上看不清夹板。后来在"文革"中仓促拆除脚手架时，可能失于仔细检查，有一些夹板没有作伪装，让铁夹板暴露在外，不太好看。

在将近 40 年中，这一措施保证了此窟壁画的安全。根据现在保护壁画的技术，有可能把铆杆及夹板拆除，在铆孔位置灌浆，重新加固壁画。当初这种加固方法可以说是一种可逆的过渡性的加固。

第 130 窟除了铆固壁画之外，还有几件事值得一提：一是窦占彪同志在搭架过程中，在南壁一个小孔洞中，发现了一卷唐代丝绸制作的画幡，上有开元年号；二是当架子搭到窟顶时，看到窟顶的五龙藻井壁画，脱落大约有 1 个平方米。大家认为这是千载难逢的机会，经与常所长、李承仙及美术组的同志们商量，我们决定把藻井脱落的部分修补起来，因为藻井井心四角各有一条金龙，形式相近，其中东南角上的一条有部分损坏，参照其他的金龙形象完全可以修复完整。后来这一工作基本上由李复同志负责完成。

此外大佛的北侧有大范围空鼓脱落壁画，脱落部分的岩石完全裸露在外，脱落部分主要是佛的头光，完全用图案组成，这次也一并加以修复。美术组的同志晚上都来加班，另外还从敦煌县请来一位民间画师张师傅来帮忙。完整的头光衬托着大佛硕大的头部，使大佛更加突出。这些修补的地方，如果在近处，当然可以看出修补的痕迹；但是从石窟的下面、距离画面远一些的地方看修补的壁画，和原有的壁画就浑然一体。当然这种修补应该在一定条件下，有领导、有组织地进行。第130窟大佛两个肩头之间，在佛的颈后有通道，可以很方便地通行，通道后壁没有壁画，是空白的泥壁，常书鸿所长在这块泥壁上题了字，内容大概是纪念莫高窟建窟1600年。

众所周知，"文革"期间，石窟保护虽然没有完全停止，但是基本上处于看守状态，我的回忆就到此为止了。从40年代到60年代的20多年间所进行的石窟保护，归结起来就是除沙治沙、石窟加固，并开始对壁画和塑像进行修缮保护。我认为这些都是最基本的工作，为进一步的保护打下了基础。我作为一个石窟保护工作者，只是参与其事，上有文物主管部门的领导，中有所里常书鸿所长的直接领导，下有当时保护组全体同志的长期合作，在艰难中保护石窟，总算没有辜负人民的嘱托。

敦煌，二十八年的相伴与相知

王旭东

1967年生，甘肃山丹人，工学博士、研究馆员，1991年入职敦煌研究院，2005年任敦煌研究院副院长，2013年任敦煌研究院党委书记、常务副院长，2014年12月任敦煌研究院院长、党委书记，2019年4月任文化和旅游部党组成员、故宫博物院院长。兼任国际岩石力学与工程学会古遗址保护专业委员会主席，中国岩石力学与工程学会主任委员，中国文物保护协会副理事长等。曾获国家及省部级奖10项，拥有技术专利4项，申请技术专利5项，完成国家及行业技术标准5项；主持全国重大文物保护工程30余项，承担国家级课题20多项；2017年获国家科技进步奖二等奖。

敦煌莫高窟的保护历程是中国石窟寺保护七十年的缩影。常书鸿、段文杰、樊锦诗先生为代表的几代莫高窟人艰苦探索，真实完整地保护了这份人类珍贵的文化遗产，形成了坚守大漠、甘于奉献、勇于担当、开拓进取的"莫高精神"。用匠心呵护遗产，以文化滋养社会。

王旭东 二〇一九年四月于莫高窟

偶然的结缘

我与敦煌结缘是非常偶然的。实际上，我儿时的梦想是做一名水利工程师，因为我出生在一个偏僻的山村，那个地方非常缺水。小时候想，将来做一名水利技术员，能够为家乡水利事业作一点贡献。所以我考大学的时候，填报的所有专业几乎都和水利有关，最后被我梦寐以求的兰州大学地质系水文工程地质专业录取了。毕业的时候就和我小时候想的一样，回到了家乡，从事了水利事业。仅仅一年内，我就走了三个工地，而且在第三个工地，我的领导和我的师傅就让我在现场主持工作，从测绘到钻探，到土质取样，包括和那些工人师傅打交道，和当地的老百姓打交道，非常地快乐。

没有想到敦煌研究院也需要这样的人，需要水文地质工程地质专业的人来从事石窟保护。在石窟界，我们知道有黄克忠先生，他是水文地质工程地质专业毕业的，他是60年代进入石窟保护队伍的。90年代初，敦煌研究院和美国盖蒂保护研究所合作，盖蒂方面的专家也建议有这么一个专业的学生或者是年轻人加入团队。但是当我走进莫高窟的时候，我对于莫高窟是一无所知的。唯一的一个印象，我父亲曾经在80年代初到莫高窟参观过，在九层楼留下了一张照片。就是这个印象，其他真的是一无所知。

我到莫高窟是1991年的3月初，当时就喜欢上了这个环境。这是特别奇怪的，觉得这个环境非常的静谧，可以留在这个地方工作。后来见到了我专业上的导师李最雄先生，他当时是保护研究所的所长，刚从加拿大做访问学者回来。我为他的那种气质所吸引，跟着这样一个人从事我的专业，应该是非常棒的一件事儿。这两个原因让我下定决心留下来。但到莫高窟的过程还是比较曲折的，因为张掖那边不放人，地方上要一个本科生是不容易的，那个单位好多年没有分去过本科生了，也不愿意放。

敦煌研究院通过省里各种协调，把我调过来，这一来就是 28 年。而第一位和我谈话的就是黄克忠先生。1991 年 5 月，他陪着盖蒂保护研究所的专家到了敦煌，我也赶过来。他在飞天宾馆住的房间和我聊起来。他说，你到莫高窟一定有你的事业可做，这个领域需要我们这个专业的人，你静下心来，慢慢去地了解石窟保护存在的问题，尤其是和我们水文地质工程地质专业有关的问题，一个是崖体的稳定性，一个是水、盐运移对于壁画产生的影响。所以完全没有准备的，也不是我小时候梦想的事业，摆在了我的面前。他说一开始我们把它作为一个工作在做，因为你不了解壁画，也不了解彩塑，不了解它究竟具有什么样的价值，看起来就是泥巴，就是砂砾岩，仅此而已。

等到我慢慢了解了它，就发现这些彩塑、壁画，包括它的洞窟，包括这些崖体、砂砾岩，都是珍贵的。在砂砾岩取样都觉得是非常可惜的，到后来我们对于寻找新的技术、新的方法，尽可能地用无损检测的方法对我们的文物和它的载体进行分析监测，我觉得已成为一种追求。因为你慢慢了解了它的价值，太珍贵了。一千多年，它承载的艺术、历史、科学等价值（太珍贵了）。但是对这些价值的了解，是通过长期在这个地方进行历史研究、考古研究、美术研究的这些专家们告诉我们的，不是我们自己可以理解的。这中间的差异，你要深入了解它，不是一个专业可以完成的。所以我们不断地向它学习。在敦煌研究院这样一个团队里，各种各样各专业的人都有，连年轻的同事都可以作为我们的老师。这样逐渐地，对于这份遗产有了认识，有了感情。用我们理工科的方法对它进行保护的时候，你的投入和不了解它价值的那些人是不一样的，因为你的感情是不一样的。

不断递进的价值认知

说到莫高窟的价值，对于每个人来讲有不同的认识，或者认识是不断递进的。我 1991 年 3 月初第一次来莫高窟的时候，可以说对于莫高窟的价值是一无所知的。我的一位年轻同事带着我参观洞窟的时候，我对于佛教知识不懂，对于美术知识也不懂，对于历史，包括莫高窟的历史、敦煌的历史、丝绸之路的历史，都是一知半解。到今天，我想不起当时他跟我讲的诸多内容，只记得发现藏经洞的故事。

深入学习，潜心研究，触类旁通

从我个人来讲，这个认识过程也是逐步深入的。从一开始一无所知，到慢慢知道莫高窟符合世界文化遗产的全部六项标准。这六项标准通过什么来体现呢？因为我们做保护的，得了解保护对象具有的价值。我们就向那些专家学者请教。这些专家学者到莫高窟，也经历了从震撼到逐渐的深入，到潜心的研究的过程。从历史的、艺术的、科学的不同的角度解读它，这是几十年的积累过程。可以说，我们就从他们那里，直接地吸收过来，但这种吸收完全是囫囵吞枣，还不能理解。你自己就要去读书，也要触类旁通，去了解它。我们知道佛教艺术起源于现在的巴基斯坦，就是过去的犍陀罗地区，以及西印度地区。

多元文化的相互尊重、相互包容

佛教艺术的产生源于希腊艺术与印度艺术或者印度文化的接近，

最后通过西域向中原传播。在这个传播过程当中，它是一个逐渐中国化的过程。从这个意义来讲，丝绸之路不仅是一条贸易之路，也是一条文化的传播之路，尤其是佛教文化，实际上是把希腊文化、印度文化、波斯文化共同应用的佛教艺术向中原传播的文化。在这个过程中，逐渐吸收到了中原文化的元素，使得我们在莫高窟可以看到几大文化体系的影子。慢慢地，我们知道我们所在的莫高窟，作为我们保护对象的莫高窟具有多元文化的基本特征。我们也逐渐了解到，在莫高窟开凿一千年的过程当中，有来自不同民族的人们因为信仰，在这个地方开窟造像。他们给我们留下了大量的历史信息，因为通过供养人的头像，通过一些题记等等，我们可以和其他的历史文献结合起来去解读它。

同时，我们也了解到 4 万多平方米的壁画形象地记录了那个时代社会生活的方方面面。它是一个墙壁上的博物馆。因为很多东西是已经消失了的，比如说我国的木构建筑，我们现在能看到的就是保存得不是很完整的晚唐的建筑，更多的木构建筑是宋以后的。但是在壁画里面保存了大量的唐以前的建筑。这些建筑通过绘画的形式保留下来了，我们今天可以见到它们。

从莫高窟一千年的开凿过程中，我们不仅看到了佛教的中国化过程，也看到了佛教艺术的中国化过程，看到了每个时代和它经济、社会发展一致的文化体现。我们看到，当经济社会发展到一定程度，这个国家、这个社会是非常开放的体系。当你越开放，你就越吸收外来文化。我们从莫高窟看到了外来文化和我们自己的文化相互包容、相互借鉴的过程；也看到了随着丝绸之路的衰落，佛教艺术走下坡路的过程。

同时，藏经洞发现的几万件佛教文献、历史文献等其他形式的艺术品，也让我们看到，很多不同宗教的文献在一个佛教遗址藏经洞中发现。这就说明了在特定的历史条件下，不同的宗教是相互尊重、相互包容的。但是也告诉我们，这些不同的宗教在另外一种社会形态下，会相互争斗、相互对抗，有一些就消失了，最后唯有佛教独大。

莫高窟的多重价值内涵，是不同文化交融体系的呈现

莫高窟向我们展示了很多价值内涵，它们或者是不同文化交融体系的呈现。可以说，没有一个遗址能够替代它，因为它的延续时间最长，它保存最完整，规模非常大。它不仅有洞窟建筑的形式，有彩塑、壁画和藏经洞出土的文献，以及以敦煌莫高窟为中心的整个敦煌地区诸多的遗存。比如说阳关和玉门关，它和莫高窟的建立是息息相关的。我们研究莫高窟的时候，必须跳出去，研究整个敦煌的历史。为什么会在这个地方产生莫高窟呢？你一定要回到汉武大帝的时候。他派遣张骞出使西域，打通了丝绸之路，在敦煌设立敦煌郡，设立阳关和玉门关。它们的设立实际上记录了中华民族向西进取的决心和向东的回望，体现了我们这个国家，我们这个民族，或者我们这个民族拥有的文化，我们是非常包容、追求和平的民族。西去，是为了和西方国家和人民建立友好关系，而不是侵略。我们和他们交往是为了我们的国家变得更好，这是我们中华文化具有的非常重要的特质。

即使我们修的那些汉长城，也体现了追求和平的精神。它利用物理的隔断，阻止和我们的对手或者敌人发生正面的冲突，这是非常有意思的。长城怎么就是中华民族的象征呢？过去我们不理解。现在真正认识到了，长城是中华民族非常重要的精神特质，向往和平、追求和平，也维护和平。当阳关和玉门关设立以后，敦煌郡建立，大量中原的移民到了没有文化的沙漠，逐渐地，中原文化在这里沉淀。这种沉淀为迎接来自印度的佛教文化奠定了基础。如果没有这几百年包括儒家、道家在内的中原文化的沉淀，佛教文化到敦煌是不可能停留的，将一路向东走了。就是这样的历史背景、文化背景，以及它特殊的地理位置，莫高窟诞生了。从此延续一千年不断的营建，这些营建有来自当地的望族、当地的老百姓，也有来自丝路沿线的僧人，还有来自其他民族的信仰佛教的人们。他们希望这种信仰的力量能够维护社会的稳定，能够祈求一种和平、平安和幸福。就敦煌莫高窟的一种精神内涵，我们总结了这么三句话：佛教文化是慈悲的，慈悲可以承载一切；佛教文化拥有着智慧，让人生观、价值观有一定的提升；智慧能够沟通，可以沟通不同民族的人，不同社群的人。

敦煌莫高窟的美

　　敦煌的美在每个人的心中是不一样的，是与我们的生活阅历、知识结构、成长背景有关的。莫高窟整个环境是非常美的，洞窟里面彩塑的美、壁画的美，不同时期表现的美是不一样的。但是这种美代表了每个时代的人们对于美的追求、对于美的认识、对于美的向往。这个美可以成就我们每一个人。这就是我 28 年来对于敦煌莫高窟的文化价值逐渐深入了解的过程。实际上这个价值的挖掘是没有止境的，我们一大批各学科的专家，从他们的学科背景去解读它，解读出来的价值是在不断螺旋式地上升的。今天我们这样一个团队能够长期坚守在大漠深处，把它作为一种事业来做，是和它的价值获取，对它的价值的认识是密切相关的。当然，这样一千年的营建，不可能通过几十年就把它认识清楚，这是不可能的。它需要多学科的融合，需要把它放在整个丝绸之路的背景下研究，甚至可以把它放在更大的文明体系相互交流的背景下来研究。所以未来在这方面还大有潜力，希望越来越多的年轻人加入到敦煌文化的价值挖掘进程中。

作出我们这个时代能够做到的贡献

非常幸运，我在敦煌研究院参加了好几个石窟的崖体加固工程。实际上，刚到莫高窟的时候，我就参与了好几个科研项目和工程项目。科研项目包括莫高窟崖体的稳定性项目，包括莫高窟抗震稳定性的科研项目。而最大的保护工程是榆林窟的加固工程。当时榆林窟的加固工程遇到了一些问题，把在麦积山曾经采用过的喷锚支护方法全部搬到了榆林窟。但是麦积山的地质结构、崖体结构和榆林窟是完全不一样的。在麦积山使用的那些方法，在榆林窟是不能使用的。喷锚支护，连钻孔都打不出来，它非常地松散。最后国家文物局非常重视，工程先停下来，重新勘察，重新设计，采取了另外一种加固思路。麦积山是用锚杆。在麦积山喷锚，就是在表面挂网、喷射混凝土，这在岩体工程里面应用非常广。但是拿到榆林窟这样的崖体上是不适用的。然后我们就采取 PS 加固的方法。那时候这个科研成果已经通过了专家的验收，可以说推广应用是在榆林窟。

一个科研成果转化成工程实践也是需要一个过程的，而且在这个过程当中还需要研究，不能直接拿过来用。我非常幸运，能够在很多专家的指导下，在李（最雄）先生的带领下，我们的团队在榆林窟开始了崖体灌浆和表面防风化加固。前后三年，和做锚固的团队中铁西北科学研究院合作，他们管崖体的锚固，我们管裂隙灌浆和表面防护加固。从今天来看，这个工程是非常成功的。当然还有一些遗憾，这是所有的保护工程都会有的。但是让我们欣慰的是，整体的工程效果不错。那些遗憾，我们在后期的加固过程当中，通过不断地完善技术,把它弥补了。在这个过程当中我们培养了一支队伍,可惜这支队伍后来有很多年轻人离开了。那个时候国家的经济条件还很有限,能够投入那么多的经费做这些保护,已经很了不起了。但是待遇很差,有些人到了其他行业,甚至有些人出国了。

2000年以后,随着我国经济的不断发展,在文物保护上投入的经费更多,我们又用同样的技术(当然这些技术是在不断地完善的),完成了莫高窟崖体的加固,包括北区的锚固与防风化加固的工程。这些工程完全符合"不改变文物原状"的原则。原来的同事说,北区加固完了?怎么什么都没干?我说这就对了,如果你能看出我们做的事儿,就不是文物保护所追求的。我们追求的就是让你看是做了(保护),但看不出来。随着科学技术不断地进步,随着保护理念的不断提升,我们现在达到了"不改变文物原状"。当然,过程当中要达到那么完美还不可能,我们还是有很多遗憾的。今天可以比较欣慰地告诉大家,我们努力了,我们也作出了我们这个时代能够做到的贡献。

实验成果不能照搬到现场

很多实验成果,现场是不能完全照搬的。在实验室里,相对来说是一个均质材料,用 PS 材料加固,效果非常好。但是整个石窟崖体是不均质的,崖体的风化程度也不一样。你不能用同一种方法、同一种施工工艺去完成整个加固过程。所以你要分析整个崖体的结构、它的风化程度,等等,要不断地寻找。如何能够让这种在实验室成熟的材料,在现场真正发挥它的效应?我们在施工的工艺上有很多讲究,这是在现场不断地研究完成的。

比如在实验室,我们试着加固一个小石块,你可以拿一个材料去加固它。但是到现场，这种情况不可能实现。在现场你要找到怎么能够让这些 PS 材料渗透到已经风化的岩体当中的工艺。一开始，我们也和在实验室一样喷，喷的过程中，有些地方可能就多了，有些地方少了，有些地方就渗不进去，导致局部产生了新的剥离。这个时候我们就要去想办法，按照它的风化程度，有些地方采用滴渗的办法，有些地方可以采用喷的办法，有一些风化特别严重的岩层，先要轻轻地刷一下，然后再加固。

现在我们到榆林窟看，那个崖体已经 20 多年了，效果确实非常好。地质工程领域的专家到榆林窟后大吃一惊。他们说这个在其他领域工程中没有先例，让你们文物保护工作者给做到了。包括王思敬院士等很多地质工程领域的院士，都非常地惊叹，这也促使他们关注文物保护。这告诉我们，在其他领域很成熟的一些技术，不能直接用到文物保护里面来，一定要按照我们的需求，按照我们的理念，可能是一些改进，甚至有些是很大的创新。这也告诉我们，我们要和相关的领域合作，不能仅仅靠我们文物保护工作者这样一个小团队，要有其他的团队加入进来。

从壁画数字化到数字敦煌

说到壁画的数字化。我们要来看一看敦煌壁画的基本特征。现在我们看到的是在五六十年代甚至 70 年代，我们加固空鼓壁画的方法，有十字架加锚固。大家知道，敦煌莫高窟的洞窟是开凿在砂砾岩上的，它的结构是相对比较疏松的。在砂砾岩上抹草泥、麻泥，后来用棉泥，实际上它非常的脆弱，它经历了一千多年。绝大多数原料都是矿物原料，它受到了风沙、水盐运移等各种自然灾害的影响，包括地震。因为我们在很多洞窟里面可以看到,由于地震导致的岩体垮塌把壁画带下来,也看到很多水盐运移导致的壁画破坏,也可以看到风沙进入洞窟对于壁画的破坏。这就告诉我们,莫高窟的壁画、莫高窟的彩塑,总有一天会消失。

大概是1990年前后,日本的一些专家向我们的第三任院长,也就是"敦煌的女儿"樊锦诗先生介绍,可以把照片扫描到计算机里面,并给她演示。演示完以后,他们把电脑关了。樊先生说你把它关了,它不就没了吗?她就很好奇。那些专家说没关系,它不会消失的,它变成了数字。我们等会儿把电脑打开,它照样可以出来。1990年前后的电脑还是286。她就想,用这种方法能不能把莫高窟的壁画彩塑数字化,用计算机存储。那个时候不叫数字化。她回来就向领导汇报,找我们甘肃省科委,找国家文物局,找当时的国家科委(现在叫科技部),提出能不能用计算机技术对敦煌的壁画彩塑进行存储和再现。当时立的课题名字叫作濒危珍贵文物的计算机存储与再现,从莫高窟开始的。由中国科学院计算所、中国科学院长城光机所、中国科学院兰州冰川冻土研究所遥感中心这三个机构,和敦煌研究院一起承担。那时候敦煌研究院没有这方面的人,从兰州大学找了一个喜欢计算机的,但是他是学物理的,过来一起做。我是整个过程的亲历者。我1991年到保护所,因为最年轻,又是一个大学毕业生,参与了一些项目的组织等等。

经过了大概5年多的时间,到1998年验收的时候,搞考古的不满意,搞美术的也不满意,说这个还不如他们的照片呢。但是作为一个科研项目,它一定有成功,也有失败,失败实际上在某种程度上也是成功。他告诉我们,要实现这样一种想法,存在哪些瓶颈问题。实际上我们从采集到照相,到冲洗照片,再把它扫描进去,所有的过程都有信息损失。等到打印输出的时候,确实有很多信息就丢失了。

项目通过了验收。我们在等待时机,在计算机存储技术或者摄影技术有突破的时候,敦煌文物的计算机存储与再现一定可以大大地前进一步。果不其然,到了 2000 年前后,数码相机产生了,而且投入了市场化的进程。我们和美国梅隆基金会合作,他们选择的是美国西北大学一个团队,加上我们的一个团队,一起将数字采集这个问题以及过去的一些瓶颈问题解决了。数字化的进程大大加速,我们在两年多的时间里完成了 20 个洞窟的数字化。但是那个数字化和我们现在的数字化又不一样了。它的精度是 75 个 DPI,就是平面的,我们还没有建立三维的洞窟空间,也没有从三维建模角度把它贴上去,还没有做到这一步。越往后数字技术发展越迅速,我们随时把它引进来,我们现在的数字化团队,在全国的文物界,甚至在全世界的文物界也是最大的一个团队,是专门做壁画、彩塑和石窟的数字化团队。当然这个团队是在国际国内合作的基础上成长起来的。直到今天,我们还依然有国际、国内的合作。因为任何一个项目,仅仅靠过去的经验,靠你固定的团队,是没有办法发展的。不管到什么时候,我们都需要合作。

今天,敦煌莫高窟 200 多个洞窟的数字化已经基本完成。我们的团队已经走出去了,帮助其他的文博单位做一些壁画、彩塑的数字化工作。

将近 30 年走过的路告诉我们,你要不断地去突破自己,不断地去寻求合作,这是源于我们对于文物事业的热爱。就是因为樊先生对于文物的爱,她提出了用计算机技术存储和再现我们的壁画彩塑。后来叫数字敦煌了,这是一个大工程,形成的成果是一个大资源库。那个时候就是想存储。后来,学者可以用,再后来,可以为公众、为游客服务。现在我们一步一步地实现了。我们数字展示中心就是用数字技术把洞窟呈现出来；我们 30 个洞窟实现了全球共享，实际上更多不能来莫高窟的人，可以利用互联网看到莫高窟 30 个洞窟的高清动像。这在文博界也是第一次。过去的档案资料都放在专家们的手里，或者放在档案室里，或者放在文物库房里，现在可以有更多的人了解它、关心它，有些甚至可以加入到我们的团队当中来，这是非常了不得的。

我希望能够通过文物的数字化，让我们的资料能够公开、能够分享，让全社会关心我们的文物事业的人（不是仅仅我们文博领域的十几万人，最多不会超过 30 万人），让更多的人加入进来。因为我们保存的不可移动文物和馆藏文物数量是惊人的，它需要保护，需要这些信息的留存，还需要信息的公开。这是数字敦煌几十年来给我们带来的启示。

从保存、保护到保护、弘扬、利用

文物数字化，一开始就是想存储，把它存下来就行。等它毁了以后，这些信息可以留存，甚至还可以恢复出来，没有想到更多的。这是一步一步认识的过程。这个给我们带来的经验，很多方面都可以复制，数字敦煌确确实实让文物活起来了。我们过去做的展览，美术专家临摹的壁画一次只能做一个展览，现在我们可以在全国甚至世界各地办不同主题的展览。

我们现在通过互联网可以传到很多角落去，但是依然存在困难，语言的问题。你要把这些东西解读出来，要将专家们的研究成果，通过另外一种形式，转化成一般公众可以了解、有兴趣了解的东西。这也是一个庞大的工程，还有很长的路要走。但是这一路就是一步一步往前走，你也别想跳跃，也不能原地不动或者速度太慢。我们要按照这个时代对于我们的要求，去逐步推进文物数字化及其他方面的利用。实际上文博领域大有可为，它一定会为国家的文化建设、精神提升作出重大贡献。我们不是自己在这里面玩，我们一定要是开放的，一定要把文博领域变成一个开放的体系。这就是现在的互联网时代带给我们的一种机遇和挑战，我觉得这个挑战是真实存在的，我们的观念要改变，要行动起来，要像其他领域一样，要紧跟这个时代的步伐。所以敦煌这份遗产改变了我们，70年代很多前辈们探索的精神、创新的精神，也成就了我们年轻一代，未来我相信一定会获得更多的成功。

国际合作要相互理解、相互尊重

莫高窟第85窟的保护项目，是我们国际合作进行到一定阶段以后，又一个新的开始。实际上，我们和盖蒂保护研究所的合作是从1989年开始的。一开始我们关注两个方面，一是整个莫高窟区域的环境，包括降雨、风沙、光照等等；二是洞窟的小环境监测，洞窟里面随着一年四季的变化，随着游客的进入，它的温度、相对湿度、二氧化碳这些指标的变化。等我们的这些项目进行到一定程度的时候，国外机构的专家对于我国的文物保护有了一些了解。他们就认为，我国的文物保护最缺的是管理，而且缺一个能够指导我们文物保护这个领域的准则性的东西。盖蒂保护研究所向我国国家文物局提出了一个建议，能不能像澳大利亚《巴拉宪章》一样，在总结我国几十年文物保护经验的基础上，形成一个行业规范，就叫作中国文物古迹保护准则。为了这个，我们就邀请了澳大利亚遗产委员会的专家参加。当然主要的起草者是我国的专家团队。敦煌非常幸运，被作为《中国文物古迹保护准则》适应性的试点单位，我们选择了莫高窟第85窟。

为什么会选择第85窟呢？因为可以说，这个洞窟囊括了发生在敦煌莫高窟壁画彩塑上的所有病害，而且这个病害就是过去我们通常说的"癌症"，就是壁画的酥碱。以前，面对这样的一种病害，我们做过很多的尝试，用一些有机材料加固它。但是过了若干年，同样的问题又出现了，有时候还更严重。当我们了解了莫高窟的区域环境，包括它的大气环境、洞窟环境以后，我们就会认识到这些壁画病害产生的原因，它不仅仅和它的崖体的结构、壁画材料的结构有关，还和整个崖体的环境、崖体的水和盐的环境，包括降雨导致洞窟相对湿度的不断变化等等有关。要从根本上解决它，就要了解病害产生的原因，水气运移、水盐运移。过去我们认为莫高窟的崖体都是干燥的，对于水的防范可以说不是特别重视。后来我们发现在崖体一米的深度，那个相对湿度可以达到百分之百，同时也发现水气可以把盐分逐渐运移到壁画表面。因此，我们把最难的难题拿出来，和美国盖蒂保护研究所进行第二阶段的探索。

在这个过程中，可以说取得了重要的成果，这也是在《中国文物古迹保护准则》编纂过程中，把它应用了起来，形成了壁画保护的基本程序、基本理念、基本方法。我们从价值评估、保存现状评估，到壁画的材料分析研究，包括它的环境研究等，然后再到保护材料的筛选，到保护工艺的筛选，最后到实施。然后进入一个长期的监测，这个程序是完整的、科学的。这实际上也是总结我们成功的经验和失败的教训，同时借鉴了发达国家在文物保护的路上走了很多年形成的经验，再结合我国文物古迹保护给我们提出的大的框架、保护理念，最后形成了壁画保护的基本程序，这是在第85窟总结出来的。

我们把这个程序和方法应用到第98窟，再后来运用到西藏的布达拉宫、罗布林卡、萨迦寺等壁画保护，也用到了新疆、内蒙古，还用到了河北、山东、山西，等等。现在这一保护的程序和理念，基本上可以说成为了在壁画保护领域的一个共识。请记住，在一个地方，它适应的材料和工艺，在其他洞窟或者其他遗产地，其他全国重点文物保护单位，不能完全地复制，我们依然需要进行研究。但是它所有的程序，它的原则是一样的。

国家文物局在倡导研究性保护项目。你不能把在一个地方应用成功的方法、材料，完全复制到另外一个文物保护单位去。这里有很多失败的教训。所以在这个洞窟，我们和盖蒂的合作上升了一个高度。它不仅关注具体遗产地的监测或者评估，更多地关注到了全国，也就是我国的文物保护面临的问题和挑战，乃至国际合作。这和我们改革开放是密切相关的，过去文物领域怎么会和国际合作呢？如果没有改革开放，我国的世界文化遗产地就不会列入教科文组织《世界遗产名录》，这些国际团队也就不会加入到我国的文物保护当中来。可以说实质性的文物保护的国际合作，敦煌也是开了先河的。

而且和美国盖蒂保护研究所的这个合作没有中断，到今年整整30年。这在盖蒂保护研究所的国际合作史上，在我们国家文物保护的国际合作史上都没有过。他们在总结为什么，我们也在总结为什么。这最关键的是相互理解，相互尊重。还有一点，我们必须要有自己的队伍，通过国际合作培养出自己的一支团队，否则你没有办法和这些国际专家对话。他们不可能长期待在这个地方做研究、做保护。

阿格纽先生在一次项目讨论会上的一句话，我记得非常清楚，到现在都忘不了。他说，我们总有一天会离开，你们会留在这里，所以我们的合作，你们一定要亲自上手。这是非常了不起的一句话。阿格纽先生 30 年没走，但是我们的队伍成长起来了，他非常地欣慰。可以说他现在已把莫高窟作为他的第二个故乡。每次到了莫高窟，他的心也静了。这句话是他发自内心的。他和我们一起讨论问题的时候，已经和过去完全不一样了。过去我们是小学生，现在他很尊重我们的想法，甚至我们一些做法让他们也是眼前一亮，他（现在）经常给我们点赞了。这就是国际合作带给我们最重要的成果，就是一支人才队伍，一支长期扎根敦煌的人才队伍。

我们这支队伍成长起来了，是不是国际合作就可以停止了？不能停止。我觉得永远在路上。你可以寻找其他的合作伙伴，来帮助你解决没办法解决的问题。文物保护界的信息沟通、理念的提升，需要不断地交流。不要想我们发展起来了，他们已经不行了，不如我们了，我们自己可以干了。这在不少的领域，不少的单位都有所体现。这个苗头一定要把它消灭在萌芽状态。我们的国家也是一样，当你成为第二大经济体的时候，有些人已经想，我们很了不起了，我们的技术这样先进了，那样先进了，不需要国际合作了。中央继续深化改革的指导思想，依然可以应用在文博领域，我们还需要更多的国际合作。当然这时候的国际合作就要变为双向了，要请进来，也要适当地走出去。

我说的适当，就是要按照自己的能力，按照对方国家的需求走出去，而不是我想去干什么，我去帮助他们，他们很落后。不是这样的。我们走出去，还是通过文物保护的实践，加强和对方国家的文化交流。这也是我们在敦煌的启示，尊重、理解，培养当地的人。敦煌未来与"一带一路"沿线国家合作，就要遵循这个模式。你不培养当地的人，你怎么能一直待下去呢？从人力资源，从经济的能力，你都不可能做到的。一定要一起发展，尤其要让合作方的当地发展。也许，我们的这种合作将持续几十年，但是它的那支队伍成长起来了，这非常重要。所以我们现在和美国合作，和日本合作，和法国合作，和英国合作，和意大利合作，是全领域的合作，不仅仅是在文物保护领域。但我们在文物保护这方面的合作是做得最好的。敦煌研究院未来的发展一定是开放的、国际化的，一定是走出去和请进来双向的。这个时候的国际化才是真正的国际化。

平衡发展质量管理模式

对于敦煌研究院来讲，基于价值完整性的平衡发展质量管理模式，是在总结过去70多年的经验和教训的基础上形成的，也是由其他领域的专家帮助我们一起凝炼出来的。过去我们一直在强调保护、研究、弘扬，这是20世纪50年代文化部为敦煌研究院确定的发展方向，它是按照文物保护的规律给我们提出的要求，到今天依然不过时。未来，保护、研究、弘扬三者平衡发展，仍是我们追求的更高目标。

在这个过程中，研究是核心。没有研究，没有我们的价值挖掘，你怎么知道这些壁画彩塑的价值呢？就像我刚来的时候，我真的不了解它的价值。没有那些长期坚守在这个地方的历史、考古、艺术领域的专家解读，我们不知道它的价值。为什么说价值的完整性？任何一个文物有历史、艺术、科学价值，当然还有其他的衍生价值。我们不能仅仅保护它的艺术价值，也不能仅仅保护它的历史价值，或者仅仅关注它的科学价值。一定是完整的。不仅仅关注文物本身的价值，我们还要关注它服从环境的价值，所以我们说基于价值完整性。

在这样的基础上，我们去谈保护，你才会有和它价值相匹配的措施、投入，包括法律的、管理的、技术的。否则的话，我们这些搞理工的人，面对的不就是土吗？不就是矿物原料吗？不就是草吗？不就是岩体吗？一般的方法就可以了，其他领域成功的方法拿过来用就可以了。不可以的！如果没有研究，我们弘扬什么？利用什么？怎么利用？怎么弘扬？所以我们要把专家的研究成果，通过另外一支团队，就是弘扬团队，创造性地转化出来，转化为我们的老百姓能够喜闻乐见的，能够听得懂、看得懂的成果。他不是把专家的成果直接搬过来，一定要有针对性的，针对不同的公众来提供相应的服务。从研究上来讲，我们要多学科协同，因为敦煌石窟的产生和发展是多元文化结晶的产物，它里面的价值也是多元的，所以我们需要多学科的研究人员加入进来，要把它放在整个丝绸之路的大背景下去，把它放在整个古代文明的交流当中审视它、挖掘它。从保护来讲，我们要真实完整的保护，不仅保护它的本体，还要保护它的环境，这就是我们保护的追求的目标。

从弘扬来讲，我们要有针对性的分类。你针对专家学者怎么讲，针对学生怎么讲，针对普通的观众怎么讲，针对国外的观众怎么讲。我们走到社区去，也要有针对性，要开发不同的教育课程。要培养我们的讲解员队伍，一方面满足每年不断增加的游客需求，另一方面还要为那些不能够来到莫高窟的大量公众提供我们力所能及的服务。

我所谓的力所能及，你的经济条件和各种技术条件有保障，才能提供服务。当然在这个方面我们大有空间可以拓展。随着国家的经济不断地发展，我相信在这方面的投入会是很大的。这就是我们基于价值完整性的平衡发展质量管理模式。研究是核心，保护是基础，传承利用是目的。

这个模式在其他地方能不能复制，要看那里的担当。因为这个模式是需要一个团队来完成的，缺一不可。而且要有稳定的团队，要持续地做下去。敦煌研究院75年了，一代接着一代地干，没有说后一代把前一代推翻了，而是不断地根据我们经济技术各方面的条件来做这个时代的事儿。这在文博领域是非常重要的经验。所以我们希望这个模式能够在其他地方得到应用。但是它一定是创造性的，一定是结合自己实际的，一定是长期的过程。不是说这个模式拿过来就提升了，就发展了。要有长远的打算。最关键的是人，这是我们文博界最薄弱的环节。为什么没有人呢？因为我们的系统长期相对封闭。当你把这个系统变成一个开放系统的时候，各个领域的人才会进来。他不一定到这个领域，但会把你作为研究对象。这个时候的力量就不得了。所以文博领域的开放是非常重要的一个课题。首先观念要真正更新，而且要把它付诸行动，不能停留在嘴上。我觉得我国的石窟寺保护70年，真正可以为文博领域未来发展提供很多可借鉴的经验，甚至有一些教训。教训不要回避，关键是我们怎么样从教训里面站起来，继续往前走。成绩都过去了，在未来的路上必须牢牢记住教训。教训就是我们前进的一种动力、一种财富，现在很多人总结都回避（教训），这是不可以的。

所以我们非常幸运，到了敦煌研究院工作就遇到了国际合作，遇到了那么好的国际合作团队，最后都变成非常好的朋友，甚至成了一家人，成了敦煌研究院大家庭，这是让我们感到很幸运的。能够加入这样一个大家庭，和那么多的国际专家学者一起，为莫高窟的保护、研究和它的利用贡献我们自己的一点点力量，这是让我们非常欣慰的一件事情。也希望更多的国内外机构和人才加入进来，为我国的文博事业上一个台阶作出更大的贡献。

莫高窟与敦煌

敦煌研究院几十年来所做的保护、研究、弘扬工作,和社区的发展,与当地老百姓,当地党委政府对于我们的支持是息息相关的。没有当地党委政府和老百姓的支持,敦煌研究院的发展就会是孤岛,这是我们几十年来(通过)不断地总结自己认识到的。同时,我们的保护研究成果也会为当地经济社会的发展带来好处。

我们曾经做过一个国家文物局的研究课题,就是文物保护对于当地经济的贡献。那是十几年前的课题了。从今天来讲,我们把它研究得越好,价值挖掘得越好,传播得越远、越广,来敦煌的游客就会越来越多。它会给我们旅游业带来非常大的贡献,而旅游业是藏富于民的。别看税收可能少,但是老百姓兜里有钱。

随着游客的增加,这些经济的发展一定会给文物保护带来潜在的威胁,怎么办?回避、挡住,是不可能的。这就需要继续加大文物保护的力度,包括技术投入、经费投入、人员投入,要加大这个力度。要把最先进的技术引进来,让文物保护得更好,让文物通过技术手段活起来。我们的数字化技术,实际上就是让文物活起来非常有效的手段,这个空间也非常大。我们仅仅是把它采集下来,处理、存储。你利用这些资源怎么去开发一些让不同年龄段、受教育程度不同的人能够接受的产品,这是我们文博领域要做的,而且是需要和社会机构合作的。这个时候,一定会对当地的经济发展、文物事业发展,对当地老百姓生活品质的提升,都非常有好处。

实际上旅游业是文化传播的载体,载什么东西呢?我们的体系不是封闭的,我们对社会一定是有贡献的,不仅是文化的贡献,还通过其他的方式，对经济发展有贡献。当人的精神面貌发生改变的时候，它一定会创造更多的经济价值，一定会让这个世界更加地和谐。这个时候，你说我们的贡献会有多大呢？因为我们的文化遗产蕴含的人文精神、道德规范是非常丰富的，把它们挖掘出来、转化出来，和我们今天的时代相契合，包括文化创意产品、一些文艺作品、现在年轻人喜欢的游戏，都可以嵌入优秀传统文化领域，都大有作为。

莫高精神与莫高窟同在

我的前三任把自己的一生都献给了敦煌，包括他们那个时候的同事，绝大多数都把一生献给了敦煌。没有坚守是不可能的。这种坚守是在过程中形成的。也可能有些先生来干了几年就走了，但是总有没走的。就在这个大漠深处守了一辈子。也可能他们自己认为作的贡献不是很大，但是对于我们后人来讲，那是非常了不起的。

但是仅仅坚守还不够，还要担当，担当起我们民族我们国家赋予我们的使命，担当起你的责任。你研究的，你保护的，你传播的，这些工作都需要我们这支团队来担当。

仅仅担当还不够，还要创新。因为时代在不断地发展，我们不能固守于过去的观念，也不能仅仅躺在功劳簿上吃老本，而要一代接着一代不断地创新。整个过程还有一个非常重要的，就是甘于奉献。没有这种奉献精神，坚守谈不上，担当也谈不上。你都没有奉献，怎么会有创新呢？

所以我们几代莫高窟人真是甘于奉献，奉献了自己的青春，也奉献了自己的才华，甚至有些人把我们的后代都奉献了。有些让他们继续在莫高窟工作，有些受教育很差，因为在这么一个环境中，怎么让你的后代受到良好的教育？（当然现在敦煌的教育非常好了。）我们敦煌研究院的子弟考上大学的人是很少的，他还要奉献。我们做的好多事儿都没留名，其实留了名也都是敦煌研究院的财富，自己并没有获得一种经济上的回报，很多在这方面看得是比较淡的。

所以，坚守大漠，勇于担当，甘于奉献，开拓进取，这是相互联系的，缺一不可。

总结这 16 个字也是很难的。开拓进取，不断开拓这个领域，不断地往前走。原来我们想用"创新"，实际上开拓进取包含了创新的东西在里面。我们的领域真的是在不断地拓展。莫高精神一定会赋予我们未来的莫高窟人重要的精神财富和精神力量。它就像莫高窟的文化赋予我们的力量一样，与莫高窟同在。

敦煌,此心安处是吾乡

赵声良

1964年生,云南昭通人,敦煌研究院院长。1984年入职敦煌研究院,曾任敦煌研究院编辑部主任、敦煌研究院副院长、敦煌研究院学术委员会主任委员;兼任中国敦煌吐鲁番学会理事、中国敦煌石窟保护研究基金会理事、甘肃省敦煌学会常务理事、北京师范大学历史学院兼职教授等。2009年入选甘肃省"领军人才"。

弘揚石窟文化
傳承中華文明
己亥夏日 趙聲良

生米煮成熟饭，大学毕业投身敦煌

我是 1984 年从北京师范大学毕业就到敦煌了。那时候刚经历改革开放，那个年代的大学生都有一种振兴中华、为国家作贡献的精神。所以上大学的时候，大家都非常专心努力地学习。在学习的过程中，因为我喜欢美术，自幼就喜欢画画、书法等，对美术方面就格外留心。在大学的时候，我在图书馆看到了有关敦煌壁画的画册，一眼看到就特别喜欢，我觉得敦煌壁画真美啊。接着我就找了一些与敦煌相关的书看，于是逐渐了解到关于敦煌的研究还有一个"敦煌学"，还知道了大量敦煌文物流落在了海外。那时候有一种说法叫"敦煌在中国，但敦煌学在国外"，意思就是关于敦煌，外国人比我们中国人研究得要好。当时作为一个有民族抱负的大学生，我想的是：我们中国人为什么自己不努力把敦煌学搞起来呢？

正好我遇上了一个契机。1983 年的时候，《中国青年报》刊登了一篇文章，是当时敦煌研究院的院长段文杰先生跟记者的谈话。段先生在这篇报道中说，敦煌特别缺年轻人，因为老的一辈解放初期就到敦煌工作了，如今年岁已大，然而接替工作的年轻人却很少，他特别希望大学生能到敦煌去。

我当时上大三，读到这篇报道时就想，这是很好的契机，我要能到敦煌多好啊！所以就给段先生写了一封信，信里表达了这样的意思：我是中文系的，我想去敦煌，你们要不要我？段先生很快就给我回信了，表示非常高兴，非常欢迎我到敦煌。所以我从大三的时候，就决定要到敦煌来工作。

但在这个过程中，其实遇到了很多障碍。特别是我父亲，他听说我要去敦煌工作，非常反对。我父母都觉得敦煌那么艰苦，沙漠里怎么生活啊！他们就一封接一封地写信给我，劝我回老家云南去工作。与敦煌相比，云南山清水秀，风景非常好。他们一封封来信劝诫我回老家去工作，我也一封封信回复给他们，解释我自己的想法。那个年代不像现在有手机，通讯很快，打电话都是非常困难的，所以我们就一封一封地写信，写了无数封信，可是最终还是没能说服我的父母。我父亲还是希望我回去，他甚至还动员我中学的老师以及我们家的亲戚，都给我写信，劝我回老家去。

到了1984年，大学毕业的时候，我不敢回家，生怕自己回一趟老家就改变主意了。所以，一毕业，我就直接从北京坐火车到了敦煌。在敦煌工作半年之后，才回家去看望父母亲。那时候生米煮成熟饭了，他们也没办法了。

当时对我来说，饮食也是比较艰苦的一件事。但没办法，因为食堂人少，不会单独去做米饭。

精神快乐富足，不惧条件艰苦

我到了敦煌之后非常快乐。因为我发现敦煌的石窟艺术比我想象中更好，因为在画册上看壁画的感受是有限的，壁画的尺幅巨大、内容丰富，缩小到了照片上，实际上传达不出那种震撼。所以我到了洞窟里，在实地看到实物，才真正感受到那种巨大的震撼。我当时想的是：原来中国有这么美好的绘画作品！这是我以前从来不知道的。

所以，在刚到敦煌的日子里，精神上是非常快乐的。然而现实生活是很艰苦的。我们刚来的时候喝的是莫高窟前大泉河的水，那个水一喝就会拉肚子。刚来的两个月天天拉肚子，两个月之后逐渐开始适应了。但如果到外面出差一阵，去了内地再回来的话，肠胃又不适应了，又会拉肚子。大概待了两年之后，才逐渐适应带有碱性的水。

当时的生活条件就是这样。在北方，那个年代普遍都是吃面食，很少吃大米。我是南方人，喜欢吃米饭，但我们食堂不卖米饭。所以当时对我来说，饮食也是比较艰苦的一件事。但没办法，因为食堂人少，不会单独去做米饭，大部分本地人都爱吃馒头、面条，所以我也跟大家一起这样吃，也就这么过来了。

今天回头想起那段生活，虽然是艰苦的，但内心很充实、很快乐。我每天看着这些洞窟，看着里面的壁画、飞天和菩萨，觉得十分美好，每天都觉得有收获。在这样一个丰富的艺术宝库中工作、生活，是一种美的享受。

艺术的感染力是很强的。我时常会想，40 年代常书鸿先生从法国回到中国，在敦煌开创研究所，那时候的他难道不知道敦煌条件艰苦吗？那时候的生活只会比我们更艰苦。但常先生作为一个艺术家，真的感觉到很快乐，因为他在洞窟里看到的是世界顶级的艺术，每天都在这样一个宝库里生活，那当然是很快乐的。

所以，在我 80、90 年代刚来敦煌的那段时期，我觉得就是不断地充实自己，不断地从艺术中获得感染力。并且我觉得敦煌不光是石窟本身的艺术感染力很强，而且老一辈的精神也在不断激励着我。

前辈言传身教，莫高精神引路

我来敦煌的时候，常先生已经到北京去了。段文杰先生时任院长。段文杰先生 1947 年就到敦煌了，他在这样艰苦的环境里工作了几十年。他是一个画家，一直在不停地临摹壁画，但他守在这样一个地方，始终觉得很快乐。所以，他对艺术的很多认知会感染我们。段先生会经常给我们讲解洞窟艺术，那些飞天和菩萨的造型与姿态，哪里好、好在哪里，因为他是研究艺术的，所以经常会给我们讲这些。从他的讲解中，我们能够感受到老一辈工作人员研究的深入和知识面的广博。

除了段先生之外，当时还有史苇湘先生。他是一个非常慈祥的老人，他跟段先生一起在解放前就到敦煌来了。史先生被称作"敦煌的活资料"，他的学识特别渊博，我们问他什么他都知道，他就像一部字典一样。你问他壁画的哪一处内容、该去查哪一部佛经，他就会告诉你具体哪部佛经，有什么故事，他都能答上来。段先生、史先生对我们年轻人都非常关心，我们有什么问题请教他们，他们都非常耐心地给我们讲很多内容，介绍我们去读相关的书籍和经卷。所以，有这么一批老师在关心我们，不仅在知识层面对我们大有助益，而且也是非常好的引路榜样。

比起段先生、史先生，当时在院里的樊锦诗老师就算是很年轻的。她也非常关心我们的生活和工作，经常会问一问我们最近在做什么，到哪个洞去看了，然后跟我们讨论这个洞窟里的壁画。记得那时候我对323窟有一些想法，樊院长经常跟我讨论这个窟的年代问题，会问我这个323窟到底算初唐的好，还是算盛唐的好。她会经常和我们聊这些学术问题。我想有这么一些老师在身边，可以不断地向他们请教，自己的知识就会突飞猛进地增长。所以我觉得刚来的那些年收获特别大，一下子了解了很多艺术、宗教、历史方面的知识。

除了知识以外，从这些在莫高窟持续工作的前辈身上，我还汲取到了强大的精神力量。我们敦煌研究院几代人，都是一代一代地坚守在敦煌，有这么一种精神始终在传递和延续。我们把它总结为"莫高精神"，就是坚守大漠，甘于奉献，勇于担当，开拓创新。这是我们几代人持续坚持的精神。就像樊锦诗院长，她为莫高窟奉献了一辈子，真的是无怨无悔。1963 年她就是北京大学毕业的高材生。那个年代的大学生多珍贵，更何况是北大毕业生？但她就跑到敦煌来奉献了一辈子。那我们跟樊院长比起来，真的不算什么。

除此之外，还有一些坚守莫高窟的老画家，比如我那段时间接触到的画家李其琼老师。她 1952 年就到敦煌了，是我们老一辈临摹敦煌壁画中最优秀的画家。李其琼老师当时临摹的东西，我们在 80 年代初期拿到日本展览，很多日本人觉得她画的那些菩萨形象，比唐朝人画得还好。然而李其琼老师一辈子就在敦煌临摹。她经常跟我说："我这个人就是一个临摹匠，别的做不了，就是临摹壁画"。我觉得她已经达到那么高的水平了，居然还那么谦卑，还认为自己只是一个临摹匠。她非常懂唐朝的画家是如何画画的，每一根线是如何画的，颜色是怎么上的。所以，我经常会跟这些老画家去交流，向他们请教。他们给我讲在 50 年代大跃进的时期，白天要大炼钢铁，晚上要挑灯夜战，在洞窟里掌着灯画壁画。就那样，他们也完成了很多壁画的临摹，而且水平也非常高，那真是一心一意、无怨无悔。后来在"文革"中，她也被打成了右派，他们夫妇俩都被遣送回四川，下放到农村，真的非常受苦。可是改革开放以后，他们又回到敦煌来了，然后就不停地画画。所以我想，这些老一辈真的是很了不起，他们作了那么大的贡献，但他们对国家和社会却并没有什么要求。

我们还有一对老夫妇，贺世哲老师和施萍婷老师，他们夫妇俩也是在 20 世纪 50 年代就到敦煌来了。他们是搞考古和历史的。贺世哲老师一辈子就调查敦煌壁画，他是做图像学研究的。我们敦煌壁画里画的是什么菩萨，画的是什么经变，贺世哲老师研究的是最透的，你要一问他，他就知道是哪一部佛经记载的，他一辈子读了很多佛经。施萍婷老师做历史文献研究，同时也做壁画研究，都做得非常深入。他们在"文革"当中就受到了冲击，打成右派，下放到农村受了很多苦。但改革开放以后，他们无怨无悔地回到敦煌继续做研究。我们那时候年轻，刚到敦煌工作，总问他们一些过去的事情。但他们对过去受的苦总是轻描淡写，他们说："趁着现在我们还有精神要多做点研究，把那个时候被耽误的时间追回来，要抓紧时间写很多文章、写很多书，把这个研究搞上去。"

那个年代过来的人，有一些受了冲击和打击，会经常抱怨社会不公平，例如"我当初工资降了多少，现在什么都没有了"，这种抱怨我们听得很多。可我们莫高窟的老一辈人，像施萍婷、贺世哲夫妇，李其琼、孙儒僩夫妇，他们基本上不说这些，都是在想着怎样抓紧时间把研究搞上去，做有意义的事。

所以到90年代的时候，我们敦煌研究院在研究方面基本上就起来了，我们这一批学者在世界上也是走在前头的。90年代我到日本东京艺术大学的时候，我们院里出版的一套一套的书已经陈列在他们的图书馆了。那时候学校的老师就跟我说："你看图书馆里这么多书都是你们敦煌研究院的成果，过去有的人说敦煌在中国，敦煌学在国外，现在不是那么回事了，我看敦煌学的中心还是在你们敦煌研究院。"

所以到20世纪90年代，我们敦煌研究院的学术搞上去了，我们整个中国的敦煌学搞上去了，再也不存在国内的研究不如国外的状况了，这是我们广大学者共同努力的结果。当然，我们守在敦煌研究院的这批学者更是做出了巨大的努力，曾经的老一辈和如今年轻的一辈都在一心一意地做学问。

在敦煌，我感受到这样一种非常单纯快乐的学术状态，这是我觉得非常幸福的。我觉得我们的工作非常愉快、非常有意义。在这样的情况下，我们的收入是少一点，生活是比较平淡一点，但我们的精神世界都非常充实。

旅日留学，看到敦煌的高度

1987年，我们在敦煌搞了第一次国际学术讨论会，把国外的专家请到敦煌来。在这次会议上，我们跟国外的学者一起交流，我们就了解到，很多国外学者的研究方法跟我们的不一样，他们的研究视角也不一样。所以就有了一个迫切的愿望，想要跟国内外的学者加强交流。事实上从1984年成立研究院之后，段文杰先生一直在推动国际交流，让我们敦煌研究院的学者尽可能跟国内外的学者进行沟通，扩大我们的视野，提高我们的素养。那时候段先生就跟东京艺术大学的校长平山郁夫有了一个约定，平山郁夫先生承诺帮助我们，我们每年派在敦煌工作的年轻人到东京艺术大学去学习。

1996年，我被派到东京艺术大学学习去了。这是一个很好的机会，让我了解国外研究的动态。我在日本作了两年的访问学者，但是没有正式地进入东京艺术大学的课堂听老师讲课。所以我觉得不够，就打算留下来，自费在日本又读了5年研究生，最后终于拿到了博士学位。

在课堂听老师讲课之后，我才真正地了解到了日本人怎么做学问，他们为什么能视野那么开阔。为什么我们在80年代初期会说"敦煌在中国，敦煌学在国外"，因为国外研究有它的特长和优势。当然，那个年代是因为中国搞"文革"，研究工作被迫停下来了。但实际上我们真的要学习国外的这些研究方法，所以在日本的学习让我觉得视野更开阔了，更了解了国内外敦煌研究的发展状况了。

在海外留学后，我再回头看敦煌，就觉得一下子能看得更广阔了。我就知道西方的艺术是如何影响敦煌的，印度的艺术、中亚的艺术是如何影响敦煌的，敦煌又如何在中国文化的基础上发展并且吸收了外来的因素，最后形成了一个富有中国特色的、世界上独一无二的艺术形式。我想中国艺术和中国文化的发展就应该有这种包容精神，广泛地吸收外来的元素，让自己强大起来。中国文化发展几千年，一个最重要的因素就是包容性特别强，尤其是丝绸之路开通之后，外来的文化源源不断地影响着中国，中国以开放的心态广泛地吸收外来的文化，最后让自己强大了起来。我想这对我们现在的文化发展、艺术发展就有很大的启发。

所以，在日本读了博士学位之后，我又回到了敦煌。我觉得，我对敦煌的认识有了更为深入的了解，我能够做系统的敦煌艺术史的研究，把研究成果介绍给国内人，让更多人了解敦煌艺术，让中国的艺术家从敦煌艺术当中吸取有益的成分，让我们的艺术家知道应该如何吸收传统、吸收外国的东西，最后形成具有自己本民族特色的新艺术。我想这是我们最大的愿望。

这不仅是我个人的愿望，也是常书鸿先生的愿望。常先生当年从法国回到中国，他最大的想法就是：敦煌这样的艺术宝库是中国传统文化的集大成之地，我们中国艺术家应该到这儿来学习，学完之后更能创造出有中国特色的艺术来。这是常书鸿先生一直以来的心愿。但在当时没有这样的条件，20世纪40、50年代，我们的条件是完全办不到的。

随着改革开放，尤其到了今天，我们中国这么强大，现在我们完全有条件让中国的艺术家到敦煌来学习，让他们创造出更丰富的艺术作品。而且我们真的已经有一批艺术家，从各个领域创作出了以敦煌为灵感的新作品。我们的画家、音乐家、舞蹈家，从绘画、音乐、舞蹈等各个方面，从敦煌吸取了营养之后，创造出来了很丰富的东西，我觉得这条道路是正确的，我们将来还要计划继续向这个方向发展。

担负社会教育，让更多的人了解敦煌

敦煌莫高窟艺术虽然在世界上的声誉很高，但它在国内的价值认知和普及，也是一个逐渐形成的过程。因为文化认知的前提是研究，必须得有一批学者先研究出来，然后把研究成果介绍给社会，才能让整个社会逐步了解敦煌的文化价值。我们过去的研究不够。这方面做得不足，也就不能深入全面地将敦煌艺术介绍给整个社会。但随着改革开放以及敦煌学的振兴和发展，普及的程度就越来越广。

记得1984年，我们在甘肃省博物馆办了一次敦煌壁画的展览，我参加了其中的一些工作，就到兰州去了。结果发现那个博物馆展览真的是门可罗雀，没什么人去看。这么好的展览却没有多少人参观，我当时就觉得中国普通老百姓对敦煌没有感觉，他们对敦煌的价值不了解。相比之下，同样在80年代，我们一次又一次地在日本办敦煌壁画展览，每次展览都人山人海。当时我就觉得很难过。

1996年刚到日本的时候，我写了一个随笔，写为什么在国外对敦煌艺术感兴趣的人那么多。很多人排着长队也要一看，在东京都美术馆，每天都有将近1万人排着长队看展览。可是在国内，那时候办展览却没有多少人看。所以当时我就觉得很难过，我想这一定是一个社会问题,并不是一两个人能解决的。

后来随着整个敦煌学界在发展,我们很多大学开辟了敦煌学的课程,从 80 年代以后,北京大学、兰州大学、浙江大学、武汉大学纷纷开设了敦煌学课程,在历史系、考古系都设有这个课程,于是大学生就开始逐渐了解敦煌了,通过高校,对社会也有了一个宣传渠道。

再之后,我们在国内的展览就越来越多了。到 2000 年的时候,我们在中国历史博物馆办了一次规模很大的展览。那一次我突然发现展厅里人山人海,特别高兴,就想起 1984 年在甘肃省博物馆的那次展览,两者形成了鲜明的对比。这就是一个很大的改变。这个改变是依靠于中国的改革开放,我们的经济发展了,我们的文化实力也发展了,我们国家的敦煌学振兴之后,我们有了影响力,让中国的老百姓知道有敦煌这样一个地方,有敦煌艺术这样一个宝库,有那么美好的飞天造型和壁画艺术,越来越多的人感知到了敦煌,他们一旦了解之后真的会喜欢。有很多来参观的普通老百姓,他们也不是专业人员,但看了那些展览中的壁画,真正看懂了之后就真的非常喜欢,有的人会一次又一次地去看这些展览。

我觉得这个变化是伴随着我们国家的改革开放,随着经济发展和文化发展逐渐形成的一个巨大的变化。在这个变化当中,我们很多文化人起了很大的作用,尤其是我们的学者,发挥了很大的作用。没有这批学者的努力研究、深入调查,敦煌的普及也是不可能的。

我们很多专家在写学术著作的同时,也写了很多普及读物,这让很多普通老百姓能够了解敦煌艺术。我记得我上大学的时候最初也不熟悉敦煌,但我看了两本对我影响很大的书。一本是《敦煌:伟大的文化宝藏》,那是姜亮夫写的普及读物。姜亮夫先生是杭州大学的教授,是敦煌学非常权威的专家,被称作国学大师。另一本是画家潘絜兹的《莫高窟艺术》。潘契兹先生1945年就到敦煌临摹壁画了，他待了一年多，敦煌对他的绘画产生了很大的影响，他写的书也是非常生动有趣的。这两个小薄本的书对我的影响很大。我就想，我们很多专家如果能写一些普及读物，让更多老百姓了解敦煌艺术，也是非常必要的。因为有了这些读物，才能让更多的人了解敦煌、喜欢敦煌。

所以，这样一个过程我觉得非常有意义，同时也给了我们很多启发。我就觉得我们的学者不仅要深入研究敦煌艺术，还要担负起一个社会教育的责任，我们应该把敦煌艺术广泛地介绍给大家，让更多的人了解敦煌艺术，从中获取中国传统文化的滋养。

改革创新，引领敦煌的未来

敦煌研究院经过了几代人的努力，现在我们在保护、研究、弘扬三方面都建立了一套非常完整的体系，特别是最近，我们在质量管理方面做了一套质量管理体系的管理办法，获得了广泛的好评。这些工作，为我们将来的发展奠定了很好的基础，已经摸索到了正确的道路。我们要坚持这样的方针走下去，因为这么多年的结果证明我们的道路是正确的。

首先我们要坚持保护、研究和弘扬工作：保护是第一位的，首先要把洞窟保护好；研究是工作核心，我们要深入地研究，把蕴含其中的文化价值发掘出来，让它发扬光大；弘扬这一块也是我们长期以来的目标，我们要把敦煌艺术在整个社会对于全人类的价值发扬光大。这个大的框架是不会变的，我们要坚持走下去。

在具体的工作上，我们也要适应社会的新形式，进行一定的管理制度革新。现在整个社会对我们的要求越来越高，敦煌知名度越来越大，所以相应的需求一直在改变和增加，我们要以开放的姿态来面对。为了把工作做好，为了让我们的文化保护、研究、弘扬工作更好地开展，如果体制当中有不太适应的地方，我们就要改革。

几十年的改革开放，实际上有很多成功的经验，它们都告诉我们，管理体制也许已经老化，也许不适应新的形势。那我们就要着手进行改革。比如最近我们四大部的成立，就是深化改革开放的一个举措。

过去我们成立了很多研究所、研究室或研究中心，像这种平行的独立部门，可以数出二三十个。这些部门有可能就各行其是，每个部门就考虑这个小部门的工作。然而实际上，有很多部门之间的工作是相关联的，不能彻底分开。所以为了能够横向地交流合作，增进协作，提高效率，我们就采取了合并四大部的举措。现在在管理架构上，我们设有保护研究部、人文研究部、艺术研究部、文化弘扬部四大部门。

这四大部门分别把过去相关联的一些小部门并到一起，比如我们把跟保护相关联的部门合并成保护研究部，它原来的独立部门还存在，但我们通过这么一个综合统筹的大部门，设立部长、副部长来协调管理工作，这之间的相互协作就容易展开了。再比如人文研究部，以前我们有考古研究所、文献研究所、信息资料中心、丝绸之路与敦煌研究中心、佛学研究中心等等，这些部门的职能和性质有一些是相近的，但细分的专业不一样，把他们整合在一起之后，他们互相之间的人员协作就特别容易开展了。

这四大部门的设立，在有一些部门内部已经产生了很好的效应。比如文化弘扬部合并之后，大家精神都很振奋，因为相互有了很多沟通。以前我们数字展示中心是一个独立部门，接待部是一个独立部门。其实这两个部门都是我们面向观众、面向游客来进行服务工作的，性质上是一样的，但以前分成两个部门，互相之间总有牵制。现在通过文化弘扬部整合之后，统一协调了，工作一下子就顺了，大家都觉得很开心，也觉得效率一下子就提高了。所以，我觉得管理制度上的革新和开放，必然会促进我们生产力的发展，对我们的工作效率提高非常大。

  长期以来，我们非常注重讲解员人才队伍的建设和培养，这支队伍是我们弘扬敦煌艺术的主力军和形象大使。因为敦煌石窟的内容非常复杂、非常丰富，它的讲解就需要有一定的专业背景和学术基础。我们从一开始就非常重视讲解员的培养，我们的讲解员，过去院里会送他们到大学里去进修，学历史、外语之类的课程，只要有条件，都尽可能让讲解员到大学去深造。现在我们招进来的人才（本身）就是大学生了，因为社会条件提高了，上大学的孩子多了，所以有了这样的条件为基础，现在我们的讲解员队伍里还有一些研究生层次的人才，他们很多都有很高的学识。

  而且，我们每年都坚持培训讲解员。到了冬天的旅游淡季，讲解员不太忙的时候，我们一方面组织讲解员进行培训，邀请专家给他们做讲座，讲敦煌文化的知识，扩展他们的知识面，提高他们的能力。另一方面，把讲解员陆续派到全国各地石窟、博物馆去考察，鼓励讲解员不光了解敦煌，还要了解全国各地中国文化的状况。有的讲解员还可以到国外去学习。如日语讲解员，大概每年都会至少派一个人到日本去学习，英语讲解员会派到英语国家去交流学习。所以，我们现在的讲解员队伍当中，有相当多的人都有过一次以上的出国学习经历。这样，他们的视野就比较开阔了，能够对敦煌有足够的认识。经过专业培训后，很多讲解员对敦煌艺术都有了自己的看法，有的甚至自己在写一些文章讲敦煌艺术，他们的讲解工作做起来就是专业的，就不会乱讲，这一点很重要。

除了教育和交流外，我们还从管理体系上鼓励讲解员不断提高业务水平。一方面我们建立了评审制度，我们的讲解员是有等级的，等级和待遇挂钩，如果讲得好，真的刻苦学习了，讲了几年之后，他就能提高到上一个等级，他的待遇和工资就会相应提高，有这样一个激励机制在鼓励他们上进。另一方面在敦煌研究院的大平台上，讲解员是属于服务系统的，所以我们会有一些服务行业的基础教育，同时也会鼓励他们善用资源，经常参加院里各个部门的交流。开学术会，有时候业务部门进行学术讨论的时候，我们鼓励这些讲解员去旁听，有的还可以参加讨论，这样可以让他们融入到院里这个大家庭里，让他们了解各个部门的研究和保护情况。讲解员队伍是我们研究院的一个有机组织部分。我们现在分成四大部门了，其中文化弘扬部是一个非常重要的部门，他们的人数最多。所以，我们在搞学术活动的时候，经常会让他们参与，当然有时也让他们帮忙，我们搞学术讨论会什么的，他们都会参与进来，自然而然地就融合在保护、研究工作中了。

而且在弘扬文化方面，我们现在已经不仅仅满足于坐着等观众来莫高窟参观了。我们提倡"走出去"，通过多媒体等各种各样的方法手段，我们希望在文化弘扬方面多创新，比如很多生活在内陆的人来敦煌一次不容易，我们就巡回办展览。20世纪，我们是每年办几次展览，现在是每年办十几次展览。尤其我们现在有了数字化技术，更是有了非常好的办展手段。我们的"敦煌艺术精品进校园"活动，已经在全国30多个高校展览过了。在大学展览的时候，老师们正好利用这个机会上专业课，产生了很好的效果。我们在境外，在美国、意大利都办了多次展览，在这个过程中，我们的办展经验也得到了提高。

同时我们还做了许多文化创意活动，让学生了解敦煌，像"如是敦煌"和"念念敦煌"系列的文创体验课程，鼓励学生们用纸、用布料动手做相关的产品，从中感受传统文化的魅力。另外，文化弘扬部还坚持在做面向社会的文化讲座，让大专家为普通老百姓做讲座，这完全是公益的行为，已经坚持了好多年，未来还会继续做下去。我们要让敦煌文化发扬光大，必须依靠全社会的力量，所以要向全民普及，用多种形式为社会服务，今后这个方面还应该不断有创新。

坚持开放，成就世界的敦煌

进入21世纪后，文物的保护和研究有了许多新的理念。过去搞文物的人会觉得文物可能面临着被破坏的风险，所以我们最好把文物保护起来，不要被人看到。但是现在，我们的想法是：遗产一定要发挥它的作用，让更多人看到。所以我们一定要坚持开门办院。

我们要敞开胸怀，跟全世界的学术机构、社会团体合作，因为敦煌是世界文化遗产，我们希望全世界的人民都来关注它，和我们共同把敦煌艺术推向社会，和我们共同继承和创新这个事业。所以，我们不断地跟大学、研究机构、社会团体签订合作协议。尤其我们现在处于媒体不断创新的时代，各种各样新的媒体出现了。如何运用这些新媒体手段来服务于敦煌艺术的传播弘扬，我们要去思考这个问题、研究这个问题，然后找到更好的路径和方法。我们要鼓励社会上各个领域的人员到敦煌来调查研究。只要是为了发扬光大，不管是搞艺术的，还是搞学术科研的，都可以到敦煌来寻找他可以发挥（才能）的地方。

我们的共同奋斗的目标，就是为我们现在人类物质、文化、精神各个方面的生活，创造更丰富的内容。我想这是我们的一个长期目标。我们要与时俱进，要适应这个新的时代，特别是我们要通过敦煌来弘扬中华优秀传统文化。在建设文化自信方面，敦煌艺术有着不可替代的重要作用。

敦煌守在丝绸之路的交通要道上，敦煌给我们的一个重大启示，就是中国和外国的文化交流，要在平等互利的情况下进行，要互利共赢，这对我们现在"一带一路"的建设来说，也是非常富有启发性的。在未来丝绸之路的国际交流与合作上，我觉得敦煌艺术应该发挥它的作用。所以我希望全社会能够共同参与来做敦煌文化的弘扬工作，一起将它发扬光大。

我经历的八年麦积山石窟维修加固工程

张锦秀

1940年生,甘肃西和县人。1976年担任麦积山加固工程办公室秘书,1984年任麦积山石窟艺术研究所保护研究室副主任、资料室主任。曾参与麦积山一系列抢险加固重大文物保护工程项目实施。编纂出版有《麦积山石窟志》,出版回忆录《麦积山往事杂记》。

四大石窟,风景这边独好,
不愧秦地林泉冠;
六朝艺术,佳作此地最多,
堪称东方雕塑馆。
    麦积山石窟景艺兼备,但愿妥善保护,与世长存。
            张锦秀 2019.4.20

因工程，从省文化厅到麦积山

1966年，我到甘肃省文化厅文物处工作。1975年，甘肃省文化厅要抽调人员组建麦积山石窟加固工程办公室，把我抽调上了，安排我担任石窟加固工程办公室的秘书。其他单位，像甘肃省博物馆、敦煌艺术研究院，各个剧院，到处都抽人，一共抽了10多个人，组成了麦积山石窟加固工程办公室。办公室首任主任是王毅。王毅原是国家文物局办公室主任，后来调到甘肃。麦积山石窟加固工程原来说的是三年，后来竟然变成"八年抗战"。

加固工程办公室的任务就是做会议记录、起草文件、报批方案、监管三材的采购工作。那时候我还是单身，办公地点离我的老家近。我老家是西和县，当时西和属天水专区，我回老家也方便。工程进行到一半，为了麦积山石窟保护工作，我的人事关系也从甘肃省文化厅转到麦积山了。后来麦积山石窟艺术研究所代替了原来的麦积山文物保管所，成立了保护研究室，我就到保护研究室工作，一直到2000年退休。

加固方案几度更改

麦积山石窟加固工程已经竣工20多年了。工程采用"喷锚黏托"方案进行施工，从1977年开工，到1984年竣工，历时八年之久，终于圆满完成了加固任务，谱写了我国石窟维修史上的新篇章。可有谁知晓，加固方案经历了怎样长期而艰难曲折的发展演变过程？新中国成立之初，经历了1600多年风雨沧桑的麦积山石窟，已是满目疮痍，残破不堪，亟待维修。1952年和1953年，西北局文化部和中央人民政府文化部，曾先后委派勘察组和勘察团，对石窟进行了详细勘察。《麦积山勘察团工作报告》中，除提出几项应急保护措施外，还"建议政府能考虑以现代工程上应用的科学方法（如横穿崖石裂隙，贯以钢筋和灰浆）来巩固这个危崖，以保存我们民族一千四五百年以前所创造的，在艺术上有惊人造诣的人类文化的奇迹"。这些建议引起了国家文物局和甘肃省人民政府的高度重视。

1953年麦积山文物保管所成立之后，曾邀请地质、建筑及文物等方面的专业技术人员勘察现场，作出了地质评价，提出了一些加固设想。地质评价（是这样的）：麦积山的山体是稳定的，历次的坍塌对整个山体来说，只不过是表层岩体的剥落而已；加固设想有挡墙柱支顶、灌浆黏结，还有钢圈扎箍等。

1972年，国家文物局党组书记刘仰乔，带领技术人员傅熹年、姜怀英、祁英涛来麦积山石窟勘察。他们提出了三种方案：第一方案：东崖加固，措施是黏、锚、顶、罩，西崖文物搬迁；第二方案：东西崖都加固；第三方案：对东西崖危岩进行临时性抢险加固。虽然这三种方案都不理想，但基于加固工程的紧迫性，国家文物局于1973年批准采用第一方案，即东崖维修加固，西崖文物搬迁。

这一批复的下达，在麦积山石窟引起了轩然大波。因为麦积山石窟的造像，大都是泥塑或石胎泥塑，实在难以搬迁。国家文物局副局长彭则放，亲临现场落实加固方案。在讨论会上，承担工程设计任务的甘肃省建筑勘察设计院，提出了西崖也能加固的意见，理由是西崖虽然崖面破碎严重，但危岩不及东崖突出，危险性反而不及东崖大。这一意见的提出，彻底改变了已下达的批复方案，于是便有了"锚杆挡墙、大柱支顶、化学灌浆黏结"的挡墙柱加固方案，并获得国家文物局批准。

1975年，麦积山石窟加固工程办公室成立。1976年，唐山发生大地震，造成严重的破坏，由此让麦积山石窟的抢救性加固工程迫在眉睫。设计院已经完成了大部分施工设计图纸，只待报批后施工。按照这一方案，施工西崖前，将有8根70米高的钢筋混凝土大柱支顶，东崖将有1根70米高的钢筋混凝土大柱支顶。在此期间，承担工程科研任务的甘肃省建筑科学研究所的易武志等人，已在麦积山成功地进行了锚杆锚固试验。由此受到启发：既然锚杆在麦积山岩体内锚固力很强，那么由国外引进的"喷锚支护"新术也应当可行。因为"挡墙柱"方案虽然较先前已前进了一大步，但仍不理想，大家希望找到一个更好的加固方案。于是参与工程各方在各地走访考察后，提出了"喷锚支护"的方案。显然这是一个巨大的进步，国家文物局很快批复同意了。

这一方案中的锚杆，包括预应力锚杆和非预应力锚杆两种。但在具体施工设计中，考虑到麦积山岩体疏松，又是超高空作业，虽然预应力锚杆是主动受力，有较大的优越性，但在张拉过程中风险太大；而非预应力锚杆技术较成熟，因此又提出取消"预应力锚杆"，保留"非预应力锚杆配合钢筋挂网喷射混凝土"的加固方案。而此时设计部门又提出在西崖中腰开挖7个大梁洞以便作悬挑支顶上部危岩的意见。

1978年，甘肃省文化局将上述意见呈报给了国家文物局。

国家文物局彭则放副局长主持会议，进行审议。参加会议的有麦积山石窟加固工程赴京人员、文物局有关处室负责人及文研所的专业技术人员。鉴于在关键问题上意见分歧较大，一时难以统一，于是宣布休会，待征求中国科学院岩石力学专家陈宗基教授的意见后再作决定。陈教授在听取了汇报的工程情况后，明确表示，加固麦积山的唯一正确的办法是锚杆锚固和灌浆黏结；开挖大梁洞反而会损害山体结构及其稳定性，因此不宜采取（这种方式）；对危岩采取打斜锚杆（里端向上）的办法加固。5月30日，按照陈教授的意见，国家文物局给了批复。至此才最后确定麦积山石窟加固工程的方案；后来在加固裂隙危岩时，又补充了黏、托等辅助措施，所以被称作"喷锚黏托"加固方案。

由于首次将喷锚技术应用于石窟加固，在国内外尚无现成的规范可循，因此只能是边试验、边设计、边施工，在摸索中前进。施工过程经历了曲折反复，克服了重重困难，加固方案才臻于完善，工程施工才圆满完成。这一结果来自工程技术人员的认真负责，来自他们的长期探索，是集体智慧的结晶，的确来之不易。

试想，如果按"西崖文物搬迁"方案实施，其结果将会怎样呢？许多珍贵雕塑和壁画很可能会变成一堆残渣！不搬迁文物已较先前前进了一大步，但如果用"挡墙柱"方案施工，就像用几根木棒支顶场上的麦垛一样，麦积山会变得不伦不类，而且由于使用材料与山体岩石有差异（主要是伸缩系数不同），反而会产生副作用。相反，采用"喷锚黏托"方案，依靠山体自身的稳定性进行综合治理，既达到了加固的目的，又保持了石窟的原有面貌，可谓两全其美，完全符合文物修复的原则，而且还节约了大量原材料。

冒生命之危，周鹏程绘立面图

周鹏程是甘肃省建筑勘察设计院测绘队的工程师。在麦积山石窟加固工程中，我们相识并共事多年，我才对他逐渐有了认识。他业务水平高，工作能力强，极其认真负责，想把工作做到最好。他生活、工作有规律，准时上下班，风雨无阻。他从不浪费任何一点时间，即使在休息时间，不是上山去写生，就是拉二胡。他独立生活的能力很强，凡是自己能干的事，从不去麻烦别人。冬天生炉子，没有生火的柴火，就自己去拾；有时还把石煤捡来砸烂凑合烧。他从不贪占别人便宜，但也很少吃亏。他总是很乐观，能苦中作乐，为人随和，乐于交往。他是生活中的强者。

高精度的麦积山石窟立面测绘图就是他的杰作。

周鹏程是怎么绘制出这样一幅测绘图的呢？原来，他采取了"因势转角投影法"，结合了攀登悬崖峭壁实地丈量和摄影照相等手段，才绘制出这幅高水准的测绘图。测绘图不仅满足了麦积山石窟加固工程设计与施工的需要，而且为研究山体加固前崖面的建筑遗迹提供了重要资料。按照此图重新布置的新栈道更加合理，施工放线时与崖面实际完全吻合。图中的东西崖大佛的尺寸，和我重新丈量的尺寸也是一致的，对此周师傅（我们都这样称呼）曾向我夸口说，他这幅测绘图，误差超不过 5 厘米。

周师傅是从 1974 年来麦积山搞测绘图。当时仅他一人。因为在数千平方米的崖面上，分布着 200 多个洞窟、1000 多米栈道以及大小许多桩眼等建筑遗迹，工作量很大。1976 年，测绘队又给他派来两位年轻助手，这才加快了进度。周师傅用仪器测量，用照相机拍照，这些都没有和别人不同之处。他和一般人不同之处在于超高空作业的能力和胆识。他经常悬在半崖上进行测量，一点不惧。比如他测量天桥时，脚手架还未搭上去，木道还未拆除，他叫钢筋工焊接了一个架子，挂在木道上，人翻越栈道，坐在挂篮中，丈量天桥下面的桩眼。要知道天桥在距地面 70 米的高空，周师傅悬在天桥下测量，看得人都害怕。

麦积山石窟立面测绘图内容丰富，关系复杂，绘制精美，这幅图是周鹏程测绘生涯中的得意之作。

喷锚支护，余恒村提权威意见

1978年元月20—22日，麦积山石窟加固工程领导小组在天水县招待所举行了第三次扩大会议。甘肃省文化局副局长霍仰山主持了会议。参加会议的有设计、科研、施工和有关方面的领导、工程师、技术员以及其他工作人员，共40多人。西南铁道科学研究所的余恒村总工程师也应邀参加了会议。

会议听取了参与工程各方在设计、科研、施工及其他方面的汇报情况，着重讨论了如何落实"喷锚支护"加固方案，并制定当年的工作计划。参会人员曾多次上山，深入施工现场，攀高架，登栈道，详细察看崖面裂隙分布状况和西崖的喷锚效果。大家畅所欲言，进行了反复热烈的讨论，最后统一了意见，明确了任务。

对于危岩的加固，预应力锚杆虽然是主动受力，能将危岩紧紧拉在基岩上，但是锚端锚入基岩后，会产生强大的张拉力，但麦积山岩体疏松，裂隙发达，且这一施工属超高空作业，技术条件不成熟，未经试验贸然应用的话，风险太大。因此建议取消预应力锚杆，采用非预应力锚杆。虽然非预应力锚杆是被动受力，只能在危岩将落未落时起阻止作用，但已经过试验，技术条件成熟，施工较有把握，因而后来采用了挑梁支托和非预应力锚杆配合钢筋挂网喷射混凝土的"喷锚支护"加固方案。另外还采取了一些相应的加固措施：适当增加锚杆，适当放大钢筋网格，（特意）留排水孔和伸缩（孔），还确定对窟外形进行艺术处理，由文物保护方面的专业人员现场确定。

余恒村曾任成昆铁路总工程师，从大西南来到大西北，情绪十分高涨。但他平时说话不多，只是微笑。会议最后他作了长篇发言。要点是：麦积山岩石呈水平层，因此山体是稳固的，这也是能够加固的前提。崖面破碎系风化所致，进行加固是正确的。锚杆加密，钢筋网格放大也是正确的。西崖下部已经喷射混凝土的地方可不必改变，因为钢筋混凝土系柔性之物；尚未挂网喷护的地方，可以考虑留伸缩孔。水的排除也应得要重视。对于裂隙喷灌水泥砂浆，填充密实，可以达到加固的目的。水泥跟砂岩的黏结力每平方米110吨，喷射混凝土砂浆是加固裂隙的必要措施之一。对危石的加固有两种方案：锚杆，挑梁。如果问题不大，也不反对用锚杆。"喷锚支护"是能保证麦积山加固百年大计的。采用预应力锚杆的想法是有道理的，不能一棍子打死。因为在麦积山暂时摸不清情况，所以暂时不能应用。余总工程师的发言，参会人员很重视，也很认同。余总的话意味深长，从中可以看出他对预应力锚杆情有独钟。他说的对预应力"不能一棍子打死"，意思是预应力在麦积山不能应用，并不等于在别的工程中不能应用；在麦积山也是暂时不能用，并不等于永远不能应用。在工程中已经大量应用了预应力锚杆，效果是很明显的。余总工程师对预应力锚杆在岩体加固工程中的作用的肯定，也预示了预应力锚杆在建筑工程中的广阔前景。

亲赴麦积山，陈宗基指导加固施工

陈宗基教授是中国科学院地球物理研究所著名的岩石力学专家，他与麦积山有缘。1978年，他就在麦积山对危岩进行加固施工。工程技术人员对重大问题有意见分歧时，是陈教授给出了权威性意见，最后确定了工程方案，对推进工程起了决定性作用。

这年（1979年）春天召开了工程会议，落实国家文物局批准的"喷锚支护"加固方案。会议中，有工程技术人员提出，预应力锚杆虽然优于非预应力锚杆，但是麦积山岩体疏松，施工中风险太大，建议取消。这一意见经讨论达成了共识。同时设计部门又提出，在西崖中下部基岩上开挖7个大梁洞，以便作悬挑梁柱支顶上部危岩。

5月中旬，甘肃省文化局将这些建议和意见报国家文物局审批。因为事关重大，（甘肃省建筑勘察）设计院总工程师李维局、工程师陈樵尧，施工小分队队长王成己，工程办公室派我和技术组组长蒲成生一同赴京，向国家文物局当面申述。国家文物局副局长彭则放主持了会议，听取了汇报，进行了讨论研究。参加会议的还有国家文物局有关处室的负责人，文研所的有关人员和麦积山赴京全体人员。会上意见分歧很大，一时难以统一。文物研究所的专家就提议，向中国科学院陈宗基教授请教。陈教授是著名的岩石力学专家，我们可以听听他的意见。于是彭副局长宣布休会，先请教再审议。

5月19日上午，经文研所专家的引荐，我们前往中国科学院拜访陈教授。前去拜访的还有文物研究所的余鸣谦、宋森才。陈教授中等身材，微胖，已年过花甲，但精神饱满，和蔼可亲，具有长者之风。他热情地接待了我们。他听了我们关于麦积山石窟及加固方案的演变过程介绍后，说了他的意见。他说，他虽未到过麦积山，但对砂砾岩的状况还是了解的。他明确表示：加固麦积山唯一正确的办法是锚杆锚固和灌浆黏结；在基岩上开挖大梁洞反而会对山体结构及其稳定性造成损害，因此不建议采取悬挑梁柱支托的办法；对于危若采取打斜铺杆（里端向上）的办法加固。其间陈樵尧多次提问，陈教授都作了回答。陈教授对麦积山石窟加固工程很感兴趣，我们这次拜访超过了

张锦秀 221

约定时间一个多小时。临别时，我们邀请他去视察指导，他欣然同意了。

5 月 30 日，国家文物局批准同意改为非预应力锚杆配合钢筋挂网喷射混凝土的"喷锚支护"加固方案，对危岩采用斜锚杆锚固，否决了在基岩上开挖大梁洞的意见。到此时，麦积山加固方案才最后确定，参与工程各方不再有不同意见。

之后不久，我们通过甘肃省文化局和国家文物局，向中国科学院发出了邀请陈宗基教授的公函。1980 年元月 10 日，陈教授在该所（中国科学院岩石力学所）康文法和文研所高念祖、黄克忠的陪同下途经兰州，来到了麦积山。陪同前来的还有甘肃省文化局赵友贤副局长和文物处钟圣祖处长。

陈教授赴天水当天，就上山视察了西崖工程现场施工效果。他还参观了东崖洞窟文物，详细察看了东崖危岩及裂隙分布状况。11 日在麦积山馆进行座谈，由赵友贤副局长主持。

设计、科研、施工方面的技术人员和工程办公室的同志简要作了介绍并汇报情况。之后，陈教授发表了长篇讲话。

陈教授首先赞扬大家干得好，接着详尽地分析了麦积山的岩体状况，系统地阐述了对麦积山石窟进行加固的原则及应注意的问题。他反复强调在中国科学院见我们时发表的意见。他说，应当把麦积山看成一个"活"的岩体，对它的破坏在不断地发展，应力状态也在不断改变、调整，即岩体处在"流变"过程中。在受到人为开挖后，自然岩体内部应力有调整和改变，其结果出现两种可能性：一是稳定状态，一是半稳定状态，麦积山即属于后者。我们加固的原则是尽可能让岩体本身的强度发挥作用。采用喷锚技术配合裂隙灌浆，即可达到这个目的。锚杆可分担岩体的部分内应力，减少或限制岩体"流变"

与裂隙的发展，再辅以灌浆，便能增加岩体之间的黏结力与摩擦力。岩体内部的应力经过调整，可达到平衡稳定状态。陈教授着重讲述了对几处危岩的加固问题，总的原则是用三向锚杆锚固和灌浆黏结。牛儿堂和上七佛阁之间的危岩最为突出，可估算出它的重量，打上足以控制它的锚杆，再加上安全系数即可；在其下部崖壁凹进处，还可作喷锚混凝土拱梁承托。对于15窟和上七佛阁及一些大跨度的顶部，打三向锚杆再挂网喷护，使之形成一个薄壁拱壳，可达到加固和保持原貌的目的。陈教授特别叮嘱要注意施工中的安全问题，窟顶施工一定要有防护钢板遮挡；70米高的脚手架一定要有斜撑和崖面固定的点。排水问题也应引起重视，予以处理。

陈教授的讲话，使与会人员提高了认识，明确了方向，坚定了信心。

此后按照陈教授的意见，制定了周详的施工计划。由于各方通力合作，在1984年圆满完成了施工任务。工程竣工20多年了，麦积山石窟加固工程的质量是可靠的。这其中也倾注了陈宗基教授的心血，人们不会忘记他。

巨石掉落险砸人，施工队几欲撤离

安全问题是任何工程施工必须面对的重大问题。麦积山石窟加固工程的特点是高、难、险，在八年漫长时间里，加固施工从未出现重大人身伤亡事故，创造了安全施工的好成绩。但工程初期也曾发生一次较大险情，施工队伍几乎中途撤退。

1978年秋天，规模宏伟的西崖脚手架工程正在施工。（记得是）在一个雨后初晴的日子，工人们吃罢中午饭，前往工地。忽听一声巨响,从山顶落下一块巨石,穿过两重厚架板,散落在地上。幸好施工人员还没到现场,避免了一场重大人身伤亡事故,否则后果不堪设想。事故发生后,施工停止,人心惶惶。五公司的魏总工程师认为风险太大,主张撤回施工队伍。但五公司第一工程处的俞达宝主任则力主坚持做完。

施工队伍撤还是不撤?俞达宝主任赶到了麦积山现场,同大家一起研究对付危石的办法。根据麦积山文管所工作人员长期观察的经验,山顶大块危石的掉落,都发生在雨天或雨后不久。因为砂砾岩的胶结物遇水膨胀,结构会松散,失去胶结作用,因而危石极其容易掉落;不过晴天岩石被晒干,失去了水分,胶结物胶结牢固,结构紧密,岩石不易掉落。所以在气候干燥时,岩块是比较牢固的;不过脱落碎石渣是常有的事,用架板完全可以遮挡。

基于这样的认识,施工队就制定了抢晴天、避雨天的施工部署,继续施工。同时将高处容易脱落的危石进行了清理,又用防护板遮挡、仪器监测,设置了瞭望哨进行观察等安全措施。由于高度警惕,认真对待,在此后数年的施工中,再也没有发生任何安全事故。这不能不说是一个奇迹。

试想,假如当年施工队伍中途撤出,那么麦积山石窟的维修加固又要拖到何年何月才能复工?施工小分队的工人是完成石窟维修加固的功臣,加固麦积山石窟的宏伟蓝图,在他们手中变成了现实。俞达宝主任在关键时刻决策正确,处置得当,是有功之臣。

支援嘉峪关

嘉峪关是万里长城西部终点,是明代建筑,属于全国重点文物保护单位，因为年久失修，残损甚重，亟须维修加固。为此国家文物局领导给麦积山石窟加固工程办公室下指示，抽调部分施工力量前往嘉峪关，对夯土城墙进行喷锚加固试验，为今后大规模维修加固提供借鉴。

为了更好地完成这次试验施工任务，加固工程办公室召开了一次由相关技术人员参加的会议，会议上研究制定了试验方案，安排了参加人员，明确了工作任务。试验小组共七人，由我带队。1979年9月20日，司机黄万祥和一名随车人员运送机械设备先行，其他人乘火车随后到达。嘉峪关城楼管理人员热情地接待了我们。他们已经备好了黏土、砂子、白灰等试验材料，还有两三名职工进行配合。

9月25日，夯土城墙喷锚加固试验开始。试验地点在墙楼南侧城墙下部，面积40平方米。试验工序是这样的：清理墙面、钻孔、灌浆、插锚杆、作基础、喷三合土。试验分三部分，第一部分配料：土5、砂3、白灰2；第二部分配料：土4、煤渣4、白灰2；第三部分配料同第二部分，不打锚杆，素喷。

他们购进的一车精砂，造价昂贵反倒无用，与黄土掺和还是以毛砂为好。

钻孔时两种钻机都钻过，风钻震动太大，尘土飞扬；还是电钻较好。喷护时配料的湿度要求严格，所以一定要掌握好进水，太干会尘土飞扬，太湿会堵塞喷射管道。水罐放在城头，利用自然压力很容易掌握。10月2日，试验完毕。城楼内文管所自备丰盛的饭菜一桌，犒劳参与试验人员。

第二年6月6日，麦积山石窟加固工程办公室主任曹风歧等人，去嘉峪关试验施工现场做了测试鉴定。应邀参加的有甘肃省建筑科学研究所工程师易武志、技术员韩作新，施工小分队何王甲，加固工程办公室的我、蒲成生、苏发春。嘉峪关市文管所的巨金虎、刘俊德配合测试。测试包括喷护层的黏结力、张拉力、剪应力、压力强度、锚杆拉力、裂隙分布等方面。

根据测试情况，参与测试人员和嘉峪关市文教局副局长李作标、秘书科长刘生泉、文化科长徐如梁、干事刘恩玉、文管所副所长高凤山，在6月10日上午，在嘉峪关市政府会议室进行了讨论分析。讨论分析的意见如下：

一、用料配比尚需继续研究试验。以炉渣、黏土、白灰为宜。炉渣重量轻，强度高，容易与黏土黏结。

二、分层喷护。以分三层为宜，第一层增加黏土，增加黏结力；第二层多加炉渣，提高抗压强度；第三层增加白灰，提高抗雨水冲刷的能力。

三、解决排除积水问题。揭取城墙上部砖块，作一层防水，按原状复原；城墙根部作基础，进行排水处理。

四、锚杆挂网问题。通过试验，完全不需要钢锚杆和钢筋网；可适当打木橛、挂竹筋网。

五、改进施工机具。使用移动式脚手架，既方便又省力；使用喷头摸灰机，对喷层既磨且压，既密实又好看。

座谈讨论中，嘉峪关方面称赞了麦积山石窟加固工程办公室和甘肃省建筑科学研究所为这次试验和测试所作的努力，也对卓有成效的工作称赞有加。

大家一致表示，保护祖国的文物古迹是我们共同的责任，我们要把它维修好、保护好。

这一次试验施工与测试工作能顺利进行，是文博单位之间、文博与科研单位之间良好合作的结果。尽管之后嘉峪关夯土城墙的维修工程未采用喷锚技术，但是它为后来的维修工程提供了借鉴，是毋庸置疑的。

铺设电路实用，但有遗憾

在麦积山石窟加固工程的喷锚施工中，原计划把电路管道埋设于崖面喷护层中，可是由于有不同认识，意见分歧，而被否定。后来在喷护层表面架设的方钢管电路管道，是为了施工和洞窟照明而设置的临时线路，和整个窟群不太协调，所以临时电路管道该拆除，但一直沿用了20多年。

麦积山石窟加固工程是麦积山石窟维修史上的一件大事，因而碰到的许多重大问题，加固工程办公室一贯处理得很慎重。一般，加固工程办公室先将方案意见提交给加固工程领导小组审议，再将审议结果报上级主管部门审批，然后再交工程办公室实施。对于在崖面喷护层中是否埋设电路管道的问题，根据上级"全面考虑，统一施工，不要漏项"的指示精神，麦积山石窟加固工程领导小组在《第四次扩大会议纪要》中明确决定："在崖面施工中埋设电路管道（此项不进行设计，由电工在现场处理即可）。"可是当时文物处处长认为在洞窟内用电灯照明，对文物不利（主要指壁画和塑像的色彩，在电灯照射下会引起色变），因而提出不必在崖面埋设电路管道。而国家文物局文物处领导的意见是，可以考虑埋设电路管道，所干部要求埋设电路管道的呼声也比较强烈。在这样的情况下，工程办公室无所适从，但因为施工在即，不能久等，因而1980年5月20日给甘肃省文化局去了函件，要求就崖面喷护层内是否埋设电路管道的问题请示明确答复；甘肃省文化局就以电报形式予以批复：喷护层内不再埋设电路管道。

工程办公室就以此为依据进行了施工。但是崖面洞窟的照明需要用电，就在东西崖之间的喷护层表面，由下到上架设了多条方钢管临时电路管道。这一"临时"就是 20 多年。

这 20 多年来形势发展很快，变化也日新月异，社会已进入电子信息化时代。电在人们的生活和工作中已经不可缺少。同样洞窟也离不开电，去湿机及监测设备要用电，维修机器要用电，临摹及参观考察的照明也要用电。电是非用不可，问题是如何控制照明用电，把光线对色彩的损害减少到最小程度。原来在崖面喷护层内埋设电路管道的决策是正确的，不让埋设的决定则是一种失误，只考虑了一面而忽视了另一面，没有统筹兼顾。

记得竣工后，代表上山检查验收工程，中国文物研究所的蔡学昌所长，指着铺设在喷护层表面的方钢管电路管道，对我和蒲成生说："你们咋搞的？多难看！"我俩无言以对，只能对视苦笑。这也是这个工程美中不足之一。好在几年前已将临时管道拆除，在栈道板下面重新架设了隐蔽性的电路管道，原来电路管道与崖面不协调的状况已经改变。

拆除实验栈道，可惜

20 世纪七八十年代进行的麦积山石窟加固工程中，原来架设在崖面的木构栈道需要全部拆除，取代它的是钢筋混凝土与钢管扶栏相结合的新型栈道。这种新型栈道除了重量较木栈道大外，其他方面都比木栈道优越，主要优点是具有永久性。为了建设永久性的新栈道，1979 年在石窟东门外卧佛洞与狮子洞（即 1、2 号窟）前修筑了 20 米长的实验栈道。可惜这段实验栈道仅存在了两年多时间就永远消失了，而取代它的是传统形式的木栈道。

实验栈道是甘肃省建筑勘察设计院陈翘尧设计的，全部为钢筋混凝土结构，栏板为云带型，象征"麦积烟雨"，没有设置望柱。其中的挑梁是栈道的关键受力部位，之前甘肃省建筑科学研究所的易武志、郎咸贵，在卧佛洞东侧的空闲壁面进行了荷载试验，得到了可靠数据，也满足了设计施工的要求。

实验栈道建成时正是隆冬。为了给新浇铸的混凝土供暖，我们给它搭了帆布大帐篷，生了火，烧掉了10吨焦炭，可以说付出了较大的代价。后来广泛征求了意见，还在1980年做了鉴定。专家们认为实验栈道受力性能好，结实牢靠，缺点是过于笨重，梯道太窄，外观不够理想，需要改进。后来又多方征集栈道形式设计图样。我们从30多种图样中选送两种报批，其中的一种最后得到了批准，就是现在建成的钢筋混凝土钢管扶栏加固工程中的实验栈道和扶栏相结合的新栈道。

新栈道建成的时候，恰好国家文物局要求在上七佛阁前保留一段传统形式的木栈道。工程办公室认为木栈道容易糟朽，使用寿命短；上七佛阁位置太高，木栈道毁坏后不便维修，就建议将接近地面的实验栈道拆除，原地修建一段传统形式的木栈道，这样将来便于维修。这个建议被批准了，所以实验栈道就被传统形式的木栈道代替了。

可是木栈道弊病很多，长期风吹日晒雨淋，构件容易松动，又怕虫蛀火烧。尤其麦积山位于陇南山林地区，终年阴湿多雨，栈道糟朽毁坏速度很快。所以这段木栈道建成投入使用，前后不到10年就糟朽坍塌了，导致1、2号洞窟无法登临参观达10年之久。直到后来改用硬杂木重新修复，同时改进了施工工艺，才好了一些。

实验栈道虽然报废了，我却很怀念它。我常想，假如实验栈道不报废，也不必费一大笔资金在这里修筑木栈道，也不必经常投入人力物力修补它，既不造成浪费，又能一劳永逸，也不影响登临参观，何乐而不为呢？至于观感问题，调配适当颜色的涂料稍加修饰，就能协调。而且审美情趣纯属意识形态范畴，根本不存在绝对的好坏标准。再说，它又没有和新型栈道联结在一起，它单独存在，视线内不存在两种栈道形式的对比，因此也不存在不协调的问题。要保留一段木栈道供美术考古研究参考，可以选择距这百米的王子洞（195号窟）前，那里很偏僻，游人很少涉足，栈道的寿命或许会长一些，即使毁坏，一时不修复，也不会影响旅游参观。

现在回顾麦积山石窟加固工程，固然是石窟维修史上的壮举，但它并非十全十美，像这样处置不当的，虽属个别，但也是有的。任何事情都会有这样那样的不足和遗憾，麦积山石窟加固工程也不例外，实验栈道的拆除就为一例。今天时过境迁，既成事实，这些遗憾只能留在大家的记忆之中了。

八年加固，创造奇迹

1984年7月，历时八年的麦积山石窟加固工程胜利竣工，各路专家和有关领导齐聚一堂，在天水行署宾馆举行了工程鉴定及验收会议。参会人员在现场检查验收后，一致认为工程质量可靠，符合文物维修加固原则，是一项富有创造性的优质工程。

这次会议由甘肃省文化厅主办，甘肃省副省长刘恕和文化部顾问仲秋元主持。会上散发了由麦积山石窟加固工程办公室编印的麦积山石窟"喷锚黏托"加固设计简要图册和科研、设计、施工方面的单行材料。简要图册内除了"喷锚黏托"方案的主要设计图外，还附有原来"挡墙柱"加固方案的若干幅设计图。通过新旧两种方案的对比，结合现场检查验收，充分说明了"喷锚黏托"加固方案的优越性。麦积山石窟加固工程的圆满完成，是集体智慧的结晶，得到了参会代表的高度肯定与赞扬。

甘肃省文化厅副厅长赵友贤向大会作了工作汇报。中国文物保护科学技术研究所研究人员黄克忠、敦煌研究院院长段文杰、文化部顾问仲秋元、甘肃省副省长刘恕、国家文物局副局长庄敏先后发言，一致肯定了麦积山石窟加固工程。这个工程是我国文物保护事业的一项杰出成就。他们在赞扬和祝贺的同时，对麦积山方面也提出了希望和要求。希望在做好工程后续工作的同时，继续做好文物保护研究工作，做好宣传接待工作，为对外开放做好准备，开创麦积山文物保护工作的新局面。

段文杰院长深情地说："麦积山石窟加固工程的确很成功。现在登临其上，如履平地。我是第五次来麦积山，以前来有的洞窟没能进去。现在不仅达到了加固的目的，而且达到了保持原状的目的，钢筋水泥新栈道通往每一个洞窟。这是一个巨大的成就，这是文物保护、科研设计、施工单位，七八年做出（的）巨大结果。"

段院长是继敦煌保护神常书鸿之后敦煌的第二代领头人。他说："麦积山修过如同未修一样，这是一个巨大成就。全国几个大石窟的维修加固，都有遗憾的地方。莫高窟工程的牢固是第一的，外国人士认为保护得很好。如果到麦积山一看就更满意了，加固成就比哪个石窟都高。麦积山加固完毕，接着就要开放。麦积山的艺术，更具有民族特色，对进行爱国主义教育，增强民族自信心和自豪感，对社会主义精神文明建设有很大作用。许多国际友人等着开放，许多人写信询问。现在工程竣工验收，我祝贺麦积山工程的巨大胜利，祝贺社会主义祖国文物保护工作的巨大成就。"

在这次竣工鉴定验收会议上,曾以甘肃省人民政府和中华人民共和国文化部的名义刻了一块碑,题曰"麦积山石窟维修记",由刘恕和仲秋元揭碑。石碑镶嵌在石窟东门口崖壁上。并以同样的名义,向参与工程和为工程作出过重要贡献的有关各方赠送了锦旗。锦旗的内容分别是:"奖给云冈石窟文保所在麦积山石窟加固工程中裂隙灌浆成绩显著"、"奖给陕西省综合勘察设计院,在麦积山石窟加固工程中地质勘察精确"、"奖给甘肃省第五建筑工程公司,在麦积山石窟加固工程中不畏艰险精心施工"、"奖给甘肃省建筑科学研究所,在麦积山石窟加固工程中科研取得优异成绩"、"奖给甘肃省建筑勘察设计院,在麦积山石窟加固工程中群策群力精心设计"。

1985年,该工程荣获国家科技进步三等奖。

麦积山石窟，我参与的曲折波澜的加固工程

蒲成生

1936 年生，祖籍甘肃天水，1951 年跟随父亲学习土木建筑，先后在兰石厂、天水县中滩公社建筑工程队工作，1971 年调至麦积山文管所，其后全程参与了麦积山文物抢险加固项目工程，1996 年于麦积山石窟艺术研究所文物保护研究室退休。

在麦积山加固工程实施期间，曾担任加固工程技术组组长，负责或参与了麦积山文物抢险加固工程的水源勘查和引水、小水电建设和高压输电、北道材料转运站筹建等前期工作，完成了麦积山东西崖文物山体病害勘查和东崖加固工程五工段、十工段、六工段、七工段的方案设计及施工设计和图纸绘制。麦积山加固工程完成后，获得国家科学技术进步三等奖。

工程前奏

1961年，麦积山石窟成立了文物保管所。保管所成立后，国家就十分重视麦积山石窟保护工作的探索。这是因为隋唐时期的两次大地震，很多洞窟发生了垮塌，对麦积山石窟造成了严重破坏。倘若再遭遇地震灾害，麦积山的石窟将面临灭顶之灾。为了避免这样的事情发生，文物保管所开始探讨并研究如何加固麦积山岩体，为此也请了很多专家学者，包含地质、建筑、园林、艺术等方面。这项工作开展到1966年的时候，"文革"开始了，于是山体加固工作就被暂时搁置了。

这一搁置就到了1972年。那一年，国家开始着手麦积山石窟的山体加固工作，并派专家前来调查。专家们结合1961—1963年的调研工作，一共提出了三个加固方案：

第一方案：东崖加固，措施是黏、锚、顶、罩，西崖文物搬迁；

第二方案：东西崖都加固；

第三方案：对东四崖危岩进行临时性抢险加固。

虽然这三种方案都不理想，但基于加固工程的紧迫性，国家文物局于1973年批准采用第一方案进行施工，即东崖维修加固，西崖文物搬迁。方案就这样确定了，当时获得拨款70万元，筹备工作就马上开始了。

我于1971年参加麦积山石窟保护工作，成为了加固工程的一员。我从小是跟随父亲学木匠的，在盖房子方面小有名气，所以被选到麦积山石窟来参加工作。刚来的时候，我发现麦积山破烂不堪，根本无从下手。但是工作还是要开展。我们开始做前期准备工作。首先是要保证"三通",即水要通、电要通、路要通;其次要准备开工期间用的房子,百十来个工人需要解决住宿问题,原来的庙里头住不了,所以还要盖大小五六栋房子。同时在北道建了一个转运站,作为火车卸材料的中转站,然后从中转站再往麦积山运。

为了这个工程,甘肃省成立了加固工程领导小组,由文化厅的霍仰山同志任组长,副组长有五位。领导小组下设办公室,办公室主任是王毅,副主任张学荣、赵凤林,张锦秀任办公室秘书。办公室下面有三个组,分别是办公室组、技术组以及文物保护组。我是技术组的组长,副组长是萧莫,还有一位敦煌的同志。文物保护组由冯宗严任组长,冼宣任副组长。材料后勤组组长是敦煌的同志马进池。这就是当时加固工程办公室的组织结构。

工程设计的波波折折

我到加固工程技术组后,就跟前期所做的准备工作接轨了,但很快就遇到了难题。因为甘肃省建筑勘察设计院认为风险太大,不愿承担设计任务。在省里要求下,在承接任务之前,他们先派出了由院长、总工这些负责结构设计的专家组,先到麦积山来调查基本情况。当时他们是悄悄来的,还是被文化厅知道了。文化厅给所里打了个电话,要求所里派人到火车站去接这些专家。但他们没有坐火车,而是坐的自家卡车,而且是以旅游的名义来的。

当时,我正好从场上出来,碰到了其中的天水籍工程师康士林,便上前打招呼:"康工怎么来了,卡车上都是泥,赶紧跟我进房子,我给你打一盆水洗一下吧。"康工跟我进了房子。我问他来执行什么任务。他说是保密任务,事过以后才能说。我就没有再问。康工洗了脸，喝了两口茶后，急忙赶去了东崖。跟康工一同来的是总工程师李卫军。他绕着麦积山山脚下走，说从这个角度很难看清全貌，便问康工有没有能够参考的图纸。康工找到了我，我告诉他所里有一个图，虽然不是很准确，但大体情况可以看。我就把图拿给了他。

因为他们说这次是来进行保密任务的，我就把图纸送到东崖门口后就准备离开了。这时李卫军问我可不可以给他们当个向导。于是我就带着他们上了麦积山，跟他们讲解，哪里是东崖，哪里是西崖，崖体裂隙的情况等等。整个参观过程中，甘肃省建筑勘察设计院的人并没有表态。从山上下来之后，这些专家正准备要走，张所长赶到了山上，他留朱院长、李总工吃晚饭。晚饭期间我们几个人聊得很好，一直聊到了夜里十二点左右。

第二天早晨吃完早饭，我和张所长再次带着专家们上麦积山考察。考察结束后，我们一行回到所里座谈。专家们表示，经过他们的判断，初步认为西崖不太危险，危险的是东崖，并且东、西崖都可以选择就地加工的方式进行加固。这就改变了国家文物局此前的西崖较危险的观点。对于这个看法，张所长非常同意。甘肃省建筑勘察设计院的专家们回去以后，又组织了一些人到现场来。他们将东、西崖整个看了一遍，划分了十个工作区。当时在西崖底端塌了的部位安排了四个工段；上层也安排了第八、第九两个工段，这两个工段的裂隙非常突出，在距离边沿 3.5 米的位置有一个大裂隙，而且三个洞窟是上下贯通的。

他们发现第五工段那里有一个很明显的裂隙，裂隙的走向并不太清楚，但是危岩体看上去有几千吨重，非常危险。甘肃省建筑勘察设计院提出的方案是要做一个 10 多米高的大柱子支顶。方案做好后报到国家文物局。因为这个方案对麦积山的风貌可能造成较大的改变，国家文物局没有马上批准。这段时间我们只能先进行前期的准备工作。这时西南铁道科学研究所派了人来，先做一至四工段的加固试验研究工作，开工前做了锚杆强度的试验，确认了锚杆的性能。

锚杆试验非常成功，那是不是代表我们可以用这个方案开展工作了呢？其实不是的，我们还应该多出去走走，看看别人是怎么做的。于是就组织了科研、设计、施工单位以及加固工程办公室的同志们一同去了西安、成都、武汉这几个地方参观考察。在参观过程中，我们发现铁路上对于铁路边沿有坍塌风险的山体采用的加固方式是：先打一个锚杆进去，再挂一些钢筋网，之后在表面喷混凝土。这个方式很好地解决了铁路周边山体坍塌的问题。于是我们就思考：在麦积山是不是也可以借鉴呢？参观组回来之后，抓紧时间又报了一个方案，这个方案是采用非预应力的喷锚挂网加固法。上报之后，获得了批复，这时是1976年。西南铁道科学研究所对于新方案的试验报告也出来了，报告上说，用喷锚加固有较强的科学依据，加固的效果也很好。1977年的时候，西南铁道科学研究所正式委托甘肃省建筑勘察设计院来做施工设计图，年底施工单位进场，开始准备施工。

由于加固方案使用的是新工艺，盖房子的工匠们不太懂，就先到西南铁道科学研究所学习工艺。除了工艺之外，锚杆的深度也要特别注意。之前，做实验的时候是计算打钎眼，最深打50厘米，但是现在需要穿过这个3.5米的裂隙，将锚杆打到崖体上，倘若穿不透，山就会崩塌。这次麦积山加固工艺要困难得多，必须打5米深。为了满足这个要求，我们去机电厂专门定制了电机。在用电机钻孔的时候，由于后坐力非常大，将电机架子都推倒了。我们只能临时把架子捆到山体上,这样,钻机产生的后坐力就传到架杆上,才算成功。另外,灌浆也是个难题。做试验的时候采用的是50厘米的,实际操作时却是5米深的,如何灌进去呢?经过研究,我们决定用管子先做试验,成功后再把真正的杆子插到里面,这算是锚杆灌浆成功了。

挂上钢筋网以后,需要在表面喷混凝土,喷的过程又遇到了难题,混凝土容易堵在管子中间,再加上空压机的压力很大,管子就被压爆破了。为了解决这个问题,我们尝试用干沙子与干石子和着水泥搅拌,然后干冲,效果非常好。

最后就剩下崖体表面的作旧工作了。文物修复的原则是不改变原貌,石窟加固修复后的表面要和山体原本的颜色一致。我们计划用火山灰红水泥,这与崖体本身的色泽比较匹配,但是喷上后,产生裂隙的现象非常严重。就这个问题,我们请教了云冈文管所加固工作组的技术人员。他们加固云冈石窟时用的是当地的石头,把石头磨成粉后加到水泥里,然后喷到岩体表面,这样即便之后产生一些缝隙,也与周围的颜色相当,看不出来。我们借鉴了这个经验。正好麦积山遍地是沙,用沙子做岩体表面正合适。于是就派人找来红色的沙子,与水泥搅拌以后喷到表面。这么做的效果并不太好,因为水泥把砂浆的颜色遮盖了,看不出本身的红色。最后,我们一边喷砂浆,一边冲洗表层的水泥,用干沙子做岩体表面,这样才获得比较理想的结果。

当加固完石窟下部的危险部分之后,该处理上部的加固问题了。上部的主要问题是危岩体,随时可能掉下来,这就要用到预应力锚杆来对危岩体进行加固。当时在建筑领域预应力锚杆还是个新产物,当甘肃省建筑勘察设计院向西南铁道科学研究所要数据的时候,西南铁道科学研究所拿不出来。一个是因为危岩体所处的位置太高，得不到数据，况且当时对于预应力大家都不太了解，于是就开始互相推诿，并说预应力锚杆的方案不适合用在麦积山石窟加固工程当中，坚持要推翻。

很巧的是，1978年正好赶上航修厂建了一个36米高的物架，是当时西北最大的物架，采用的正是预应力。这个物架是西南铁道科学研究所承担并研究的。他们在前期做预应力实验的时候，邀请了全国这个方面的专家，我也是被邀请人之一。后来，我参与了麦积山的预应力实验及后期的破坏性实验，用到了此前的经验。在实验中，所有负重都加上后，发现并没有压垮锚杆。这个结果令施工单位和业主都非常满意。但西南铁道科学研究所的专家们并不满意，他们认为这个数据不够准确，没办法纳入国家的规范里面。但（获得）数据准确，在当时是不可能实现的。

实验过后，我带专家们前往麦积山进行实地考察，从山脚下看上面悬吊的石头。考察结束之后，我们开会讨论。多方讨论后，推翻了预应力方案，恢复了之前的大柱支顶的方案。当时第八、第九工段的危岩下方有七个大洞，洞深5米、宽1米，我们采用现浇梁的方式，将梁挑出来以后再做半截柱子，用来支顶第八、九工段的危岩。对于这个方案我是有一定的根据的，因此专家们都听从了我的方案。方案设计好之后报到了北京。我们也前往北京，邀请了地质与艺术方面的专家，以及甘肃省建筑勘察设计院、甘肃省建五公司、麦积山工程办等单位，共同讨论大柱支顶方案。会上争议很大。有人建议，中国科学院的陈宗基教授是地球物理研究所著名岩石力学专家，可听听他的意见。于是经过引荐，我们前往中国科学院去请教陈教授。大柱子方案、预应力方案都被陈教授否决了。他拿出一本书，用红色铅笔画了一个图,即斜锚杆加固方式。于是最终方案就这么决定了。

随后斜锚杆方案批下来了,但是甘肃省建筑勘察设计院的人却迟迟没有拿出斜锚杆方案的图纸。他们认为麦积山风化严重,斜锚杆若打到石窟洞窟(本身),他们无法承担责任。但施工单位又等着要斜锚杆的图纸。为此请来了省领导。省领导组织召开了工作会议。会上,郭省长十分不满意,斥责甘肃省建筑勘察设计院不负责任。朱院长解释说,麦积山的方案他们正在研究当中,中央文件批复下来后,会立刻着手进行施工图纸的绘制。通过这次会议,我们明确了一些基本数据,如:斜锚杆打进的角度最大为45度,最小30度。甘肃省建筑勘察设计院绘制的施工图纸通过审查之后,我们完成了西崖的加固工作。

之后,该着手东崖的加固工程了。当时麦积山东崖有个洞,部分同志认为加固太麻烦了,建议先不要管这个洞了。但是考虑到留下这个洞不管,对未来的加固工程很不利,便拜托建委去跟甘肃省建筑勘察设计院谈。甘肃省建筑勘察设计院的人表示,他们可以做设计,前提是我们需要提供充足的材料。但当时条件有限,我们借不到相应的设备来完成这个工作。我将这个情况向上反映,上层领导决定由我来做这个方案的图纸绘制工作,若能做成就公开,做不成就继续向甘肃省建筑勘察设计院要图纸。拿到任务之后,我白天黑夜地画图。当时要求我在1979年12月15日拿出图纸并上报给国家,这样就能赶在年终前获得批复。我一共画了80多张图,画成后拿到文化厅去跟霍厅长汇报。之后前往北京去给专家汇报。直到1980年的2月20日才审批下来,同意我所报的方案。

我总算松了一口气,完成了一个大任务。文化厅也很高兴,于是就召开了会议，把甘肃省建筑勘察设计院的专家也请来了，希望能够继续委托甘肃省建筑勘察设计院绘制施工图。但甘肃省建筑勘察设计院依旧拖拖拉拉不愿意做，李工（李卫军）表示，希望继续由我来做施工图的设计。但是一方面我要顾施工现场，另一方面也没有帮手，我（表示）弄不成。这时李工说："你要什么条件或者想调什么人来帮忙，我都可以满足你。"于是我提议调早期在麦积山做结构研究的专家和做实验研究的李幼珍同志来作顾问。最后文化厅同意了。在专家的帮助下，这八九十套图总算是完成了。

栈道的加固

麦积山的栈道问题也很复杂。东崖的重点是大柱子支顶的位置，那里有个裂隙。我分析了那个裂隙，发现它的走向无非是：一种是直着向上，对应山体是稳固的，问题不大；另一种是拐弯，与崖壁走向平行，这种就比较危险。我按照最坏的考虑，提出了要打 10 米深的锚杆进行锚固。在设计图上，我提出"两头钻井"的方式能钻十米深的井，计划先把它绘制出来，再试验它的性能。这种做法搁在甘肃省建筑勘察设计院，他们是不敢做的，因为他们要有数据做支撑。我利用过去的经验，采用了陈教授的斜锚杆，发现非常适用。

在验收的时候，我们专门请来了陈教授，请他看看栈道加固得怎么样。陈教授上山以后，将每个细节挨个看了一遍，他很满意。与陈教授的交流让我受到很深的启发。之后我对栈道的层间距（2.5 米）、栈道宽度（1 米）以及悬挑的挑梁尺寸（1.5 米）都进行了统一，避免因为尺寸不一造成安全问题。针对栈道问题，领导小组多次开会进行讨论，会上意见分歧很大，以至于最终出了 30 多个方案。在这 30 多个方案中又挑选出了 5 个进行再次筛选，最终选中了现在这个方案。同时，为了保留文物的原真性，我们把试验栈道打掉了，做成木头的，保留了一部分以前的栈道。

因为麦积山石窟加固工程，我在 1985 年获得了"国家科学技术奖三等奖"。

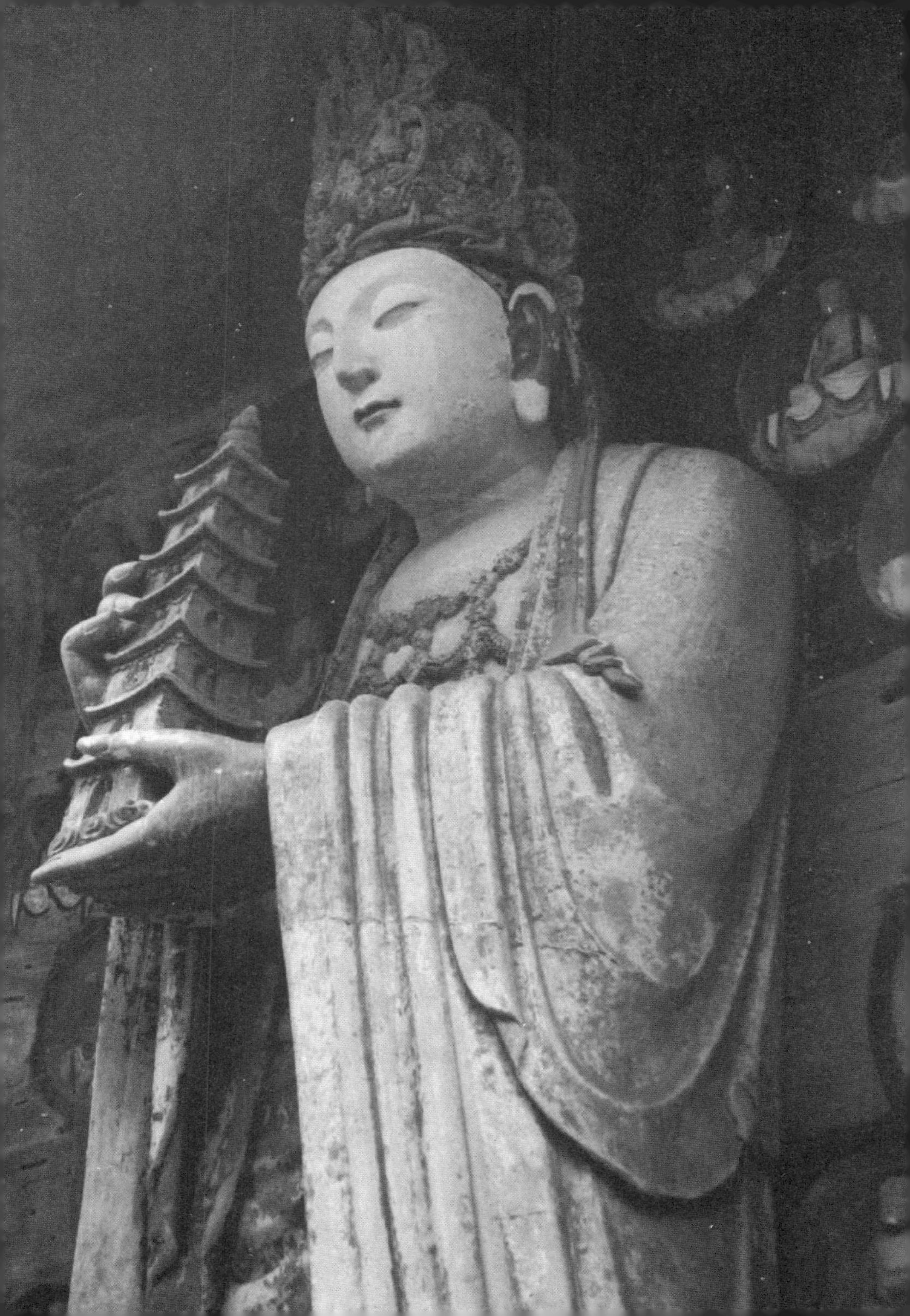

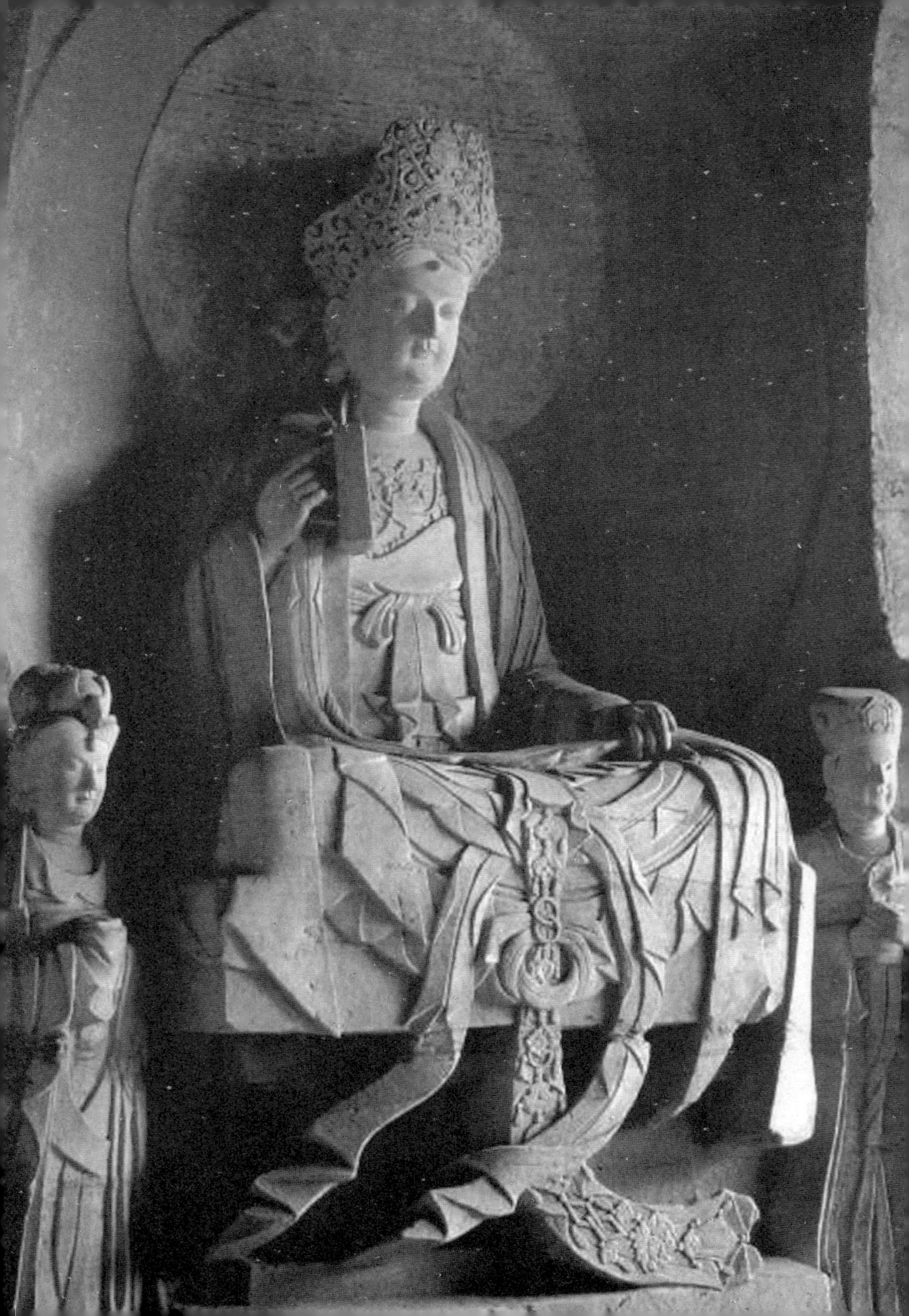

因《十年规划》结下的一辈子石窟情缘

马家郁

1941年生，四川阆中人，研究员。1964年毕业于四川科学技术学院，曾任四川省文物考古研究所所长、四川省博物馆馆长、四川省文物局副局长，兼任中国文物保护技术协会常务理事。长期从事文物保护技术工作，先后在四川、云南、西藏等地开展石窟及壁画保护工程和科研课题。曾获得国家科技进步二等奖1项、文化部科技进步二等奖2项、国家文物局科技进步二等奖1项，被授予国家"有突出贡献的中青年专家"称号，享受国务院政府特殊津贴。

中國石窟寺保护七十年

约四十年前有缘参与大足石刻宝顶山北山摩崖造像第一、二期维修保护工程，苦在其中，乐亦其中。常相忆，味无穷。

馬家郁

二〇一九年三月六日

一份"任务通知"引发的石窟缘

我最初就读于四川科技学院,专业是高分子材料,那时候是保密的,叫301系。后来因为学校缺乏师资和设备,没法进行试验,院系进行了调整,准备跟上海科大合并。当时,四川省政府考虑到在学生分配方面要能够由四川省自己做主,最终把这个学校归到了成都大学。就这样,我最后一年的专业也改为了分析化学。1964年我提前一年毕业,学校最初分配我到峨眉电影制片厂做科教片,到(四川)省文化局报到的时候却把我改到四川省博物馆工作。得知这个消息心里就不痛快,印象里,博物馆的人都是一些五老七贤,我这个学自然科学的到博物馆干嘛?而且我在学校的时候是一个文体活动的积极分子,我还是想去制片厂,不愿意到省博物馆工作。后来文化局的领导给我解释,考虑到省博物馆这边有科研任务,而且是国家科委下达的有关文物保护的科研项目,所以要从分配到文化局的三个学化学的同学中挑选成绩好一些的,我的成绩处在中间,才把我调过来。到文化局报到的其余同学被分配到了制片厂工作,我认为我的文艺水平比他们高,所以我很羡慕,当时真的希望能去峨眉电影制片厂。

没想到,刚到省博物馆报到,我的入门老师秦学圣就拿着国家科委的任务通知书和我面谈。这让我大吃一惊。那个时候心里非常振奋,又很激动。秦老师就把任务通知书给我们两个学化学的同学看,给我的课题就是石窟裂隙灌浆材料的研究,另外一个同学(曾中懋)是防风化材料研究。这个任务通知书一直留在我身边。

> 四川省文化局、四川省科委：
>
> 1963—1972年科学技术发展规划，业经中共中央和国务院原则批准，并责成国家科委下达各专业、各学科的规划。根据规划，现将四川省博物馆负责有关研究项目的中心问题通知如后：
>
> 1. 专48—019 石窟崩塌、风化的防止与处理。
> 2. 专48—022 出土文物、馆藏文物的保护。
>
> 请组织有关的参加单位和协作单位，切实安排，贯彻执行。各项中心问题的详细内容，请查阅有关的规划。
>
> 中华人民共和国科学技术委员会（盖章）
中华人民共和国文化部（盖章）
一九六四年三月
>
> 抄送单位：四川省博物馆

原来，《1963—1972科学技术发展规划》（简称《十年规划》），是我们国家在执行原有的1956—1967年十二年科学技术发展远景规划的基础上，于1963年制定的第二个国家科学技术发展规划。规划内容包括纲要、重点项目汇编、科学技术事业规划以及农业、工业、资源、医学、技术科学、基础科学等专业和学科规划共77卷，3205个中心问题。其中，文物保护项目的中心问题［专48—019（重292）］《石窟崩塌、风化的防止与处理》包括了与石质文物保护相关的10个研究项目，而我们博物馆按通知书分配由我个人独立承担并完成的任务即是在该中心问题之下，序号为（04）的研究项目："石窟围岩裂隙的聚丙烯酸树脂类材料灌浆固结。"

2010年，陆寿麟同志在《中国文物保护技术协会30年》一文中曾记述道："当时的文化部文物事业管理局副局长兼文物博物馆研究所所长的王书庄同志，为把上述文物保护研究项目列入国家规划，曾做了许多具体的工作"，"……自1962年秋到1965年秋，从波兰留学归国的王丹华、胡继高二人以及从教育部分配的化学、地质等学科的毕业生九人，陆陆续续被分配到研究所工作"。

由此可见，

1. 工作伊始就摊上了相关石窟保护的国家研究项目，这似乎注定我将要与石头打一辈子交道；

2. "有缘千里来相会"，是《十年规划》把我们这一代人拴在了一起；

3. 有了《十年规划》才有了文物保护科学技术这项事业。我们所做的工作，石窟保护也好，出土文物与馆藏文物的保护也罢，无一不发端于此；

4. 王书庄等老同志是我国文物保护科学技术事业最重要的创建者和奠基人，在这个行当、这个领域里，无论你今天如何飞黄腾达，"吃水不忘挖井人"，老前辈们所做出的努力与贡献，大家都应该永远铭记在心。

我的入门老师秦学圣先生早年在美国康奈尔大学读人类体质学，20世纪50年代初与学幼儿教育的夫人一起回国。先生最初被安排在重庆的西南师范学院任教授，后到西南博物院作研究员，再后来转到成都的四川省博物馆任研究部主任。我猜想他可能也和我们差不多，受到了那份任务通知书的感染，对我们即将面临的工作乃至个人平常的生活，安排与管理都非常严肃、认真，要求异常严格。

当时，博物馆对我们的要求挺严格的，早上要早读，起来锻炼，读外语，晚上还要上自习，就像在校学生一样。后来考虑到我们是学理工科的，属于自然科学，和文物一点不沾边，秦老师就让我们出差，派研究石窟的老师陪同我们到石窟寺调研。调研的第一站就是到大足，看了北山和宝顶山，所以我和大足有很深的渊缘。调研回去后，秦老师说，你们看了以后究竟怎么样，你们的工作对象就是这些，有没有兴趣？让我们回来写一个心得体会，只完成这样一个任务。

　　以前的这些老师真的很尽责，为培养我们做了很多工作。考虑到我们刚接触石窟，他也不是搞文物保护的，就把我们送到了北京，和当时的文化部文物博物馆研究所的同志一块儿做研究。我就在王丹华老师的手下，开始做丝绸这类文物的保护。那时候接手的项目就是保存驻印尼大使的衣物，因为印尼发生反华事件，大使馆的大使、工作人员去守护国旗受了伤，的确良衣服里面的棉质汗衫都粘有血迹。这些东西送回国内以后，国务院、外交部下派任务，要把这些实物资料保存下来。这就是我在北京参与的第一项工作。后来才和当初留在北京的文物保护研究所做石窟保护的同志，张贻义、蔡润、徐毓明、施子龙等同志一起赴洛阳龙门参与了"石窟雕刻品表面石灰岩凝浆消除"的相关实验和对奉先寺卢舍那大佛的病害调查等等。当时的任务是奉先寺卢舍那大佛的保护，这个大佛脸部有一条很大的裂隙，准备进行加固处理。1966年因"文革"，一切工作都停止了，我们这个小组也全部撤离回到北京。北京那个时候两家单位，一个是文物博物馆研究所，一个是古建修整所。大家都住在北京五四大街沙滩红楼，红楼里面贴满了大字报，实在没办法工作，我们就回到了四川。由此可见，先生及博物馆为培养我们，为让我们能够早日顺利圆满地完成国家下达的科研任务，着实动了不少心思，费了不少心血……遗憾的是，"文革"爆发，而且一搞就是十年。

从1966年到1976年这个阶段，由于搞运动，我们的工作没法开展，尽管闹革命搞得天翻地覆，但我们心中对那个《任务通知书》却始终难以释怀，所以相关的图书资料从来没有离开过我们，一有机会，我们总是会翻一翻、记一记的。我们自己心里面还认为，国家培养我们这么多年，大学毕业了还是要想办法给国家作点贡献，做点事情。所以那个时候尽管不能工作，还是偷偷地看了一些资料，掌握国内、国外的动态，当时的图书资料还是先进的，我们订阅的好比说《硅酸盐学报》等等这些涉及文物保护方面的，国外包括意大利的文物保护这方面的资料都是有的。

1972年秋，文化部文物局文物处陈滋德处长一行到四川调研，某天在四川省博物馆召开大会听取群众意见时，我们竟"冒天下之大不韪"，情绪激奋地提出建立文物保护实验室的要求，没想到这个要求居然就得到了领导很有分量的支持。当着省文化局和省博物馆领导的面，他表态说："现在就暂调你们到全国其他有条件的地方去工作，当你们这里啥时候有了实验室，你们啥时候再回来……"（这话给我们领导的压力确实够大的了哟）更万万没有想到的是，经过拼命努力，从要钱，跑设计，跑图纸，跑砖石钢筋水泥，跑设备，到当施工现场管理员都全包，不到三年的时间，终就在博物馆的大院里盖成了一幢独立的实验楼，上下两层，有10多个房间，共300多平方米。这在当时（尚在"文革"当中），绝无仅有，应属全国首例。

这桩事现在回想起来，如果用当下时髦的话来描述，那简直就是很戏剧哦……

但不管咋说，实验室的建成，毕竟为我们后来工作的顺利开展奠定了基础，创造了条件。

大足石刻保护的转折

"文革"结束以后,有一份关于大足石刻的档案资料里边就有记载,1977年我到大足石刻用环氧树脂对残断的石刻雕刻品进行黏结加固这样一个课题。那个时候就是用环氧树脂和环氧树脂胶泥对宝顶山毗卢洞里边残断的佛像、卧佛、卧佛前的弟子像进行黏结加固。圆觉洞中间一个面向佛的观音造像的头掉了,身子裂开的,当初拿铅丝把它捆起来,还有观音像两边很多手指也断了的。这些都进行了黏结加固处理修复。

然后就进入了80年代。1980年的秋天,那时候已经不叫文物博物馆研究所,应该叫文物部文物保护科学技术研究所,副所长蔡学昌和工程师余鸣谦两人从北京经成都到大足来调研。到了成都以后,他们首先去拜访四川省文化局,到文物处商谈这次大足之行的一些想法和任务。省文化厅文物处就派我和另外一个同志全程陪同,这是我第二次到大足。我们从大足调研后返回了成都,谈了很多事,其中一项就是,通报了在大足看到的一些问题,主要是宝顶山和北山两处摩崖造像的保存现状存在一些什么问题,下一步有一些什么想法。这是1980年9月份的事,这件事在陈所长的档案资料里面也有记载:"9月27日国家文物局文物保护研究所副所长蔡学昌高工、余鸣谦,四川省文管会办公室丁主春,工程师马家郁,同到大足考察石刻保护,研制维修工程方案,10月12日离去。"实际上说的就是这件事。

在交谈过程中,他们提到一个问题,是我过去从来没有听说过的。他们为什么这么重视大足石刻的保护,是因为在"文革"中发生了很多感人的故事。当地大足文管所的老所长,还有守着宝顶山的邓之金老师，他们为保护大足石刻不遭受破坏，还把当地的一些老百姓组织起来护卫造像。这确实立下了很大的功劳，这个事情也被记载了下来。当这个情况反映到北京去以后，由社科院历史所接到国务院的命令起草了一份电报发到大足。大足文管所接到这个电报之后把它全部抄誊下来到处张贴，向老百姓宣传，这样大足石刻得到了保护。所以文物部门相关的领导更是重视这个事，听到这个消息也很受感动，但是文化单位却迟迟没动。他们跟省文化厅文物处高文处长在谈的时候就谈到这样一个情况，"文革"结束了，应该开展保护工作了。他们还提出，希望省里边开会把这件事正式地确定下来。

他们离开以后，省里也根据他们的建议，于1980年12月在大足开了一个"四川省大足石刻保护座谈会"，省里所有的相关文管所，广元、巴中、安岳，当然包括大足，都派人参加了这个会，还有北京文研所的黄克忠和贾瑞广也一块儿到大足参加了这个会。这个会上的最终决议之一，就是由黄克忠、贾瑞广、我和大足文管所的王庆煜4个人组成工作技术小组，草拟大足北山、宝顶山摩崖造像第一、二期保护维修工程方案，然后报文化部批准。12月底，中国文物保护技术协会成立了，在北京召开中国文物保护技术协会成立大会。那个时候我们做工程设计，还没有方案审批、专家评审这一套流程。为了把这个工作做得更好，蔡所长建议，施工之前把这个施工方案以1981年召开的"中国文物保护技术协会的石窟保护专业委员会学术讨论会"的形式敲定。所以在1981年4月10日到14日，"中国文物保护技术协会石窟保护技术经验交流会"就在大足县招待所召开了。当时全国石窟寺来了很多人，比如云冈石窟的解廷凡和龙门石窟的刘景龙。《四川日报》4月22日也报道了该会，写到"全国各地的专家学者50多位就地考察，制定大足石窟北山，宝顶山石窟维修方案，会后高工贾瑞广、黄克忠和文管所同志一道具体制定一、二期工程的规划方案，上报国家文物局"，到了9月份工程就正式动工了。

从蔡所长和余鸣谦他们到大足以后，大足石刻的保护就发生了一些变化。自中华人民共和国1949年成立以来的30年，也就是1949年到1979年这30年，大足石刻陆陆续续做了一些保护工程，比如北山增设的长廊、宝顶山毗卢洞垮塌的抢修、牧牛道场造像增设的窟檐，这些工程都是比较有影响和有代表性的。但是工程总是断断续续的，限于经费的问题，总是隔一两年进行一个，或者发现什么问题才想着去解决，有时候遇到问题还不一定能够得到解决，不像现在的保护是有一个保护规划的。但是从蔡所长和余工他们到大足以后的40年，大足开展的工程几乎是接连不断的。所以我觉得可以把大足石刻的保护分两个阶段，前30年、后40年。大足石刻保护发生转折的后40年中成果是相当丰富的，效果也是非常明显的。第一期大足石刻北山、宝顶山摩崖造像第一、二期维修工程就是这个中间节点。

136窟的保护

我有幸参加了第一、二期维修工程的工作，工程内容大概有15项。宝顶山原来的入口梯道发生了事故，需要把它撤销，再新增参观道。宝顶山北岸的地狱经变相有很大一个岩块已经被挤出来了，发生了很大的位移，需要用锚固、灌浆的方式把它复原。在北山，南段第3窟到第10窟需要灌浆加固，北段的重点是136窟。136窟的治理包括顶板渗水裂隙的灌浆补强和治水，还有中心柱（我们称之为中心柱，实际上它也叫转轮经藏）支顶顶板的一个雕刻品的加固。所以136窟的治理是三位一体的，包括三个项目，治水、加固和顶板裂隙灌浆的处理。我在 136 窟的工作里面主要就是做顶板裂隙灌浆材料研制和后边的应用施工。

136 窟是北山摩崖造像的一个代表作，非常精美，一旦出事，后果确实很严重。136 窟长期渗漏，当初的保护工程在 1983 年左右完成了，但是隔了没有多长时间又出现渗漏的情况。现在初步分析，我在想这些问题，就是我们当初把这个后壁的渗水裂隙改作了一个排水通道，它还是在岩壁上面，没有向里边推。内壁就是原来的崖壁，外面用小青瓦盖上去，形成了一个柱状的筒，让它来排水，外边再用水泥、砂浆把它抹平、做旧了。但是过后出现了一些小的缝，水还是顺着后壁的崖壁又渗出来了。还有就是顶板和后壁交接的地方，当时为了防止灌浆材料向后壁崖体里边走，就要把裂隙封堵上，封堵材料当时考虑了速凝的性质，把环氧浆液给它压上去，很快地就把它封起来，当初可能是没有问题的，但是时间久了，堵漏的材料出现了问题，重新引起了渗水问题，防渗堵漏的持久性就不是那么有保证。

1989 年至 1994 年又进行了综合保护工程，文化部文物保护技术研究所贾瑞广、王金华，武汉地质大学的潘别桐、方云教授参与了整个保护工作。他们把 136 窟顶板的堆积物这部分做了一个防渗的处理，在 136 窟后边开挖隧洞用于降水，将后部来的渗水排向廊道，从廊道里边把水排走。还有就是增加一些地面排水沟，通过排水沟将水排掉。经过 30 多年的跟踪监测，136 窟附近的水害的问题基本上得到了比较令人满意的解决。

第一、二期工程，我觉得在大足石刻的保护过程当中是一个很具有标志性的事件，尽管它是 1981 年施工，经过三年，到 1984 年就竣工了，但是竣工以后开的竣工验收会和材料技术鉴定会的规模和规格还是非常高的。会议是由四川省文化厅、四川省科委联合组织召开的。我记忆中，来参会的有文化部的副部长司徒惠民、文化部科教处处长吴光、文研所（后来又叫中国文化研究所，现在的中国文化遗产研究院）的前所长中国文物保护技术协会的副理事长蔡学昌、中南化学研究所副所长叶作舟。还有我们四川省科委成果处处长刘仁富、四川省文化厅副厅长王佑林、国家文物局文物处副处长朱长翎、大足县副县长宋朗秋都参加了这次会。其他的科研部门，除了本系统的以外，还有中科院广州化学研究所和化工部晨光化工研究院，他们也是主攻环氧树脂和有机硅这两类材料研发的。因为我们用的环氧树脂是晨光化工研究院环氧车间里面的材料。还有就是铁道部西南科学研究所，这部分是和我们做声波检测有关的科研单位；水电部成都勘测设计院等等这些技术部门的工程技术员都参加了我们的技术鉴定会。所以，给我印象还是很深的。

灌浆材料的研发

灌浆材料的研究是根据十年规划下达的任务进行的，主要是围绕石窟保护项目的中心问题，也就是石窟崩塌的防治和风化岩石的处理。这里涉及的保护材料主要有三大类，一个是防渗堵漏，一个是加固，还有一个就是防风化，分别针对石窟寺出现的失稳、水患和风化三大类问题，材料研究是为了满足工程需要。就补强材料来讲，课题下达的任务包括两个大类的材料，一个是丙烯酸酯类材料，一个是环氧树脂类材料，都是作为补强灌浆材料。丙烯酸酯类材料在 136 窟灌浆之前实际上已经在我们国家的一些石窟寺应用了，比如云冈石窟、龙门石窟都用到了环氧树脂灌浆材料，特别是云冈在以前还用到丙烯酸酯类材料。

之所以要研究这两种材料，主要是因为在我们接受任务的单位列表里面，除了云冈、龙门、敦煌，以及博物馆这些文物部门之外，唯一一个不属于本系统的单位就是中国科学院中南化学研究所。这个研究所的主要任务就是在五六十年代，特别是六十年代初，做防渗堵漏灌浆或者补强灌浆材料研究，主攻方向就是丙烯酸酯类材料。我们联合了中南化学所，他们的副所长叶作舟的团队也参加了我们的规划编制，他提出把这些材料列在文物保护和石窟保护里边。所以我们研究的材料都是受了他的影响，按照中南化学所的路子在走。

1966年的时候，叶所长还是认为丙烯酸树酯在一些工程中不能满足要求。往往材料的研究最初可能是为了满足某种需求，但是事物还在发展，一些工程会提出一些特殊的要求，在这种情况下，要么材料进行改性，让它更加适合于工程的需要，要么就要搞研发创新，另搞一条路子去走。所以，叶所长就将丙烯酸酯类材料过渡到环氧树脂灌浆材料。环氧树脂实际上很早就有，但是并没有用作灌浆材料，因为它黏度很大，可灌性不好，不能渗到很细的裂隙里边去。经过一段时间的努力，在1967年的时候，他们实验成功了，浆液的配置除了环氧树脂主剂之外，还有稀释剂，这样就降低了环氧树脂的黏度，提高了它的可灌性。但是稀释剂不参与反应，仅仅起到稀释调节黏度的作用。后来他提出糠醛丙酮体系的环氧树脂浆体材料，这种材料灌到裂隙里面以后在发挥的过程中会对强度产生影响。实际上在我们专业里面讲，糠醛丙酮叫活性稀释剂，它不仅能够降低黏度，还能参加固化反应，有利于强度的提高，不会挥发，不影响它的强度。所以这个材料提出之后，几乎丙烯酸酯类灌浆材料不再用于石窟寺裂隙灌浆了，这就是补强材料从丙烯酸酯类材料向环氧树脂系列材料过渡了。所以1967年糠醛丙酮体系的环氧树脂研制成功以后，陆寿麟他们在洛阳龙门奉先寺卢舍那大佛的裂隙处理的时候，就用到中科院广州化学所（原中南化学研究所）研制的糠醛环氧树脂进行灌浆处理，至今都快50年了，效果应该说还是相当可以的。

136窟的补强还是按照环氧树脂这个体系的路子在走，但是大足石刻环境潮湿，常常要灌水缝，这就要减少水对它的影响，因为环氧树脂还有一个最大的特性就是它的憎水性，在固化的过程中，一旦遇到水就会像发泡塑料一样发生爆聚，所以环氧树脂是不能拿来直接用的。所以136窟的灌浆在技术层面上的关键点就在于寻求能够减少或者克服水的影响的添加剂。这是一个摸索的过程，到处找资料、做实验，最后还是成功了，就是用酮亚胺CHT-251作为固化剂，经过实验以后就解决了一般的胺作为固化剂遇水爆聚的问题。这样一来，材料真正实现了在水缝里的灌浆固化。现在很多材料虽然说也能在有水的缝里面灌，实际上不是真正的有水缝里固化的，它是用有机溶剂清洗裂隙，把裂隙中的水撵走或者说有机溶剂把水取代了。或者用大量的机械鼓风，来干燥水缝，然后再灌浆。另外还有一个问题，即便裂隙被干燥了，灌浆的时候裂隙里面还会充填有很多其他的东西，比如一些黏土会被渗水带到裂隙里边，如果材料被灌进去以后附着的黏土不去掉，就会降低材料强度，一般的情况下还是要用水把裂隙冲洗干净。所以，这种酮亚胺作固化剂灌浆材料的优势就在于它不怕有水的环境，如果水能够把充填缝里边的这些沉积物冲洗干净，还会利于材料强度的提高。

石窟寺保护当中化学灌浆的主打材料一直是广化所研制的糠醛丙酮环氧树脂，136窟材料的研制一直是广化所密切关注的，之后他们也密切关注环氧树脂灌浆材料在文物保护中的动向。我们开技术鉴定会的时候，叶所长带着他的很多学生都来了。后来他们也一直在研究环氧树脂灌浆材料,尽管叶老先生已经过世了,这个环氧系列还一直在做,最终他们研制出一种被誉为专治水利工程癌症的材料,取名叫中华798。这个材料在葛洲坝、二滩、龙岩峡都获得成功,后来还获得了专利。这个材料实际上也是加入了一些添加剂,来提高它的性能,比如降低表面张力,使材料在裂隙里面有更强的附着力。

对其他材料的认识

在这个之前接触的传统治水材料不太多,在我的思路当中一直就是按照十年规划里面列的这个项目,好比说防风化就是用有机硅这类的材料。有关化学灌浆材料这方面主要分两大类,一种是用于防渗的堵漏灌浆,一种用于提高承载力的补强灌浆。这两大类的灌浆材料现在有上百个品种,但是在石窟寺保护当中广泛运用的就是环氧灌浆,但它也不哪里都能用。好比说西北地区有很多都是砂砾岩,砂砾岩用环氧树脂去灌浆补强的话,就有一定的问题,因为,它的强度和砂砾岩本身匹配性不是很好,所以可能灌浆效果也不是那么令人满意。后来敦煌研究院的李最雄先生搞了 PS 系列材料。和环氧一样,开始是为了满足某种性能,以后又逐渐发现还要满足一些特殊的需求,又改性做成系列材料。开头是砂砾岩石窟加固研究,在这个基础上,进一步将 PS 扩大应用于土遗址的保护加固中。又开发出砂砾岩石窟岩体及土遗址裂隙注浆材料 PS-F(粉煤灰)、PS-C(粘土)又开发出砂砾岩石窟岩体及土遗址裂隙注浆材料 PS-F(粉煤灰)、PS-C(粘土),不断的在发展。后来就出现了所谓的传统材料,实际上就是过去本来就有的东西,比如同济的戴仕炳老师从德国回来以后提出的所谓水硬性石灰,现在清华他们也在研究这类的灌浆材料,这些材料从大类来讲我们把它称为无机材料，环氧树脂和丙烯酸酯类我们称为有机材料，但是不管无机还是有机都叫化学灌浆材料。

这里有一个概念问题，化学灌浆材料是相对颗粒性材料而言的，颗粒性材料配的浆液属于悬浊液，是很难灌到很细的缝里去的，那化学灌浆材料就要求浆液接近是流体状态，它才可能全部充填。所以就有了这个区分，把这类材料叫做化学灌浆材料，注意它不是化学材料，叫化学灌浆材料。人们往往一谈就容易把这种材料叫做化学材料，好像认为这个化学材料讲的就是有机材料或者高分子材料。但是其他的呢？这就不好说了，因为任何物质都是化学的，是绝对不能这样子来讲的，至少是不科学、不严谨的。所以我们讲这个材料的时候，最多分成有机的，无机的，或者高分子材料。唯独只有化学灌浆材料是连着来的，它是区别于颗粒材料而言叫做化学灌浆材料，不能够笼统就叫化学材料。

所以传统材料应该说就讲的这个，水硬性石灰，PS 材料也可以讲。李最雄他们当初研究 PS 材料的时候考虑到了无机方面的，他很早就参加了大地湾遗址的项目，对地表的硬质材料做过一些研究分析。他发表的论文里说这是中国最早的混凝土。混凝土就是我们现在讲的硅酸盐材料。但是古时候哪有混凝土？只是用石灰和一些黏土、碳灰，再加其他的东西拌合锤打而成的。别人提出水硬性石灰，就是带硅酸盐的石灰，因为它的硬化不可能在水里面硬，石灰是气硬性材料，石灰是不能够水硬的，它是靠硅酸盐在水里面硬化。我们过去用的传统黏结材料也可以做灌浆，好比说石灰糯米浆，糯米浆是有机材料，不能够全部划在无机材料里边。好比说乐山大佛它的修补材料，当地叫捶灰，实际上也是归入到现在提出的水硬性石灰这类材料中。这些材料总的来说还是叫水泥石灰，只是我们在文物保护行业里边比较忌讳水泥。好像用到水泥，就产生了不可逆等等有一些问题。实际上，比如长城用到叫白灰也好，古时候用的糯米灰也好，也都含了水泥成分。我的观点是这样的，不回避水泥。

材料效果的评估

文物部门所做石窟寺保护工程项目，如针对岩体稳定性进行的锚杆加固和灌浆加固，都是借用其他工程或领域的方法。我们将这些方法借鉴过来对石窟进行保护实际上是没有动多少脑筋的。唯独在材料研发上，其他工程领域的材料不能满足我们的需求，才让我们动脑筋去做材料的研发或原来材料的改性。然而其他工程部门已经拥有比较完善的监测体系和标准，目前石窟寺的问题是灌浆还没有形成一套相应的规范，缺乏有效的评估。

第一点是材料的填充程度的评估。我们做石窟寺的做灌浆加固，云冈灌了、龙门灌了、大足也灌了，但是材料在裂隙里填充得怎么样，是不是都填充进去了，这是我们必须要做的检测。有两种方法：

一种是用水测量灌浆料。先把裂隙封口，向裂隙中灌水，通过计算灌入的水量，来估算所需灌浆液的用量。如果灌不进去的话就增加一点压力，再继续灌。灌注过程中有两种用途的孔，一种是灌浆孔，另一种是排气孔。从灌浆孔灌注的过程中，浆液从下而上逐渐充满，再将排气孔当灌浆孔继续灌入，将其他灌浆孔封闭后，从最后一个排气口冒出浆液之后表明裂隙内部被灌满，此时注入的水量就是需要的用量。比如灌入的水有100公斤，我就会准备100公斤左右的灌浆料，最终通过核算一百公斤的灌入量来评估灌注效果。

另外，要知道裂隙中浆液灌注的密实程度，就要利用到声波的传播原理了。当裂隙被填充，填充料与周围岩体形成密实的整体，声波在介质中很快地传播，若裂隙没有被填充或与岩石黏接的效果不好，声波的速度会发生改变。通过这种方式来进行灌浆程度的评估是比较理想的，是可以确保施工的效果的。

136窟的灌浆另外一个亮点，就是首次提出用声波检测了灌浆效果。这个方式在过去国内这么多年的石窟寺保护灌浆，还没有用到这个检测手段，它可以检测浆液是否充填到裂隙中来评价灌浆的效果。

填充的理论在后来又有一些争议。莫高窟85窟与美国盖蒂合作的时候，我参与了验收评审，当时提出了一个问题，就是灌浆的效果如何评价。当时他们没有做这方面的检测，后来李最雄就用了窥镜钻孔和小的地质雷达来进行评估。我们又开始另一个问题的争论，是不是必须将裂隙填充满？这确实值得考虑，过去做化学灌浆材料的时候认为裂隙要填充满，越满越好，后来在对85窟壁画灌浆的时候，从空鼓裂隙的灌浆效果来看，觉得未必。可以进行点式布置，只要黏接材料的量能够达到足够的承受力，材料进入到裂隙中不一定灌满，也是允许的，若全部灌满还可能会出现其他的问题。

第二点就是材料性能的评估。石窟的保护材料都是从其他领域引进的，那么现在我们该如何评价这些材料在石窟保护中应用的效果。不管是莫高窟、云冈石窟、龙门石窟，丙烯酸酯类材料也好，其他材料也好，应用的效果究竟怎么样？在研究新材料课题或项目的时候，必须要讲创新。问题在于我们在创新之前有没有把历史上的材料弄清楚，有没有对历史上的材料有结论性的意见？比如丙烯酸酯类材料究竟能不能用于石窟寺保护？我记得在"十二五"的项目评审会上，李最雄介绍胡继高用捷克的聚乙酸乙烯酯，就是现在我们说的白乳胶。这种材料在当时的中国是没有的，最初是从捷克引进的来保护敦煌的壁画。李最雄认为白乳胶目前的应用效果是很好的。但我问了，目前国内做石窟保护的有谁在研究这种材料？是否对这种材料经历这么多年的效果有一个最终的认识？这种效果是不能凭单纯的靠某个人的认识，事实还是需要通过检测来验证。比如丙烯酸酯类材料用于不同的洞窟，效果都是不同的。这就说明研发我们自己的材料也好，从别人那里借鉴过来的也好，一定会有很多的问题，这就需要总结过去用过的材料，针对之前存在的问题去创新。

我们做石窟寺的保护工程，为什么从其他工程部门借用来的加固措施能够很好地解决石窟寺的稳定性问题，不管是工作方法、思路、措施、手段。这是因为，我们遇到的问题与其他工程对象是相同或者是趋同，或者是相近的，要解决的问题也是相近或者趋同的，其他工程部门有了我们借过来就很好。如果不是这样的，其他工程，其他领域遇到这些问题，它的工作对象和它要达到的目的和我们遇到的就存在一定差异，甚至完全是不同的，这就需要靠我们自己去解决。石窟稳定性的问题解决得比较好，治水的问题也慢慢上了路子，唯独风化问题是最难解决的。在风化的问题上，石窟寺保护当中遇到的问题与其他工程部门遇到问题不一样，要解决、要处理的方式方法是不一致的。工程中遇到风化，就把它处理掉，因为风化的岩石不需要保护，实在处理不掉，也可以换个地方施工，不在这里做工程。但是我们做石窟保护的不能这样，就算风化极其严重的地方我们还是要把它保护起来。我们的问题在于机理上的研究，功夫下得不够。岩石生的什么病，有什么问题，材料在每个地方的运用效果都是一样的吗？答案一定是否定的，因为岩性的变化，比如沉积岩每一层的成分和结构都是不一样的，就算均匀的岩石，里面还是有不一致的地方。所以材料的运用也一定存在差异，何况石窟开凿的方向问题、水害的方向、受到的光照和风的影响等等因素，都是非常复杂的。

基础研究工作应引起足够重视

如果想用一种材料去解决所有问题是很难的，这就需要我们下足功夫。但是目前我们实验室的基础工作还是做得不够好，也没有引起足够重视，实验室的操作，或者实验的工作方面没有人在抓，这是我们目前存在的问题。

第一要强调的就是工作人员的基本功。过去的研究都强调实验室的基础工作，做实验的基本功要达到，不能够轻率。现在的学生基本功比较差，经常会通过一张照片对十年的保护效果轻易地下定论，这肯定是不科学的。如果进行模拟实验，要做模拟风化状况的试验设计，单纯的考虑两层平面贴在一起的受到剪力状况，这种试验设计是不正确的。我们讲防风化材料也好，灌浆材料也好，材料会向岩石中渗透，而不仅仅是两层平面贴在一起的状态，更不能仅仅依靠应力发生变化来说明什么问题。再或者要对别人的保护进行批判，仅仅用别人材料的冻融试验结果说明材料的问题也是不科学的，对别人所做的材料冻融试验数据有没有研究，为什么当时没出现这种问题都应该进行深入的思考。

第二是要注重实验的真实有效性。做的试验必须能够重复再现，别人不能重复你的试验，那么你的试验就是不成立的，甚至是不科学的。今后我们要研究材料，需要进行资料审查，我们需要看一看原始记录和原始数据是怎么样的，仪器设备什么时候维修过，什么时候校准过等等。

我认为在做材料研发的过程中一定要沉下心来，脚踏实地的做一些涉及科研工作的基本东西。比如风化研究，宝顶山风化严重，北山也风化严重，这两种风化严重有什么区别，能不能将其量化？先要将这些基本问题解决了，再来谈材料的使用问题。

能参与大足石刻保护工程真是我的缘分。因为参与工程，它给了我完成石刻围岩裂隙灌浆固结材料研究课题的机会，不管成果多大多小，总算可以了结我的一桩心愿：终于可以给我刚参加工作时的那份任务通知书有个交代，给我的老师有个交代，让我自己的心灵能够得以平静；因为参与工程，让我结识了黄克忠、贾瑞广两位工程师和大足文管所的王庆煜老师、邓之金老师、陈明光所长和郭相颖馆长，我从他们身上学到了许多书本上学不到的知识，无论学问、品行，都让我终生受益……这段往事虽然过去快四十年了，但我常常怀念我们在大足最美好的时光里所结下的这段深情厚谊。

石窟寺保护是一项光荣而神圣的使命。石窟人勇于担责，石窟人忠于职守，石窟人吃苦耐劳，石窟人忍辱负重，石窟人与人为善，石窟人珍视情谊……石窟人真正是一些可亲、可敬、可爱的人！

大足石刻，值得一生奉献的事业

郭相颖

1938年生，重庆人，研究馆员，重庆市文史馆馆员，大足石刻研究领域的知名学者。曾任大足县副县长、县政协副主席，重庆大足石刻艺术博物馆党组书记、馆长，兼任重庆大足石刻研究会会长、四川省社会科学院大足石刻艺术研究所所长。1995年起享受国务院政府特殊津贴。曾参加《中国美术全集》《中国美术分类全集》的编撰工作，主编《大足石刻》《大足石刻铭文录》《大足石刻研究文集》《大足民间文学》等书籍。

中國石窟寺保護七十年，余在其中五十年酸甜苦辣均曾過十事九憾少遺憾 若有來世擇業時再臥青燈古佛前

郭相穎八十有二己亥春於大足石刻研究院

独上北山

　　我是在1974年,也就是20世纪70年代初,从小学老师的岗位调动到大足县文物保管所工作的。当时上山的动机其实自己的内心也不是很明白,对石窟艺术感受也不深,只是在学校读书的时候,我就对美术特别感兴趣,很喜欢画画。我想是对造型艺术的热爱,成了促使我下决定上北山守护大足石刻的第一动力。第二动力就是现实原因,我的前妻因为1969年的下放,得了精神疾病。我想找一个安静的地方,让她能够避开喧闹,安静有利于她的治疗。所以,当时我就表达了愿意调往北山的意向。

　　我上北山之前两年,我的前任守护者叫张孝达,突然在北山长廊一个小屋子里上吊自杀了,至今死因不明。因为"文革"期间社会秩序不是那么好,他究竟是怎么死的,到现在都没破案。

　　1974年,我把妻子送进了医院,把我刚刚出生还没满岁的孩子寄养在别人家之后,我就上山了。当时山上的情景跟今天这种车水马龙的景况相比,真是天壤之别呀。

　　那时,没有上山的正规的道路。上去以后,住处周围既没有围墙,也没有邻居,找一个说话的人都没有,精神上十分孤独。生活上也是很困难的,不要说没有自来水,天然的泉水或井水也没有,生活用水成了大问题。在我住的房子下边竹林中有一个小坑,那个坑里有一点积水,多的时候一天可以舀四桶,少的时候一天只能舀一两桶。这些存水只能勉强保证一个人的饮用水,在其他生活方面,比如说洗脸、洗澡就顾不上了。当然,山上没有电灯,也没有电话,没有任何通讯设备。我上去后,觉得是有点凄凉,但不要紧,物质条件上的艰苦与我曾经经历的事情相比，并不觉得难以忍受。

上山第一关，勇气大考验

前任守护者死后，大足文物保管所请了一位当地的农民姜大爷在那儿看守。我上山以后，他就是第一个迎接我的人，帮我安顿行李。到了晚上，我们两个人吹牛聊天，"摆龙门阵"。他老是谈鬼："张先生就是吊死在你今天晚上要睡的这个床上，他的颈子上套了一根绳，挂在床的帐杆上，是我去把他抱下来的。"然后又说："他的舌头掉出来了很长，你现在这个厨房里面的案板就是当时停放他尸体的木板。"一开始我并没在意，我想他给我介绍一下前任的情况也是应该的。到后来，就"摆"山上这里有鬼，那里有鬼。我察觉他这个动机不太正常，就悟出了一个道道，他是在考验我怕不怕鬼。于是，我就使劲鼓励他："好听，你讲得好。姜大爷，还有没有？再讲再讲！"一直到他讲不下去了，我说，没有鬼了嘛。他说，不摆了不摆了。

这时，我就跟他约法三章：有鬼要今天晚上讲才新鲜，明天讲就不新鲜了。我夫人有病，她上山来了，你坚决不准给她讲鬼。如果那个时候再讲，我就觉得你不够朋友。当时他就说，不讲了，坚决不讲了。于是这样，我就通过了上山后的第一关考验，证明我不怕鬼。

之后，我就在那儿住下了。

种菜储水自足，青灯古佛相伴

住下以后，生活确实困难，吃喝没有着落。上山的头一两年，我主要忙于调整和改善日常生活。第一就是要找水，人一天也离不开水，不像现在有矿泉水。姜大爷带我满山去找水。找到了个大坑，就说那个地方有泉水,我就去动手挖了,把那个土坑扩大。原来坑里只能盛四桶水,扩大以后大概能够担到七八桶,有水的时候就存一点。之后,我找来一个石匠,请他帮忙做了一个大一点的水缸,用来储水。就这样先解决了水的问题。

接下来要解决的就是吃的事了。当时,蔬菜和食盐都要下山买。我的体力很好,能从山下挑一百斤东西到住的山上。但也极不方便。我们文管所的自留地被别人占去了,我去要了一块地回来。我就在里面开始种菜,希望做到自给自足。大概用了三四个月的时间,每天的吃喝就基本解决了。种地我是把好手,那个时候,有一年,我挖了最多八百斤红苕(红薯)。

这之后我就去走访、认识周围的邻居们。离我最近的邻居都在一百米以外,一般家里也只有两三个人。山上面很安静,特别是到了晚上,那真的有一点那种"独卧青灯古佛旁"的凄凉景象。

其他日常生活用品也是很简陋。比如照明。上山时,我们只有一个用墨水瓶自制的煤油灯。就是利用空的蓝墨水瓶,在瓶盖上凿一个孔,剥一个小竹管,放进棉条做灯芯,烟子很大。后来我就想办法,去重庆去买有罩子的灯,一共买了4盏,现在还保留下来一盏,成了我们博物馆的文物。就这样一步一步地,土地规划好了,瓜菜种出来了,生活才算基本稳定了下来。大概在半年以后,内心感觉很适应,安定下来了。现在看来,这些都是微不足道的日常小事,但是70年代的时候,自己动手解决物质生活的问题,对于我们日后工作的开展,也是非常重要的基本保障。

"守菩萨""只准住北山"

我时不时走访邻居,和周围的人聊聊天。山上的人是非常友善的。

他们很好奇，我一个正式教师，所谓国家工作人员，年轻力壮的，为什么会来"守菩萨"？那个时候搞文物工作，当地的老百姓都叫"守菩萨"。记得当时姜大爷给我讲完鬼故事以后就发问了，说："你是不是在'文革'期间犯了错误才上山来守菩萨啊？"他推测，我年轻力壮的就来守菩萨，肯定是犯了错误。接着又问了第二个问题："你来守菩萨，原来的工资会不会降低？"这两个问题，我至今都记忆犹新。这两个来自群众的发问，从侧面反映当时我们从事文物工作的人在社会上的地位，以及大众对我们文物工作的普遍认识。

另外，当时我的调令也很特别。一般调函就只是通知到哪儿去报道，但是我的调函上多了一个括号、多了几个字。调函上说"郭相颖从山区小学调大足县文物保管所工作"，但后面打了一个括号，括号里面写的是"只准住北山"。这是一般调函上都不会有的要求。那正是因为组织上认为山上很艰苦，怕我在上面住不下来，所以特别在我的调函上写了那么几个字。

从看守到研究

我待在北山上，组织上给我的任务既不是学习，也不是科研，我的责任就是在北山当一个看守员。每天早上起来，我把辖区里的石刻和石窟造像走一遍，看哪里有没有什么破坏。当时也不懂得怎么观察文物变化等等情况，差不多一个星期我会清扫一次造像区的长廊。这里来人很少，除了几片树叶以外，按我们当地人说法，"烟锅巴（烟蒂）都捡不到一个"。我住在山上，特别是冬天，感觉非常寂寞。如果有一个老乡到我这里来，跟我一起烤烤火、说说话，都是很高兴的。上山后不久，姜大爷就不再是我们雇请的人员了。他住在附近，对石刻也有感情,经常来我这里帮帮忙,和我一起吹吹牛。他是我上山之后唯一的一个好朋友。

佛学启蒙　初识石刻

　　基本生活条件具备后,我就开始想:在这里天天看守这些石刻,总不该是一个最终目的,于是就想了解一下,这些石刻究竟是怎么回事。最开始的时候我确实不懂任何专业知识,不懂得什么是菩萨,什么叫佛陀,什么叫石窟艺术,更不懂考古、断代等等一系列的专业问题。于是就找书来读。那个时候是"文革"时期,找书也很困难,尤其是宗教方面的书,一是不提倡、不允许,二是书籍也很难找。正好我们文物保管所在"土改"的时候收了一些旧书,其中有两本,一本是《简明佛学辞典》,一本是《佛学大纲》。这就是当时我们文管所拥有的全部业务资料了。之外,我们当地有一个学识很好、对文物贡献也很大的老先生,叫陈习珊。他是新中国成立以来我们大足县文物保护委员会的主任,做了很多保护文物的工作,最重要的是他写了一本《大足石刻志略》。但是当时不能出版。他是用质量很差的墨水写的,我看到的时候纸墨已经都变色了。于是我也仔细读了这么一本未出版的手稿。

　　后来我经常说,我们在这里做文物保护工作以及后来建成博物馆,在最初开张时的基础,其实就是这"两本半"书。为什么叫它"两本半"呢?因为前面两本是正式出版的,另外半本还是手稿。这三本资料就是我最早的启蒙读物。读完之后,我就对大足石刻有了基本的了解。在这个基础上,我开始学习佛教知识。实事求是地说,学佛教知识很困难,特别是没有人指导你的时候。佛学博大精深,经典浩若烟海。我在里面完全是闭着眼睛乱闯。

两个最高学历证书

我从事文物工作一辈子，最高学历证书只有两个，都是培训结业证。一个是国家文物局在重庆举办的古生物化石培训班结业证。这个培训班培训时间很短，还不到一个月。我去参加了。在那里，主要是教我们怎么识别山上的化石，以起到一个报信的作用。第二个就是国家文物局在四川大邑县刘文彩庄园里举办的西南文博干部培训班结业证。我在那里大概学习了三个月。当时参加培训的同学年龄参差不齐，有六十岁以上的，也有十几岁的。这次培训学习是我从事文物工作以后，受到的比较正规的教育和培训。我们有一大批同学后来都成了四川省文物工作战线的骨干。这就是我从事文物工作的两个最高学历，此外我再也没有进过培训学校。

恢复文管所建制

大足石刻在新中国成立之初应该说还是受到重视的。1952年就成立了文物保管所，只不过当时人很少，只有三五个人的编制。但是到了"文革"期间就不行了。我们这些石刻在社会上被称为"牛鬼蛇神的代表"，我们文物保管所就是"保护牛鬼蛇神的机构"。因此在"文革"中，就把文管所这块牌子撤了，我们的工作职能归并到了县文化馆。1974年，我就是到文化馆报的到。

来报到的时候，走进文物区，最醒目的标语是"宗教是麻醉人民的鸦片"。我们宝顶山和北山佛湾里头起码有五六条，都是这条标语，有的是刻的，有的是用纸写的，还有挂的牌，写的都是"宗教是麻醉人民的鸦片"。据说，大足石刻最危险的时候是破"四旧"期间，城里十字口已经出现大字报了，好像当时是文教局的一个干部写的，认为宝顶山石刻封建毒素最重、最系统、最动人,是最该销毁的。他建议用几吨炸药把它炸平。如果真的炸平了,我们就都失业了。那个时候邓之金老师他们和当地农民起了很好的保护作用。

报到后,真正投入工作的只有邓之金先生和我。大概是1975年或1976年,才任命陈明光先生为所长,恢复了我们的建制,只有三个人。

当时我们并没有办公地点。在县文化馆偏房里面,有三间小屋,大概是四公尺(米)见方的这种小屋子。其中一间,邓云丛同志用来做了他的居室,一家人都住在那儿。中间一间就是我和邓之金,加上后来的所长,我们三个人的办公室。我们三人共用一张1.2米长的小办公桌,所长管中间一个抽屉,邓之金管左边一个抽屉,我管右边一个抽屉,各自都有一把锁。这很有意思,中间是所长,左边是会计,右边是出纳,表示我们职能完整。可以说那个时候,条件是相当相当的差。陈所长来了以后,才慢慢地恢复文管所应有的一些职能。

手绘石刻长卷

大概是1979年前后,国家文物局下发了一个通知,要求国家级文物保护单位,就是现在说的国保单位,要建"四有"档案,其中有一条是要求建立形像资料。这就把我们难住了。当时宝顶山和北山两处是国保单位。我们没有照相机,更没有测绘仪,原来的(守护者)也没有给我们留下任何图像资料。我跟陈所长两个人在一起商量,该怎么办呢?当时我干劲也大,建议说,那我们就采取最原始的办法,画。现在谈起来,很多年轻人都是不相信的,当时我们设备之差,连一个三平尺(0.11平方米)的小画板都没有。"文革"期间画毛主席像成了画画人的专业,我和文化馆的庞先生两个人一起画了一张8米多高的毛主席像，放在大足县城十字口。那是用五层板做的底，有一些边角料剩了下来。我从那里面找了一块表面很粗糙的板子当画板，大概有三到四平尺（约 0.3—0.4 平方米）。然后又找了两条农村用的高脚板凳，找了一个小凳子，再加笔墨、直尺和一根很破旧的皮尺，这就是我当时的全部设备了。就是在这样艰苦的条件下，我画了这个长卷。这个长卷全长有 20 多公尺（米），包括北山佛湾、宝顶山大佛湾崖面龛窟部位图。我是一龛一窟，用正投影的线描图形式把它画完的。我是用两只眼睛当测绘仪的，大比例基本正确，但精度肯定不及现在测绘图那么高。我当时雄心勃勃，画了整体图还要画分龛图，所以又画了 136 窟。画完一个一个的窟，还要画一个一个的人物造像，所以又有了一些白描图像。

这些图大概都是在 1982 年到 1983 年之间完成的，主要是完成国家文物局下达的任务，留下一个关于石刻的形像资料。1984 年因工作变动，绘图一事就停止了。20 年后，这个图又再次发挥了大作用。那就是在大足石刻申报列入《世界遗产名录》时，我参加了巴黎会议和摩洛哥会议。当时要给外国人讲述大足石刻的价值，参会各国代表很多，互相之间语言又不通，我不懂外语，介绍时非常困难。尽管我们准备了照相图册，但那是零星的一篇篇独立材料。当时，我急中生智，把申报文本中我画的长卷打开了。现场就没有国界了，各个专家都看得懂，用这件物品就统一了思想，让所有人都清晰地看到大足石刻不仅有很高的审美价值，而且数量多、规模大。这是我画的长卷 20 年后依然起作用的一次重要验证。

守山十年后成了副县长

经过古生物化石班培训，以及到大邑学习后，我对石窟艺术的认识确实提高了不少，工作的积极性和自觉性也高了很多。正好这个时候大足师范学校（我的母校）的美术老师调到大足中学去任教，就缺教绘画、教美术的老师。县上有的领导就想把我调到师范学校去任教，亲属和朋友们都替我高兴，不用一个人在山上辛苦地守着石刻了。那个时候的大足师范学校是大足县的最高学府，大足县的很多教师都非常希望能够到那里去任教。但是，我没有接受领导的这个关心，我说我还是要在山上守菩萨。有些人就说我很傻，一个人孤苦伶仃地在山上，哪里有在中专学校当老师好呢？这是对我从事专业信仰的一次检验，也是一次升华。自从到了山上，经过了前面这些事情以后，我确实不想再调到别处去了，我那个调令上写着的"只准住北山"几个字完全是多余的了。

两个重要的文物保护工程

那个年代，就文物保护工作来讲，山上主要存在的矛盾有两个，一个就是石刻自身的岩体不稳、渗水和风化，这三大主要病害造成了对石刻的破坏。盗窃文物这种情况还很少，或者说在我们这个地区还没有出现过直接盗窃文物的事情。但有一个比较尖锐的社会矛盾，就是跟当地农民争土地，他们老来我们的文物保护区（种地）。在国家文物局的支持下，我们就在上面修围墙。记得当时这个工程，国家文物局拨了6万块钱，我们用它修了一座山寨一样、平均3米高、1500米长的大围墙，以及南北进出口的门厅和梯道，解决了核心保护区争地问题。

石刻的渗水问题也是比较令人恼火的。记得中国文物研究所的工程师黄克忠和贾瑞广来了，贾工程师来得还更早一些。他们设计了一个全国石窟排水都不曾使用过的方案，就是在136窟的背面打一个隧道，切断山上来的水。那个隧道有100多米长，总共分两段。现在看来效果是比较良好的，当时在我们基层文物保护中就算是大工程了。当时我们社会经济条件都比较差，参与工程的石匠们每个人都想一人承包或者承揽更大的工程量。我采取的什么办法呢？就是公平竞争。你们每个人都按我的规划图纸打，按标准做，谁做得多，谁分配的工程量就多。这个做法起了很好的作用，因为石匠们就不怠工了，就不再是先把这里的工程包揽下来，又到别处去包工程去了。工程进展比我们预想的要快得多。这两个工程，一个是修大围墙工程，另一个是136窟背面排水工程，是那个年代做得比较出色的工程。

那个时候，黄克忠、贾瑞广他们就住在县城的二招待所，中午吃饭都是在山上。我们在大概一个40公分（厘米）直径的锅里头熬红苕稀饭，吃点咸菜。这还不算什么难事。对他们最大的考验是什么？是蚊虫。山上白天有很多小蚊虫，晚上有很多大蚊虫。他们在现场工作频频被叮咬，又痛又痒，相当烦人。这些困难他们都克服了，一早就上山，很晚才下山，有很多工作也跟我一样，都是在油灯下去完成的。那个时候，不管是我们当地的文物保护工作人员，还是国家文物局或者省里来的工程师，生活条件都很艰苦。想招待外来工作人员吃一点肉都很困难，我们必须向县政府去申请，领到了肉票才能到食品公司去买肉。这样，大家才能吃一小碗肉，要不的话，就全都是素菜当家了。

汇报工作获赏识

1980年，也就是我那个石刻长卷第一稿刚刚画完，我们这个地方有一点兴起旅游的动向了。其实我们这些地方人员，尤其是我们从事文物保护工作的人员，当时根本不知道什么叫"旅游"。最早来的，都是一些在中国任教或者在中国工作的外国朋友。为了把这个地方搞成旅游景点，外事部门和市里的领导部门请他们来看看。他们这一来看，就给我们造成很大的压力。我们没有抽水马桶，都是那种蹲坑、粪坑似的厕所；也没有现在的宾馆设施，外宾感到很恼火。

为了接待司徒尔特[1]，在他的帐子上挂了一个灭蚊灯，这就是当时的现代设备了。因为他要上厕所，我们又没有抽水马桶，结果是把原有的厕所用开水去烫、去洗，然后撒上石灰。外宾到的那一天，在墙壁上喷一点香水，等等，就这么来接待他们。司徒尔特来了，看到大足石刻以后高兴得很，说这么好的石刻，怎么我们原来不知道。不仅他本人来了一次，回去没隔多久，他又把他的妻子和女儿都带来了。特别是那一年看到我们春节玩龙灯，高兴得不得了，说这个是群众自发的活动，太珍贵、太珍贵了！因为在"文革"后期，他在中国工作久了，他也知道中国当时的一些社会情况，所以非常高兴。这就是我们当时第一次接待外宾的情况，其实最主要的困难就在于厕所。

市委书记廖白康和四川省旅游局局长李子舟，两个人下基层调研旅游开放点的情况。那一天，下着毛毛雨，我不认识李子舟局长，他也不认识我。县政府的领导陪着他来的。县外办主任介绍，这是省旅游局李子舟局长，这是市委廖白康书记。我先给他们介绍了石刻的情况，他们问起旅游点的建设情况。我回答说，现在这是10月份了，我们一个厕所兴建项目获得了批准，水泥、钢材、木材（这三材市场上是买不到的），计委都给批准了，就是这个地点地区和县上的规划部门意见不一，我们就迟迟不能开工。廖书记听我讲解和介绍后，对大足石刻，对我们的工作很认可，他一高兴就说：今天好了，李局长

---

1. 加拿大语言学家，其时受聘川外，是打倒"四人帮"以后大足接待的第一个外宾。

是专门管旅游的,我们来给你定。我顺势就说:"要得,要得。"因为他们一定下来,我们就可以开工,项目和材料指标就不会作废。再一个因为地点的争论,之前把石头反复搬来搬去,运费都浪费了两三百块钱,那个年代的两三百块可不简单。

于是,他们就当场给我们定了厕所建造地点。后来县委管组织的同志跟我讲,两位领导看了石刻下山去之后就去听县委汇报。正值换届,管组织的韦书记说,县府班子中县长、副县长人选都基本确定了,就是还差一个管旅游的副县长没有合适的人选,还没确定。廖白康书记听了以后就说:"我看北山那个老郭就可以,高高大大的,能说会道。"有同志说,老郭的家庭情况比较复杂。廖书记就说:"那你们继续找,找到比他更合适的就用你们的,找不到,我看就用这个人也可以。"就这样,从天上飞顶"官帽子"落到我头上来了,这就是1983年的事情。

从1974年上山,到这个时候,我在北山上足足守了十年。

身为副县长心向文物

到了县政府,我这个副县长,分管文化、宗教、城建和旅游。这样分工是有点道理的,因为当时各个部门的管辖权和物资所有权好像是分了家,所有人都是各争各的。我笑称为部门所有制。那个时候的宗教跟文物的矛盾也大,园林、城管跟文物争地盘,也是全国比较普遍的现象。在县里面全部分给我一个人管,意思就是让我去协调各个部门的工作。到了县政府以后,感觉是"坐直升飞机上去"的官,既不知道衙门从哪边开,不知道怎么读公文,也不知道怎么签公文,不知道县政府一天到晚究竟干些什么事,去了才现学。幸好办公室的一位副主任余星拱先生,他文化修养又好,教会了我这些。

在县长任职期间，我始终是心向文物的，做了几件关于文物的工作。第一件是组织了两次文物普查，将全县32个乡镇全部调查了一遍，把家底搞清了，文保单位从13个变成了75个。

第二件事情，虽然我到了县政府，仍然没有丢掉专业。我在《中国美术》上发表了一篇文章，谈北山136窟的艺术成就。还有一篇论证宝顶山是密宗道场的文章，叫《略谈宝顶山摩崖造像是完备而有特色的密宗道场》，因为当时学界对这个问题有争论。1983年秋，文化部林默涵部长来大足参观石刻，鼓励大足石刻进京展览，并拨款资助。我一到县府就承办展览之事，联合了重庆美术公司、四川美术学院一起筹办，但文化部的钱迟迟不到，几次电询都称已经拨了。无奈之下我又到文化部面见部长，结果是财务人员将钱汇到大竹县去了。林部长又令其改汇大足县。展览以大型彩色照片为主和复制典型立体雕像为辅，在中国美术馆展览，每天参观者络绎不绝，报刊称"轰动京师"。后又到广州、深圳、成都等地展览。巡展长达两年，后又到印度新德里办了一次小规模大足石刻展，使大足石刻名声远播。

第三件是贯穿我整个任期六年的一件事情。改革开放以后，寺院要落实宗教政策，全国都出现了文物跟宗教之间的管理权限纷争，我们这儿也不例外。大概是1982、1983年的时候，我们县里也贯彻统战工作政策，招了三个和尚住到宝顶山圣寿寺。他们来的时候，我在做出纳工作，还给他们发过工资，把他们作为文管所的成员。随着时间的推移，宗教要独立，这一下，他们就要从文物部门分离出去。分离出去以后，这些和尚就要阵地，所以就开始了关于圣寿寺管理权限的争夺。这是一场非常艰苦的官司，有时还发生流血冲突。

作为分管县长，我就在这一对矛盾的夹缝中生存，因为宗教是我管，文物也是我管。当时宗教统战部门就认为宝顶山是中国有名的寺院，应该在那里开展宗教活动，不应该由文物部门来管。而这个圣寿寺恰恰就是文物保管所在宝顶山的驻地，文管所就在那里面，这对文物部门威胁也很大。两边争执得很厉害。宗教这边上诉到省统战部、中央统战部。文物这边也有中央宣传部、国家文物局作后台，又有当地省上、市上、县上这一片部门相互争取，佛教要宝顶山，道教要南山等等，其实都是政策打架。宗教部门认为有关政策是国务院和统战部发布的，要把圣寿寺交给僧人管。文物部门的观点是，那个叫"落实宗教政策"，落实宗教政策的前提是什么呢？前面还有一个宗教定性的问题，只有基督教、天主教的教产属宗教所有，但是佛教、道教的教产属社会所有，这就有区别了。而且政策规定"文革期间被占用者"，才是落实宗教政策的对象范围。圣寿寺在1952年就由人民政府划归了文物部门保管，所以它就不该在落实宗教政策的范围里。我当时对落实宗教政策的工作还是认真贯彻的，天主教、基督教、佛教的其他一些"文革"期间被占用的场所，都落实、归还了。但是当宗教人员要争圣寿寺时，我始终就不赞成。所以当时宗教、统战部门和一些和尚公开指责我说："郭县长你又管宗教，又管文物，你屁股是坐歪了的。"他们认为我没有把一碗水端平。

其实我当时的指导思想是：宗教政策虽然应该落实，但是文物在大足这个特定的地方，意义更重要。我这个观点得到了当时副市长冯克熙的支持。冯市长是一个民主人士，他也跟我一样既分管文化，又分管宗教，他非常支持我的观点，就是两个政策都该落实，但是对大足县来讲，文物重于宗教。这是在这场争论中来自市级领导的一个支持，也算是一个后台。这场纷争整整拖了十年，当时在全国都很震动。在此期间，宗教方面，赵朴初都亲自来过的。文物部门的领导像谢辰生先生、张德勤局长等领导，他们都知道这本账。现在我更认为我的坚持是对的，不能把圣寿寺交给和尚或宗教管，包括小佛湾、大佛湾，以及后来他们要的千手观音，我统统抵制。为什么？一是保证了宝顶山石刻的完整性、石窟艺术史的完整性。二是为后来申报世界文化遗产奠定了基础，如果当时被宗教部门和文物部门肢解、分割了来管理的话，肯定会增加申报的难度。

这一仗打了之后，宗教部门再也没有长驱直入地来欺负文物部门了。

辞官再回文管所

1984年，我去县政府报到的时候，就把行李从北山搬到了我们文管所城里的一间房子里。实际上从那个时候起，我就下定决心要回文物部门。我申明，到县政府去任职，但是我不搬家。到县政府去任职的时间也过得很快，那个时候我们一届只有三年，我任满第一届后，就去找了对我有知遇之恩的廖书记，给廖书记写了一封信，再加口头多次报告。我对他说："你把我放回去搞文物嘛，你找个像我这种才干的副县长好找，但你找一个我这么喜欢文物的干部不好找，让我回去，于私于公都有利。"我有意夸大我的家庭困难，说爱人也疯了，儿子那个时候年纪也很小，只有四五岁。廖书记对我们真的很关怀，他就拍着我的肩膀讲："小郭，你没在官场中干过，你干一届就回去了，知道你的人会说你是自己要回去，不知道的人就必然说你要么犯了错误，要么就是你不中用。现在大足的旅游刚刚起来，你还干一届再说。"于是，我就听他的话，又继续干。

受欢迎的七品导游

在那个时候，我在四川省内真还有点出名了。除了不断协调文物与宗教的矛盾，为文物部门争利益外，还有一个，就是我的讲解比较受人欢迎。我为邓小平、江泽民这些领导，还有基辛格、西哈努克这些外宾都讲解过。《人民日报》上专门刊了一篇文章，称赞我叫作学者型的导游。报上登我的名号还很多，有的叫我"菩萨县长"，又叫"七品导游"等等。大约1983年，旅游部门邀请我（我不属旅游部门）到成都参加旅游先进代表会，在会上和他们交流导游讲解的经验。当时要我写一个发言稿，我的标题是"看人说话"。报上去以后，这些领导就说，你这个标题不行，我们要提倡一视同仁的，你不能看人说话。我说我的经验就是这个。后来决定修改一下，就修改成了"因人而异"。其实这是一回事情。我就做了发言讲话，讲完第一场后很受听众欢迎，于是又要我讲第二场。当时可以说是载誉而归。在旅游部门，很多老一点的同志对我们都很熟悉，我的讲解录音他们都留下来，拿去作为培养导游的资料。

文艺界很权威的人

王朝闻先生来听我讲了以后，就鼓励我说，你一定要把这个书写出来。现在我正在写这本书，那个书名都是王朝闻先生帮我题的，但已经过了三十年了。我讲了起码近千场的讲演，但我从来没有解说词。因为在现场我很强调因人而异，我会针对不同的人说不同的话，比如说讲解的内容，用的语言，讲解的重点等等，都因人而异，还有跟现场的人互动交流，感觉很生动。但一旦写成书，它就死板了。后来想来想去，写了几次都停了下来，总觉得不如意。现在我觉得现场讲解和文字书写各有各的长处，现场生动好听，但是写成书以后采用的引文等文字，它更加准确，也不再受参观时间限制了。

不计行政级别，卧佛价值更高

到了第二届任满，那就是 1990 年了，那个时候是肖央当重庆市市委书记了。在这之前为了争取项目，我曾跟他一起到过北京，互相认识，也跟他谈过我的想法。于是到了期满，我就拿出之前写给廖白康书记的那封信，把开头称谓和末尾时间改了，中间内容完全不动，依旧是陈述要求回文物部门的理由，我把这封信又寄给了肖书记。肖书记看了以后找人事部门一商量，就说老郭要回去，就让他回去嘛。所以就给我在政协安了一个副主席，然后同意我回来搞文物工作。那个时候，我们文管所还是一个乡级，我到市委组织部干部处去办手续，遇到一个处长，他就给我说，"郭县长，你现在是副县级，回到文管所就只有一个乡级，你不要说我们干部处乱整。"我说："不，绝对不怪你，我是跟两个市委书记都有书面陈述，我说这个不怪你，你尽管把我调过去就是了。"接着又说过一句："我不计较这个级别，我相信我的卧佛不贬值。"我一直就认定大足石刻是值得我一生奉献身的事业。

当了政协副主席之后，只参加一年两次政协大会，平时我都不去，我的精力都放在文物保护管理这边。回到文管所后做了几件事情。第一件是去游说市委主要领导，提升文管所的级别。我和他们开玩笑说，非常感谢你们把我放回去，但是我那个衙门太小了，只是一个乡级，去开会都比别人短一截。意思就是我们文管所的单位太小，大足石刻这么出名，这么好，连外国人都称赞它是"未开发的金矿"。领导们表示同意找市编委，给新建博物馆定为处级。于是，我们博物馆就成了跟县政府平级的事业单位了。批了级别接下来就批人，给我们批了 60 个人的编制。这样子，我们就鸟枪换炮、慢慢招人，把博物馆三部一室，北山、宝顶山、南山文物区建立了起来。我们有 70 多个保护单位，起码有 50 个重点单位都配了义务文保员。所谓县、乡、村三级保护网建立起来了，把全县文物的安全保护工作提高了一个档次。

带领大足申报世界遗产

我在县政府的时候，市委、县委就有一个口号，"要让大足石刻走向世界"。我当时就感到对此负有义不容辞的责任，就在思考，怎么才算走向世界呢？我们通过媒体做宣传，对外开放，也让外国人来参观，但是总觉得没有一个法定的认可。

后来从黄克忠先生那里听到了一句话，就是说国家文物局准备申报大足石刻列入世界文化遗产，才知道有"申遗"这么一回事。我了解到，这是由联合国的有关机构认定的，如果被认定了是很权威的。于是，就开始谋划申报的事务。我想，用行政任职来讲，我义不容辞。但一开始，我们觉得自己是山沟里的烂菩萨，不敢跟全国知名的云冈石窟、龙门石窟论高低。随着我们对大足石刻了解越多，走出去参观越多，接待外来学者越多，我们的底气就越足，觉得我们大足石刻跟他们那些名气很大的石窟也差不多。我经常跟馆内的同志们讲，比起云冈、龙门、敦煌在世界上的知名度，我们最少晚了一百年，别人清朝末年就出名了，我们现在重庆人都不知道有一个大足石刻，怎么行呢？大家问我，申报世界遗产的动力和起因是什么呢？我说就是"不服气"，我们大足的菩萨跟别的石窟比，哪点都不差。就是要让大足石刻走向世界，完成市委、县委给我们的任务。

为大足申遗前后奔走

这时候我们组建博物馆已经基本完成，功能基本齐全。我决定领导馆里出书。因为"申遗"要研究成果作支撑，我们出版了《大足石刻雕塑全集》《大足石刻铭文录》等书。另外对外我就是到处跑、四处学习。去已经是世界遗产的单位，比如敦煌、峨眉山、乐山这些遗产地，向他们求援、要资料。这些单位都很友好，给我寄来了相关资料。在"申遗"过程中一个很关键的人物就是郭旃，他经常到我们这里来。郭旃是中国组织"申遗"的官员。我找到他，他就把根根底底都跟我讲了，包括"申遗"的程序，要注意的事情。他当时给我说："所有的专家几乎都说你们那个石刻没有问题，是有价值的，但是你们那个环境糟糕得一塌糊涂。"确实，那时候宝顶山那个水池就像粪坑，周围的农民饲养的猪圈、牛圈，还有上方酿造厂的废水全部排到池子里，导致圣迹池的水又黑又臭，九龙浴太子不是越洗越干净，是越洗越肮脏。郭旃说："这一条是肯定过不了，重点要放在这个上头，就是环境整治。"把这些底摸得差不多了，接下来就是去争取领导支持。

学习回来后，就向县委书记郑洪、县长陈怀文汇报。我说，我们应该启动这个申报工作，一旦成功了，我们就叫真正走向了世界。退一步讲，就算是申遗失败了，也改善了文物区的环境和保护条件，促进了人才培养。郑书记斩钉截铁地回答："坚决支持你申报，有关县上协调各方面关系的我来做。"陈县长也给了我一个很大鼓舞："我举全县的财力来支持你"。

尽管县委领导首肯了，可那阵子我们钱少得很，县上一年的财政收入只不过一、两个亿，哪里能有多少钱给我们来用？但是县长这么肯定，至少是获得了支持。说通了县一级，我就去游说市一级的领导。我向分管我们的副市长窦瑞华汇报，向市文物局汇报。管文物的副局长王川平同志、文物处处长戴渝华同志，都很支持。但是同时市级机关也有很多部门反对，说："大足又穷，又没有经验，全国范围都只有一个敦煌申报了，云冈、龙门都还没有申报，你大足忙什么？"他们不支持这个事情。

于是，我就继续去说服副市长。我说，越往后可能越困难，那个类型世界遗产多了就不值钱，我们这么大一个中国才一个敦煌。我们大足进去还算是少数，这是其一。其二，申遗是一个变数，也不可能保证成功，但即使申报不成功，对文物保护都是有利的。靠这两点，我说服了副市长。他去统一市级机关、部门的意见后，同意申报一个宝顶山，因为钱少，没有经验，申报的点越多，投资越大，矛盾就越多。闯过了一关，允许我们申报了，但只能申报宝顶山一处。所以，开始写文本时只写一山。我还是不服气，又去找到市领导，找国家文物局。王川平、戴渝华也帮忙，说我们大足石刻是三教合一，这是特点，宝顶山只有一个佛教，又没有道教，又没有儒家，怎么体现它三教呢？这是一个重要缺点。我们要让大足石刻以一个完整的面貌去面向世界。接着又去市里进行第二轮游说，结果回复说"再申报一个南山"，于是我们又增加了一个南山。这给写文本带来很多困难。头回是一山，现在变两山，但两山只有佛和道，没有儒，还是不好。于是，我又去游说了第三回，变成了宝顶山、北山、南山这三山。三山一确定就开始工作。黎方银，就是现在大足石刻研究院的黎院长，他是文本小组的组长，负责编制"申遗文本"。我见"申遗"事项进展得较顺利，又受到了乐山跟峨眉山申报事项的启发（峨眉山当时申报很顺畅，眼看很可能要获得批准，他们马上就把乐山大佛捆绑上去了），我就去找郭旃，问多申报两个山行不行？如果加了石篆山、石门山，就可以彻底地把大足石刻的全貌展现了。得到了他的支持，由他提出增加两山，最后才成了"五山"。

因为这么大一个工作，市里面设了申报办公室，县里面也设立申报办公室，两级办公室主任都是我。他们都把做活的事情交给了我。申遗从一山变成了五山，我认为这条做对了，因为在评审的时候专家们有一句话，是"你们大足石刻不仅好，而且多，该评，应该进去"，这几乎是那次全委会上各国代表的一个统一口径。

总书记来大足，借东风

说老实话，我们做这些事情人心一齐都好办，就是没有钱，县上穷。我们自己集资都很困难，就算是号召群众捐资都很少。我借助了一个很好的东风。就在这个时期，江泽民总书记来参观大足石刻，由我担任解说。接到这个任务后，我去请示蒲海清市长，请他去请示江总书记，我讲不成普通话，如果要听普通话，就换一个解说员。蒲市长就去请示了江总书记。江总书记说："啷楷要不得？"这句话本身就是四川话，普通话意思就是为什么不行，也就是完全可以的意思。他就用这个话来回答的。蒲市长回说江总书记说可以说四川话，于是仍由我解说。

本来我们有规定，接待首长，不能去谈自己所谓的一些问题，或者去给领导提什么要求。这是纪律。我介绍他看石刻的过程中，总书记看高兴了，就问："老郭，你们现在在干什么？"我回答说正在申报世界文化遗产，并指给他看那些正在整顿的工地。他又问我一句，

"有什么困难？"我如实汇报，我们县上经济困难，没有钱。他也没有说什么，又陪着他一路看。结束了，我们就围坐在万寿楼的一个石桌子边休息。当时，省里、市里、党政军领导都在，围了一圈，都拿着笔记本。江总书记讲了一些话，内容有"大足石刻很好，而且很有教育意义，听说你们在申报世界遗产，这个事情你们要一次申报成功，这是为国争光"，这些大人物们全部都记了下来。市上、省上就不用我去宣传了，他们自己在那儿听到总书记说的，只有国家文物局没有人在场。于是我就写了一个简报送到国家文物局。后来郭旃告诉我，国家文物局得到这个简报后，就开会商量，"我们上报了20多个世界遗产申请项目，总书记打招呼的就只有这一个"。于是这一次总书记的来访，我就完全借了东风，确实借好了。

第一个就是申遗顺序的调整，把我们从候补预备名单里头提到了这一年的申报名单里。提上来之后就组织专家考察，发现环境不行，于是我们正式申报又推迟了两年多，这两年就是整治环境。正式申报时得到国家文物局支持，这一年向联合国教科文组织申报的项目只有两个，一个武夷山，是自然遗产，另一个是大足石刻，两个项目不撞车，避免了国内竞争。

第二个，市里很重视。江总书记发了话，要一次申报成功。一次申报成功就要拿钱来。记得总书记走后没过多久，市里头就通知大足县，请赵崇亮县长、分管城建的曾足幼副县长去列席市政府办公会，研究"申遗"经费问题。他两个硬把我拉去，以便回答市领导的问题，有些情况我才说得清楚。这是当天最后一件议论的事情。蒲市长第一句话就是："大足石刻在申报世界文化遗产，今天我看郭大法师都来了，今天要'咬个子'。"因为他跟我在开玩笑，把我当和尚，说"郭大法师"都来了，"咬个子"四川话就是要定一下的意思。我把预算增加的原因作了汇报,就是这个会上商议给我们六千万,分摊给财政、文化、旅游三家各两千万来承担,后来给的经费还不止这点,大概给了八千万。

要到了这笔申报经费,有了钱,再加上有设计方案,接下来的工作重点就是整顿环境。第一个重点就是宝顶山,第二个是北山要搬迁几家人。其他地方,包括南山、石门山、石篆山,人烟很稀少,整顿起来不吃力。世界遗产的申报周期是三年,从他们接受文本开始。方银同志和我们刚刚去世的老副馆长陈明光同志下了很大的工夫,因为申报的内容本身就在变。这个文本要由县里到市里(此时重庆市已是直辖市了),递交到国务院。在我们的文本上代表中国签字的是李岚清,他是在大足考察过的。所以文本很顺利就获准了。

顺便说一下,那时只要有领导来,再忙我都要到现场去讲解。好多同志劝我,包括县里的书记、县长等领导,你忙不赢就不去,而且来的人越来越多。但是只要我挤得出时间,我都要去,为什么?我总结了一个经验,这些领导人平时你想给他汇报,人都见不到,怎么可能呢?江总书记不到现场来,我怎么给他汇报得了?邓小平不来,他怎么知道大足石刻好呢?我非常重视阵地宣传,只要有重要人来我都陪同,包括专家学者。这样做了有一个好处,就是在我们国内,大家对大足石刻,不管党政、学界,各界都很容易形成共识。所以,我们在国内申报过程中是很顺利的。文本送到国务院,李岚清就签了,因为他自己就来过的。我坚持要强化"阵地上宣传"就是这个道理。

评审专家以旅游代考查

申遗第一个环节报送文本。文本很快就给批准了,编了号。文本批准了以后,我心里还是七上八下,就去找了郭旃说:"郭处长,万一正式考查不行就没有退路,怎么办呢?费这么大的力,我们一个县上做这个事情太不简单啊。"郭旃想了一下说:"这样,我给你想一个办法,用我私人的名义去请负责考查的两个专家,请他们休假的时候带着夫人到大足来旅游。"后来,郭旃果然就去把教科文组织的专员,也就是评审的专家,一个叫亨利,一个叫尤嘎的,连同他们的夫人,请到大足来旅游参观了。我去现场给他们讲解北山、宝顶山,这是我们的代表作。看了以后就征求他们的意见。他们临走的时候提了三个建议:第一,今后这里就要成为世界旅游地点了,要注意安全,只要有一米高的坎都要设栏杆、做保护设施。第二,青苔的石板路很滑,要把路面做得粗糙一些。第三,正在修建的游客接待中心,应该在申报的时候完工。按他们的要求,我们进行了完善,并写了多种文字的说明牌和简介书。

第二个环节就是接受现场考查。本来考查专家应该8月份来,一等无通知,二等无通知。等到6月底了,心里就着急了。到了7月中旬,我实在忍不住了,因为再不通知,有些工作就准备不了,就打电话到国家文物局,一是用正式的行政序列去询问这件事。第二还是通过郭旃去问。郭旃直接打电话去找教科文组织,因为本来安排的两位专家,就是亨利和尤嘎。两位专家回答说:我们现在很忙,全世界要评审的项目很多,来不及到你们那儿去了,我们已经去看了,虽然是非正式的,我们认为比正式的还可靠,因为你们不会作假。这就是他们的回答。接下来他们问:我们提的建议你们改了没有?如果完备了的,请用录像和文字资料发给我们。于是,我们就把文字资料、录像资料、照片资料,制成光盘给他们发去。现场考查就这样通过了。

高票通过列入世界遗产

　　这样，剩下的就是两个环节了：一个就是在巴黎的主席团会听考察报告评审可否，另一个是在摩洛哥马拉喀什的全委会最后审定。作为中国代表团成员，这两次会我都参加了。在主席团会上，考查专员亨利向大会报告，说大足符合"申遗"的三条标准：第一条是堪称世界艺术杰作，第二条是真实地反映了当时的现实生活，第三条是对后世产生了重大影响。"申遗"一共是六条标准，符合一条就可以列入。于是大足当场就高票通过了。接下来的摩洛哥会议通过得也很快。我把长卷还有其他很多图片拿出来展示给他们，他们一看，再加上有巴黎主席团会的意见，很快就通过了。我记得，那个会上他们不是硬表决，是怎么样的过程呢？大家先议论，听了这些汇报，看了这些资料，然后发表意见。如果大家都说可以，也就不表决了，大家都说不可以，也不必表决了。只有遇到有的赞成又有的不赞成的情况才表决。我们大足石刻通过的时候，几个邻国都还是比较够意思的，一个是日本代表发言，一个是越南代表发言，都跟中国很友好，觉得大足石刻应该通过。抢先发言的作用很大，立刻就定了一个基调。他们这么发言以后，后面几乎一边倒了，很顺畅地就通过了。通过的时候我真的很激动，像现在奥运会上得奖牌一样激动，赶快就跑到会场边一个国际电话亭打电话回来。当时摩洛哥的通信技术不是很好，打电话都很吃力。我国那个时候已经是晚上了，我第一个告诉的是陈老馆长，让他转达县长、书记，再把这个好消息报告市里。这个时刻是1999年12月1日摩洛哥时间11时35分至45分。

　　世界遗产的申报过程就是这样，我们得了天时地利人和。所谓天时，就是我们遇上了改革开放的好时机；所谓人和，是我们的战斗团队，从上级领导到下面的工作人员都很团结；还有一个地利，就是石刻本身确实很有价值。

石窟寺文物的保护

　　石窟寺的文物还是保护最重要，因为它的病害是不断出现的，不可能一蹴而就。我一再跟我们馆里的这些小同志说，你搞这一行，一辈子都不会失业，你儿子来了还不会失业，你孙子来了都还不会失业。我经常用这个话启发他们。就像这次我们申报世界文化遗产，除了获得名誉以外，更重要的还是在申报过程中做了很多保护工程，宝顶山等的文物环境改善了，现在连水池都是清清亮亮的。

　　石窟修复和博物馆里面的字画、青铜器、陶器等修复不一样。它是生在山林之中，是跟自然崖体结合的。所以，它有很多属于建筑学、地质学的范畴。比如说我们宝顶山、北山都打了隧洞，都有崖体加固、渗水治理等等工程。在这个申报期间，王金华同志付出了很多，在这里，他几乎是坐镇施工指导，一是要赶时间，二是要保证工程质量，我看见他从青年小伙到现在的两鬓斑白，贡献很大。在宝顶山有些很大的工程，像卧佛治水，现在已经是第4次了。有时候我们做了以后不一定能够达到预期的效果，因为它的地质条件在变。还有一个文物不能乱动，这点很恼火，生怕引起了副作用，有很多都是带探索性地做。

　　我坚持，石窟修复要用现代技术，要不断创新，要发展，要用新技术、新材料，这是必不可少的，也是必然的趋势。但有些传统的保护方法还是值得借鉴的。比如在20世纪八九十年代，我们很寄予厚望的防风化工程。当时省里马家郁和曾中懋两个专家,帮我们做过化学保护。经过时间考验,都有不理想的地方,因为它很快就失效了。我倒认为,中国传统办法,彩绘贴金更好。现在去看,凡是贴金没有坏的地方它都不风化。解放初期,那个时候又穷,技术又落后,邓老师他们就是用土红,把一些没有雕像的部位刷了,直到现在都还起作用,内部没有风化。所以传统工艺还是很值得借鉴的。还有贴金。这次宝顶山千手观音贴金给我很多启示。当年我就看到它满身发毛、脱落很难看,现在贴金了后,我守了它40年,现在才看到了它的原貌。所谓保持原貌,这次保护并没有动雕刻原来胎体的一丝一毫,现在看上去多美呀。对这一点,今后石窟保护要重视。它是艺术品,必须具备审美价值,在不歪曲历史信息、改变历史原貌的情况下,有些破烂的地方应该修复,只是不能乱修复,要有依据。还有,它本身是一个崖体,如果表面不保护,今后只剩下那一个石崖,就没有意义了。在装彩和贴金问题上,只要不渗水、干燥的地方能够用高艺术水平的妆彩和贴金,我认为是既保护了原貌,又提高了它现代的审美价值。

但关于这个问题官司打得不少,里面有些很有趣味的事情。我记得有一次开会,黄克忠、贾瑞广等很多国家文物局、遗产研究院的专家,还有一些大学的教授都在场。那个时候千手观音还没有贴金,当时就在千手观音的一个角角上,因为空气流动,就有手掌这么大一块金箔微微地在上面颤动。我那天故意装怪,就说:"各位领导、各位专家,你们看千手观音手上吊着这块金箔该怎么办呢?我们属于基层的工作者,都是按你们的指导和决定来办,你们看这个吊在上面甩来甩去的,该怎么办?"当场就是两派意见,一派说:"你这个老郭也是,这么一个小事情,金箔还在上面,你把它贴回去不就完了吗?"本来贴金就是很简单的事情。马上立刻就有人反对:"你怎么随便叫他们去贴金呢?"

还有这个"原貌",究竟哪个才是原貌呢?这里头有很多很值得总结的深层次问题。比如江津石门大佛。因为那里的管理条件不像我们大足石刻这么好,改革开放后,一些烧香老婆婆集资了一点钱,找了几个民间的泥水匠,去给它彩画贴金,脸上贴一点金,贴到脖子处,认为是肉便涂成了肉红色,胸部下面还有一点缨络,又给它贴一点金。这明显是错的。我第一眼看到就说,这个菩萨还时髦,穿的高领肉色衫。问题出在哪里?后来,中国文化遗产研究院给他们做了一个方案。这回是正儿八经国家出经费来贴金。专家们一来,给那些老婆婆贴金的地方就继续贴了金,原来老婆婆做的没有金箔,是刷的金粉,然后胸部缨络贴了金,专家们仍然给它做了一件肉红色的高领衫。这个怎么得了?他们的理由就是"我忠实原貌,我看到它就是这个样子"。所以说什么叫保持原貌?究竟怎样才是真原貌?执行起来都很难把握。

作为基层工作者,我经常接触到一些群众质疑:"你们文物部门花这么多钱,这个菩萨是越守越烂?"因为我们都不敢动了,我们认为有些规定是应该要遵守的。但是我们在遵守这个基本原则的情况下,如何去实施得更科学?比如说"保持原貌",这都是我们过去的口头禅,也是我们必须要遵守的文物保护的法规。但是像我说的江津石门大佛,我们文物系统的同志去做的方案,仍然开了那么大个玩笑,明明是一个泥水匠乱敷乱涂的,他认为是原貌,你能怎么办呢?再有文物部门行使管理权很难。现在有些时候还好点,但像潼南大佛那次管属权争论的时候真的狼狈惨了。文物保管所的人级别又低,你只要反对当地的领导,明早上就把官帽给你摘了,你的发言权都没有了。

自建住房稳定队伍

　　为了提高文保工作者的待遇和地位，90年代我办过一件事情，对稳定我们队伍很有影响。那时，我们大足还没有商品房的意识，一般采取什么办法解决职工住房呢？单位征地或者集资，或者修房子来租给职工用，因为那个时候根本没有私人房子。当时采取的什么办法呢？就是单位征地自己建设。我们自己有维修部，有搞建筑的同志，自己设计，请工人来修。因为没有开发商，造价就比较低。资金不够怎么办？全馆上下，一人一套，用奖金来冲抵，要房子的人不要钱，要钱的人不要房子。第一年交50%，不要利息；第二年交30%；第三年交20%。这样三年，用发给个人的奖金冲抵房钱的办法解决。因为我们不获利，又不赚钱，成本是多少就是多少。如果是双职工的只准要一套，剩下的钱你仍然把它领回去。这个制度是很公平的。这个办法让有的人骂我，有的人表扬我。当时大足县城没有现在的规模，六十几套房子一次投入装修，把大足县的建材都买空了。因此很多人都羡慕说在博物馆工作好，一个人分一套房子，而且不要钱。但也有人就骂我，说别人装房子建材都买不到，博物馆真讨厌，在这里冒大。但这样下来，职工们就比较安定，也扬眉吐气了几天。

　　2003年，我的组织关系就调到重庆市人民政府文史研究馆去了，在那里退休，现在只保留了文史研究馆馆员的身份。我们是这个虫就钻这个木，改行很难很难。退休后，我还出了两本书，办了一些讲座，帮着研究院培养新生力量。我最近又在写一本重庆市宣传部门组织的"重庆记忆"丛书,其中一本叫《世界遗产大足石刻》,现在正在写这本书。我觉得我这一辈子跟石刻结缘很值得,虽然稀里糊涂就从事了这个工作,但还是越搞觉得越明白。

共产党人的生命是奉献

陈明光

名宗嗣,1932年生,四川大足人。大学文化,享受国务院政府特殊津贴。重庆大足石刻研究会名誉会长,中国宋史研究会会员,四川省美术协会会员。

共产党人的生命是奉献,不是享有。

鉴往知来:人的生命在于奉献,中华五千年文明史,即历朝历代先贤生命的奉献史。

奉献,是人类永恒的主题,是社会发展的动力:奉献、发展、奉献,无穷尽向前。我从事文博事业30多年,但步入文博的大门很晚。常言:我是半路出家的"和尚",对文物事业谈不上什么奉献。

这是陈明光先生《大足石刻档案(资料)》自序中的几句话,可谓是他大足人生的真实而生动的写照。

八年清苦,使大足石刻对外开放,走向世界

大足文管所早于1952年建立,然因与文化馆时分时合,历无所长,所址依附于文化馆,职工分住北山佛湾长廊、宝顶山圣寿寺。"文革"结束,县委恢复文管所建制,陈明光任所长。时文管所,职工3人,年钱不逾3千元,郭相颖(兼出纳)住守北山,邓之金(兼会计)住守宝顶,"三八"式的邓云丛老同志住城内文管所附住文化馆3间庙宇平房:一间堆放古物,一间邓老一家4口居室,另一间即每月全所人员集合的地方。就是这间屋子,既是所长、会计、出纳进城的办公室,又是文管所的接待室,亦是所长、会计入城办事的卧室,屋内放两张木床,1张三抽桌(所长、会计、出纳各锁用一个抽屉盒),3个破旧木、竹、藤椅。历时8年。

宝顶山,时仅简易公路,不通客车。他到文管所报到,即步上宝顶山,住年久失修的圣寿寺,宝顶乡政府搭伙吃饭。时除县里通知开

会外，月初方进城到文教局要钱发工资。当时的宝顶山石刻，"只保护不宣传"。年农历二月十九（谓：千手观音生）前一段时间，四乡群众"朝山进香"不绝，时不卖票，还要组织人宣传，破除"迷信"，维持秩序。二月十九一过，渺无观者踪影。其时之艰，不言而喻。

到文管所第一年，即踏遍四乡、公布为文物保护单位的石窟、古墓葬等。不时，四川省文管会同志和国内同行来查看、交谈，使之意识到大足石刻的价值所在，仅因史失其载，沉睡千年，不为人识。他深感"金子埋在土内不放光"。

1978年，在党的"改革开放"政策指引下，他领悟到保护与宣传同样重要，会给沉睡千年的大足石刻带来生机。然由于条件不备等种种原因，坚冰难以打破。时与同仁共商提出：在注重石刻保护的前提下，"加强宣传，以外（县外、省外、国外）促内，争取开放，走向世界"的16字工作目标。他为此倾注身心。

当年春夏间，上（海）科影导演陈冀一行，顺道来探看石刻，他极力促成，使陈翼前来摄制第一部《大足石刻》影片（30分钟）；次年，又极力配合四川峨影、香港长影摄制《四川奇趣录·大足石刻》，以及日本人摄制的《话说长江·大足石刻》。影片发行海内外，特别在香港轮番放映，初使大足石刻有声于海内外，同时，借助摄影师拍摄的石刻照片撰文，选送四川、《人民画报》和上海《艺苑掇英》等画刊，又送报社、电台宣传，1979年编印第一本图文并茂的《大足石刻》简介。特别是，他把图片资料送去四川省、重庆市外事办、旅游局时，他们还不知道有个大足石刻，继来查看，以为是"得天独厚的旅游资源"，并大力促进开放。1979年深冬，去（大足）市外事办获悉，（外事办）准备邀请在川外（四川外国语大学）执教的外宾来看石刻，听取反映，县领导碍于条件不备，尚未同意时，他即向邓存忠、覃华儒等有关领导求助，征得县委领导同意，终于 1980 年 2 月 20 日，迎来大足石刻涉外开放史上第一位外宾——加拿大语言学家司徒尔特及其夫人一行。文管所接待，他陪同参观，司徒至宝顶山大佛湾就惊呼："这是一座未开发的金矿。"从而打开大足石刻涉外开放的大门，中外游客纷至沓来。10 月，四川省省政府同意"大足的石刻作为重庆的参观点"。当年就接待 12 个国家和地区的外宾 363 人。历至 1984 年，国家有关部门批准："大足石刻纳入甲类开放地区重庆市的范围。"时已是接待 36 个国家和地区的中外客人，年约 60 万人次，且不再限外宾参观路线和范围。于是大足也随之成为重庆市最先涉外的开放县。八年艰苦，终于实现"以外促内"、"走向世界"的初步目标。

八年清苦，身体力行保护文物

保护文物，是文物工作者的天职。这是最常听他说的一句话。到任第一年，整理历史资料发现，高达 12.68 米的宝顶"地狱变"岩体裂隙前倾日险，北山佛湾大面积水患至重。1978 年元月即背负资料赴京向国家文物局汇报，请求除险、治水。八年间，力争国家文物局、省文化厅拨款和县政府资助，以及自筹资金，都本着"先治坡后治窝"精神，投入文物保护工程。其如：宝顶山，"万岁楼"下架维修，"地狱变"除险加固，"观经变"断檐再接，"卧佛"弟子群像培修复原，圣寿寺殿宇七重培修一新、复原建起左右天王殿，新建维摩顶至大佛湾石条保护墙长 500 余米、"倒塔坡"四周石墙长 300 余米；北山，兴建佛湾四周石条墙大关栏长 1500 余米和佛湾南、北门厅和道路，新修北山南麓至佛湾南门游客石阶大道，完成 136 号窟治水工程（该工程治水技术获四川省和国家科技进步二、三等奖），拓展佛湾南北段甬道，维修佛湾保护长廊2100多平方米，以及南山"三清古洞"治水、龙洞垮塌修复、石刻碑崖整治、"太清亭"维修，等等。

"文革"期间，一些文保单位的保护范围，由此受到侵占或侵犯。1981年，贯彻国务院9号和（1980）129、132号文件，请示县政府，成立了以副县长、计委主任为正、副组长，由城建、规划等相关部门参加的普查工作组，对省以上文保单位进行普查，会同区乡村干部脚踏手指，再次划界定桩，并签订文字协议，为日后文保单位保护范围确权、完善文保范围、申报世界遗产，铺垫基础。

特别是属全国重点文物保护单位范围的宝顶山圣寿寺，（四川）省有关部门未依法报经国务院审批，即擅自作为宗教开放点。1980年，国务院60号文件明确将其取消后，他深感"责任在身"。9月，即具文向省地县政府报告，要求和国务院文件保持一致，取消圣寿寺宗教开放点，归还文物部门。从文管所至博物馆，历时20余年，为捍卫《文物保护法》的尊严，付诸诉讼，《中国文物报》头版报道。其间书写报告、诉讼文书等多达十五六万字，多出自他手，在县志办期间亦然。今读其文，保护文物之心可鉴。1991年，（四川）省公安、文化厅评为"四川省文物安全保卫先进个人"，这也就不是偶然的了。

八年清苦，从无到有，白手兴家

在党和国家"改革开放"的光辉照耀下，大足文博、旅游事业相应发展。宝顶、北山先后实行售票参观，文管所兴办起小卖部、摄影部，至 1984 年，职工人数增至 36 人（正式编制不过三五人）。基本建设也相应日兴：宝顶山建起一楼一底的办公、接待房和外宾用卫生间，北山新建职工宿舍和配套的外宾接待室，县城北山南麓新修一楼一底的办公、接待室（今博物馆所在），从而结束长期依附文化馆的状况。自 1978 年在县"农业学大寨代表会"上受到表扬，几乎年年受到地、县表彰。1982 年，县委县政府命名为"文明单位"，四川省爱国卫生运动委员会命名为"爱国卫生先进单位"。1983 年，重庆市委、市政府命名为"文明单位"，重庆市对外宣传先进单位，然而历年评先进总是他的职工，所长独不先进。年终评发奖金，所长只拿中等偏上。至今职工称道。

1984 年，省编委、文化厅下文建立大足石刻艺术博物馆，编制增至 30 人，正当他矢志为大足文物事业献身时，却被调去了县志办。

身离文博，心恋石刻，锲而不舍

在县志办期间，与同仁考察史迹，无时不关注石刻。如去宝兴观音岩查考"饶公（顺）纪功碑"，民云附近村有石刻，他当即只身前往，从而为大足石刻宋代石窟家族增添了新成员——灵岩寺摩崖造像，为宋代石刻匠师添了一名新秀"文唯简玄孙文艺"。又去高升乡考察故静南县遗址，查考圣水寺石窟可能凿造于唐昌州治静南年间（790—884），从而突破大足石刻开创于晚唐（892）之说，日后文物普查，在高升太和村坝遗址近邻发现初唐尖山子石窟，更加印证太和村遗址有可能是唐昌州治静南县百年的故址。

1990 年 9 月，重庆大足石刻艺术博物馆建立，回任副馆长兼文管所所长。这时，他作为曾是自己下属的郭相颖馆长的助手长达 10 年，无论是文物保护与维修，研究与宣传，建设与开发，申报大足石刻列入《世界遗产名录》等等，无不"尽心、尽意、尽力"完成。先后被大足县委评为"党建工作先进个人"、"优秀党员"，四川省"文物安全保卫先进个人"。1992年，重庆市人事、文化局授予"重庆市文化工作先进工作者"称号。1996年，四川省人事、文化厅授予"四川省文化系统先进工作者"称号。2000年，重庆市人民政府表彰为"大足石刻申报列入《世界遗产名录》先进个人"。

尽心尽力，做好分管工作

博物馆建立之初，他主管财务，常以"利不可虚受，名不可苟得"自警励人。他经手资金数以百万计，1992年审计后，审计同志最后一句话是："你们太老实了。"其人可鉴，其心可照。

1992年，协同馆长启动申报大足石刻列入《世界遗产名录》。自1993年，他撰写填报《申请列入世界遗产预备清单》起，历时7年，大足石刻步敦煌石窟之后，第二个列入《世界遗产名录》。其间，同新提任的青年副馆长主持撰写《大足石刻申报列入〈世界遗产名录〉》文本，历时3年，五易其稿，被国家文物局誉为"申遗"范本，荣获重庆市（直辖）第一次社科优秀科研成果奖；其工作之二是，合作主编展现大足石刻面貌的《大足石刻雕塑全集》（主编《宝顶石窟卷》），又获重庆市第二次社科优秀科研成果奖，县、市政府先后表彰为申报"世遗"先进个人。

在联合国世界遗产委员会通过大足石刻列入名录的头一天，1999年11月30日，《中国文物报》3版报道大足石刻，标题"石窟艺术史上的最后丰碑"，即1993年其所撰《预备清单》文中的最后一句："不愧为中国石窟艺术史上最后的一座丰碑。"

潜心考察，注重学术资料建设

1993年，博物馆调来一位副馆长，他主动卸去主管财务等日常馆务，甘到四乡去考察石刻。历时5月，撰就以《祖师法身经目塔勘查报告》为主的3篇论文，《文物》以主题文章刊布于1994年2期，这在大足石刻史上，迄今还仅此一例，特别是首次全文刊布塔刻大藏经目510种（部），2135卷，引起佛学家注重，获重庆市第五次社科优秀科研成果三等奖。

在完成祖师塔等的勘查报告之后，又领同邓之金等三四位同志，马不停蹄地踏上新的征程——抢救收集大足石刻铭文。他任文管所所长时已意识到：大足石刻铭文无一文献遗存，历千年风雨蚕蚀，已不少漶残殆尽。收藏这份不可再得的文化遗产，当今文物工作者义不容辞。为此，1981年就送人去（四川）省博物馆学习拓片、装裱，1983年从玉龙山购回南竹，准备1984年搭架拓片之用，然而时未如愿。博物馆建立，条件更为具备，他任副馆长10年，从未提过去闹市或国外"考察"，却自愿甘当奔赴四乡收集铭文的领头人。

大足石刻文保单位多达75处，分布时32个乡镇的28个乡镇境内，1993—1995年他们用去375天，行程9931公里（步行1095公里），逐处搭架（至高12米）搜寻石刻铭文，计拓碑石1167方，拓片2033张，拍照2500张，记录资料35万余字。田野工作辛苦，不言而喻。尽管时已六旬开外，步履登山，爬高架、攀崖壁，无时、无处不在。两次从高架上跌下，眼镜摔坏，手指跌伤，也未因此而误一日。之后，又历两年，分工整理编撰，他任总编撰，最后考征文献、释碑疑难、校注得失等，无不尽心尽力，编撰《大足石刻铭文录》，图文并茂。在大足石刻史上，不失为"上可对祖先、下不负子孙"的一项基本建设工程。

　　陈明光从事文博工作30余年，把自己的情与爱、苦与乐，都倾注于大足石刻事业之中，"八年清苦"，没有一年的除夕之夜和春节是在家里与亲人度过的，无怨无悔。他执着于大足石刻研究，成就斐然。先后为《中国旅游》《文物》等杂志撰文，并独著或合作写作由四川人民出版社出版的《大足石刻》《中国大足石窟》《大足石窟艺术》《中国大足石刻荟萃》等6种图书；主编、合编《大足石刻研究文选》《大足石刻研究文集》第1、2辑，在海内刊物发表著述100余篇，出版专著《大足石刻考古与研究》《大足石刻考察与研究》，历获重庆市社科优秀科研成果三等奖2次，四川省、重庆市社科院、（重庆）市博物馆学会特等奖和二等奖6次。2000年，国务院表彰他"为文化艺术事业作出的突出贡献，特决定发给政府特殊津贴并颁发证书"。大病退休之后，对大足石刻研究仍然孜孜以求。2001—2007年，在海内外学术刊物还发表力作18篇。他的"德行与著术都堪是大足石刻史上值得称道的一位长者和学者"！

（大足石刻研究院赵岗整理）

大足石刻初期的保护

邓之金

1931年生,重庆大足人,中共党员,文博馆员。1950年9月参加工作,1953年6月开始在大足县文物保管所工作,历任大足县文物保管所副所长、党支部副书记,重庆大足石刻艺术博物馆研究资料部主任。撰写发表有关大足石刻等研究论文数十篇。合著《申报大足石刻列入〈世界遗产名录〉》文本,主编《大足石刻雕塑全集·宝顶石窟(下)》卷,先后荣获重庆市第一、二次社会科学优秀科研成果一等奖。1989年12月,被公安部、国家文物局评为"全国文物安全保卫工作先进工作者"。多次被四川省文化厅、重庆市文化局、大足县委县政府评为先进工作者。

1952年以前，大足县人民政府就很重视文物保护。1952年，大足县成立了石刻委员会，随后颁布成立了大足县石刻保管所的文件。此时的保管所正式编制仅有3人，分别为一个主任和两个干事。1953年上半年，我从当地小学调入大足县石刻保管所北山石刻工作。不久之后，大足县石刻保管所更名为大足县文物保管所。这次调动在舆论上引起了很多争议，认为当年的我太年轻，去守文物不成体统。我不这样看，因为这是国家主张的事业，首先应服从组织的分配和调动，应该热爱这份工作，好好学习，尽快熟悉业务。

1952年，为了给石刻遮蔽风雨，在大足县政府经济比较困难的情况下，西南文教部拨款1.2万给大足县石刻保管所，在北山石刻修建一座长廊。1953年上半年，我调入北山后，时任石刻保管所主任的陈习珊先生带领我开展长廊修建工作。于是，初来乍到的我，在北山跟随陈习珊先生从头学习如何修建长廊。我们和维修工人同吃同住。陈习珊先生对待修建长廊的每一项工作都非常认真负责，事事亲力亲为，甚至对工人的具体技术都是严格把关，发现技术不过关的工人，要求施工负责人遣返该工人，力求做到施工质量过硬。这种认真负责态度感染了管理人员，同时也促使工人们端正态度，工作起来兢兢业业、不敷衍了事。

1953年下半年，西南文教部增加拨款6000元给大足县文物保管所，用来抢修父母恩重经变的崖壁基脚、堡坎和水沟。我们就住在父母恩重经变旁临时搭的棚子里，跟工人们同吃同住同劳动，非常艰苦。当时，虽然这6000元钱很少，但在大家的努力下还是做了很多事。那次修复主要是采用石块填塞岩壁风蚀凹槽，石块堆压、支挡堡坎危险岩体，防止岩体继续风化和失稳。考虑到当时观音堂基脚经常受到来自崖顶面流水的冲刷和观音堂修房子的基脚曾被冲垮过的情况，我们现场勘察后，决定采取挖深九龙溪水沟的方式解决水害问题，对待岩石断裂风化等病害的处理方式是借用建造房子时采用的钢筋混凝土支撑来处理。之后看来，当时的这些措施都是非常必要和正确的，就是因为大家的不懈努力，从那个时候起不间断的维修，才有大足石刻今天较为完整的面貌。

1962年，地狱变相裂隙慢慢增大下滑，大足县政府责令大足县文物保管所开展修缮工作。但我们技术力量不够，于是向更高的文物机构请示。随后，就迎来了国家文物局对大足石刻的首次考察。这次考察中，四川省文化局宋之正、张才俊陪同文化部古代建筑修整所的工程师余鸣谦、姜怀英、杨玉柱考察大足石刻，随后就开始了地狱变相裂隙、宝顶山的修复。

这是当时对自然原因造成石刻损坏的保护修复。回想当年，除了自然的损毁外，对大足石刻造成破坏的还有人为的因素。防止人为破坏有两个关键，一个是防止偷金，另外就是"文革"期间防砸烂撤销。

我刚调入大足石刻保管所时，常有奸商偷洗金箔，很多农村寺庙的金箔被偷了。为了保护文物完整性，我们日夜轮班值守，在这个过程中也打破了鬼神的传说，治理了石刻保护的混乱和荒废现象，也坚定了我把工作做好的决心。

当时北山崖壁后就是水田，时常发生渗水。为了处理好渗水问题，我们收回了50年代划入大足石刻保护范围的水田，并且把水田改造为水沟，修整一番后极大地减少了渗水病害。

50年代，人们能随意沿着赶场大路出入大足石刻。考虑到文物的安全性，大足石刻紧急申请拨款改建大道，修建围墙、堡坎等，封闭大足石刻保护区域，将赶场人流分流至观音岩。

"文革"期间，街上出现大字报和流言蜚语，认为宝顶山石刻是牛鬼蛇神，大足县文物保管所和北山是保护牛鬼蛇神的机构，应该砸烂撤销。当时就此事给领导汇报，当时的县长邓正中回复我们说保护需要依靠群众。大足县文物保管所的管理人员根据指示，成立了北山、宝顶山文物保护小组，召开了文物保护会议，明确只要有人来打砸的话，大家就坚决制止。此次保护依靠群众的指示，让大家受益匪浅，学到了文物保护不能仅仅依靠保护机构，也应该依靠人民群众。不依靠群众，不依靠当时的干部，大足石刻难以保存。"文革"期间产生了武斗，我们的思路是不参加任何派别，但是日夜坚守，寸步不离石刻这个阵地，有要来破坏石刻的就极力阻止。经过这样的努力，这些文物在"文革"中被保护起来了。当时国家文物局发来电报询问北山、宝顶山的石刻损坏没有，我们骄傲地回电表示，一样都没有损坏。

　　所以，无论是对待自然因素的破坏，还是防止人为的破坏，这两方面当时都是做得很好的，以如今的保护观点来看仍然是对的。

中国石窟寺保护70年集，保护完好，我们很高兴，谢谢同志们的辛苦。

邓之金
2019年3月6日

我与大足石刻，无悔几十年的好时光

黎方银

1962年生，曾先后就读于复旦大学、重庆师范大学文物与博物馆学专业，长期致力于石窟艺术研究。1982年至今历任大足县文管所所长，重庆大足石刻艺术博物馆副馆长、馆长，现任大足石刻研究院院长、二级研究馆员、重庆市第五届人大代表；为全国文物系统先进工作个人、全国先进工作者，重庆市第一、二、三、四届政协委员，重庆市文博系列高级职称评委，重庆市文物鉴定组成员，重庆市大足石刻研究会会长，南京师范大学、四川美术学院等客座教授。享受国务院政府特殊津贴。

怀着一颗心来,不带半根草去。值此中国石窟寺保护七十年之际,向石窟寺的创建者们,向为保护石窟寺奉献青春和热血的先贤们,致以最崇高的敬意。

黎方银

二〇一九年三月六日

大足石刻让我发光发热

是缘分也是宿命

有人经常问我：面对外面的各种机会，是什么让我一直坚持留在大足石刻 30 多年，初心不改。我觉得，这是一种缘分，也是我的宿命。

我是 1982 年分配到大足县文物保管所的。这个所的主要任务其实就是保护、管理、研究和合理利用大足石刻。现在 37 年过去了，当年到大足的情景仍然历历在目。那一天，我去宝顶山报到，半路上就下起了倾盆大雨。山下的机耕道已经成了泥泞的小道，汽车难以行驶，我是冒雨走到了宝顶山。因为天快黑了，上去以后没有多少感觉，但是等到第二天醒来，走到宝顶山大佛湾的时候，一眼看到满壁的造像，顿时有了一种深深的震撼。也就是这一眼，定下了我与大足石刻的终生。

是震撼是感动

如果一个人能够把自己的兴趣爱好和自己的工作结合起来，我觉得就是一种幸福。所以，尽管很多人说，你在这个地方 30 多年，一直就没有挪过"窝"，有没有很遗憾？现在想来，我没有这种遗憾，而有一种满足。我能在这里守望这些石刻，我觉得不是我的不幸，而是我的大幸。这 30 多年之所以能够坚持、坚守下来，一方面是这些文物本身给我的深深的震撼，我觉得我有责任、有义务，也可以去守护他们，同时在 30 多年的工作过程中，很多的人和事也深深地打动了我。大足石刻研究院很多老先生们同样是用一生在守护这些石刻，而且正是他们的那种执着，那种责任心，一点一滴地浸润着我，让我备受鼓舞。

譬如邓之金老师，1952年大足文管所刚成立的时候他就来了。今年他已88岁，他把他的一生都奉献给了石刻。起初他来的时候，不是住在小洋房里面，不是住在高楼里面，而是住在石窟旁边搭建的很破烂的小屋里。就是在那样艰苦的环境下，他坚守了下来。又譬如郭相颖老馆长，十年如一日地坚守在北山上，很长的时间里都是一个人住在上面，晚上出去的时候山上漆黑一片，头顶上经常可以听到猫头鹰的叫声。但他也坚守下来了。再有陈明光老馆长，在他当所长的20世纪80年代，大足石刻其实已经是有收入了，但是他没有将收入用来给职工发奖金、建住房，按照他的说法就是，我们要先治坡后治窝，把创收的这些钱大多都用在了文物保护和改善服务设施上。正是这些老先生的精神和情怀影响了我的一生。而且在几十年中，我接触了很多文物保护、研究等方面的专家，比如黄克忠、贾瑞广、马家郁等老先生，我特别地敬佩他们。他们当年到大足来做文物保护项目，不是说来把照片一拍，然后回去就做方案了，不是这样的。他们到大足每做一个项目，几乎一待就是大半年的时间。从北京、从成都或者从重庆到大足，交通特别不方便。来了以后就在现场做事，和我们同吃同住。所以这些老先生对文物的热爱，使我们后辈从中学到了很多的东西，让我获益匪浅。

这里可以让我发光发热

是的，在30多年当中，虽然我很笨，但也有很多机会可以不在这个单位工作，即使继续做文物工作，也可以换到其他的地方。记得在1984年的时候，县政府就决定调我们所里一个懂英语的、一个懂日语的年轻人，到大足国际旅行社去当导游。那个时候的导游是什么概念？灯红酒绿，有统一的着装，工资比我们高得多，吃饭不用掏钱，住的是宾馆，那多好呀！有一天晚上，老馆长来征求我的意见，说县政府准备调你去了，你愿不愿意？你自己拿主意。当时我毫不犹豫、不加思索地跟老馆长说，我还是在这个地方工作，我喜欢这里，这里可以发挥我的价值。那个时候，我特别崇拜那些老专家，看见满头白发的文物工作者，就特别地敬佩，也希望自己有一天变老的时候，和他们一样一头白发，能够受到尊重。

20 世纪 90 年代初，我要到复旦大学去学习。一个做生意的表弟到了大足。我请他吃饭，我很兴奋、也有几分得意地告诉他，我要到复旦大学去学习了。表弟也是不假思索，说你有没有搞错，现在都什么年代了，大家都是忙着挣钱，你要去读书？在他看来，这是一种很幼稚的行为。

很多经商的同学也给我讲应该去多挣钱。我就说，其实挣钱也是为了实现人生的价值，挣的钱足够多的时候，钱已经不是钱了，而是一种自身价值的体现。那我同样如此。虽然我们做的工作默默无闻，但当你看到你所做的工作得到大家的肯定，或者当你看到很多的观众在欣赏这些石刻，脸上露出笑容、给予你赞许的时候，你的内心是得到了极大满足、很有成就感的。因此那时我觉得，不管做什么，都只不过是实现个人价值的不同方式而已。我现在仍然对我们很多年轻人说，不要认为从事文物工作仅仅就是一个简单的管理、技术、服务工作，其实是在为他人提供精神食粮。包括我们的讲解员，讲解的时候，看一看观众的目光，就知道人家对你有多尊重。所以我觉得这几十年不是我给予了大足石刻多少，而是大足石刻能够让我发光发热。

五六十年代的基础性保护

新中国成立后，大足石刻的保护工作就从未间断。五六十年代的保护主要是基础性的工作，针对大足石刻年久失修所存在的安全性问题，重点开展了窟龛岩基加固、保护廊檐修建和水害治理等工作。其中有几件事最令我感动。

邓小平重视文物保护　张圣奘慧眼识"大足"

大足县文物保管所成立很早，在1953年就成立了，是当时四川省最早成立的4个文管所之一。为什么会那么早就成立呢？除了大足石刻本身的价值重大以外，还有一个很重要的原因，就是重庆解放后修建的成渝铁路经过大足，受邓小平同志委托，考察沿线文物的张圣奘教授看到大足石刻以后认为这些石刻非常重要，应该加强保护。

重庆解放刚一个星期，主政大西南的邓小平就召开西南局会议，决定修建成渝铁路。他敏锐地察觉到，在修建铁路的过程中可能会发现很多有价值的文物，于是通过秘书请来了当时在重庆大学任教的张圣奘教授。张教授是湖北人，一位大学者，曾获得英国牛津、美国哈佛等名校的文学、医学、法学等5个博士学位，精通九国语言，知识渊博，被称为万能教授。考虑到修建铁路的部队和工人们不具备文物知识，挖出来什么东西也不知道，所以特别委托张圣奘教授巡查成渝铁路的施工现场，到施工工地考察并识别挖掘出来的文物。因交通不便，特意为张圣奘教授配了一个滑竿。张教授身负小平同志的重托，出发巡查成渝铁路沿线挖掘工地和现场，1951年3月便在四川资阳发现了"资阳人"。也就在这年12月，张教授到大足考察了大足南山、北山、宝顶山、石门山、观音岩、石篆山、七拱桥、妙高山、舒成岩等 10 多处石刻。这次考察促进了两件事。一是 1952 年 6 月，西南文教部拨专款 1.2 万元，新建北山佛湾保护长廊，并培修部分石刻。二是 1952 年 11 月 12 日，大足县政府发文通知成立大足县文物保管委员会，下设大足县石刻保管所。首任负责人是陈习珊，就是 1945 年邀请杨家骆考察大足石刻的那位大足本地的学者。

县长亲自督查，落实保护范围

新中国成立前，由僧人管理的石刻和寺院经常为管理界限问题，还与当地村民发生纠纷；所以新中国成立后，在"土改"时，就划定了一定范围供保护之用。但后来县委、县政府领导在 1953 年初进行"土改"复查时察觉，"土改"中重要石刻所在区、乡政府要"除留石刻临近地面以备培修"的指示并未落实，即在 1 月 15 日一天之内，连续向北山、宝顶山、南山、舒成岩、石篆山、石门山、佛安桥、七拱桥、妙高山等处石刻所在地的区公所发出四份紧急通知，要求在石刻周围划出文物保护范围，留作公地，以备培修之用。并指出："事关保存古迹文物，勿忽为要！"言之切切，言犹在耳。大家都知道，当时的领导文化水平并不高，但看看他们所做的事，却比有文化的对文化的理解更深刻，这就是当时的共产党人。现在宝顶山、北山、南山、石篆山、石门山石刻等大范围的保护用地就是当年划出来的。随后沿着划界竖立了界桩和保护标志，对后来大足石刻的保护起到了非常大的作用。

困难时期，挤出经费保护文物

1960 年，国家文物局立项批准对宝顶山小佛湾七佛壁进行加固维修。我们都知道，1960 年正是国家经济特别困难的时候，粮食都不够吃。但就是在这种困难时期，国家文物局仍然分三次拨款（本来是一次性拨款，由于国家经济太困难，所以分了三次）对文物进行维修。这件事充分体现了国家对文物古迹的高度重视，让我特别感动。

经历了这个阶段的基础性保护工作后，20世纪70年代以来，我们在国家文物局的大力支持下，针对石刻造像岩体加固、防渗水、防风化等三大任务，有计划、有系统地开展了数十项维修保护工程。目前，则进入了以科技为支撑的维修保护阶段。我们正在从抢救性保护向预防性与抢救性保护并重的方向转变；在保护手段上，我们正在从传统的工程性保护向科技保护跨越；在保护内容上，正在从更宏观的真实性原则出发，向文物本体所依存的自然、人文环境及其历史信息的保护拓展。

变压力为动力，申遗文本成范式

从20世纪八九十年代开始，中国文化遗产开始走向世界。20世纪80年代，我国已经有5个文物保护单位列入《世界遗产名录》，大足石刻也在1999年成功列入。大足石刻的申遗成功让我们骄傲和自豪，很多人都付出了心血，对于我个人来说，参与其中更是倍感荣幸，而那段紧张的岁月宛如昨日，难以忘怀。

众所周知，申报文本的准备是申报世界遗产的第一道关，这需要大量的人力物力和科研工作作支撑。在撰写大足石刻申报文本之前，县长陈怀文就带我们到峨眉山等地考察，发现很多地方的申报文本都是请全国各地的专家来研究编写的。但当时国家文物局的领导和负责申报的同志认为，对大足石刻研究最深入的是大足当地的人，因此大足的申报文本应该由大足石刻的管理机构自己编写。最初我们报的方案是请分管业务工作的陈明光副馆长担任申报文本编写组组长,由我辅助完成,但后来县委批复由我任组长。听到这个消息,当时我感到压力倍增。30岁出头的我,是否能完成这项艰巨的任务,是否能扛得起这个重大的责任?一时压力山大。

这也从一个方面说明,当时国家那种开放的环境和各级领导对年轻人的扶持、重视,把重任压在这些年轻人身上是为了更好地培养他们,是为了让我们快速成长。因此,我没有理由不好好干。尽管心中忐忑万分,我还是勇敢地接受了这个任务,组织了10多位工作人员,有条不紊地开展工作。应该说,开始进展还是很顺利的,但不曾想中途却生了变数。

记得1998年春节前夕,我们几乎把文本的文字、图片包括线图,还有幻灯片等等所有的材料都准备好了,心里面特别踏实,觉得可以好好地过年了。但是没有想到的是,就在我们快放假的那一天,我刚刚到办公室,工作人员就给我送来了厚厚的一叠材料,全部是英文的,是国家文物局转发给我们的关于申报文本的新的格式的传真材料。我赶紧叫人把它翻译出来,发现它和我们原来准备的申报文本的格式已经有了很大的调整。这一下把我吓坏了,因为1998年的7月1日之前必须把这个申报文本报到联合国教科文组织世界遗产中心,否则将视为自动弃权。而这个时候,我们在申报当中最重要的环境整治方面投入了很多经费,该拆的拆,该搬的搬。如果因为申报文本不能够按时报出而申报不成,那后果无法想象,这压力一下子就爆棚了。

所以在那个春节,我把文本编写组的所有人员都召集起来,重新分工,重撰文字,重选图片,重做幻灯,重拍电视,重绘图件,一切重头再来。经历两个多月的奋战,申报文本组使尽浑身解数,通宵达旦、加班加点,终于完成了申报文本的编写。1998年3月14日,国家文物局副局长张柏率队到大足对申报文本进行评审，顺利通过。当年 6 月 18 日，申报文本送到国家文物局，时任国家文物局局长张文彬签字后，按时报送至联合国教科文组织世界遗产中心，编号 912。我们终于圆满地完成了编写任务。

尽管如此，我还是很担心，因为文本合不合格，需要国际专家说了才算。令人欣慰的是，这个文本不仅仅为大足石刻成功列入世界遗产奠定了基础，同时还被国家文物局列为范本。整个申报过程中，申报文本组成员们忧心忡忡，担心申报文本无法得到国际专家的认可。幸运的是，我们经受住了考验。1999 年 12 月 1 日，这是我终生难忘的日子。这一天，大足石刻申遗成功，我同许多人一样，满含热泪！

千手观音造像的 8 年修复

2015 年，全国石质文物保护一号工程——大足千手观音造像修复工程，历时 8 年竣工。这个工程的完工，一方面极大地提高了大足石刻的美誉度，另一方面也在业内外引起了一场大讨论。这是很正常的。能在任职院长期间启动千手观音修复项目是我的幸运，是时代给大足石刻提供的一个最好的机遇。

"一号工程"启动

千手观音造像的病害历来就有，20 世纪八九十年代，它的手指就已经开始脱落了。2001 年，我们就试图启动千手观音的保护修复，但是机缘没有到，包括经费、技术和其他很多方面的条件都没有准备好，暂时被搁置了。尽管如此，保护专家们仍然做了很多基础研究工作。例如，2002 年左右，王金华先生就曾带队对千手观音造像进行检测分析研究及试验，并做了贴金修复方案，还组织专家对方案进行了评审，但由于受条件所限，当时的勘察研究不够深入，国家文物局最终未批复同意。为此，2005—2007年，中国文化遗产研究院又联合北京大学考古文博学院对千手观音造像进行了更深入的勘察研究，同时进行了小面积的清洗、修复试验。

2007年9月17日，全国政协副主席张思卿带队对大足石刻保护进行调研，我参加陪同了调研。看完千手观音造像，刚出大悲阁大门，就听到身后"啪"的一声，回头一看，千手观音造像的一根手指当场掉落。当时在现场的国家文物局遗产处的肖莉同志马上用电话向遗产处处长陆琼作了汇报。这件事随即引起国家文物局的高度重视。2007年10月13日、2008年2月25日，国家文物局遗产处和科技处两次率专家组专程赴大足现场考察千手观音造像保护工作。专家组到现场看了后认为，如果任由千手观音造像的手再这样掉下去，其完整性和真实性将受到极大影响，文化艺术价值将消失殆尽，后果不堪设想，保护工作已经到了刻不容缓的地步。在专家讨论时，记得时任国际古迹遗址理事会副主席的郭旃先生说了一句话，他说如果我们不赶紧想办法对千手观音造像进行修复，大足石刻作为世界文化遗产的形象和管理工作将受到国际遗产保护组织的质疑。当时也有老百姓议论，千手观音脸上的金箔都飞起来了，好像在哭泣。回忆当时千手观音造像的状态，我也特别揪心和难受。在这种情况下，从上到下方方面面都形成了共识，认为千手观音造像必须做抢救性保护。

2008年5月12日汶川大地震发生的当天下午，国家文物局局长单霁翔就一直给重庆市文化局副局长程武彦打电话，地震那么厉害，他特别担心大足石刻这些崖壁上的造像，以及千手观音像的安全。但是当时通讯中断，下午没打通，直到晚上恢复通讯，我才向武彦局长汇报说，虽然地震很厉害，但大足石刻没有受到大的破坏。随后武彦局长又向单局长作了汇报。

汶川大地震后，单局长赴川渝地区考察调研地震救灾工作。考察完成都、都江堰后到重庆，他哪儿都没去，就直奔大足，其实他心里仍很担忧大足石刻。当时余震很多，我们想安排他入住安全系数较高的平房，但是没有找到，只能安排他入住了大足宾馆。

5月21日一早，我们就陪单局长到宝顶山现场看千手观音像。来到大佛湾，大家看到崖壁上的造像一个个还是好好的，心里很安慰，一路上也就有说有笑的。当时为了做勘察，已经在千手观音像前搭上了高架。单局长登上高架，很仔细地看了很久。看的时候单局长面色凝重，一下来就对我们说，千手观音造像价值巨大，但是病害太严重了，必须要开展多学科的研究，集中各个方面的力量，对千手观音实施抢救性的保护。如果不做这件事情，我们会愧对历史，愧对后人。同时表示，国家文物局要在资金上、技术上、组织上全力给予支持，把它作为全国石质文物保护的一号工程来做好。

因此，从实际情况来讲，启动千手观音造像抢救性保护修复工程，是因为千手观音造像已经到了一种不得不修的地步。如果不修它，就不可能保持它的形体的完整性，因为它的手指在掉，在不断地改变它的物质原状，而且这种改变是一种破坏性的、不可逆的改变。

世界级难题的责任担当

千手观音造像是我国现存规模最大、最完整的集雕刻、彩绘、贴金于一体的摩崖石刻造像，它病害复杂，保护难度很大，国内外还没有成功的类似先例。单霁翔局长当时在现场就说，需要组织国际国内一流的保护专家，来攻克这道世界级难题。2008年之后，中国文化遗产研究院勇挑重担，接手了千手观音造像修复工程，体现了他们的勇气和担当。整个修复工作是由詹长法先生带领项目团队经过8年时间的努力完成的。在修复工作过程当中，很多事都令我感慨良多。作为亲历者，我切身感受了来自全国各地的专家初到时的焦虑，有所突破时的欣慰，以及完成后的喜悦。可以说，各种细节历历在目。起初，专家们是把如何修复表面的金箔放在第一位的，后来通过检测后才发现，千手观音本体赋存的岩体已经破坏得很严重了，这也是手在不断掉落的主要原因，因此这次修复的重点应该是解决千手观音造像的安全性问题。之后调整思路，把岩体加固和长期保存作为修复的核心内容。为了解决修复的关键技术问题，有一段时间，最多的时候一天几十位专家在大足，在大足县城街上经常可以看到专家，他们并不是单纯地出去散步，而是因为没找到合适的办法，出去透透气排解心中的苦闷，这种苦闷和压力外人是很难想象的。

　　回过头去看，关于千手观音修复，大家讨论得最多的是保护的理念以及它的外观形象问题。但是置身当时，如何解决它的安全性问题，同时又要基本符合文物保护的理念，才是重中之重。因此，无论是业主单位，还是其他的相关单位，压力都很大。人的认知是有局限性的，一个时间段的认知只能管那个时间段，用后面时间段的认知去衡量以前的认知，往往会有失偏颇或者片面。所以，我特别不愿意说古代人做了什么不当的修复，如果没有千百年前那些古人的"不当"，恐怕我们现在连文物的影子都看不到了。那个"不当"，就是当时他们认为最先进、最科学的方式。我想，只有时间才可以更好地回答这次千手观音造像修复的得与失。

开放合作的工作模式

　　千手观音造像修复工程被作为全国石质文物保护的一号工程来实施，"一号"并不只是一个虚头巴脑的名号，实际上有它很深刻的内涵，其中就包括了整个工程在前期勘察和修复当中的工作模式。这种模式有三点特别值得称道。

　　第一，它是各方力量的一次大合作。千手观音造像修复工程不是由中国文化遗产研究院单打独斗来进行的，实际上调动了全国相关石质文物保护的科研机构和科研力量，包括北京大学、中国地质大学、敦煌研究院和大足石刻研究院在内的很多的科研机构和有关的专家学者。这种工作模式在文物保护工作中是一次创新。因此尽管千手观音造像的保护难度巨大，挑战巨大，但是它的动力是最足的，支撑力也是最大的。既有各个方面的领导的高度重视，又有各个方面的专家的支持，所以它能够形成一种合力，这是千手观音造像整个修复工程能够在 8 年时间里顺利实施的一个最大的保障。以前很难汇聚如此多的力量一起参与某个保护项目的保护研究工作，恰恰千手观音造像修复工程用一种开放的模式来实施，打破了之前束缚的局面。

　　第二，它是一个开放的工程。它的开放既体现在广泛地吸收各个相关方面的意见、建议以及多个交叉学科的知识和技术，也体现在对社会的开放上。就交叉学科而言，在众多千手观音修复保护的论证会及评估会上，它的艺术价值和考古学方面的内容时常被涉及，因此，论证会及评估会不再单单只是一个文物保护技术的会议。对社会开放方面，在修复工作实施的过程当中，项目组主动组织社会人员到现场、到修复架上观看工作人员的修复保护工作，让公众能够了解、感受整个文物保护的修复过程；同时，不断发放征求意见表，现场征求观众意见。

第三，它是培养保护人才队伍的一个平台。千手观音造像的修复，不仅仅提高了大足石刻研究院的保护技术，同时让大足石刻的保护人才队伍得到了极大的锻炼。当时大足石刻研究院派了十来位工作人员去协助千手观音的修复，这些人员已经或者正在成为今后大足石刻保护的中坚力量。因此，千手观音项目不仅仅是修复了造像，也为后续保护积累了很多的经验教训。

让人敬佩的默默付出

除了大足的修复人员，更多的工作人员是来自四面八方的。虽然他们没有获奖，但是他们的默默付出更让人敬佩。当年的工作现场，条件很艰苦，因为这个工作是年复一年、日复一日的重复，在现场一蹲可能就是半天，上一个厕所还要跑到很远的景区外面去。他们不怕蚊虫叮咬，不怕酷暑，不辞辛劳地工作。我们很多的观众在现场看到以后都特别感动，充满敬佩。其实，他们不只是在用手修复文物，更是在用心保护遗产。不仅仅是对千手观音的修复，所有的文物修复，所有的修复工作人员都是在用心与修复对象对话。整个千手观音的修复团队来自全国各地，很多来自外地的工作人员在大足经常是一待就是大半年，才可能回家一次；有的小孩要参加高考，他们没法陪伴；有的小孩很小，他们没时间去照顾；有的母亲生病住院了，他们也无法侍奉左右；还有的自己生病了，也默默坚持。8年时间过去了，他们的孩子一个一个长大了，但是他们自己也一个个变老了。作为大足石刻的管理者，我每每想起他们的种种付出，敬佩之情就油然而生。由衷地感谢他们！

《大足石刻全集》与考古基础研究

我常说，与敦煌、云冈、龙门石窟相比，大足在保护、研究、管理、利用等很多方面，无疑是后来者。可以说，我们一直是在向他们学习的过程中成长的。之所以是这种情况，我认为一方面是外界对大足石刻的认知太少，另一方面就是在较短的时间里能够聚集的人才和技术力量非常有限。20世纪80年代，不谈国外，只论中国，知道大足石刻的人都很少。很多重庆人都不知道大足石刻，更别说北京、上海了。因此，由于外界知之甚少，尽管在20世纪50年代就已经成立了大足县文物保管所，但事实上能够聚集的人才和技术力量十分有限，从而导致相关的文物保护和研究的基础工作也很有限。因此从20世纪80年代以来，历任的大足石刻管理机构负责人都有一个共识：要尽最大的努力做好保护和研究的基础工作。

虽然石质类文物的载体是坚硬的石头，但它仍然处于不停地风化和破坏的过程中。尽管现在的科学技术日新月异，保护手段和保护措施不断完善，保护能力和保护水平不断提高，但现在我们所作的大量工作，也仅仅只是延缓了这些文物消失的步伐。把它们放在更久远的时间里来看，终究有一天他们会消失。因此，作为文物工作者的我们，有义务有责任尽最大的努力把我们今天看到的现存的文物状态，通过不同的方法和手段完整地记录下来。这些资料可以为今后的保护提供一个最直接的依据。基于这种想法，大足石刻在20世纪80年代的时候就出版了《大足石刻内容总录》，虽然较为简略，但是它对当时大足石刻的状况已经有了基本的记录。20世纪90年代的时候，我们又组织了一个专门的项目组，花费长达3年的时间，对石刻中所有的文字进行了拓片，然后出版了《大足石刻铭文录》。这份资料非常重要，尽管当年的拓片到现在也只有几十年，但它已经成了文物，因为这些文字每天、每时、每刻都在减少，它不会增多。

有鉴于此，20世纪90年代中后期，特别是在1999年《大足石刻铭文录》编纂出版后，我们就从石窟研究的发展趋势和文物保护工作的实际需要出发，大胆地提出了对大足石刻开展考古学研究的设想。现在想来，这一设想在当时并不具备条件，而只是一个良好愿望，或者仅仅是需要致力的一个远大目标。但同样没想到的是，在2000年重庆大足石刻研究会第五届年会期间，大足石刻立足于基础调查的努力及已有成果，以及开展大足石刻考古学研究的规划设想，得到了马世长教授的充分肯定和鼓励。他认为，大足石刻研究要迈上一个新台阶，就需要在考古学研究方面多做一些工作。同时文物保护界的老先生们也认为做这件事功德无量。为此，在经过两年多时间的人力、物力及学术储备后，2003年组成由我任组长的课题组，以"大足北山石窟考古学研究"为题，分别申报"2003年度全国文物保护科学和技术研究课题"及"重庆市哲学社会科学重点科研课题"，并获国家文物局和重庆市社科基金办公室相继批准立项。

最早纳入课题的是北山的第237至第249号龛。当时，马世长教授认为第245号龛特别精美，规模较大，内容丰富，最具代表性，因此建议我们先做第245号龛。由于是人工测绘，工作人员是在现场按照一比一的比例绘制，回到室内再缩小成四分之一，然后又不断地缩小，最后才清绘出正图。就那么一龛造像，两个人花了整整一年的时间（绘图）。用这种低效率的工作方式来开展相关工作，事实上是难以实现预期目标的。

正在大家愁眉苦脸、一筹莫展的时候，2010年武汉大学的张祖勋院士开发出了近景摄影测量技术，这为我们的测绘工作带来了转机。2011年，张祖勋院士根据考古测绘需要，对这项技术的软件系统进行了改进，在我们的直接参与下，基本解决了测绘工作缓慢的瓶颈问题。后来在国家文物局的支持下，又开展了宝顶山大佛湾的三维测绘工作。这两项技术都极大地提高了测绘效率，为完成宝顶山、北山、南山、石篆山、石门山石刻的考古测绘起到了重要的支撑作用。

　　考虑到人工测绘十分困难、缓慢，考古报告编写量大、繁杂，按照2003年时的规划，是首先开展北山石刻的考古调查，并陆续出版报告。待北山石刻完成，再视情况开展大足其他石刻的考古研究工作。但当运用多基线数字近景摄影和三维测绘两项现代技术，基本解决了考古测绘缓慢的瓶颈问题后，课题组认为将北山石刻以外的南山、石篆山、石门山、宝顶山石刻及北山多宝塔纳入此次考古学研究的基础条件逐渐成熟，应将其全部纳入，使它形成一项更有意义的系统性工作。恰在这时，重庆出版集团为加强文化整理研究，开发利用文化资源，弘扬优秀传统文化，在经过广泛调研、深入论证后，决定联合我们，以"大足石刻全集"为名，分别申报国家"十二五"重点出版规划项目、国家出版基金资助项目、重庆市重点出版项目，并于次年相继获批立项。鉴于立项的《大足石刻全集》也是以造像图版、拓片、文字、线图等记实手段来展示和反映大足石刻，而北山石刻的考古学研究已有很多成果，大足石刻系统的考古学研究也已具初步的条件和很好的基础，所以为使两者不重复，我们在与重庆出版集团具体商议出版规划时，提议将北山石刻考古学研究扩展为大足石刻考古学研究，仍用"大足石刻全集"书名，但以大足石刻考古报告集的形式出版。这一提议经过专家的评估论证，得到了重庆出版集团的充分理解和支持。自此，以大足北山、石篆山、石门山、南山、宝顶山石刻及北山多宝塔为主要对象的大足石刻系统的考古学研究得以全面展开，以考古报告的形式来编写和出版《大足石刻全集》也得以正式确立。

著名考古学家、中国佛教考古的奠基人宿白先生，在《新疆克孜尔石窟考古报告（第一卷）》序言中指出："石窟考古报告的编写应以石窟管理单位为主，他们最有条件。"但当我们身体力行去实践先生的教诲，开展大足石刻如此系统的大规模石窟考古调查、编写如此大体量的考古报告时，所遇到的却是一次巨大的学术挑战和心理煎熬。虽然之前基于常识，对石窟考古和编写其报告的复杂性、艰巨性、长期性，及巨大繁杂的工作量有所认识，也有足够的思想准备，但当这项工作真正开始后，所遇到的困难和问题还是远远超出了我们的预期。

所幸的是，在工作过程中，我们遇到了很多贵人。比如，从项目确立到开始实施，以及在后来的工作中，马世长先生都亲自关怀。从报告的体例，到记录的要点、测绘的要求，以至于文字的繁简等等，马先生都给予了十分具体、细致的指导。尤其在工作初期，当第237—249号龛报告初稿完成后，马先生仍抱病来到大足，亲临现场，审看文稿并提出修改意见。马先生虽已不幸病逝，但他对我们工作的热情关心，对后学者的无私关爱，对学术的严谨细致，对工作的认真负责，对生活的乐观豁达，都永远地铭记在了我们的脑海中。杨泓先生不仅亲自给我们讲授军戎服饰等方面的知识，鼓励我们大胆实践，还长期关注图书的编撰出版，还对最早编写的《北山佛湾石窟第237—249号龛考古报告》初稿作了逐字逐句的润色修改，并对以后报告的编写提出十分具体的指导意见。其关怀之情，令我们十分感动。丁明夷先生从2015年至2017年，数次到大足，在百忙之中，认真而又仔细、具体而又负责地审定了全部书稿，并欣然赐序，为本书的顺利出版作出了巨大贡献。李崇峰、李裕群、李静杰、李志荣、胡文和、雷玉华、方广锠、孙华、霍巍、王川平、王惠民、姚崇新、陈悦新、白彬、刘永增等等诸位学者，都从不同方面，以不同方式给予了我们巨大的支持和帮助。

刚开始的时候，我们的课题组成员共有8人，平均年龄34岁。10多年后的今天，我们已不再年轻。当年，我们之所以凭着一腔热血，在学力不逮、力不能及的情况下，用10多年的时间去做了一次新的尝试，其初心在于，作为一名文物工作者，不仅要尽最大努力去延续历史遗迹的生命，更应该把我们今天所能看到的、认识到的、了解到的历史遗迹信息，用可能的方式和手段记录和保存下来，以传承于后世，去完成一个时代赋予我们的责任；我们的初心还在于，虽然我们明知能力有限，学养不够，去从事和完成这项可谓困难重重的工作，难以达到考古报告应有的学术高度，但我们仍愿一往无前，是因为我们想紧紧抓住天时、地利、人合的机遇，趁现在还有从事这项工作的冲动，还有体力和精力，去完成这项应该由我们完成的任务。也许，结果并不完美，但我们是用心的。相信未来的学人们，能够体谅和理解我们今天的所作所为，以及我们的初心。

看着放在桌上1米多长、重约300斤、11卷19册的《大足石刻全集》，我们很安心，无悔十几年的好时光！

保护和利用始终并肩而行

总结大足石刻70年来的保护工作，最大的亮点就是保护始终和利用并肩而行。

大足石刻在 20 世纪 80 年代之前可以说是默默无闻。改革开放以后，国家大力发展旅游，于是我们就觉得，应该从利用的角度，吸引更多的人来欣赏大足石刻。只有观众来得多了，大足石刻的价值才能真正体现出来，我们工作的意义也才能展示出来。但当时很穷，人不过几个，房不过几间，钱不过几万，要把大足石刻宣传出去谈何容易。举个例子，那个时候我们没有相机，就跟想拍照的观众说，你们拍可以，但有个条件，就是你们拍的照片要让我们使用。当时我们怎么使用呢？就是把那些照片，配上介绍大足石刻的宣传性文章，寄报社、投刊物上去发表。这在今天看起来很容易，但是在 80 年代那个时候特别困难，发篇文章都很难。因此，大足石刻在近几十年的发展过程当中，媒体起了很大的作用，正是媒体的宣传才把大足石刻一步步介绍推广了出去。

20 世纪 80 年代，整个大足石刻文物区还比较荒凉，绿化较少，参观设施几乎没有，接待条件很差。为此，县里专门成立绿化专业队，在北山、南山广种树木，机关干部每年都到景区植树，坚持了 10 多年，我们今天看到的绿树成荫的景象都是那个年代努力的结果。为了不断营造一个比较好的参观环境，20 世纪 80 年代，陈明光等老一辈文物工作者，按照"先治坡、后治窝"的想法，把大部分收入都用在了景区参观环境和设施的改善方面。20 世纪 90 年代大足石刻申报世界遗产的时候，对环境进行了大规模整治。特别是从 2012 年至 2015 年，实施了宝顶山石刻景区提档升级工程，使环境更优美、设施更完善了。

客观地看，大足石刻之所以能够从默默无闻的山野走向世界遗产的舞台，就是始终坚持保护与利用并行。对大足石刻而言，某种程度上讲是利用反过来促进了保护，而保护又为利用提供了更多的可能。

所以我认为，在保护、研究和利用这几个关系上，保护是基础，研究是核心，弘扬利用才是目的。我们工作的动力，不仅来自对历史文化遗产的高度负责，也来自对文化遗产的弘扬利用。每当看到观众在参观大足石刻时发自内心的微笑和陶醉的神态，以及他们从中获得某种启迪和感悟，对我们而言，是最大的价值体现，心里也有一种无法言说的成就感和满足感。社会上有的人认为搞文物的就只知道保护，只知道研究，不知道利用。其实，这是一种误解。我们考虑的更多的，是如何平衡保护和利用的关系，如何管控保护和利用的尺度。毕竟，作为文物工作者，我们既要对遗产的今天负责，更要对遗产的未来负责。

今天，我们已经进入一个新的时代，文物的保护与利用也越来越受到更多人的关注，文化遗产的创造性转化、创新性发展理念也已经成为我们这个时代的主流，只要我们坚持"保护为主，抢救第一，合理利用，加强管理"的文物工作方针，就一定能够实现保护与利用的并肩前行。

地质学是石窟保护的基础

方 云

1955 年生，湖南长沙人。1985 年 1 月毕业于中国地质大学（北京）；中国地质大学（武汉）工程学院教授，中国地质大学（武汉）文化遗产和岩土文物保护工程中心主任，中国古迹遗址保护协会石窟专业委员会理事。主要从事土力学、土动力学、高等土力学的教学，岩土力学和岩土文物保护的科研和教学工作。

祝愿石窟寺保护同仁

不断创新

硕果累累

砥砺前行

方云

2019年3月6日

石窟寺依据自然崖壁山体开凿营造而成，附存在地质环境之中，既是人工构筑物，又是自然地质体的一部分，它的开凿和保存都与地质学有着密不可分的关系。

石窟寺的艺术表现形式在很大程度上是由石窟寺的地质条件决定的。比如敦煌莫高窟主要以壁画为主，而龙门石窟、云冈石窟和大足石刻则以石窟或者摩崖石刻的艺术形式存在，这与石窟附存的地质环境密不可分。从地质学角度来讲，莫高窟附存的地质环境属于新第三系或者第四系中间地层，这种地层是没有完全成岩的，地质学上叫作半成岩，以砂砾岩为主，结构比较松散，难以开凿雕像。因此莫高窟的艺术表现形式主要是壁画，就是在洞窟的壁面上用草泥地仗层打底，然后绘制图画的艺术方式来表达。麦积山石窟的地层与莫高窟的地层相似，但是地层年代比莫高窟地层老一些，致密度稍优，因此麦积山石窟有少量的石雕，更多的是采用泥塑的形式来进行艺术创作。而到了云冈石窟、龙门石窟、大足石刻，这些石窟的地层均属于中生代地层，成岩作用好，岩石的性质有利于石窟的开凿和石雕像的雕凿。比如龙门石窟附存在碳酸盐地层中，岩石的强度高，所以，龙门石窟能够开凿大跨度的洞窟，并且能够雕刻体积较大的造像；大足石刻主要以砂岩为主，泥质含量较高，岩石的软硬程度十分有利于雕凿，因此大足石刻的雕像的飘带、衣褶、头冠镂空的细节都能够处理得十分精美，而其他石窟的岩石大都不具备这样的条件，也很少有大足石刻这样的艺术风格。另外，石窟的开凿要选择一个适合的地质环境，尽管古人没有地质学的概念，但石窟的开凿必须选择一个崖壁，所以大部分石窟，特别是现在保存下来的石窟，一般都建造在河岸边、半山腰或者冲沟的悬崖陡壁上，这些崖壁至少有5—6厘米高的相对完整的岩层，石窟的开凿与地质条件都是分不开的。

从石窟的保存来讲，洞窟附存在地质环境中，受到一些地质因素的影响，我们称之为风化营力或者地质营力，会对石窟寺造成一些破坏，影响石窟寺的保存。比如大部分石窟都存在的渗水病害，渗水通过各种各样的地质构造裂隙流入洞窟，对洞窟及造像本体会造成一些影响。50年代以前，对这方面的认识是不足的，认为文物的保护与地质没有太大关系。那时国家馆藏文物中也有很多石质文物，在技术人员和专家的研究指导下，研究了很多有效的保护材料和成熟的保护技术，使很多石质文物真品得到了很好的保存。但是，当这些材料和技术被用于石窟寺时，却发现效果不佳，甚至有时候出现了一些负面的作用。比如说一些防风化涂层对室内的石质文物有很好的效果，并且能够长期地保存，但是这些材料被运用到石窟保护中时，材料往往会在石窟表面形成一层壳，在孔隙水压力或地质风化条件作用下成片地剥离脱落。1992年，中国地质大学的系主任潘别桐老师和文化遗产研究院的黄克忠先生出版了《文物保护与地质环境》，在专著的前言中首先讨论了文物保护与地质环境之间的关系。目前，国家文物局专家以及技术人员都形成一种统一的认识，认为对石窟寺的保护必须要重视关于它附存的地质环境的调查，必须有地质的前期研究和勘查报告，工程才能立项和开展。所以石窟寺的保护和地质学也是密不可分的。

目前石窟的保存主要有三大类的问题，第一类是危岩体，它涉及石窟本身的稳定性问题，因为危岩体的治理在国内已经拥有比较成熟的技术，所以把岩土工程上的一些加固技术引用到我们这个石窟寺的保护领域里面来以后，就能够很好地解决石窟寺的危岩体加固的问题。第二类是渗水，渗水病害的防治实际上是世界性的难题。石窟的治水与水利工程或其他治水工程的要求有明显的不同，工程上的治水只要最终不影响施工，不影响正常的应用，有少量的渗漏是允许的。而对于石窟来讲，渗水往往是常年的、少量的，以滴水或面流水形式存在，会严重影响石窟寺的保存，造成石窟寺的生物病害、溶蚀病害等等一系列风化问题，这种少量渗水防治非常困难。第三类是风化问题，因为它的影响因素非常复杂，所以目前还处于一种探索性的研究阶段，对风化的治理还没有达到非常好的效果，也有一些成功的实例，但是大部分还没有完全解决这样的问题。

就我们从事地质工作的人员来讲，主要是解决前面两个问题，一是石窟寺稳定性问题的解决，目前我们实施的一些工程基本上取得了成功。另外，渗水防治的困难是比较大的，印象比较深的是大足石刻北山渗水病害的防治工程。

这次治水工程是首次将水利工程中隧洞的排水方法引用到石窟的保护中，取得了比较好的治水效果，在石窟的保护实施中具有一定的示范作用。按照地质学工作的程序要进行地质调查，在这个工作过程中，为满足文物保护或者石窟保护的最小干预原则，我们将一些无损检测手段应用到了大足石刻北山石窟防渗工程的前期调查和研究上。比如用高密度电法查明影响北山石窟的构造裂隙分布，查明了哪些裂隙是含水的，也就是渗水在裂隙中的渗流通道。之后，运用潘别桐老师从英国的帝国理工大学引进的一套比较先进的裂隙网络的分析理论和方法，用计算机模拟山体里面看不见的裂隙组成的网络，特别是一些含水的连通网络，为我们的设计提供了依据。这套理论方法在当时国内是首次引进，也是在水利行业里面，特别是在我们文物保护行业都是首次应用。

在这之前（20世纪80年代初期），我们的前辈马家郁先生、黄克忠先生的团队在北山石窟136窟治理的时候，也针对性地进行了渗水的治理，除了在洞窟里面做了一些排水的系统外，还在后面的山坡上凿了一口井，取得了显著的治水效果。我当时刚参加工作不久，觉得非常佩服。那口井正好凿穿了一条与136窟连通的地下隐伏的裂隙。只要下雨，水会沿着裂隙往井里面流，只要定期抽水，就可以有效地减缓和解决136窟的渗水问题。但是地下水网络是一个非常复杂的体系，尽管截断了这条裂隙的渗水，渗水还会沿着层面、风化裂隙或其他的裂隙往石窟壁面方向流动，有时又沿反方向流，影响整个长廊，甚至影响136窟，所以后期我们发现136窟又重新产生了渗水。

在前期调查的基础上，我们结合前人的经验，制定了几种渗水的治理方案。第一种叫群井降水法。其实136窟后面的排水井是有效的，但是它治理的范围有限。因为地下水会在井的周围形成漏斗状的下落区，也就是说一口井只能在一定的范围内降低地下水位，其余的水还是会从旁边绕行，影响洞窟。那么群井降水法就是在后面山坡上设置五口降水井，这五口井就有效地布置在我们已经查明的含水的裂隙上面，从而形成一个完整的抽水体系，可以有效地治理整个长廊的渗水问题。它的优点就是对于山体的干扰比较小，而且比较经济，但缺点是需要在下雨时不停地抽水，并且需要长期的维护。第二个方案是明沟排水。经过北山石窟长廊的调查，发现北山石窟南端利用构造裂隙开凿的廊道，在廊道沟靠近山体的那一侧渗水病害比较严重，而脱离山体的一侧洞窟相对比较干燥，题刻和造像保存得就非常好。按照这样一个设想，我们准备在长廊的后面凿一条明沟。但是因为长廊比较长，开挖明沟的方法对山体的扰动比较大。

在潘老师的指导下，结合这两个方案，我又提出把水利上的隧洞引用到这里。经过长廊后部山体的地质调查，发现渗水主要是通过构造裂隙和砂岩与泥岩的交界面渗流到长廊崖壁上的，从而影响了石刻、雕像。那么我们可以把隧洞设计在泥岩和砂岩的交界面上，把渗水通道切断，这样我们就可以有效地阻断地下水在崖壁一侧的渗流，从而达到缓解和治理北山石刻渗水的目的。

为了达到这个目的，我们进行了当时工程上比较先进的手段，包括有限元计算模拟和计算分析等等。最终从工程造价、工程难度、管理等方面进行综合比较，采用隧洞排水的方案。之后中国文物研究所的贾瑞广先生和王金华先生，与大足文管所的谢本立副所长进行了工程方案的设计，最后成功地实施了排水隧洞工程建设。但是因为当时国内没有做过这样的工程，为了保证石窟区域稳定性，我们在与崖壁造像有八米的距离处设计隧洞，这使隧道与崖壁存在距离空间，有一些水从山坡上流下来，对崖壁造成一定的影响。为解决这一问题，又采用了一些补充措施，比如说在排水隧洞里打了一些放射孔，把山体深处向崖壁渗流方向没有被隧道截断的水引到这个隧洞里面来；另外对于崖顶的山坡也进行了排水和防渗的处理，效果非常好。这个工程实施以后，每到雨季，崖壁的水会自动流到隧洞里，而崖壁前端基本上能够长期保持一个干燥的状态。

这个工程取得了非常好的治理效果，对全国石窟寺渗水治理保护有一个推广的意义。后来类似这样的工法，在石窟保护中运用的不多，在遗址保护里面有被用到，比如说洛阳的地宫博物馆采用了这种隧洞排水的方法引流，还有铜绿山下的一个古铜矿遗址，也采用了类似的方法。而北山的这个排水工程在国内是首例。

另外，中国地质大学与中国石窟 70 年保护工作密切相关。从 1952 年到现在 60 多年的时间里，中国地质大学为中国文物保护界提供了一大批地质学专业的保护技术人员，除了现在我国石窟保护的泰斗人物黄克忠先生外，还有一些中青年专家，包括王金华、李宏松等等，很多地质学方面的人才进入了这个领域。早在1952年，文化部邀请北京地质学院（现中国地质大学）的两位老专家，王大纯先生和苏良赫先生对全国的石窟寺，包括周口店、猿人洞等遗址进行了调查，对中国石窟寺的保护提出了一些规划性的指导意见和设想。其中王大纯先生是中国地质大学水文地质系的系主任，也是中国水文地质学的开山鼻祖，他创立了中国水文地质学的学科体系。苏良赫先生是岩石学的专家，为我们国家在特别早期的建筑材料方面作出了非常杰出的贡献。两位老先生对石窟保护的前期研究和地质勘察，最早选择了云冈石窟，当时学校组织了老师和学生的团队，黄克忠先生作为学生在这个团队里面。

"文革"期间，保护工作暂时停顿了下来。"文革"结束以后，国家马上恢复了对文物保护的工作，之后再次和地质大学取得联系。那个时候中国地质大学已经外迁，原来的北京地质学院外迁到了湖北武汉，叫武汉地质学院。水文系的系主任潘别桐老师，他是王大纯先生的学生，担任了系主任，是中国地质大学文物保护的第二代。从20世纪80年代开始，中国地质大学又重新参加到文物保护的工作中来。

我是1985年从北京地质学院，也就是武汉地质学院北京研究生部研究生毕业，分配到中国地质大学参加工作的。1986年在潘别桐老师的带领下对一些文物点做了地质环境调查，如对大足石刻北山和宝顶山关于渗水病害的调查，并制定了防治工作计划；陕西彬县大佛寺附存的地质环境及病害调查；龙门石窟的地质环境调查；连云港将军崖岩画和孔望山岩画病害调查。那个年代的物质条件比较匮乏，地质调查十分艰苦，经常每日只吃两餐，还遇到过6月大雪封山。但我很怀念在潘别桐老师的带领下做地质调查的日子，他常常手把手的指导，这是现在的学生很少有的条件。

1989年,在之前调查的工作基础上,潘别桐老师制定了一系列工作计划,开展了详细的保护工作。因为大足石刻精美的艺术品对我有非常强的吸引力,在先前的几个调查点中我选择了大足,在北山和宝顶山分别住了一个月,主要进行水文地质专项调查。当时王金华刚刚毕业参加工作,还有贾瑞广先生和我们一起住在北山上做设计。

　　从这开始,我就跟随潘别桐老师进入到文物保护行业里面。后来在北京的文物保管所,红楼沙滩认识了黄克忠先生,在工作过程中间又认识了马家郁、陆寿麟等老先生。这些前辈手把手地教我们,让我们逐渐熟悉了文物保护在地质学中的一些特殊要求,慢慢地变成了文物保护队伍中的一员。到了2003年,中国地质大学(武汉)在校领导的支持下专门成立了"文化遗产与岩土文化保护工程中心",那个时候潘别桐老师已经去世了,所以我接了他的班,应该算是中国地质大学文物保护的第三代人。从2003年开始,我们中国地质大学做了一系列岩土文物的保护工作,主要以石窟寺为主,还有一些土遗址的工作,长期在大足、龙门、云冈做保护工程的地质勘察和前期工作。比如我们跑遍了大足石刻的五山和妙高山,做了六座山的工程地质勘察,以及前期研究的专项研究工作,这些项目大部分都已经实施了,而且取得了比较好的成果。一直到2015年退休,我们每年都会在龙门石窟做一些产学研的工程项目。在我退休之后,我的学生严绍军和崔德山又接替我继续从事这个事业,他们算是中国地质大学文物保护的第四代人。

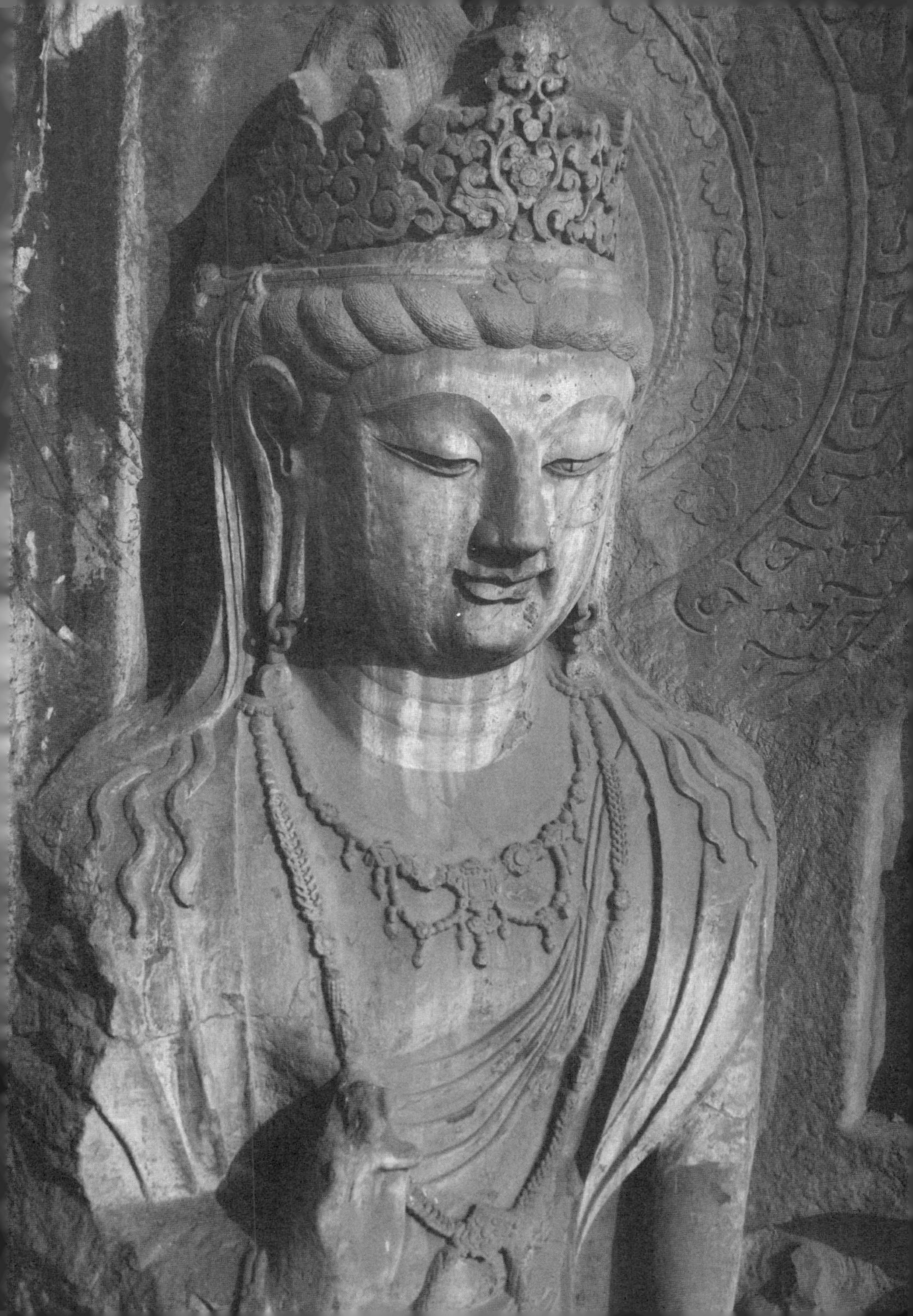

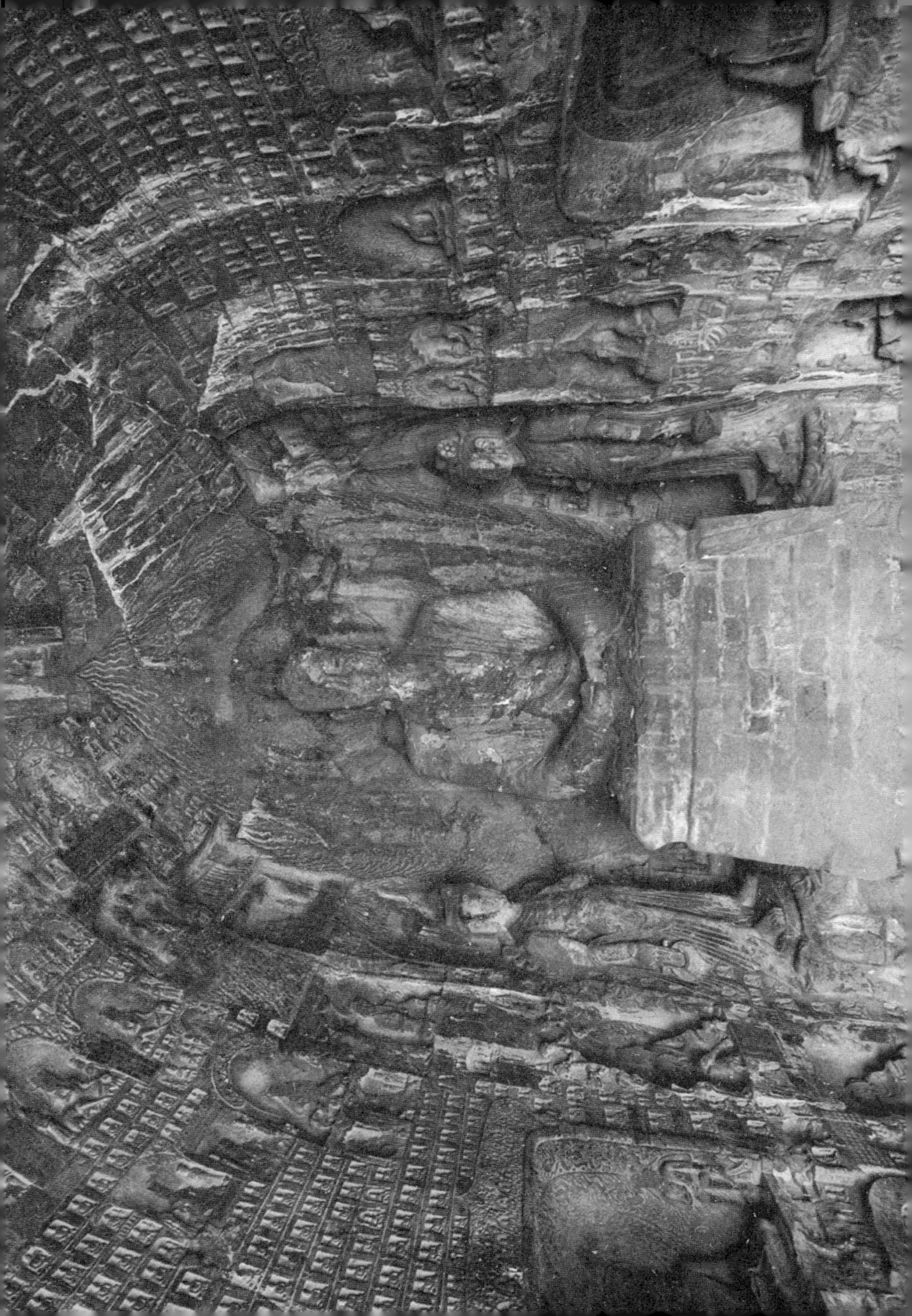

一朝入龙门 从此无二心

刘景龙

1940年生，河南洛阳人，研究员。曾任龙门石窟保护研究所所长，兼任中国文物保护技术协会理事，1997年享受国务院政府特殊津贴。主持完成的"石窟围岩崩塌的灌浆加固"，获1978年全国科学大会奖和河南省科学大会奖；"龙门石窟环境病害与防治对策的研究"，获1994年地矿部科学进步三等奖；"用于洞窟漏水治理的环氧树脂低温灌浆新配方的研究"，获1994年国家文物局科技进步三等奖。

初登龙门殿堂

1958年，我初中毕业。本来在我读完初中后，按照我的水平和一贯的学习成绩，顺利地升入高中，乃至读完大学，应是情理之中的事。但在那个天天讲斗争的年代，我受大哥（被划右派）的牵连，也成为了阶级斗争的牺牲品，1956年被取消了奖学金，1958年不得不离开了学校，终止了学业。

1958年中国科学院（现中国社会科学院）考古研究所在伊川县招工，经过一波三折，我终于拿到了到中国科学院考古所工作的户口迁移证，开始走上了独立生活的人生之路。1960年新春开始，我由练习生转正为见习员（业务干部），基本工资30元。

当时，龙门保管所和中国科学院考古研究所洛阳工作站是一个党支部，在文物系统中，考古工作站的办公条件相对较好，所以每星期都要集中党员在工作站开会、学习。龙门保管所的支部书记郭秋阁由此认识了我，随后通过慢慢了解，对我的工作能力、敬业精神颇为欣赏，就专门向考古工作站站长（兼汉魏故城队队长）许景元同志讲到龙门保管所工作的困难，要求把我调到龙门工作。后来，许景元队长找我谈话。因为我是洛阳人，龙门石窟在洛阳，到龙门石窟离家又近了，我很高兴地同意了。1964年7月1日上午，这个时间我记得很清楚，早饭后，我和考古所的同志一一告别，乘3路公共汽车到龙门保管所报到，从此进入了龙门保管所，开始了新的工作，这大概是佛缘促成的吧。

因为我在考古所学过照相，所以上午报到，下午支部书记郭秋阁就分配我先到服务组与冯吾现、曹光祥一起，从事照相工作将近一年。1965年5月，单位派我到云冈石窟学习文物保护技术，在文化部古代建筑修整所的石窟维修工地学习石窟保护维修技术。

学习石窟保护技术

1965年5月我先到北京，在文化部古代建筑修整所等到云冈石窟领导工程的工程师，（在北京）停留了一段时间。6月我到云冈石窟的保护工程施工工地上，学习石窟保护技术。在专家们的指导下，这里的保护工作有条不紊地进行着。应从哪里入手学习呢？我决定先从实践开始，在专家身边当一名普通工作人员，这样，既有接触专家的机会，可以耳濡目染聆听教诲，遇到不懂的问题马上请教，又能联系实际当场操作。云冈石窟的解廷凡和我是同类人、同级文化水平，他文物保护技术已经学了很多年，人品特好。见我手勤、腿勤、嘴也勤，求知欲强，他就一点一滴地教我，非常耐心。专家们大概认为我"孺子可教"，由浅入深地向我介绍了一系列专业书籍。我自知才疏学浅，不敢贪大，先从高中化学嚼起，再看大学教程中的《有机化学》《有机玻璃》《环氧树脂》等书。说实话，我学得很苦，书中的很多章节，看上十遍八遍有时也不能很好地理解，完全是靠着蚂蚁啃硬骨头的劲头，才坚持下来。我只能一边硬啃书本，一边向云冈的保护专家解廷凡求教，在实地操作中学习，这种艰辛只有自己最清楚。我废寝忘食地读书，但乐在其中。

为了尽快地掌握知识，在云冈的半年里，我没有休息过一个节假日。星期天，专家和同事们都回大同市内的家里休息去了，偌大一个云冈石窟空荡荡的，只剩下我、一位看护工地的还俗僧人和炊事员。现在还记得，我常常因为读书或在实验室操作误了饭时，云冈石窟职工食堂的师傅对我特别好，星期天就专门为我做刀削面。在那困难的

刘景龙　347

年代里，我们相处虽短暂，但他给予我的这种照顾，历经40年还记忆犹新，我还惦记着有机会再去大同看看他。

  我除了坚持学习、读书、记笔记，另外还做了很多看似琐碎的杂事：比如代当时做气象记录的何小莉做洞窟干湿度观测记录；帮助为游人照相服务的马冠英女士洗相片。因为我住在云冈石窟东院的实验室隔壁，无形中也包揽了这个院落的卫生打扫工作……其中的很多事情在某种程度上帮我奠定了更牢固的学术基础。半年时间里，我记满了十三本笔记。至于大同市区，除往返云冈和到洪洞修复广胜寺飞洪塔时经过，平时没有进过市区。其实大同市里有华严寺、九龙壁，都是全国重点文物保护单位，也是我神往已久的地方。尽管如此，我还是克制住了蠢蠢欲动想去看看的渴念，一心放在学习技术中。

调查龙门石窟病害

  半年的学习，我人整个瘦了一圈。回洛途经北京，向中国古代建筑修整所（现中国文物研究所）所长姜佩文汇报云冈石窟学习情况，恰好遇到与龙门石窟相关的岩石检测找岩样加工单位问题，负责这一项目的古代建筑修整所蒋恬、岳瑾玉两个女同志体力有限，要我来帮忙完成。我住在红楼地下室（原古代建筑修整所办公地），每天马不停蹄地往返北京丰台区的几个石料厂，（用了）几天才完成任务。回到洛阳后，我的第一个愿望就是美美地睡上三天三夜。但我得知文化部组织由王辉副所长带队的"文艺为工农兵服务小组"，要到龙门工作，其间还要对龙门石窟损坏、被盗情况进行调查。单位要我和温玉成同志参加调查组，因此也就顾不上旅途的劳顿和学习工作的疲惫，连离开半年多的家也没回去看一眼，第二天一早就上班了。我心里很清楚，这次由杨烈、孙铁宗（后调到天津化工学院。1983年后我连续几年春节前到天津化工学院去看望他）和我进行的调查工作，是全面、系统地取得和掌握龙门石窟损坏情况第一手资料的好机会，对今后龙门石窟开展保护工作，有着非常重要的意义。所以我全身心地投入这场调查工作，攀高爬低，上上下下，凡是能够亲眼看到的，进行手工测量后，都做了详细的记录。

这次调查，我掌握了龙门石窟的损坏情况，更高兴的是初步学到了一点儿地质方面的基本知识。通过调查，更证实龙门石窟最引人注目、艺术最精湛的造像，当首推奉先寺，即卢舍那大像龛。以卢舍那为首的十一躯（供养人计入在内）大像，是唐代石刻的精华，也是我国古代雕刻艺术的一个高峰。但这些精美的造像，当初是依山就石雕凿而成的，经过一千多年风雨的自然剥蚀，大多数造像已经与山野的岩体剥离，造像本体出现了不同程度的裂隙，主像卢舍那、北壁天王力士等已支离破碎。南壁的天王与力士大部分脱离岩体，残存的躯体与岩壁之间已形成10—20厘米的裂隙，随时都可能发生全部脱离山体坠落下来。伽叶的头部、身躯已经崩坍无存；被称为东方维纳斯的主佛卢舍那，脸部左侧已经产生了约10厘米（后实测为5厘米）宽的裂隙，整个头颈部和山体有一条明显的裂隙。其他造像也都存在程度不同的与山体剥离的现象。也就是说，这一组在我国美术史上具有重要价值和重要意义的艺术珍品，随时都有轰然倒地的危险。龙门石窟中的造像加固工程迫在眉睫。通过这一段时间的工作，我受到了文化部龙门调查领导组组长王辉同志的多次鼓励，他在给文化部的工作汇报材料中几次称赞我的工作能力和认真、刻苦的态度。

奉先寺抢险加固整治工程

1971年春，社会还处在动乱之中，龙门职工多数具体工作。我每天都做对洞窟、气象站及界水流量的观测记录，当时我对大气现象基本心中有数，如大气湿度在90%时，天要降雨雪；如夏天洞窟中凝结水，天要下雨了；如降雨天洞窟中变干燥，天要晴了。每天除了气象观测之外没有其他工作安排，多在石窟区转悠，查看大小洞窟破损情况，更多的是欣赏慈祥的卢舍那大佛、幼稚可爱的阿难、威武的天王力士。对中国石刻文物之美，我由衷地赞叹。但时间长了，每每面对这些经历了千余年风雨，因为缺乏保护已是满身伤痕，好像马上要肢解、坍塌的石雕群像，不免一阵阵心酸。

记得是在1971年4月，我反复查看大大小小佛像的致命伤，越看越心痛，越心痛越要看，差点形成心理强迫症。突然有一天，像灵光闪现般，我在心痛之中萌发了向中央高层人士写信反映情况的念头。我发动在龙门石窟工作时间比我长、对龙门的佛像有和我同样深厚感情的曹光祥同志拍照，我写文字，将损坏情况一一列出，当然措词上格外加重了些。这样图文并茂的一份报告，递交给了洛阳市革命委员会文教体卫小组，同时直接寄给了中央"文革"领导小组组长江青。

嘿，这一封信真起作用。信寄出仅仅一个多月，6月下旬，"文革"前曾经和我一起奋斗在云冈石窟的原文化部古代建筑修整所的陈中行、陆寿鳞、姜怀英、蔡润等同志，本来被派往湖北咸宁文化部"五七干校"，直接来到龙门。他们说王冶秋局长接到中央的指示，专门派他们来调查修复奉先寺石刻。刚由洛阳市第八中学调来任书记的张兰英接待了他们并做了安排，陈中行一行各自回北京家中安排生活。他们离开洛阳后，我随即写信给广州中南化学研究所的叶作舟先生。叶先生是我在云冈、青铜峡水坝学习时认识的，我曾向他学习过化学灌浆，并结下了友谊。我在信中介绍了龙门石窟损坏情况，请求先生帮忙解决黏接配方。先生很快就寄来了《水利工程化学灌浆加固堵漏配方》材料一本，我先饱眼福，先研究、了解、掌握这方面技术的基本概况。我极力推荐用环氧树脂材料，替代云冈石窟使用的甲基丙烯酸甲酯，在强度工艺技术方面更适用于龙门石窟石灰岩质地的文物保护。7月，陈中行等一行人作为国务院图博口（当时因"文革"，原文化部文物事业管理局暂停工作，相关业务以国务院图博口名义临时负责）派出的工作人员来到龙门石窟，河南省革命委员会文化系统领导小组派河南省博物馆陈进良同志到现场配合工作，龙门保管所由我和冯吾现共同组成了修复工程小组。支部副书记林世东积极性也特别高，在工程紧张时号召全体人员参与。原洛阳市文物管理委员会主任蒋若是，每隔几天就要到龙门施工现场看一次，监督检查工作，慰问现场施工的同志们。

为了达到"修复加固、切实保护"的目的，我们对《水利工程化学灌浆加固堵漏配方》这本材料可以说是手不释卷，另外还先后对湖北博物馆、湖南博物馆、广西桂林等地的石刻修复项目进行了考察。之后，再经过现场仔细观察、研究，慎之又慎地挑选损坏最重的南壁天王、力士进行了试验性抢险加固。大家齐心协力研究灌浆加固的配方，不断进行改进试验。研制封缝用环氧胶泥、选择无震动钻岩机、试验检漏方法和设计制作灌浆桶也都进展顺利。后来，我们又将矿山锚固技术运用到石窟加固中，化学灌浆与钢筋锚杆相结合，加固试验一举成功。这套方法从1973年开始在全国推广。

在加固南壁天王、力士的时候，我们将早期塌落在地上的天王胸部，用拉链吊装归复原位。把从积土中清理出来的早期坍塌的卢舍那大佛弟子迦叶的头部及造像残段，吊装归位、黏接、锚固复原。然后将缺少夹层、无法对接的残段部分，埋在卢舍那大佛前的放生池（焚帛池）中。因为吊装碎块又多又大，先吊起再对接是不可能的。所以吊装每块碎块前都要先凭眼力、经验看好对接面，对准位置，准备好支顶的木板，再吊起、固定、钻铆孔、封缝、灌浆锚固。一气呵成，不翻二手。

从 1971 年奉先寺抢险加固工程开始，我同陆寿麟、蔡润、姜怀英、陈中行等同志，白天在工地共同工作，晚上多住在一起（我多住在施工现场），关系特别要好，结下了深厚的友谊。他们知道我工资低，家庭生活困难，在生活上给了我诸多关照。这是我终生难忘的，我们到今天都还保持着联络。

1971 年对奉先寺南壁天王、力士抢险加固试验成功，在《文物》杂志报道，随后在全国石刻保护界推广，龙门石窟也按不同的危险程度依次对石刻进行抢救。10 月，河南省登封县文管会负责人宫熙同志来龙门保管所，请我们到登封帮助修复、复原"文革"中被破坏砸毁的全国重点文物保护单位汉三阙（启母阙、少室阙、太室阙）。1972 年修复了奉先寺北壁天王。1973 年开始对卢舍那大佛进行修复。这时，图博口的几位同志已到云冈、四川等石窟另外展开文物修复工地指导工作，龙门石窟就由我和冯吾现负责进行现场修复了。

为了节约资金，施工用的脚手架是我带领几个临时工一层一层往上搭建的。因为这不是建高楼，而是维护修复卢舍那大佛，要清洗、钻孔锚固、灌浆，还要清理、作旧，还不能碰损一点文物。因此脚手架不能直上直下，每一层架子都要随着卢舍那的身躯变化。依据操作规范，架木必须离开文物 20 厘米左右，不得依靠文物支顶。我们细心观察，卢舍那佛的座、身、头的体量差别太大，根据维修工程施工的需要，必须搭建挑架，还要有人行道。我们凭经验上下料，顺利地完成了施工脚手架的搭建。

在施工过程中，我清理了大佛两肩、胸前许多年来人们为求福投向卢舍那的石块，竟然有数十车架子车。然后按照试验好的顺序，冲洗裂隙、钻锚杆孔、干燥（裂隙）、封缝、检漏、灌浆、石工凿整和作旧，进行修复工作。

工程进行的5个月期间，我同冯吾现两人晚上睡在卢舍那大佛前的帆布棚里，白天轮流回单位取饭（为节约时间，我们很少回单位吃），我们根本没有上下班的概念。而且为了卢舍那的微笑，我这次自作主张，采用新的技术手段，从面部到胸部，研究、摸索用环氧胶泥修补，后来佛的右耳、鼻子、嘴唇、身躯衣纹也做同样处理。考虑到要让颜色一致，填料就选用不同颜色的岩石粉末。

第二年，国家文物局王冶秋局长还曾经因为这件事批评我太胆大。可我觉得，经过我修补的卢舍那大佛虔诚和慈祥的微笑，悲天悯人、普度众生的胸怀，更加鲜明了。所以对批评丝毫没有放在心上，只有高兴。1973年9月30日，卢舍那大佛被打扫得干干净净，迎接国庆。10月15日，周恩来总理陪同加拿大总理特鲁多来龙门参观，卢舍那用慈祥的微笑迎接他们，总理与客人在卢舍那前合影纪念。

1985年前完成了西山危险石刻、洞窟的抢险加固；修建了宾阳洞通向敬善寺、奉先寺到火烧洞的栈道；拆除了潜溪寺清代建的砖瓦结构前室、宾阳三洞砖券窟门；修复、新建了宾阳洞区和奉先寺窟顶排水沟；对东山石窟区进行抢险加固中，因为窟群偏僻，为了避免路人野炊夜宿、刻画、敲砸，为擂鼓台三洞、二莲花洞等建立围墙；在擂鼓台还利用地形优势建立了零散文物陈列廊，在宾阳中洞试装保护栏杆，这些工作都得到了国家文物局的支持。1992年，国家文物局在北京召开全国古建文物保护座谈会，北京大学著名教授宿白先生在会上发言，讲全国石窟保护情况，对龙门石窟的保护工程给了高度评价和肯定。

这样，从 1971 年到 1985 年龙门石窟抢险加固，再加上由 1986 年开始到 1992 年告一段落的综合治理工程，龙门石窟保护工程已经前后进行了 20 余年。这期间，我经过学习、锻炼，系统地掌握了从现场调查报请国家文物局批准、制定方案、施工设计，到向上级申请款项、施工搭架、工程指导、资料收集、工程总结的一整套程序。而且，所有龙门石窟维修工程没有一个不是我参与发起、请款、操作或由我指导完成的。1975 年对宾阳洞伊阙佛龛之碑加固时，为了完整地保护碑文字迹，我引宾阳南洞的自然冷气，降低石蜡封缝材料温度，保持封闭强度，采用多次常压灌浆的方法，顺利运用灌浆加固碑刻的新方法，加固了所有裂隙，达到了保护碑文字迹原有面貌的效果。随着科技进步，在对石刻的保护灌浆方面，我后来又研究了使用室温硫化硅橡胶封闭裂隙的方法，用树脂玻璃丝布加固定型的封闭裂隙的方法，效果更好。

在这些年里，为了便于早晚加班，守护工地安全，随时检查灌浆施工效果，了解灌浆到固化过程的情况变化，及时对不良情况采取补救措施，并详细观察洞窟、崖体上损坏石刻和需要加固保护的项目，我一直坚持和民工一起住在现场。

这期间，龙门保护工作也收获了丰硕的科研成果，培养了一支强干的文物维修工程施工队，在国家文物系统中很有名气。1978 年，《石窟化学灌浆加固》获得全国科学大会成果奖。从 1987 年开始，我和中国地质大学潘别桐教授合作，对我多年收集的龙门石窟环境病害资料进行研究，完成了《龙门石窟环境病害与防治对策的研究》项目，1994 年这个项目获得地矿部科学进步三等奖。

受国家文物局的派遣，由我带队，龙门石窟维修施工队 1975 年到辽宁义县加固了万佛堂石窟、兴城明代石牌楼；1985—1987 年到宁夏维修了须弥山石窟；1989年实施四川乐山大佛岩体加固和云南剑川石窟岩体加固；参加了新疆克孜尔石窟维修。另外，协助河南省古建保护研究所完成了新安县西沃石窟搬迁、孟津谢庄石窟搬迁、渑池鸿庆寺石窟修复、河南浚县大佛维修及明代石牌坊的搬迁等工程。

艰难的"申遗"之路

1988年，联合国教科文组织世界文化遗产大会在印度新德里开会，将龙门石窟列为后备名单。1989年国家文物局曾通知龙门保管所尽快写出申报世界文化遗产材料，当时申报只要求简单的文字材料和一套幻灯片。我很快组织协调，向国家文物局提交了申报的相关材料。材料得到了认可，国家文物局决定将龙门列入1990年申报名单。但当时不了解申报龙门石窟列入《世界遗产名录》的意义，还因为申报"龙门风景名胜区"列入世界自然遗产名录，就把龙门石窟申报"世界文化遗产"的事暂时搁置了下来。

1993年文物、园林分家，因为1992年河南省、洛阳市旅游部门和地方群众经济利益驱动，龙门石窟区乱建成风，环境受到了严重破坏，失去了申报的条件。到了1995—1997年，龙门石窟开始环境治理，准备申报列入世界文化遗产工作。我在日本多次和中日友好协会会长平山郁夫先生谈起这事，并在新成立的龙门石窟研究保护学会作大足石刻列入世界文化遗产的演说。

1997年5月我从东京一回来，就直接到郑州找河南省文物事业管理局局长常俭传，谈了日本各界对龙门石窟申报列入《世界遗产名录》的支持情况，平山郁夫在中国、联系国的名望和他对龙门石窟申报列入《世界遗产名录》的积极态度。我们商议由河南省文物局给洛阳市文物局下达要求申报龙门石窟列入《世界遗产名录》的文件。同时河南省文物局又给国家文物局写了申请信。经过半年多时间，在春节前夕，洛阳市文物局接到国家文物局关于征求洛阳市申报龙门石窟列入《世界遗产名录》意见的文件。经过沟通，市委政府取得了一致意见。报给河南省政府的申请是大年三十拿出来的，由我当天送达。那天下午两点赶到省政府，已经放春节假了，我总算把申请交给了值班人员，回到洛阳已经是晚上9点多钟，各家都在看春节晚会了。

龙门石窟是文化大省河南省第一次"申遗"，省委省政府对这项工作高度重视，成立了时任省长李克强为名誉组长、时任副省长陈全国为副组长的申遗领导小组，省政府副秘书长、文化厅厅长、洛阳市市长等为副组长，规格之高前所未有。

按照世界遗产公约的要求，将一处遗产列入《世界遗产名录》，除了遗产本身有突出的普遍价值外，遗址的科学规划和保护也是必要的验收内容。值得高兴的是，1996年龙门石窟研究所已经和中国城市规划设计研究院合作编制了《龙门石窟保护区规划》，规划通过专家几次评审、验收、修改，已经过国家文物局的批准。同时，洛阳市保护龙门石窟的地方立法也在紧锣密鼓地进行，经过近一年认真的调研、审议、修改，市人大常委会通过了《洛阳市龙门石窟保护管理条例》。

1999年6月，河南省九届人大常委会为此专门开了一次会议，会议的议题只有一个：审议批准实施《洛阳市龙门石窟保护管理条例》。

1999年，洛阳市为了工作需要，号召学习使用电脑，自编、自打相关文件材料、文章，写作文稿。紧张的时候，我为了赶申报文本的印制时间，白天参加研究会，晚上连夜编制《龙门石窟五年计划与十年规划》，然后打印出来，送文本组。平时我还亲自起草各种上报文件，开会研究环境治理，逐项检查龙门石窟区环境治理工作，布置单位日常工作，接待采访等等。一天到晚连轴转。我想，万一申报不成功，对不起洛阳市人民，更对不起我工作了近40年的龙门石窟。在市委市政府领导下，环境指挥部按照《龙门石窟保护区规划》《龙门石窟保护管理条例》和"世界文化遗产"的标准对龙门石窟保护区进行了深入系统的整治。

1999年，由市委常委、常务副市长王文超任指挥长，纪委书记和组织部长及相关领导为副指挥长的龙门石窟环境治理指挥部，在龙门西山粮食仓库成立，进行大环境治理。这年是龙门石窟研究所繁忙的一年，我一直工作，不分昼夜，一项任务不彻底完成不休息，有担心，有劳累，也有矛盾。为申报准备工作的顺利开展，洛阳市文物局进行了工作分工：我在单位负责环境治理、内部事务、后勤及日常工作等；支部书记李祥民带领几个人离开单位，在市文物局原定鼎北路办公院撰写申报文本。我的工作首先要和国家文物局、市环境治理指挥部协调好关系，既要完成单位正常工作，还要听从国家文物局、省、市领导的指挥。环境治理开始，龙门石窟研究所带头拆除窟区游览道边的商业亭、锅炉房等和环境不协调、影响申报的所有设施，我当时认为必须彻底解决才行，每事的处理必亲临现场安排，完成后再亲自到场检查，不过目不放心。

因为长期以来强调经济收入，龙门石窟北入口区建筑多、石窟中心区营业点多，保护区范围大，涉及农民、企业多，清理不合理建筑是一大问题。在清理入口区建筑问题上，一帮农民群众集聚起来闹事，围攻办公院，导致我的脚踝骨折；摊贩也因拆迁失去了眼前的收入，到办公院吵闹。对于这些，我只有一个信念：为了龙门石窟，抛弃一切个人得失，忍痛劝说是根本工作，（这些都是）为了申报成功，为洛阳人民争光，为了卢舍那的微笑，踏上世界舞台。

1999年7月12日指挥部正式成立。40天中，指挥部组织拆除了中华龙宫、龙门购物中心等和环境不协调的建筑物93处3万余平方米，关闭砖瓦厂3个、石英沙场7家、石灰窑1个、采石场538家、公墓5个，拆除水泥电线杆302根、中国移动公司通讯塔1座、巨型广告牌6个，取缔个体工商户120家。拆迁工作涉及附近企业、乡镇、村民等多方面利益，但大家都以舍小家、顾大家的精神支持龙门石窟申遗，表现出了极强的大局观念。

1999年12月，我到东京，和平山郁夫先生谈了中国、河南、洛阳各级政府积极申报龙门石窟列入《世界遗产名录》的情况。平山郁夫先生很高兴，当即表示：我的朋友松浦晃一郎现在是联合国教科文组织世界文化遗产委员会的总干事长，我要亲自向他介绍龙门石窟。当我告知明年要去法国考察时，平山郁夫先生当即亲笔在他的名片背面写了告拜见松浦晃一郎的简言。

2000年元月23日，大雪纷飞。在国家文物局副局长张柏、项目负责人郭旃的陪同下，我们迎来了联合国教科文组织的验收专家姆法拉·拉菲克。

元月24日，拉菲克在潜溪寺看到主尊右腿外侧的白色光滑表面，问我：这是不是水泥。我回答是窟顶渗水生成的石灰岩凝浆，凝结在表面。从潜溪寺到奉先寺，我们交谈龙门石窟的保护经历；在奉先寺我讲修补卢舍那大佛、迦叶、南壁天王的经过情况。拉菲克问是谁修的，我又回答"是我"，拉菲克说："很好。"在奉先寺下面游客服务部前，拉菲克问游客服务设施有几个、以后的保护计划等，我都做了回答。当我们陪同拉菲克走到万佛沟口，他对石窟区设置的石质狮子盖垃圾箱表示特别满意，又问又拍照，看到擂鼓台上放置的气象观测设备，询问每一件设备的用途，我一一回答后，接着向他介绍，气象观测是治理石窟病害的基础工作，我们从1965年坚持到现在，为石刻表面风化的治理积累了相当多的资料。拉菲克连说："很好，很好，保护好龙门石窟责任重大，还有很多工作要做。"

现场考察圆满结束，下午在牡丹城宾馆会议室座谈。到会的河南省文物局、河南省古建研究所、洛阳市城建局、洛阳市文物局、洛阳市环保局、龙门石窟研究所等单位专家都有序地回答了拉菲克先生提出的问题，座谈会顺利结束。

送走联合国验收专家姆法拉·拉菲克，我们的心里松了一口气。

2000年6月，我陪同刘典立市长到意大利谈与那波里大学的合作，以及与比利时安特卫普博物馆签订"龙门石窟佛教艺术展"协议。日本平山郁夫先生亲写便条，要我到巴黎联合国教科文组织总部找干事长松浦晃一郎先生谈申报的事。当时松浦晃一郎先生已回日本参加日本首相小渊惠三的葬礼，我未能见到。经过国家文物局郭旃联系介绍，我们到中国驻联合国教科文组织代表处拜访了中国代表张重礼先生，介绍了龙门石窟的历史、艺术和申报情况，进行了简单的宣传。6月底，朱广平副市长到巴黎参加联合国教科文组织理事会。在会上，关于龙门石窟的申请资格，代表们无一提出异议，龙门申遗以最短的时间获得通过。

11月25日，洛阳市市长刘典立、政府副秘书长肖述金、文物局长马学曾和我等一行人到澳大利亚凯恩斯，参加联合国教科文组织世界文化遗产委员会第24届会议。11月30日上午，联合国教科文组织世界文化遗产委员会顾问亨利介绍龙门石窟道："（1）龙门石窟是人类艺术创造力的杰出代表；（2）龙门石窟完美地展现了石雕这一古老艺术形式的魅力,而石雕艺术在亚洲这一地区文化发展中处于重要地位;(3)龙门石窟是中国唐代高度发达的文化水平和社会形态的缩影。根据这三大特征,(龙门石窟)应确定为世界文化遗产,列入世界遗产名录。"整个过程不到5分钟。我们激动万分,为了尽快把喜讯传给洛阳人民,收录机也被忘在了会场,我们跑出会场,几个人围在刘市长边,用电话给洛阳人民报喜。

迈向世界的路上

成立保护学会

改革开放前,龙门保管所是封闭的,接待国际友人十分谨慎小心。改革开放的前几年也是自力更生,讲政策、讲原则。工作缩手缩脚,没人敢提与国际携手搞文物保护。

1994年,我到北京出差,和在中央领导身边工作的洛阳籍朋友刘玉亭同志交谈。我们谈到龙门石窟的发展要走敦煌的路,为了让世界上更多的友好人士支持龙门石窟的保护事业,龙门就必须迈向国际。刘玉亭同志建议我筹备成立龙门石窟保护学会,让更多的人加入到保护、研究龙门石窟的行列。回到洛阳后,我就与热心龙门石窟研究、热爱龙门石窟事业的仁人沟通,形成一定的群众基础,并报告市长,得到了支持,心中踏实了。1995年3月,我受日本经济新闻社刀根浩一郎先生的邀请和资金支持访问日本。访日期间,我发起成立"龙门石窟研究保护学会",得到在洛阳外语学院任教的日本朝日新闻社编辑崛内正范先生,以及日本佛教艺术研究者的支持。崛内正范几次发动成立日本分会,在日本佛教美术研究所所长久野健先生的积极努力下,他们的多年好友、日本首相竹下登参与支持,援助敦煌保护的名人、中日友好协会会长、东京艺术大学校长平山郁夫先生担任了日本分会名誉会长。1996年3月，洛阳市副市长查敏率河南省文物局副局长张文军，洛阳市文物局副局长高永昆，龙门石窟研究所刘景龙、李祥民、李文生、翻译唐平等组成洛阳市代表团，到平山郁夫先生家拜访，进行了友好的谈话。我们与日本经济新闻社商谈了在日本举办"龙门石窟与中原文物展"，还考察了龙门石窟流失在东京博物馆、大阪美术馆、仓敷大原美术馆的石刻。这一次的访问促使平山郁夫先生于6月2日专程来洛阳，参加洛阳国际龙门石窟研究保护学会成立大会，这加快了龙门石窟研究、保护工作走上国际道路的步伐。

保护学会成立后，德国慕尼黑大学文物保护系主任艾默林教授、意大利东方文化研究所福安敦及那波里大学的几位教授、韩国岭南大学的金益洙教授等国外的文物保护专家，纷纷来信要求参加学会，每年由学会旅游部主任唐平与日本分会联系，日方专家组织一批研修生到龙门石窟参观，并由中日专家讲述、讨论龙门石窟（相关事宜）。1996年到2002年的6年间共进行了4次参观研修，在日本产生了普遍影响。2001年日本分会会员已发展到200余名。

2002年，龙门石窟的新领导很快将保护学会的工作接过去了。我虽然离开了龙门，离开了保护学会，可是我宣传、保护龙门石窟的心没变。

遗憾的是，大概是2007年6月，我得知国际龙门石窟研究保护学会日本分会解散的消息，心里一阵冰凉。等我定下心来，还是决定动员朋友们重建，目的在于加强龙门石窟与日本学者之间的交流，保住"保护学会"这块牌子，维护龙门石窟在日本的声誉。不过虽然做了动员，尽了不少努力，但最终不了了之。

与日本学者、专家的交往

1993年，经北京观文堂的王盛安先生介绍，日本书法教育家、日本文字文化研究所所长原田观峰先生的女儿宇佐美兹子、女婿宇佐美公有先生来洛阳参观龙门石窟。我热情接待，感动了对方。1995年9月在大阪"大中国展"中，由他主办展出为期一周的"龙门石窟·古阳洞拓片"。龙门石窟第一次迈出国门，让更多的国际友人欣赏到了龙门石窟艺术。洛阳市文物局副局长王生儒、龙门石窟研究所的我和王振国同志三人，参加了"龙门石窟·古阳洞拓片"展览。

1994年我的挚友、日本佛教美术研究学者久野健先生的女儿久野美树来龙门石窟参观。她了解到龙门石窟研究所当时还没有个人到日本去考察过的现实情况，就通过他父亲久野健，请日本经济新闻社所属的旅行社社长刀根浩一郎先生出资资助，邀请我于1995年3月到日本访问。并安排朝日新闻社文化交流部的一位先生陪同我，到东京艺术大学拜访了校长、中日友好协会会长平山郁夫先生，我们交流了龙门石窟的保护、对外交流、展览宣传等情况。之后，我和日本经济新闻社、朝日新闻社进一步商谈龙门石窟展览事宜，龙门石窟开始进入国际交流阶段。

当年9月，日本文字文化研究所邀我所在大阪举办的"龙门石窟·古阳洞拓片"展览很成功。在展览结束后，宇佐美公有安排我们到名古屋、九州、东京继续宣传龙门石窟。到东京，我与平山郁夫商谈举办"龙门石窟与中原文物展"，得到了他的支持。我们开始与朝日新闻社商谈，并将龙门石窟可展览的文物介绍交给翻译，但由于翻译的失误，我们中断了与朝日新闻社的联系。1996年改为由日本经济新闻社举办"大黄河文明展"。

1996年3月，我陪同由查敏副市长为团长，河南省文物局张文军、洛阳市文物局高永坤、龙门石窟支部书记李祥民、中央电视台张翔升为团员的代表团，就成立"龙门石窟研究保护学会"、举办"龙门石窟与中原文物展"，到日本考察。

这次代表团首先拜访了平山郁夫先生，接着拜访了日本经济新闻社、朝日新闻社。

这一次我们在东京国立博物馆、京都博物馆、大阪美术馆、网山仓敷大原美术馆看到了早年被盗的龙门石窟石刻，大家感到非常愤怒。我想，当前把它要回有困难，但通过合法途径复制回国，供宣传、研究之用，将是可行的。之后，我开始同中日友好协会平山郁夫先生不断交流，一直到2000年，我与中日友好协会会长平山郁夫、事务局长酒井诚达成共识：由龙门石窟研究所尽快提出收藏单位及所藏石刻目录，由中日友好协会负责与收藏单位商谈进行复制的具体办法，由龙门石窟研究所负责复制工作。于是我开始着手进行调查，经过一年的联系，日本文物界朋友刚开始行动，调查也已初见眉目，我便退休了，调查也结束了。

1998年6月18日，星期天，是我约好要拜见平山郁夫先生的时间。这一天，由日本文化财保护振兴财团专务理事谷久光先生陪同，日本日雕株式会社职员李明先生作翻译，我们三人一起到平山郁夫先生家去拜访（我已先后在东京、北京就龙门石窟保护与平山先生见面交谈20多次，到镰仓平山郁夫家拜访7次，与平山郁夫先生面谈龙门石窟保护、研究和对龙门石窟的资助问题，我们已很熟悉）。在这一次长达4个多小时的交谈中，我们谈定了日本资助建设"龙门石窟环境保护研究·展示中心"项目，和"利用日本信托基金援助丝绸之路文物保护"项目，给新疆库木吐喇石窟2000万保护资金，给龙门石窟1000万元。经过平山郁夫先生协调，两个项目得到了日本政府的认可，当时的小渊惠三首相决定效仿他的老师——前首相竹下登援助敦煌举动，援助龙门石窟。这两个项目也得到了外务省、文部省的同意，后来列入了1999年中日两国首脑会谈援助协议中。

援助项目谈判成功，我很高兴，洛阳市政府、龙门石窟研究所全体人员都很兴奋。2002年联合国教科文组织利用日本政府信托基金，援助龙门石窟的保护项目开始实施了。但因我退出了领导岗位，培训项目受到了影响。为了培养龙门石窟的青年研究人员，给他们工作的条件。我凭个人关系，又以平山郁夫先生的名义，多次到"日本国国际协力事业团驻北京事务所"看望老朋友、当时任副所长的田中孝先生，和他保持联系，并要求继续合作，完成原定为龙门石窟研究所培养人才的协议。这一关系不曾中断，先后培养了6名青年研究人员：马超龙、高东亮、范子龙、李心坚、路伟、陈建平。但后来人才培养项目没有继续下去，我深为遗憾。

除了日本之外，在我的任期里，龙门还开展了与意大利、德国等国家的交往合作。回想过去，我为龙门石窟迈出国门、走向世界、对外交往，开展国际保护研究的科技合作，尽了力。

我留恋龙门，忘不了我的石刻保护、研究之业；我永远不会忘记卢舍那，我会为它继续献力。

我挂念龙门，忘不了没能完成的环境治理，没能完成的公路迁移……

我所经历的石窟保护

陈进良

1939年生，研究馆员。毕业于河南师范大学。曾任河南省古代建筑保护研究所室主任。主持参加完成的"石窟围岩崩塌的灌浆加固"及"出土饱水漆木器脱水定型研究"，获1978年全国科学大会奖和河南省科学大会奖；"河南信阳长台关出土饱水漆木器脱水定型研究"，获河南省文物局1992年科技进步一等奖、国家文物局科技进步二等奖、1994年联合国技术信息促进系统（TIPS）中国国家分部"发明创新科技之星"奖、1995年国家科技进步三等奖；"壁画揭取原保护技术"和"大型唐碑搬迁复原技术"，分获河南省文化厅科技进步三等奖和文化部科技进步四等奖。1985年和1990年两次进藏，对世界著名的拉萨大昭寺和布达拉宫珍贵壁画进行揭取保护及油烟清除处理。1998年主持完成了我国首例石窟整体搬迁保护大型工程。1994年被国家文化部评为优秀专家，1995年获国务院政府特殊津贴。

保护石窟文物
弘扬传统文化

河南省文物建筑保护研究院
陈进良
2019年3月20日

1971　抢救龙门

我 1964 年大学毕业以后被分配到河南省文物工作队，从事文物保护工作。当时王丹华老师和胡继高老师刚从波兰留学回来，由于北京没有工作场地，所以胡继高先生就来到河南，帮助我们河南文物工作队（现河南文物研究所）建了一个实验室，专门进行木漆器的保护工作。但是工作刚刚开始就接到一个任务，凡是当年大学毕业的同学一律到农村去参加社会主义教育运动，就是"四清运动"，一去就是一年多。回来以后就开始"文革"，这个工作就被迫停止了。70 年代初，河南省文物工作队合并到河南省博物馆了，在这期间，基本上没有业务工作，无论是在文物工作队还是博物馆，我做的都是打杂，当过仓库管理员，当过食堂管理员，比较长的时间是做司务长。

直到 1971 年，大概是 6 月份，文化部古代建筑修整所与文物博物馆的陆寿麟、姜怀英、蔡润、陈中行等几个人，因为龙门石窟的抢救性保护工作来到河南，与我们联系，要到龙门石窟工作。河南省博物馆的馆长胡耀华同志接待了从北京来的这几位同志，得知来意之后，就派我一同前往龙门石窟，与北京来的 4 位同志一块儿，对龙门石窟奉先寺几尊危险的造像进行加固保护工作。

后来得知，这次工作的起因是刘景龙同志在龙门工作期间，发现奉先寺南壁天王力士像本体岩体开裂严重，处于极度危险状态，他写信给洛阳市革命委员会，向当时的中央"文革"小组反映了这个情况。"文革"小组对这一情况比较重视，马上就有了回应。国务院图博口文博组接到上级的指示以后，将工作下派给国家文物局。国家文物局局长王冶秋先生指派陆寿麟、陈中行、姜怀英、蔡润几位同志到龙门石窟进行抢险加固工作。当时，他们还在湖北咸宁文化部五七干校参加劳动。接到任务后，他们没有休整，于6月份直接到龙门石窟展开调研工作。调查之后，回到北京略做准备。7月份，他们来到龙门正式开展保护工作。我和他们一起做这项工作。这就是我文物保护工作的开始，也是河南用现代科学技术对石窟进行保护的一个开端。

挑战与收获

改进灌浆材料

我们几个人的主要任务是加固奉先寺南壁天王和力士这两尊造像。当时，造像与崖壁的裂隙已经达到十多公分宽，随时都有崩塌的可能。之前，刘景龙先生已经联系了广州化学研究所的叶作舟先生，叶作舟先生是中国化学灌浆第一人，也是中国化学灌浆的奠基人。他研究了一些可以用于水库大坝开裂的灌浆材料，而且比较成功。刘景龙先生跟着他学习过一段时间，我们就运用工程上的材料和技术，在龙门石窟做实验性的工作。

叶作舟先生当时的那一套技术已经比较成熟了，但是运用到我们石窟保护上，还没有先例。所以，我们需要对他的配方进行研究分析。经过反复的实验，在满足实际环境的条件需求的基础上，我们对叶作舟先生的灌浆配方做了一些比较大的改进，最终研制出用丙酮和糠醛做稀释剂的环氧树脂材料，封护材料采用环氧树脂胶泥。从灌浆的效果来看，现在还是比较不错的，后来评价也是可以的。从1971年以后，在龙门石窟和其他石窟中都普遍采用了这个方法。

不仅材料的问题，实际的加固工作远没有那么顺利。当时南壁力士和天王雕像与后壁已经裂开有十多公分了，真的是岌岌可危，我们的工作随时有风险，南壁因为石窟寺构造裂隙，石块风化得很严重，随时有可能崩塌。事实上，已经塌落了不少石块，有的甚至有上千斤重。如何将这些掉落的块石复原归位，十分有难度。石块毕竟体量大，事先不能试，也不是一个人、两个人能够完成的。当时的起重设备到不了施工平台，只能靠手工，就是几个人轮流拉起重葫芦吊链，将几百斤或者上千斤的石块吊上去，再对接。这是冒着相当大的风险的。另外，卢舍那大佛右边的大弟子迦叶造像的脸部不知道什么年代崩落了，幸好崩落的碎块就在迦叶脚下附近，没有被清理走。我们也是搭架子，用吊链的方式把它复原的。要确定碎块的位置，只能先搁地面上作复原模拟，估计这个卡口的位置差不多，就几个人用吊链慢慢地、一块一块地吊上去。然后用环氧树脂黏接，再用锚杆加固。到现在，迦叶的面部还是缺了不小的部分，但是其他部位都是我们那个时候补上的。

既搞科研又当小工

我们几个人组成的工作小组，组织上要求没那么严格，也没有什么所谓的领导班子和工作分工，都是自己做力所能及的事情。基本上，所有人既充当了试验参加者，又充当小工。因为当时没有辅助支持，我们就亲手搭架子、抬东西、抬物料、封缝、灌浆、打钻。当时的奉先寺前面不像现在有这样宽广的台阶，（当时）是一个一米宽左右的之字形台阶，需要拐几个弯才能上到顶上。一些工具的搬运也特别吃力。灌浆的时候，我们要用的空气压缩机，是几个人费很大劲抬上去的，中间还要休息好几次。一般的体力活都是自己干，包括起重上千斤的石块。吊链是起重行业中很普遍的一种起重工具，吊链的重量不一，一吨、两吨、五吨、十吨的都有。我们用的吊链是手动工具，是比较小一点的吊链，相对而言比较轻，但实际还是很费力的，它用铁索吊着重物，一节一节上升，拉一次只能上升几厘米，但是比较安全。整个起吊过程是相当吃力的，尤其对于不经常从事体力劳动的人。我们几个人基本上是轮流地上，你拉一会儿，我拉一会儿，他拉一会儿。每个人大概坚持不了十分钟，就得换人了。幸亏我们几个人都是年富力强，当时都是二、三十岁的小伙子，也不怕出力。

1971年的时候，生活条件没法跟现在相比，因为我们几个人是上级机关派来的，龙门石窟研究所对我们几个人比较优待，可以住在所里面。刘景龙、冯吾现他们都全天住在工地上，只有一个老师傅负责给我们做饭。虽然生活比较艰苦，但我们一心想把文物修好，别的很少考虑。

虽然这在当时还是比较规范的，但还不像现在的工作程序那么严谨规范，方案必须经过论证，经过审批。当时听说加拿大总理特鲁多要来中国访问，指名要来洛阳龙门石窟参观，周总理也要亲自陪同。这样一来，任务就相当紧了，而且是抢救性的工程，难度也比较大。大概是7月份开始，到10月、11月就结束了第一期工作。后续未完成的保护工程从1973年又开始，比较系统地进行，规模也比较大。因为1971年抢修加固，积累了一些经验，技术上也算比较成熟，所以锚固技术和环氧树脂类材料加固技术在国内的其他石窟也陆续使用，比如云冈石窟和麦积山石窟。

荣获全国科学大会奖

1978年，龙门石窟裂隙加固技术荣获全国科学大会奖。这个事我心里是比较激动的。那个时候之前，还从来没有用现代技术加固石窟，就是从我们这几个人开始，之后中国石窟保护灌浆加固技术也就开始使用了，并且在全国推广了。这个技术虽说采用了叶作舟先生的原始配方，但是经过我们的一些改进，有一些创新，成果得到了大家的公认。1978 年，邓小平先生出来工作，他对科学研究工作相当重视，1978 年就召开了一个全国科学大会，我们这个项目有幸入选了，获得了 1978 年全国科学大会科研成果奖。这个奖是在北京人民大会堂颁发的，特别隆重，奖状也很漂亮，和现在国家科技进步奖那个奖状大小是差不多的，两个合页，首页是由华国锋主席题的字，正面是获奖项目的名称。颁发这个奖的时候，龙门石窟保管所、河南省博物馆、云冈石窟保护所，以及文化部古代建筑修整所等都参加了，叶作舟先生也获得了科学大会科学成果奖。

获得这个奖以后，我们最初也没感觉和以往有什么不同。但是到了 1979 年，中央对科技人员很重视了，对国家有贡献的获奖者还可以享受一些特殊待遇。我和刘景龙同志都是单职工，凭着这项待遇，我们的家属、孩子都从农村迁到城市，吃上了商品粮。吃商品粮在现在来说是一件很平常的事情，可是当时能够脱离农村、吃上商品粮，可是相当高的待遇了。户口办得也很顺利，1980 年年初，我爱人和几个孩子的户口都迁到郑州了。当时，我在省里，得到消息比较早，后来告知了刘景龙先生。他家的户口也比较顺利地迁到洛阳市了。这说明国家对科技人员、对科学发展，从那个时候重视程度就很高了。

我修过的其他石窟

在龙门石窟工作的间隙，10 月份河南登封有几个汉代石阙在"文革"期间被破坏了。当时登封的同志知道我们在修缮保护龙门石窟，就请我们几个人到登封，大概有十多天时间，就把石阙修复完成了。当时登封的条件还比不得龙门，我们住在农村，离村上还有一、两里距离，当时的食油和粮食供应都很紧张。登封县对这次修复比较重视，给我们几个特批了一些油和粮食。

之后，在河南境内，又主持了几个石窟的保护。

巩县石窟的危岩加固

河南省是石窟比较多的省份，大概有五、六十处中小型石窟。除了龙门石窟，另外一个比较重要的就是巩县石窟。这个石窟位于河南省巩义市（原巩县）东北7.5公里寺湾村大力山下，伊洛河北岸。在北魏孝文帝至宣武帝景明年间（471—503年）基本规模已经形成，后经西魏、北齐、唐和宋各代，相继凿窟造像，连续400多年。它是为公元6世纪北魏皇室显要开凿的，是中原北方地区的主流石窟之一，在中国佛教艺术史上占有重要地位。石窟中的18幅"帝后礼佛图"浮雕，为全国石窟中所仅有。它被国务院公布为第二批全国重点文物保护单位。五个洞窟和一个千佛龛，小而精，价值也是相当高的。

90年代的时候，我和中国文物研究所的杨玉柱、姜怀英先生一块儿，请了中国地质大学的潘别桐教授做了一些地质勘察方面的工作。巩县石窟的病害跟龙门的病害相似，也有一些不太一样的地方，因为巩县石窟的岩石属于砂岩，龙门是灰岩，风化特征不太一样，但是比龙门石窟的病害要多。

它的主要问题是，石窟环境地质病害较为复杂、严重，主要有立壁岩体失稳，洞室围岩失稳，裂隙渗水，岩体风化及窟前淤积等。这里对后三种病害暂不涉及。立壁岩体失稳最突出的是一、二窟外立壁。一窟外壁西面已发生错动，失稳岩体已明显外突。二窟外壁西面裂隙发育，岩体多被切割成分离体，其东面立壁已明显向外倾倒，危险性极大。在一、二、三窟都可以见到窟内围岩失稳现象，第一窟顶部由于裂隙交切，岩体多被切割成块状，在西北角，掉块面积达 2 平方米，西壁中上部雕刻佛龛发生水平错动，西南角上部雕刻岩体发生明显上下错动及变形，南壁门东礼佛图雕刻岩体中上部 8 平方米的面积发生了弯曲变形，岩体外突最大变形位移达 10 厘米。第二窟岩体总体上破碎，许多雕刻因此未完成，顶部东南角掉块面积达 1.5 平方米，周围岩体也极不稳定。

1992 年到 1993 年，我和杨玉柱同志作为共同主持人，在那儿又做了一年多的工作，但工作量和龙门石窟相比还是小得多。我们在保护石窟现状的前提下，采用锚杆加固、环氧树脂灌浆等工程方式，加固了一窟外壁、二窟外壁及东壁失稳的崖体，并用聚醋酸乙烯乳液调制水泥，对失稳崖体周边的缝隙进行了封护。对洞室失稳的围岩也采取了相应的保护措施。

西沃石窟的整体搬迁

西沃石窟原来位于河南省新安县原西沃村东 1 公里黄河南岸。这个石窟发现得比较晚，它是一个标准的北魏石窟，有绝对的建造年代，宿白先生相当看重这个石窟，把它定为鉴定北魏末期石窟造像形式的一个标准；石窟以单层塔形龛和屋形龛表现千佛的形式，在河南石窟中属孤例；另外，它是黄河中下游岸边唯一一处北魏石窟，在石窟雕刻区留存数处黄河古栈道遗迹，并有"牛鼻孔"打破北魏题记的现象，是研究黄河漕运史的重要实物资料。它是河南省文物保护单位。

90 年代，黄河小浪底水库修建时，它正位于新安县淹没区，在水库蓄水之后会被全部淹没。因为它是河南省级文物保护单位，省政府就批准将它整体迁移保护。但是这个石窟位置很特殊，下面是水流湍急的黄河，深不可测；岸上边有一条很简易的公路。据说，曾经有汽车掉进河里，因为打捞难度太大，最终没有打捞上来。在这么险要的地方，进行石窟的整体搬迁，工程是十分艰巨的。就是这样一个任务，当时就落在了我的头上。我们的压力也很大，生怕出什么问题，如果任何一块掉到黄河里边，就没法弥补，打捞是不可能的。

1995年到1998年，整整花了三年时间。这个时候的项目程序流程更加完善，所以工作程序各方面都比较严谨。经过了专家论证，中国地质大学李智毅教授做的地质勘察，解放军测绘学院的同志做的测绘，还有我们日夜蹲守，才完成了这次搬迁工作。这次工作（河南）省政府很重视，省长决定组织一个办公会，专门研究搬迁工作，还请了好多全国石窟保护专家、建筑专家、考古专家以及佛教史专家到现场论证，经过好长时间的准备，以及多方的支持和配合，比较圆满地完成了这个任务。目前西沃石窟搬迁到了新安县千唐志斋博物馆。

切割石窟

当时，经过详尽的环境地质调查与研究，制订了整体搬迁方案。起吊运输前，主要措施有以下几个方面：

首先，用"大揭顶"的方式，将石窟雕刻区以上的岩体、覆盖层全部揭去，主要使用人工开凿方式，以免发生大的震动，影响石窟安全。

其次，对于所有雕刻造像均以室温硫化硅橡胶脱模，即使在施工中，部分雕刻受损或掉入黄河，也可用此模复制出这些雕刻，仍能使石窟恢复原貌。

第三，根据石窟雕刻分布和岩体裂隙情况及施工的可能性，遵照既有利于雕刻品的保护，又有利于施工的原则，将石窟西区雕刻岩体分为六块，分块线都采用直线。

第四，在留足雕刻品所依附的岩体厚度之后，用凿岩机在母岩上打排孔，再用人工打钢钎的方法把岩石劈开，使雕刻岩体与母岩分离。

第五，用活动式岩石锯割机，沿雕刻岩体分块锯割，锯缝深度可达 40 厘米，宽度只有 0.8 厘米，完全可以达到施工要求。

第六，雕刻岩体的加固以锚杆加固为主。根据切割后块体裂隙的分布情况，用电动凿岩机垂直于大裂隙钻孔，穿入螺纹钢，再以环氧树脂灌注，或在钻孔中装入药卷式锚杆黏结剂[1]，再插入螺纹钢。

起吊与运输

石窟搬迁的过程中起吊和运输是很大的难题。虽说西沃石窟面积不大，但是想要把进深两米的石窟切开，难度是相当大的。石窟搬迁在国内还没有先例，没有经验可循，就国际上来说例子也不太多。据我查的资料，只有埃及在修阿斯旺水坝的时候搬迁过一个叫阿布辛拜勒的神庙，是联合国教科文组织耗费了巨大的资金和时间，动员了几十个国家的专家参与完成的。西沃石窟的搬迁规模虽然小得多了，但是切割还是比较困难的，经过努力，最终切割得还是比较好的。之后搬运过程就出现了难题。因为一个完整的石窟，尽管被切开，每次起吊的重量大概还有 17 吨。17 吨如果放在平地上起吊，不是什么问题，但是（石窟）地点太险要了，路边公路也很窄，道路条件不允许大型的吊装工具进去。最后我们用了两台 50 吨的吊机把这个石窟吊起来。

---

1. 水电部十局安装处工程公司锚固剂厂生产。

石窟总共切成七大块，最小的一块都在 1 吨以上，最大的那个大块有 17 吨。为使中空的块体在起吊时不被吊绳的压力所损坏，事先我们在块体外用槽钢焊成立方体的笼子，吊着笼子起吊，既方便又安全。

路上的运输是相当危险和困难的。为了运输过程中的文物的平稳，我们在运输车上垫上一些碎石粉，装上一个或两个块体，用木料或石块支垫牢稳，使车辆满载慢行。因为石窟体量比较大，常遇到被牌坊卡住的情况，运输过程中花费了很大周折。进入千唐志斋博物馆的时候又出问题了，因为这个石窟切块比较大，两米多高，博物馆的大门也就是两米高，石窟进不去，要进去的话就要把大门拆了，但是博物馆不愿意拆。后来，终于在千唐志斋外边又征了一块地，为这个石窟另外建了一个院落，放到那儿去了。我们按照原状实测图进行了组装，对接缝用环氧胶泥黏合，上下及背后用水泥砌石块镶砌。

除了技术问题，当时还有一些预想不到的情况，就是当地群众和一些信徒不愿意将石窟迁离他们那个地方，周围几个村庄好几百人不约而同地念经、烧香，阻止我们的运输。最后他们把我们的运输车队困在乡政府，不让走了。他们说这是他们的东西，不让搬离他们的故土，还留在这儿吧。我们被困了整整一个夜晚。后来我们把省文物局的局长搬来了，把县委书记也请来了，请乡党委书记、乡长给群众作工作，最后才放我们走。

现在，我认为对搬迁地点的考虑还是有些不太周到。修阿斯旺水坝的时候，是将阿布辛拜勒神庙原地抬高了，搬到附近海拔高一些的地方。西沃石窟的搬迁，最初也有人提出在原地选一个比较高的地方重建。但是这个意见没有被采纳，直接把它搬到新安县千唐志斋博物馆去了。而且这个地点也不太理想，距铁路干线太近，附近又有大型水泥厂，环境污染比较严重，对石窟的长久保护不利。

保护固态 传承活态 发展业态

龙门石窟的发展阶段

余江宁

安徽潜山市人。2001年7月毕业于安徽大学历史专业，2005年7月获北京大学历史系博士学位。2007年3月任洛阳市新安县委常委统战部长，2009年8月任洛阳市文物局副局长，2017年7月任龙门石窟研究院院长。主要研究方向为宋史，曾参加宋史、徽学和中国佛教造像研究并发表相关论文10余篇。参加"10—13世纪中国文化的碰撞与融合"课题研究和有关国际学术会议。曾负责二里头博物馆前期建设工作。荣获洛阳市人民政府专题调研一等奖等。

石窟保护传承事业：

薪火相传

砥砺前行

龙门石窟研究院 余江宁

2019.3.20

众所周知，龙门石窟是首批国保单位，是 2000 年列入《世界遗产名录》大家庭的，它作为北魏晚期和唐代两朝的皇家石窟，具有无与伦比的价值和崇尚的地位。龙门石窟的价值和地位决定了我们必须去呵护和传承这一珍贵的世界文化遗产和艺术宝库。

龙门石窟保护的几个阶段

龙门石窟保护和传承的起点就是成立了保护管理的机构。新中国刚刚成立，洛阳市市委、市政府就对龙门石窟的保护工作非常重视，1950 年的时候成立了龙门森林古迹保护委员会，结束了龙门石窟之前无人看管的无序状态。1953 年，经国家文化部批准成立了龙门文物保管所，1990 年又改为龙门石窟研究所，2002 年进一步发展为龙门石窟研究院。可以说，龙门石窟 70 年的保护历史，也是龙门石窟保护研究管理机构不断发展壮大的过程。

伴随着龙门石窟专门研究机构的成立和发展，龙门石窟的保护研究和传承弘扬工作也一并开展，大致可以分为这样几个阶段：刚成立研究机构到 70 年代以前，主要是以做一些调查，防止人为破坏的保护为主。70 年代以后，龙门石窟才进入了真正意义上的技术保护。70 年代以后到现在，又可以分为两个阶段，这两个阶段的分界点主要以 2000 年申遗为界限。2000 年以前，我们主要做的是 1971 年到 1985 年的抢险加固工程，还有就是在联合国的帮助下开展了 1986 年至 1992 年的综合治理工程，当然还有 1993 年到 2001 年的洞窟渗漏水、防风化的基础研究。70 年代进行的奉先寺抢险加固工程的加固保护，是我国第一个大型石窟寺加固维修工程，1978 年获得全国科学大会奖和河南省科学大会成果奖。这项工程坚持"不改变文物原貌"的原则，创造性地使用黏接、灌浆材料及工艺，为八九十年代龙门石窟大规模的保护工程提供了宝贵的经验积累；同时工程中体现的攻坚克难、敢于创新的科学精神，敬畏历史、尊重文物的思想认知更是难能可贵，是龙门石窟当代科技保护历史上成功的范例和精彩的开端。

经过70年代到80年代的10余年努力，龙门石窟最为濒危的重要洞窟和雕刻得到了保护，抢救性的保护工作取得了阶段性的成果。但是，总体而言，东西两山两千多个洞窟岩体失稳、坍塌、渗漏水等病害普遍存在，仍需有计划地开展系统性的维修保护。同时，作为享誉中外的大型石窟寺遗址、石刻艺术的宝库，其安全保卫、参观游览等基础设施仍很薄弱，不能满足最基本的需求。有鉴于此，1987年，在以往龙门石窟病害调查和抢救性维修工程经验的基础上，我们龙门文物保管所和中国文物研究所、中国地质大学共同研究制定了龙门石窟第一个有规划的系统性的综合治理工程，并经国家文物局批准实施。这个工程历时时间长，规模宏大，涉及石窟保护工程、游览设施建设、安全保卫设施建设等各个方面，是龙门石窟第一个全方位的保护项目。这个项目完成后，基本解决了龙门石窟的稳定性问题，洞窟渗漏在一定时期内得到改善，龙门石窟大体上的抢险工作告一段落，同时，还修建了保护围墙、游览栈道；确定了保护范围，奠定了龙门石窟作为文物保护区和文物游览区的基本框架。

2000年之后，龙门石窟进入了《世界遗产名录》，应该说我们的保护、研究、弘扬各方面的工作都进入了一个新的阶段，特别是开展了国际合作的保护项目，组织实施了以潜溪寺、路洞、皇甫公窟为实验研究洞窟的龙门石窟保护修复工程，与意大利合作开展了双窑修复工程等等。龙门石窟成立了专门的保护管理规划，经河南省人大批准，颁布了《龙门石窟保护管理条例》。2013年在新修订的基础上又批准施行，可以说在安全防范措施上，包括人防、物防、技防，都在有关方面的支持和帮助下得到了大幅的提升。当然我们的研究和保护工作一样，经历了几个阶段的发展。

龙门申遗

龙门石窟申请列入世界文化遗产是在1999年，具体的准备工作提前两年就开始了，到2000年申遗成功。那个时期龙门石窟经历了七八十年代的抢险加固阶段，从1987年到1992年龙门石窟的综合性五年保护工程，文物本体得到了有效保护，为龙门申报世界遗产打下了良好的基础。成为世界文化遗产，除了文物本身的突出普遍价值以外，遗产的完整性等也是其重要的指标。

20世纪90年代，中国的旅游市场又异军突起，社会经济也得到了非常迅猛的发展，对龙门石窟也有一定的冲击，比如龙门石窟周边的一些旅游设施，违章建筑和商业设施，还有石灰窑的开采，对龙门的整体价值影响很大。1999年，我们正式进入申遗阶段，对石窟周边的环境进行了大规模的治理，付出了非常大的努力，包括拆除违章建筑，关闭石灰窑，还有拆除龙宫等一些商业设施，改善绿化环境等。这样，我们对石窟本体保护十几年的抢救性工作，以及对周边环境的一个比较大的改善治理，为申遗创造了必要的条件，再加上龙门石窟自身无可比拟的历史价值、科学价值、艺术价值，在2000年，申遗顺利成功，取得了非常好的结果。

国际合作

龙门石窟申遗以后就迎来了第一个大型的国际合作保护项目。有些朋友可能认为是因为龙门石窟申遗成功了，联合国才跟我们合作了这样一个项目。其实，这个项目和申遗没有直接的关系，这次合作在申遗之前就已经开始运作了，是由中日两国政府达成的一个协议，由联合国教科文组织利用日本文化信托资金，对中国两处石窟做的保护工程，一个是龙门石窟，一个是新疆库木吐喇石窟。我们这个工程叫做"联合国教科文组织无偿援助龙门石窟保护修复工程"。

虽然这次的保护工程和申遗没有直接的关系，但却是恰逢其时，教科文组织的这个项目给我们带来了很多好的理念。其中最好的一个理念，我觉得应该是计划性。相对之前几十年的抢险加固保护，这个项目不仅仅关于工程本身的计划，而且还有关于如何管理等方面的计划，在内容上还包含了龙门石窟基础资料的收集、石窟文物本体监测体系的建立、实验洞窟技术的研究以及人才的培养。经过这个项目，龙门石窟的年轻人得到了很好的锻炼，在中日双方共同的努力下，我们有7位同志到日本进行了长达一年的研修，这对我们科研人员知识的丰富、视野的扩展，奠定了非常好的基础。所以说整个过程不仅是项目的进行过程，也是人才的提升过程和队伍的锻炼过程。

就工程本身来说，我们要对文物本体先进行考察，首先是监测，然后是测绘和地质调查，这是一套非常完整的基础资料的收集计划。在收集基础资料的基础上，我们才开始对一些实验洞窟存在的问题进行比较深入的研究，这个研究可以说是深入和细致的，中日双方有很多思想和观念方面的碰撞，最后落实到实验洞窟的治理上。项目从

2002年正式启动，一直到2009年才结项，经过了很长时间，除了项目本身复杂以外，与石窟保护修复理念的建立和碰撞有很大的关系。

之所以会存在矛盾和碰撞，原因在于我们国家的石窟和日本的石质文物的形态以及存在的问题都不太一样。在这样的情况下，中日双方专家对石窟保护，尤其是比较具体的问题，比如洞窟渗漏水的认识，存在比较大的差异，在最开始的时候双方的认识完全不一致。中方专家认为渗漏水的原因是雨水通过裂隙直接渗入洞窟，而日方专家认为山体包气带之间水的运移的关系可能更大一些。但如果这个认识不一致的话，对以后的治理措施可能会产生非常大的影响。仅在这个问题上就争论了相当长的时间，开过很多次专家会，双方专家都反复解释自己的理论。在这个过程中，大家对石窟保护有了更进一步的认识，最终达成了倾向于中方专家意见的共识，这种共识最终体现在了后来的治理上面。

这种共识是随着工程的进展，对一些问题研究的越来越深入而达成的。比如说最初做的地质勘察，第一遍结束以后，大家认为深度还不够，不能解决我们的一些疑问。我们又做了一次补充勘察。最初为了了解山体中水的运移情况，我们做了水平钻孔，之后又打了垂直钻孔。就这样，随着工作和勘察的逐渐深入，也让大家对一些问题有了更深入的认识。我觉得这些共识是在大家不断实践以及认识不断加深的基础上达成的，中日双方专家都是抱着对文化遗产负责的态度和精神来做这个工作的，都能够实事求是地去面对问题，这是很重要的。在这个方面，中方专家也好，日方专家也好，都非常的坦率，遇到问题都是当面就讲，明确表达自己的意思，这都是出于对工作的认真，对文物负责任的精神。黄工（克忠）和曲工（永新）的年龄都比较大了，但是每次到龙门都亲自爬到山上去，潜溪寺那么陡、那么高，都是亲自上去的，亲自去查勘地质情况。日方专家也是这样。所以大家这个认真的态度加上精深的研究，是我们这个项目能够顺利进行的一个保障。

这个项目在管理上存在一定的复杂性。以前国内的项目相对比较简单，提出工作计划，得到省市或国家文物局的批准，申请下来经费，就可以在专家指导下开展工作。这次合作项目是中日双方政府，包括联合国教科文组织之间的三方合作，这就要求一个具体的实施部门、管理部门。管理部门从省局到市局，执行部门是龙门研究院，中间管理层面相对比较多，流程也比较多。项目刚开始运行的时候，一个比较容易的事情都要经过三方专家的讨论，得到专家的认可，实施下来需要经历相当长的过程，有些问题反映得也不是非常及时，存在一定的问题。问题不仅来自理念上，也反映在管理方式上。但随着项目的进行，情况不断地好转。在这中间，联合国教科文组织管理方也做了非常大的协调工作，中日专家组对问题的认识趋于一致，还是能够使我们的项目顺利进行的。在中外合作的项目上，有一些问题出现是正常的，经过协商和沟通还是可以解决的，并不会影响整个项目的运作。

项目持续了8年时间，研究院保护部门投入了全部的力量。因为这个项目投资了125万美金，数额是相当大了，花费的时间也特别多，涉及东西山的重要石窟，而且是一个国际合作项目，意义也不一样，我们可以说是全力以赴在做这些工作的。

从抢救到预防

从抢救性保护到预防性保护，虽然这个转变过程没有那么清晰，但是还是走了这样一条相对比较正确的路。70年代抢险加固以后，我们做了一些有计划性的工作，比如渗漏水的治理以及石窟的监测工作。五六十年代，在保护机构成立以后，我们就开始了气象观测工作，但是观测的水平相对低一点、零星一点，不够系统。后来龙门石窟监测系统的体系化还是在联合国教科文组织的项目中实现的。这个项目把监测工作看得非常重，除了地质勘察、地形测绘这样的工作之外，石窟的监测被列入一个最重要的基础工作中。从那个时候起，我们就建立了气象站，对重点洞窟进行监测，形成了一个有点有面，内容上也比较全面、比较系统的框架。

基础性的监测，从温度、湿度的监测，到特征性的洞窟渗漏水、岩体稳定、风化的监测。其中有一些突破性和带有研究性的监测项目，比如说龙门渗漏水的监测。一般来说，我们肉眼观看到洞窟漏水了，但是不知道漏了多少水，量有多大。在这个监测实验项目中，我们通过照相机不停地拍摄洞窟的状况，从外界开始下雨到洞窟逐渐出现渗漏，监测有多长时间，渗漏的面积有多大。这样做一个长时间的、完整的降雨过程的记录之后，就推算出洞窟的渗漏和降雨之间的关系，这是相比以前要深入一些的研究工作。

除了洞窟渗漏水之外，凝结水在龙门石窟表现得十分明显。凝结水的定量研究是有一定难度的，在联合国教科文组织的项目之后，我们对凝结水专门做了一项课题，针对治理措施都做了一些工作。

第三次监测突破是2012年开始，国家大力支持世界遗产的监测体系建设，这是龙门石窟监测工作能够上一个新台阶的重大机遇。联合国教科文组织的项目从2002年开始到2012年都已经有十年时间了，监测的设备有点老化了。这次的监测体系建设让我们对东西两山所有的文物区做了一个重新的考量，重新设计了一套监测体系，比以前的更加深入而全面。从2012年制定监测方案，到国家文物局审批，从2013年开始到2016年，我们做了四期的监测体系的建设，目前完成投资也将近千万了。设计的洞窟有几十个，基础的监测点位有三个，包括传输设备、控制设备、控制系统。我们龙门是国家文物局首批监测试点单位，现在也实现了和国家文物局遗产监测总平台的对接。

因为龙门石窟的洞窟基本上是不对观众开放的，观众不能进到洞窟内部，只能在洞窟外观看，所以游客对洞窟内部环境的影响相对会小一些。但是目前在监测体系中有一项非常重要的内容，就是监测工程效果，这在潜溪寺工程里面也体现得比较充分。潜溪寺是我们所有洞窟里面安装监测设备最多最全的一个洞窟，从联合国教科文组织的项目——渗漏水治理工程开始之前，我们就在潜溪寺里面开展了一些相关因素的监测。工程实施之后，监测没有停止，仍在继续进行。这些具体的渗漏水监测指标，可以清晰地反映出这个工程的治理效果。目前在潜溪寺的洞顶、洞口、洞窟外都安装了岩体稳定性监测设备，在壁面上安装了温湿度仪，还有常年的工业摄像机。壁面温湿度仪主要监测潜溪寺凝结水的变化；工业摄像机用来重点监测主佛佛座上风化的状况。另外，环境污染物、空气、二氧化碳之类的也都有监测，所以说，在潜溪寺我们使的力气是比较大的。

未来我们要做的事

这70年来，龙门石窟的保护传承工作有一个伴随着新中国的发展而不断发展的历史。这里面既有艰辛，也有探索，还有曲折。但是总的来说，龙门石窟保护这70年走过了一个不平凡的路程，也可以说给中华民族优秀传统文化的传承弘扬写下了一个辉煌的篇章。

习近平总书记提出来要让文化遗产活起来,龙门石窟作为中华民族优秀文化的代表,我们要在搞好保护研究的基础上,不断地推动龙门石窟的活化,更好地给人民群众提供更加优秀的精神文化食粮,满足广大观众对龙门石窟更高层次的、更优质的精神文化需求。这都需要我们在文化遗产的保护活化上加大力度,做好相关的工作。当前龙门石窟研究院作为龙门石窟保护研究传承的一个科研单位,主要是高举习近平新时代中国特色社会主义伟大旗帜,按照国家的文物保护工作方针,可以说保护固态,传承活态,发展业态,以建设世界一流石窟科研机构,当好洛阳历史文化传承创新排头兵,更好地发挥龙门石窟这一独特的品牌优势和资源优势,为中华民族优秀文化的传统弘扬,为地方经济社会的发展作出更大的贡献。

我们主要开展的工作有这样几个方面,一个就是要加强研究,因为研究是我们做好活化工作的基础,我们现在已经做了龙门石窟研究院近十年的规划,以至于更长一段时间的科研规划,当然我们近几年的规划更为详细一点。我想只有在研究课题,包括研究领域、研究内容上进一步深入,才能真正把我们研究工作的基础夯实,多出成果,出好成果,为我们的活化打好学术研究的基础。

其次我们要加强数字化,特别是推动数字龙门工作的开展。前些年,我们做了数字化的一些基础工作,已经进行了洞窟的三维扫描,部分洞窟进行了VR的一些前期工作,将来我们会按照我们的计划,加大这方面的工作。今年我们龙门石窟最古老的一个洞窟——古阳洞,利用3D技术打印出来了,将在展览上进行展示。还要做一个万佛洞数字复原的项目。万佛洞也可以说是唐代与皇家有紧密联系的一个石窟,非常精美。我们的打算不仅是作为一个3D的高精度的复原展示，而且要做到回溯。从现状，根据包括考古、老照片在内的研究成果，尽可能在科学研究的基础上，回溯它最初开凿的时间原点的面貌，让世人通过数字化技术一览祖先最初开凿这个洞窟的方法。当然，我们要讲好故事，讲好龙门故事，引导观众了解石窟背后的故事，了解石窟背后的人和事。同时通过我们专家的研究和引导，我们的观众能更好地领略石窟艺术，欣赏石窟艺术，能够更好地接受优秀传统文化的熏陶。

去年我们专门召开了数字龙门的研讨会，我们正在讨论今后五年数字龙门的科研规划，今年还会请相关的专家来就具体的数字复原工作进行研讨，听取他们对我们的数字化工作的意见。

第三，就是我们要加强文物的展示和利用。目前我们可以利用馆藏文物丰富的这样一个特点。龙门石窟研究院院藏文物近三千件（套），其中一、二级品有近百件，很多都可以说非常的精美，它们跟石窟是一个互为补充的文化产业体系。现在我们正在做这方面的策展工作，因为龙门石窟有博大精深的艺术，还有皇家的历史背景，我们利用多媒体技术，利用 3D 打印技术，利用一些拓片，加上文物，我想我们的一些展览应该是很受欢迎的。事实上我们现在已经得到了国内相关博物馆的一些协助，他们都表示很期待我们的展览。

第四，就是我们要加强龙门石窟的考古展示利用工作，真正做好文物展示工作。大家都知道龙门历史上著名的龙门十寺，特别是奉先寺和香山寺，都是皇家石窟，造像艺术都非常精美。当时高僧大德云集，也可以说与当时的洛阳作为佛教的一个中心或者重镇，有密切的联系，这也是一个重要的支撑。我们正按照国家、省、市文物局的安排，开展石窟工作。前期我们做了奉先寺的考古发掘工作，目前正在开展唐代香山寺遗址考古发掘工作。这项工作是与北京大学考古文博学院合作开展的，已经取得了重要的阶段性成果。下一步我们将继续搞好相关的合作，我们非常注重考古发掘资料和考古过程的记录，以便将来将考古遗址更好地融入我们龙门石窟这样一个 5A 级旅游景区中，展示给观众，为他们提供一个更好的文化体验。

龙门石窟作为一个博大精深的艺术宝库，承载的历史文化信息是非常丰富的。去年，我们把龙门石窟纳入隋唐洛阳城国家历史公园的整体规划之中，可以说龙门石窟的保护展示又有了一个国家级的载体。当然龙门石窟的保护工作是方方面面的，它的活化也是方方面面的，我们的专业群体要传承，同时社会大众更需要传承。我们希望能够得到社会方方面面的帮助和支持，一方面希望专家、专业的机构能够继续支持、帮助、指导我们做好保护传承活化利用的工作，另一方面也希望社会观众以及广大游客能够更好地理解和支持我们这方面的工作。

（部分内容由陈建平访谈补充）

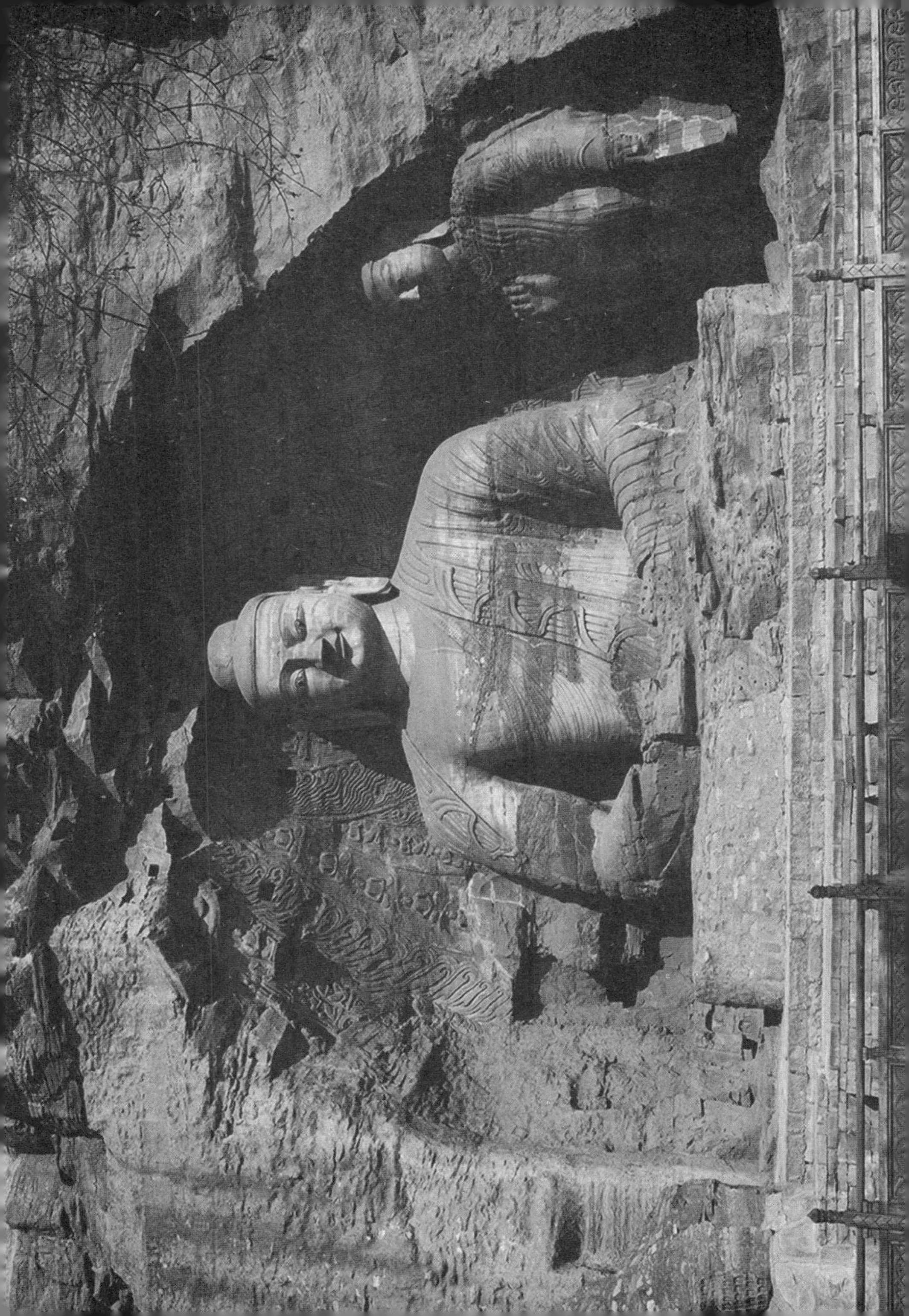

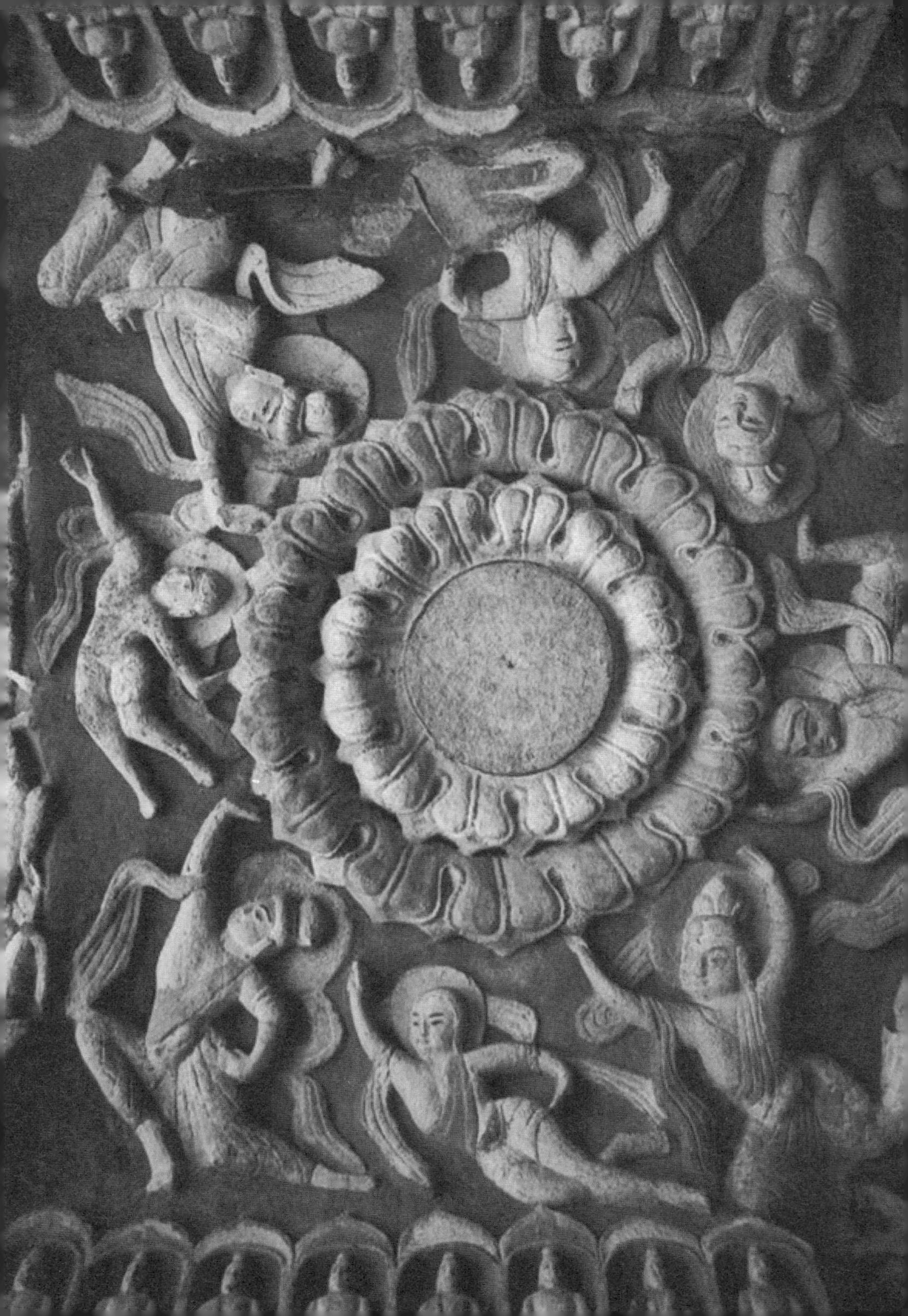

要对得起国家的培养

解廷凡

亦作解廷藩。1940年生。1984年至2000年任云冈石窟研究所副所长,高级工程师。曾参与主持了云冈石窟"三年工程"、"八五工程"等多项重大文物保护工程,撰有《云冈石窟加固工程中呋喃环氧树脂应用》《云冈石窟的加固与保护》等多篇学术论文。

> 保护云冈石窟
> 是义不容辞的职责。
>
> 解廷凡
> 2018.7.10

初到云冈

1959 年大同市文化局要招一批知识青年参加文物工作，总共录取了 15 个人，我是其中之一（被录取的）。当时，云冈文物管理所也招人，云冈文物管理所所长是员海瑞，员所长通过考察，把我挑到云冈文物管理所工作。

1960 年，文化部古代建筑修整所（中国文化遗产研究院前身）与北京地质学院（中国地质大学前身）成立了联合调查组，对云冈石窟展开了大规模的地质勘察、病害调查、测绘工作。当时是混乱时期，大同的生活相当地困难，姜佩文所长（古代建筑修整所副所长）是司一级的干部，从北京到大同，亲临现场，陪同北京地质学院的教授、专家和参与调查的学生开展云冈石窟地质、水文调查等工作，当时黄工（黄克忠）等几位即将毕业的学生也参加了。

北京的三年学习

1960 年初，古代建筑修整所王书庄、姜佩文、纪思等拜访中国科学院化学研究所所长柳大纲教授，希望开展文物保护材料的应用技术研究方面的合作，双方同意以云冈石窟加固保护为对象组建石窟寺加固保护项目组，古代建筑修整所由纪思负责，由中国科学院化学研究所林一研究员指导，中国科学院中南化学所（当时在武汉，后迁至广州，更名为广州化学所）高分子化学专家叶作舟为项目负责人，项目的研究内容就是甲基丙烯酸甲酯用于石窟寺裂隙灌浆和表面封护加固的应用研究。1960 年夏，项目组赴云冈石窟开展调查、试验研究工作。

我刚刚工作，就十分幸运地参与了其中。由于我勤学好问，姜佩文副所长当时十分欣赏我。后来，员海瑞所长就推荐我去学习，原计划准备让我去武汉的中南化学研究所学习的，但是当时我政审还没审完，中南化学研究所应姜佩文副所长的要求改派我去北京。所以，那时候我是从大同直接到北京，进入北京的古代建筑修整所学习，参加了化学保护研究工作。

我一边学习，一边参与工作，和所里的工作人员一起做实验。当时，古代建筑修整所办公地点在南河沿南口东侧的皇堂子，我就住在皇堂子，在北京待了三年，学习了三年，和黄工（黄克忠，另外还有李哲元）同宿舍住了两年。当时古代建筑修整所也比较困难，而且工作刚刚开展。姜佩文所长非常了不起，为文物保护事业的发展、壮大，贡献了毕生的精力，他从大学、研究所等各种渠道为古代建筑修整所引进人才，包括从毕业的学生里挑选人才。经过云冈调查的考验，黄克忠、岳靖宇等是第一批留下的。

当年去了北京后，我跟贾瑞广他们那批学员一起学习，由中南化学研究所的谢俊良、林秋发为我们讲课。谢俊良是武汉大学毕业的，林秋发是厦门大学毕业的，两位老师主要给我们讲无机化学和有机化学，教我们怎么来提炼、制造材料，然后用于科学实验。那个时候，我们研究的主要化学材料是甲基丙烯酸，把它作为灌浆材料来研究应用。

试验工程

在开展云冈石窟第一、二窟试验工程之前，姜佩文所长亲自出面找的中南化学研究所的林一先生。林一先生向云冈建议中南化学研究所的叶作舟先生，因为叶作舟先生就是研究灌浆材料的专家。所以后来叶作舟先生就派他的学生过来开展灌浆材料的研究。实际上这个材料研究出来了以后，证书上可以看到，指导人就是林一、叶作舟。

那会儿，我这个人有一点不守规矩，不受任何约束，缺乏组织观念，云冈石窟第一、二窟试验工程快开始的时候，就马上离开北京回到云冈石窟那儿去了，再也没回北京。这个是不对的，应该事先向古建所报告，我连招呼都没打，我就留在云冈石窟干这个工作，做一、二窟的保护了。

当时，李哲元做第一窟洞壁保护，出了点事（保护材料涂上去后，颜色发生了变化）。我和贾瑞广都没有参与他们第一窟窟壁的保护工作。出事后，清除保护材料这个工作都是我干的。我用试验桶封闭了材料，用水浸泡一段时间，然后拿棉纱把它们（材料）粘下来。经过了这么几次才清洗干净。

后来，我参加了第二窟试验保护工程。当时是经过调查研究，由地质方面提供了好多的治理方法，根据这些资料做了第二窟的试验、设计。

第一、二窟化学方面的试验工程跟第一、二窟的保护试验工程是同时进行的，第二窟保护试验工程是杨烈同志设计的。

化学方面的保护主要是对裂隙的灌浆黏结，是用灌浆材料把第一窟中心塔柱的裂隙黏起来。做灌浆材料试验的时候，同时也开展了第十窟到第十一窟抢险加固改造：中间的外边（上面）有一个佛龛，（里面）有一个坐佛，坐佛的头部前半已经掉下来了。用灌浆材料把头部和手臂接回来、黏起来。

工程方面（保护试验工程）是杨烈先生设计的，也很成功。主要是用钢筋混凝土支撑支顶，外包料石，把钢筋混凝土隐蔽在后面，保持环境协调。第二窟与第一窟中间的斜立壁，就是由料石一块一块砌起来的。西边搭起来两组混凝土柱子，把斜立壁恢复起来了。第一窟与第二窟中间的隔墙，由于第二窟的寒泉洞没有得到治理，当时水到处蔓延，这个洞窟（第二窟跟第一窟）已经完全泡在水里面了。隔墙基本上是在水里面的。在试验工程开始后，先把第二窟泉眼水位降下去，然后临时装了一个水管把水导出去，让地面保持干燥，以便施工。实际上加固施工时是以隔墙为中心，在第二窟与第一窟靠近隔墙的半边的位置浇筑混凝土。从石窟地面以上 1 米以内，一直到地下差不多 70 多厘米，总共 1.7 米，全部浇铸了混凝土进行加固。

这个项目的治水措施是北京地质学院王大纯教授提出的思路，由杨烈做的设计。

到了 70 年代（三年工程的时候），古建所的余鸣谦老先生曾亲自跟我讲，在石窟保护方面杨烈先生做得最好，是成功的。所以，三年工程基本上还是依照了杨烈先生的保护方法。

三年工程

云冈石窟实施"三年工程"的时候，蔡所长（古建所蔡学昌）已经来了。周总理在陪蓬皮杜总统参观云冈石窟，发表"三年要修好"的讲话以后，成立了有中央、省、市相关人员参加的工程领导小组。国家文物局委派了蔡学昌所长、余鸣谦先生来主持工作。他们两个人是代表国家文物局的，后来的工程项目基本上都是他们提出来的。

因为"三年工程"是抢险加固，当时提出了维修的宗旨"抢险加固、排除险情、保持现状、保护文物"十六字方针。明确工程不是全面性维修，尤其是不能把文物修成新的。

工程范围主要是以昙曜五窟（十六窟到二十窟）、五华洞（九窟到十三窟）为中心，来进行加固保护。除了这个以外，第七窟的窟顶、窟外有一块悬石，约60—70吨重，先需要分解剔除掉，剔除下的石料用水泥再给它加固起来；第五窟的窟门东南侧的一个立柱发生断裂向外移了，需要把它扶正归位，用环氧树脂胶泥黏结，一块一块地黏起来，补起来。然后让石匠按照旁边的雕刻形象雕出来，然后做旧（现在看不出来）；第六窟的主龛柱子风化得很厉害，做了一些模型，用水泥砂浆做旧，替换了危险的部位（那个柱子是不承重的）。

第九、十窟立柱都已经很危险了，前面的顶板中心裂化，前后左右全部断裂了，尤其是前边裂隙很大，人的头都可以伸进去。实际上第九窟的窟顶有一处东西长9米、南北宽1米、厚70厘米的顶板岩体，整个跟洞窟的周围都断裂了，侥幸的是顶板岩体互相咬合着才没有掉下来。后来，第九、十窟顶板打了14根和窟顶平行的锚杆，在第九窟，垂直于裂化方向的竖向，打了6根2米长的锚杆，光锚杆就打了整整20根。顶板裂隙全部是用环氧树脂加上岩石粉末（把岩石砸成粉末搅拌起来）黏起来的，最后把整个断裂周围都黏起来。而且这个裂隙黏结完的高度都比雕刻本身低一点，很容易看出这里面藏着修补的痕迹。

昙曜五窟所有的大佛都风化十分严重，大佛上都形成了洞，是大佛的不稳定因素，所有大佛的背后以及它头部的背后都已经有了裂隙，不知道什么时候就会下来。后来都灌浆，该黏结的黏结，该补的补起来，该灌浆的灌浆，都进行了处理。

十六窟的倾斜佛背后也灌浆补起来了。除了灌浆黏结以外，还有锚杆，把前面（造像）跟后面（岩体）都拉住了（打了很多的锚杆）

十八窟造像的鼻子是一个木头做的鼻子，在修复的时候，唯一修复的就是配了石鼻子。当时做好以后，先拿铆钉把它挂住，让大家走来走去地看，所有的专家、不同专业的人都欣赏一下，看这个鼻子配得合不合适。大家都认为合适，于是就安上去了。十八窟背后也有问题，都用锚杆加固了。十八窟的旁边有好几个立佛，其中，有一个好像是外国人阿难（波斯人的形象）造像，脖子已经很细了，他的头部不知道啥时候就要下来。我们用钢筋把它的头部支住了，用环氧树脂把头和周边岩体黏住了，耳朵的背后拉了两根钢筋（锚固），也黏住了。

十九窟破坏得尤其严重，大佛的一个头就剩半个了，下巴也没有了。脖子以下身子整个向下倾斜了，所以黏的黏、灌的灌、锚杆拉的拉（从后面拿锚杆都拉住了）。

二十窟现在是露天大佛，最早修昙曜五窟的时候，这个大佛没有诵经道，到了中期修五、六窟时才发现背后有诵经道。这个诵经道可能是没完成，所以很不规则，所以到大佛这个地方已经是又宽又大又深，我们用环氧树脂、料石等等砌起来，石匠按照整体的雕刻花纹继续修复。所以，现在看到的就是补配起来的。二十窟造像当年并不是露天大佛，它也是洞窟，塌陷以后才成了露天大佛。塌陷最严重的是大佛的西边，塌了一大片石雕。最后修复的时候，工程上采取了传统办法，用钢筋混凝土做框架，外包料石，给它不规范地垒砌起来，整个是由钢筋混凝土的框架来承重的。而且做了挑檐，把二十窟顶部上面的砖都挑起来了。大佛窟顶两边拱状的角是最吃力的地方，这个位置已经出现了很多裂隙，我们也对它进行了加固。大佛后面没有塔柱（以前，大佛位于洞窟中心，有一诵经道围绕这个大佛后，这样的话，也相当于塔柱式的洞窟结构），而且不规则，没有完成，人可以走，但是高低不平，顶面也不在一个平面上。在修复的时候干脆将其堵住了。

解廷凡　397

九窟灌浆

当时九窟跟十窟的窟间墙，已经压得支离破碎了，而且有一些石雕移位了，两边是贯通的，从一边可以看到另外一边。修的时候把窟间墙归位，宽一点的，大于 5 毫米的裂隙都是由环氧胶泥灌注的，小于 5 毫米的灌注的是环氧树脂材料。

灌浆一般都用压力灌浆。配好料以后，把盖揭开倒进去，然后把它拧紧，用灌浆机给它加一点压，然后通过压力将材料灌进去。

灌浆需要选择合适的时间，一般选择天凉的下午或者是早晨，热的时候不适合。而且洞窟内的温度都比较低，所以配的料也不能太多，要一点一点地灌，灌到了一定程度就不能再灌了，再灌就爆了。

国家新闻电影制片厂曾根据这次保护修复，拍过一部电视剧（纪录片），其中，灌浆工艺就是在九窟进行拍摄的。

"八五"项目

"八五"维修工程，当初是为了延缓石雕风化、解决水的问题和环境治理的问题。资金由国家计划委员会牵头，山西省与大同市地方共同承担的。当年为了解决资金问题，田纪云副总理跟山西省委书记李立功、大同市委书记和愚就在接待室讨论了风化治理工程的费用问题。李立功书记说风化治理需要1000万，田纪云副总理就说那中央出 500 万，省里拿 300 万，市里面拿 200 万，这样 1000 万就定下来了。

后来也定下来主要的工程内容：降低窟前地面、硬化地面、考古发掘。硬化地面9600多平方米，排水渠200多平方米。考古发掘时，发掘到600多件文物，其中包括坍塌的二十窟露天大佛，而且后来把台面（供佛台）的那个地方也挖出来了，据专家考证，那是北魏的台阶面，还有生活用的磨盘、石盖等等。现在在第三窟东面地面上还可以看到遗留的文物遗迹。这次石窟考古被评为1993年全国十大考古发现之一。窟前地面考古成果是由国家文物局委托，由中国社会科学院考古研究所、中国科学院古脊椎动物与古人类研究所、北京大学、中国历史博物馆、故宫博物院等单位的著名考古学家，依据历史等多方面价值而评定的。后来，在山顶上顺着重点保护区修了一个保护围墙，因为之前不修围墙，就有人在上面放羊和其他牲畜，甚至把死人都埋上去了，不好管理，所以就把周围的墙修起来，加强管理。修完这个围墙后，就是做防渗水工程，其中有一部分就是中美（盖蒂）合作的，还办了一个石窟保护培训班。我按照黄克忠先生的办法，疏导山顶地表水，把平面高出来的地方降低，低洼地处填平，然后施工碾压整平，最后这个效果还是很好的。但仅仅是暂时解决了问题，后来好多地方还是出现了渗水。

两个舍友

我们在北京学习的时候，住在古代建筑修整所宿舍的一共有三个人，黄克忠、我、李哲元，一共住了两年半，那时候我们都没结婚，所以同宿舍住在了一起。

在云冈"三年工程"的困难时期，黄克忠去云冈工作了3个月，当时在云冈吃饭都是问题，吃的是小高粱、柳树叶搅拌在一起做的窝窝头。后来我从北京学习回来，给黄工买了点咸菜带回云冈，这个事后来被姜所长知道了，就夸奖我说，我和黄工不愧是同一个宿舍的，关系真的很好。

  当年我们没有业余活动，皇堂子庙上没有任何活动设施，也没有女孩子，就靠睡觉来打发业余休息时间。但是文化单位都比较正规，尤其是黄工（黄克忠）他们都是知识分子，闲暇时候都在看书、写他们的研究成果，这个真不得了，给我们做了好的榜样。

  那时候，杨玉柱、李哲元烟瘾很大，但是在大同很难搞到烟，所以一般是员海瑞所长想办法去买烟。

  我这个人比较与世无争，但是我一辈子很感谢姜佩文先生，我也很感谢蔡学昌先生，感谢余鸣谦余老先生。

  他们说，我在云冈石窟干了几件大事、实事，但是我觉得国家花钱把我培养出来，我不能对不起国家，另外我还得对得起老佛爷（石窟中的佛祖），我得癌症10年了，能活这么长时间，就跟保护大佛有关。

云冈石窟三年工程改变了我的一生

唐 贵

　　1957年生，山西大学法律系专科毕业。1974年参加工作，同年参加云冈石窟三年抢险加固工程，1982年受邀参加大足石刻保护加固工程，1983年参加麦积山石窟保护工程并负责编制方案，同年主持悬空寺加固工程。1974年至1989年一直从事云冈石窟保护工作；1989年至2006年从事石窟安全保卫工作，任保卫科科长；2006年至2017年退休前，任基建科科长，从事云冈石窟基础建设工作。

云冈石窟的保护工作任重道远，经践死从事保护工作到底，砥砺前行，在保护好的历史作出一定的成绩。

唐贵
2019.5.23日

周总理来访，让我想去云冈

  我是 1974 年来云冈石窟工作的。在这之前，我在石窟旁边的大同第八中学上学。1973 年的时候，周总理陪同法国总统蓬皮杜来这儿参观访问，我们学校组织了学生欢迎他们。当时下着雨，周总理在大门口向学生招手示意，我心里非常激动。总理走了以后，就听说要对云冈石窟进行维修保护工作，当时我就想：如果我能参加云冈石窟的保护工作，岂不是很有意义？结果第二年云冈的加固维修工程开展了，要向全社会招工。我这一年正好毕业，就报名去云冈石窟工作。

  在我上学的时候，云冈石窟虽然由围墙圈了起来，但学校的孩子们玩耍的时候经常随便翻墙进入。小孩子们也不懂事，就在洞窟里面四处玩耍。当时石窟的主要管理员就是一个当地的僧人，其他从事文物管理工作的人也不多，就只有少少的几个人。那时候的石窟破破烂烂的，石头随时往下掉，孩子们玩的时候真的很危险，随时面临着石窟崩塌的可能情况。

  参加工作以后我发现，云冈石窟当时虽然有文物保护机构，但很不健全。听说周总理当时陪着法国贵宾参观云冈，面对着 20 多个国家的记者，他向记者当众宣布云冈石窟要三年维修好。这里有一个前提，因为在 1972 年的时候，云冈石窟曾向国家文物局做了一个十年保护规划，希望用十年时间对云冈石窟进行系统性保护。但周总理当时听了这个汇报，觉得时间太长了，所以面对记者的时候就下指令说，云冈石窟必须三年修好。我想一个原因是考虑到文物保护的时间战线不宜拉得太长，另一个可能是周总理考虑到他的身体原因，因为 1973 年的时候他也七十好几岁了，所以这两个因素促成总理下达了这个三年指令。

1974年，由山西省和国家文物局连同大同市当地政府，首先成立云冈石窟抢险加固领导组，开始了工作。在我的印象中，当时为了这项工程成立了工程组、材料组、设计组等等，随后就轰轰烈烈地开始了工作。

参加三年抢险加固工程

参加这项工程以后，我们就按照当时领导组提出的相关方案，因为当时要求三年修好，时间非常紧急，就采取了边设计边施工的办法，主要对洞窟特别危险的部分进行了抢险加固保护。所以维修的主要洞窟是中部洞窟，也就是我们现在所说的五华洞9到13窟和昙曜五窟。当时采取的主要方法就是化学保护为主、工程土建配合。化学加固主要是对石窟的裂隙，用环氧树脂黏结材料把它处理了，还有对悬石以及容易崩塌的地方黏结加固。还有一个办法，就是打锚杆牵拉。主要的方法就是这么几种。因为当时任务紧，时间也紧，我从事的工作主要是化学加固这方面。我记得成立了三个小组，我是其中一个组的小组长，我带领着十多个人，主要对几个大型石窟进行了环氧树脂灌浆，以及做了黏结等工作。

当时的石窟状况，在下边看没有感觉，但是真正搭起架子爬上去看后，才知道确实很危险。比如我记得很清楚，当时我爬上去看，发现第9窟一个顶板已经破裂了，可以说当时的状况是四分五裂的，当中就是悬空着的，四边都是破损的，太危险了。于是我们用工程的一种办法，打锚杆把顶板牵拉住，另外在周边用环氧树脂把它封护住，采取灌浆把它黏结固定住了。

还有13窟有一尊造像，它的右臂膀是清朝修复过的。清朝修复的时候修复师用泥把它整个包了起来。我们搭起架子爬上去一看，发现包裹的泥坯上有细细的一条裂隙，非常细。我们就想，如果泥坯有裂隙，里面的岩石本体它肯定也有裂（隙）。于是把泥坯掰开来。结果掰开一看，好家伙，这么宽的裂隙，里面全部都悬空了，完全靠下方的力士在支撑着。我们马上就采取措施，赶快用支顶的材料，用工字钢在手臂肘部这儿支住，然后采取措施封护灌浆，并且把上部的身体打锚杆悬拉住。那是真的非常危险，因为随时都可能断，那好几十吨的重量随时可能掉下来。像这种下边看好像没啥，到上边一看确实危险的情况有很多。

40多年过去了，我现在回头看的话，觉得当时那种办法确实还是有效的。我现在还时不时会到洞窟里面去看一下，看看当年的黏结效果怎么样。曾经国家文物局和文物保护研究所他们做过试验，因为觉得修复材料毕竟是化学材料嘛，它有一个老化的年限，但现在看它效果还挺好。尤其是锚杆牵拉技术在石窟中的运用很有成效。在1976年10月，三年工程竣工之后要验收，我记得国家文物局王冶秋局长带领着相关的人员来验收，当场他就提出云冈石窟抢险加固工程效果很显著，达到了真正的危岩体的抢险保护。

从1974年到1976年的三年抢险加固工程，我是一直参与的，一些主要洞窟，都是我带着十来个人的小组一起修复保护的。现在我有时候跟别人介绍说，你看那个洞窟就是我亲手做的，曾经用了什么办法或者什么工艺。但参观者经常说，看效果的话完全看不出来曾经处理过。

与北京专家同吃同住

参加三年抢险加固工程的时候，我们也年轻，我当时的身份还是合同工，所以我们可以说是在一线干活的人。但是当时国家文物局科学技术研究所派来的专家们，像贾工（贾瑞广）、黄克忠老师、蔡润他们，天天跟我们在一块儿。虽然他们是老师，但每天到实验室，我们的工作都是一起做的。有一些化学材料会引起人体过敏，比如我，那三年我就是天天过敏，手都是烂的。手上的皮烂了，过几天好了，结果接着又烂了。这些专家就告诉我们说，硅橡胶可以保护皮肤。于是去工地的时候，比如知道今天需要灌浆，要接触这些材料，就让咱们先保护起来，在手上涂一层硅橡胶，软软的，就好像戴着橡胶手套一样到工地工作。

我们就是跟着这些老师开展工程。当时他们也干，我们也干；他们有时候在搭的架子上，我就在下边给他们配料，然后给他们拿上去。在生活上，也是我们吃啥他们吃啥，都在食堂吃饭，那个时候生活当中没有什么特殊的，吃得好一点也就是吃一个馒头，其他根本没有区别。他们虽然是专家老师，但是无论从工作还是生活，现场都区分不出来。尤其当时交通不发达，感觉北京离云冈石窟好远好远，我就觉得那些北京的老师们完全是抛家舍业地来云冈石窟工作。当时云冈石窟的生活条件非常差，但他们就坚持住了，一直在修复保护工作上付出他们的努力和作贡献。虽然他们那时候也很年轻，就三十几岁吧，但我感觉真是不容易，在他们身上我也学到了好多。

后来云冈石窟的三年加固工程通过验收，并且得到了国家文物局专家的认可。并且在1978年全国科学大会上，用环氧树脂对云冈石窟危岩体灌浆加固这个成果，让云冈石窟的保护工程获奖了。于是在1979年，给我们这些参加工程的骨干成员，还有相关领域的一些特殊工种的人员，共25人，解决了身份问题。我们从合同工转为正式职工，当时就是用解决身份问题，给云冈石窟保护形成了一支专业队伍。我很幸运地加入了这个队伍，正式成为了云冈石窟保护的一员。

到其他石窟去推广经验

云冈石窟保护工作是一个持续性的工作。就眼前看，比较难解决的两个问题，一个是风化，另一个是雨水侵蚀。风化问题在全国其他石窟也存在，甚至在国外也被看作是难题。我们保护人员还需要在这方面做大量的工作。面对雨水侵蚀，云冈石窟从五六十年代就开始做窟檐。但研究方案一直定不下来，最近2012年，云冈石窟把窟檐建起来了。我感觉很有保护效果，雨水不直接侵蚀造像了。

另外除了现代科技外，传统工艺有时候也很有优势。云冈石窟在清朝曾经进行了大规模的修复，当时的维修工艺（用的）是土办法，就是在石上抹泥，实实地包裹起来，也是为了防止风化。我们有些洞窟的下部，原来被泥包裹住的部分跟地面接触的时间长了以后，裹泥自然脱落了，我们于是也采取这种办法，给它继续抹泥裹起来，恢复原状，效果很好。

1976年云冈石窟大型抢险加固工程完成以后，受到了国家文物局的认可。我想当时在全国石窟寺中，云冈是走在前列的，它形成了一支保护队伍，另外在加固工程中的工艺和经验，也已经展现了一定的效果。于是1982年，国家文物局要求云冈指派两个专家支援四川大足石刻的保护工程。当时叫专家，其实就是我们干具体工作的人员。很有幸地，我与另一个同志就被指派了。当时发现还有北京的黄克忠、贾瑞广老师领头，大足石刻也派了一个小同志，还有四川省文管会也有一个小同志，两个人就跟着我们学习。我们就这一支队伍，在大足待了将近6个多月。我们跟着黄克忠和贾瑞广老师，他们指挥化学材料的配比，我们就操作，那时候从搭架子到使用千斤顶，到封护灌浆和打锚杆牵拉，都是我们一手干完的。

之后1983年，我又被指派到了麦积山，为麦积山的锚杆加固工程做前期保护方案。后来又参加了山西浑源悬空寺修复。把我们在云冈所收获的经验，推广运用到了更多的石窟保护工作中去了。

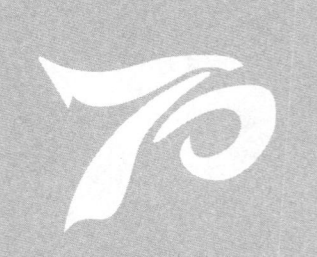

为下一代守护好历史

张 焯

1963年生，山西大同人。云冈石窟研究院院长、研究馆员。1985年山西大学历史系毕业，获历史学学士学位，1988年天津师范大学历史系研究生毕业，获历史学硕士学位。2018年6月，荣获"2016—2017绿色中国年度人物"。

云冈石窟是历朝历代的保护结果

我是一个学历史的人。首先我想说的是，云冈石窟之所以能保存到今天，是历朝历代保护的结果。云冈石窟在北魏开凿的时候，就曾经采取过保护的措施。因为当年开凿后，石窟外部有大量的雕刻，就面临着水的侵害和风化问题；第2窟西部的立佛在北魏的时候就坍塌了。所以说，从石窟开凿开始，就同时有了保护工作。

根据史书的记载，从唐代、辽代、金代一直到明清，云冈石窟都采取过不同程度的保护手段。尤其是辽代，一位皇太后（钦哀皇后，1049年）发愿对云冈石窟进行全面的保护工作。当年的云冈是十个寺院组合成的一个大石窟群。这个工程进行了整整半个世纪。半个世纪是个什么概念呢？云冈开凿也就用了70多年。辽代的保护维修就用了半个世纪，就是说，这次维修保护所花的时间，几乎和云冈石窟开凿所用的时间差不多了，可以想见当时工程的巨大。所以我们不应该忘记古人，我们的祖先为了保护云冈这个世界文化遗产，已经在我们不知道的历史长河中做了许多工作。今天我们虽然对具体的保护细节不清楚，但是许多迹象依然保留了下来，比如，今天依然能看到辽代在一些塑像上留下的痕迹、在窟顶上部的一些排水设施。我们就感觉到，云冈石窟的保护凝结着我们历代祖先的辛勤劳动。

当然，我们新中国成立以后，由于党和政府高度重视云冈的保护工作，特别是1973年周恩来总理陪同法国总统蓬皮杜来到云冈的时候，看到了当时石窟坍塌、石刻风化的触目景象，总理当即指示国家文物局开展了从1974年开始，到1976年结束的三年保护工程。应该说今天云冈的状态得益于这三年的保护。这项工程彻底解决了云冈石窟的稳定性问题，使得这些石窟能够屹立在这。

其实，三年工程之前，云冈石窟的保护就已经开始了。50年代我们开展了周边环境的治理工作，60年代逐步开始了洞窟修复保护工作。三年工程之后，云冈的保护工作也没有停步。从1985年开始，我们的保护工作在逐步深化，不单单解决洞窟的稳定性问题，更开始关注解决风化以及洞窟水的渗漏问题。而且我觉得，比较70年代，我们这些年的保护，应该说上了一个比较大的台阶。山顶漏水的研究和防治、洞窟内的凝结水的研究和相应措施，逐渐推动我们的保护向着全方位保护发展。同时，对石窟中一些雕刻的修复也逐渐朝着一个艺术化修复的方向发展，就是说，活做得越来越细了，保护越来越全面了。同时有了几十年的成功经验，我们的保护工作做法也更成熟了，对保护材料和保护手段也有了更全面的认识。从这个角度讲，我觉得云冈的保护工作走向了一个最好的时期。

研究是保护的基础

我始终觉得基础研究是保护的前提。我们必须知道云冈石窟是怎么保护下来的，我们的祖先都做了一些什么，才能更好地考虑如何保护云冈石窟的未来。比如说，第11窟大佛的南边有7尊立佛，其中东面的2尊立佛头部都是辽代重做的，和西边的5尊不一样。它们的做法是采用辽代的佛像风格，材料用的是中国传统的石灰，类似三合土的材料，非常结实。辽代的佛头到现在依然能够完好地保存着。我就觉得我们祖先太了不起了，相对而言，我们现在有些化学材料反而寿命短，副作用大。所以现在也不要迷信化学材料，有些传统的方法破坏性最弱。所以，研究要作为我们保护工作的一个重点，祖先做了什么、怎么做的，那是经过历史证明的好方法。希望我们这支队伍不光是拿起工具就能干，而且在开展工作之前，需要对保护历史有一定的研究。

70年代保护工程之后，云冈石窟形成了一支专业的保护队伍。这支队伍也曾经去大足和麦积山，帮助过兄弟单位进行过石窟的保护工作，对全国的石质文物也有一个系统的了解。随着改革开放，国家打开了大门，世界上很多新理念、新技术进来了，我们也要主动学习吸收先进国家的保护理念。比如说意大利、法国、英国，在保护材料方面，这些工业国家走得比我们早很多。我们一定要具备世界性的眼光，不能短视，而且要有一种责任感，就是对子孙后代负责的责任感。我们云冈的这支专业保护队伍，可以说是在改革开放的大环境下成长起来的，各方面的知识能力在不断提升。

最近，我们省文物局为了加强保护工作，成立了三个中心，其中一个就是山西省石质文物保护中心，就在云冈，就是我们的这支队伍。所以说下一步我们的保护工作不光是针对云冈石窟了，全省的石质文物保护都是我们份内的事情，这支队伍，应该说，下一步会有新的发展，也会有新的机遇和挑战，我们有决心把这个任务担起来，把事情做好。

环境改造是云冈石窟整体保护的有机组成

云冈石窟申遗是2001年完成的，当时我还没来云冈，但是从老同志口中听到了不少故事。尤其是申遗之前对于云冈周边环境的治理，是当时石窟保护的重要工作内容。

云冈石窟从明清以后就变成了一个被周围村庄包围起来的石窟。

石窟前面四五十米都是村庄，都是村民的房子，甚至 1939 年之前，不少村民就直接住在石窟里。所以 2001 年申遗的最大任务就是环境治理，当时的确存在脏乱差的问题，与评选世界遗产的要求不符。

当时最大的工程有两项，第一项就是云冈石窟前面的 109 国道改道。1987 年的时候，大同市矿务局与山西省环保研究所在云冈做环境评测，当时在云冈石窟研究所设了一个监测点，由此引起了我们单位对环境的重视。第二年，我们请了大同市环保研究所与我们合作，长期开展对云冈石窟的环境监测工作；并且将中美合作期间的环境监测内容也纳入其中。90 年代初经济迅猛发展，距云冈前 350 米的 109 国道车辆与日俱增，尤其大吨位拉煤车辆完全没有任何遮盖，超载现象比比皆是。当时我们统计出来的日均通过车辆有 16000 余辆，严重的粉尘和气体污染，让云冈石窟大佛身披黑纱，好多佛像上都落满了煤尘。这就对云冈石窟的雕刻造成了严重的威胁。我们从 1988 年开始在云冈进行长期监测，到了 90 年代一直在监测，监测的结果也表明了这一点。当时的煤尘、灰尘和总颗粒悬浮物都超过了国家标准的 90% 以上。同时我们跟盖蒂合作，在 109 国道、后山的 500 米范围内进行了监测，主要想查明云冈石窟这些煤尘的来源是哪儿。最终得出的结论，云冈石窟大量的煤尘和污染主要来自距窟前 350 米的 109 国道。随后我们就多方呼吁，引起了许多相关人士的重视，也引起了国家对云冈石窟环境污染的高度重视，由全国人大、政协、交通部，还有国家计委派来的领导专家，先后来云冈实地考察。通过多方专家论证，决定将造成云冈石窟环境污染的主要源头 109 国道云冈段改线。这项工程完成于 1998 年，改线之后的 109 国道云冈段开辟成了云冈旅游专线，之后通过监测证明，过去严重超标的粉尘污染都恢复到了国家正常标准范围之内，大大减轻了对云冈石窟的污染。我们为什么说这次改线工程意义重大呢？就是因为为了保护文物而将一条国道改线，在中国历史上是首例，对我们文物保护有着现实意义和深远的历史意义。109国道的改线拓展了我们文物工作者文物保护的范围，过去我们说实在没有能力的部分，不办就不办了，但是我们的这次经验还是对后来的一些保护产生了有利推动，比如说后来龙门石窟修建铁路的时候，也是参照了云冈石窟109国道改线（的经验），分析了震动对石窟的影响。这都是云冈石窟109改线产生的一些重要影响。之后云冈石窟在2009年的时候又修了一条路，并且规定小型车辆也不能通行了，云冈于是成了一个封闭的景区。可以说为了保护云冈石窟，政府、周边的云冈村的村民、云冈镇的各个单位，以及对面的煤矿，都为此作出了巨大的奉献。

申遗过程中的第二项任务就是石窟前面的环境改造。石窟山门外边当时拆出五六十亩地来建了广场，同时建了停车场，周边的小商小贩也有了固定的售卖地点。从打算申遗的那一刻起，云冈石窟就开始了提升环境质量的大规模改造工程。接着2010年，大同市委市政府又对云冈进行了大景区改造，使云冈彻底改变了面貌。整个云冈周边的一个镇六个村、共计两三万人口全部迁走，这在国内搬迁史上也是一个大工程。通过这次大改造，云冈石窟面积扩大了10倍，以前只有石窟前面50米到80米一个狭长地带，现在我们云冈景区的总面积有2.3平方公里。不仅所有的旅游配套设施建了起来，包括我们现在的研究院，也是当时迁走了晋华宫煤矿的矿工后才建设起来的。云冈的景区环境发生了彻底的改变，河水开始变清，山上的土地开始变绿，天空也开始变蓝。为了云冈的改造，70年代国家就投入了一百万，相当于现在的一个多亿；2008年政府又花了20多个亿。云冈今天整个面貌的改善真的来之不易。

在保护方面，保护标准应该说是这几年逐步提升的，从最初70年代形成的一套做法，到后来学习国外保护的先进经验，到今天反过来挖掘我们老祖先留下的、好的保护做法，三方面的经验和做法加起来，支撑起了我们今天保护工作的理论基础，这也是一个比较全面的传承与发展、引进与吸收，这也使我们保护工作的能力水平不断提升。我们相信，朝着这个方向发展，我们国家的保护事业不光是上一个台阶，而且将会走向世界保护强国的行列。

保护工程的申报审批程序很重要

我是从2002年到的云冈，2006年10月接的研究院院长。到了云冈，出于历史专业背景，我用几年时间出版了一本书，叫《云冈石窟编年史》，把云冈的历史给梳理清晰了。我想这是一项基础性的研究工作。但是在保护方面，我真是个门外汉，一点也不懂。

2007年上任以后，看到当时云冈西部13个洞窟漏水，我心急如焚，心想，不能让一千五百年前留下的石窟雕刻在我们手里消失。但当时我也不懂，就把保护部门的同志们召集起来，向大家征求意见、找原因，看看能不能把这个水挡住。因为当时从石窟上部渗下的水进了洞窟，而洞窟石壁上的雕刻非常薄，只有一寸多厚，很快一些雕刻就开始泛白起茧，后来就整片脱落了。我想必须得赶快动手，不然雕刻都脱落光了。

90年代美国盖蒂保护研究所曾经前来，和我们合作进行云冈石窟的防水试验。云冈石窟与盖蒂保护研究所的合作起源于1989年，由国家文物局牵头，双方签订了共同合作保护云冈石窟和敦煌莫高窟的协议，1996年在云冈石窟启动。这是一个相互参与的合作项目，是双方技术人员共同完成的一个项目。当时在云冈山顶的西部，八字墙内外进行了防渗水试验工程。在西八字墙的西面铺设了 20×20 平方米的一个土工织物防渗层，在它的墙内同样铺设了 20×20 平方米的一个防渗排水渠。这是当时中美合作项目中的一项。但是这项工程没做好，不是说美国人技术不好，是我们自己在认识方面、态度方面、工程质量方面都存在问题。所以当时我们把这个石头砌的坡揭开以后，发现下边都是南北向的裂隙。山上一旦下雨下雪，水就直接沿着这些裂隙渗漏到洞窟里。这是怎样的问题呢？就是工程没做好。然后我们就想办法把这些石缝里面的土石头掏出来，进行环氧树脂灌浆，上面用水泥重新封堵。做完以后，第一年 70% 的洞窟渗水就消失了，不流了；第二年全部不漏水了。

照理说，这是一件好事吧？但因为这件事，国家文物局差点就把我处分了。因为我们启动这项工程之前没有上报。我当时不知道哪些工程属于日常维修，哪些工程属于必须申报给国家文物局审批的。当年两个副局长来了，跟我说，你等着处分吧。后来我主动去和领导汇报，取得了他们的理解。这件事给了我很大的教训，我说，以后云冈做工程可不能不报了。也通过这个经历，我们知道了需要先做方案、做设计，然后一级一级往上报批的程序。所以这几年我们的保护工作逐渐走上了一条正轨，每年根据云冈石窟的情况，陆陆续续往上报了多个方案。因为自 70 年代保护工程以来，又 40 年过去了，许多洞窟的情况又发生了变化，许多地方又处在一个需要重新维修保护的过程中。所以我们这几年通过申报审批的方式，陆陆续续对第 3 窟、五华洞，还有西部 1、2 窟做了方案，向国家文物局上报，国家文物局不断地往下批。方案批了，我们就开始动工，逐渐形成了一个良性循环。

而且在这几年的保护过程中，许多年轻的同志加入到了保护的行列中，逐渐成熟了起来。我们的保护方法和效果，已远远超过70年代。70年代的想法比较简单，就是保证它不塌就行。现在我们既要保持石窟岩体的稳定，同时保证尽最大可能地恢复历史原貌，而且还要满足游客的需要。

　　比如说2018年我们第7、第8窟往下落石头，我们开始对这两个洞窟进行维修。结果爬上去一看，病害太多了，不同种类的病害。就开始逐步修复。做的过程中发现，需要有一些艺术性的修复。比如曾经在北壁上有很大一块石头掉下来，可能70年代以前就掉下来了。保护室的同志们向我汇报，我也过去看了现场，大家说是不是应该把它扶上去。我说那当然了。知道它在哪个位置，为什么不把它放上去？还有一些小的风化破裂处，或者小块的石头掉了，如果掉了一个小片或者形成一个坑，如果我们知道它是什么样式的，就应该把它恢复。这就涉及一个艺术修复的问题。当然在这方面我们极其谨慎，能够不修的尽量不修，觉得应该修的就把它修复了。修完以后大家觉得效果很好。再一个就是去年进行的鲁班窑石窟的维修。鲁班窑那个地方的山崖是岩石破碎带，当年北魏雕刻的时候就发现了这个问题，岩体没法雕凿造像。我们做鲁班窑石窟保护的时候发现，那里的一些石质文物和佛像，都是当年从其他地方凿好搬过去的。鲁班窑的顶都塌掉了，我们按照传统建筑样式给它盖了一个大的庙宇式的建筑，把洞窟全部覆盖掉，然后对倾斜的墙体、破裂的地方进行修复，特别是把它快要塌下来的窟顶撑了起来。这个支撑工程非常成功，而且我们有些柱子是隐藏在石头之内的，外表上几乎看不出来。通过这些高难度的修复工作，我们这支队伍的能力越来越强了。

五华洞窟檐工程让老所长感动

云冈石窟五华洞，主要指的是云冈石窟第9窟到第13窟，主要是因为清代中后期曾经对它进行保护，重新上了色，色彩比较斑斓，所以大家总称为"五华洞"，是华丽的"华"。这几个洞窟在新中国成立后曾进行过多次抢救、加固和保护，到了21世纪以后，面临的任务更为突出。这项保护的源起是我们的防水工程，防水工程要做到对靠山一边洞窟的防水和立面的防水。这样就产生一个新的问题，如何解决立面的防水防风化？如何减少阳光对洞窟的辐射？所以讨论下来说，应该先做保护性的窟檐。

今天五华洞保护性窟檐由西向东一共是三组建筑。这三组建筑的格局还是依据考古遗址的发掘，和洞窟雕刻的房屋的样式设计形成的，整体的风格还是北魏时期的风格。最东面一组是高廊柱式，中间一组是殿堂式，西面一组是配殿式。这个窟檐应该是新中国成立以后，在石窟保护所做的比较典型的一个木构建筑。它从2012年开始建设，到2014年完成，应该说是云冈保护新的标志和新的起点。但过程也很艰难。其实，早在60年代，我们就开始了保护性窟檐的设想和设计，而且前后一共经历了6个版本，最终获批的是我们2011年提交的方案报告。

五个洞窟的保护包括了几个方面，第一是修建外面的窟檐，就是木构建筑。在这之前，我们先对崖面的危岩进行了加固处理，同时对壁画和彩塑进行了加固和抢救。另外在实施的过程中，我们还做了环境监测和安全防护，并且为游客的游览参观又增加了灯光。当然这个灯光是经过反复测试的，用的是无辐射低压灯，对洞窟能起到更大的保护作用。另外，我们也做了玻璃幕墙，还建了其他一些附属设施，把原来没有开放的几个洞窟对公众开放。同时，把两个遗址面用展窗的形式呈现给大家，这是从保护和合理利用到平衡的一种体现。

自 2012 年开始，我们专门对第 9、第 10 窟的列柱进行了一系列的长期监测，坚持到 2022 年，得到一个十年数据的对比，（到时）我们能更完整地评价计划。从 2012 年到 2016 年的数据变化中可以看到，石窟柱体表面的脱落减轻了 70% 左右。

我们前任副所长解廷凡，2016 年窟檐建完之后，回来参观。当时他跟全程陪同的卢继文副院长非常动情地讲了一段话。他说，他是 1957 年从其他单位调到云冈石窟搞保护的，一直到 1999 年退休，在我们云冈工作了 42 年。他一直想修建这个保护性的窟檐，42 年都没有成功。没想到，在我们手里把这个保护性的窟檐建起来了。他非常地感动，因为几十年的坚持，终于让专家和领导认识到建设保护性窟檐对云冈石窟保护的巨大作用，并且在我们这一代手里把这个事情完成了，还完成得这么好。解所长这番话，作为老一辈的石窟人对我们新一代的石窟人表达了一种心情，这是让我们非常难忘的，也让我们觉得应该做更多的工作才能对得起我们老一辈，对得起我们的石窟保护工作。

当然我们还要感谢好多的人，比方说我们建设窟檐的时候，做危岩体抢救性的保护，设计人就是我们原来中国文化遗产研究院的总工王金华先生，他为这个工作可以说是作了非常大的贡献，在短时间内把这项工作向前推进。另外还有遗产院的郭宏老师，他负责洞窟彩塑壁画的勘察和设计。因为有这些老师们共同的努力和付出，才让我们看到现在的保护效果。此外也有工程实施单位，像敦煌研究院文保中心的先生和老师们，来现场做工程的具体实施，2014 年和 2015 年两年把这五个洞窟修复完成，他们的敬业精神给我们留下了深刻的印象。这就是我们石窟人或者叫石窟工作者，对保护工作的认真和坚持，我们现在的同志也要坚持和发扬这种精神。

以创新带动发展

这些年，在保护创新方面，我们越来越意识到石窟保护是一系列的工作。对云冈石窟来讲，不单单是石质文物保护，还有其他种类的保护对象，所以这些年我们的保护也向全方位发展。比如我们设立了石质文物保护中心，并且在此基础上我们和敦煌合作，将研究工作扩大到了岩土保护和土遗址保护。云冈山顶上的遗迹是土遗址，我们不能光会保护石头，不会保护土的部分。此外我们还将保护研究工作扩大到了彩塑和壁画，虽然云冈的彩塑壁画不多，都是后期的彩绘，但是我们觉得云冈是一个大的文物保护单位，如果我们不带头做这个事，可能许多兄弟单位都做不起来。因此5年前，山西省彩塑壁画修复中心就已挂靠在了云冈下，政府给了我们20个编制，现在这个中心已经不光是为云冈做工程了，大同市和山西省的项目我们都在开展。

此外，还有面向未来发展的数字化中心建设工程。做石窟寺数字化主要解决什么问题？第一就是要科学的记录，把石窟所有的信息全部完整、真实地采集下来，交给我们的后世子孙。第二通过数字化的手段为我们现在的保护、研究、管理、展示提供技术支持，把我们的工作方式进行更新，工作内容进行拓展。第三就是要进行智慧的发展，用大数据、人工智能的方式把所有现存的数据全部进行万物互联，让数据之间产生价值，让数据来驱动我们的文物保护事业更快、更高、更强的发展。这是我们做数字化的一个初衷。我们对云冈的数字化中心发展的期望很大，因为这么多年来，云冈石窟一直想在各方面工作上赶超敦煌。敦煌是我们文物界的一面旗帜。在 60 年代的时候，云冈与敦煌差距不大，但是越走差距就越大，这就形成了一种压力。我们非常想赶超敦煌，但是在传统的学术研究和保护方面超越不了人家，所以我们就想在新科技方面找突破点。正好云冈从 2005 年开始，进行了石窟外立壁和洞窟内部的三维激光扫描，这些新技术给我们提供了新的方法。所以这几年，我们集中力量把数字化中心建立了起来，而且重点放在三维激光扫描和摄影多图像集成这两个方面，从而形成了数字化洞窟的海量数据。在这个基础上，我们这些年开始尝试 3D 打印，特别是洞窟的整体复制。这些年我们云冈一直想"走出去"，但是很难走出去，因为我们的石窟没办法搬出去。我们和敦煌不一样，敦煌莫高窟主要是二维的壁画，它四堵墙一建，顶子一搭，喷绘上墙，就可以完成一个展览洞窟的复制。但云冈不行，云冈是高浮雕，大多是三维的实物，所以三维激光扫描和 3D 技术给我们提供了复制洞窟的可能。前年，我们复制了第 3 窟；去年我们开始和浙江大学、北京建筑大学开展合作，复制了第 18 窟和第 12 窟。特别是第 12 窟的复制，实现了洞窟分体拆装，这两个洞窟被誉为可移动、可行走的洞窟，将来就像积木块一样可以快速拼接，这就满足了我们对外运输和展览的需求。我们期盼着未来它能尽快地到国外，在世界范围内带起一股（探索）云冈的浪潮。在这些大洞窟的 3D 打印技术方面，应该说我们走在了全国文物领域的前沿。目前我们的数字中心不光为省的文化遗产提供三维扫描和 3D 打印服务，甚至在为北京的十三陵和故宫提供技术。数字化的发展真的让我们看到了希望，看到了科技发展的无限潜力，我相信科技的进步可能在未来带给产业革命性的变化。

另外云冈多年来开展的山顶考古和窟前考古工作，也积累了大量的文物，近年来我们把馆藏文物修复中心也建设起来了。未来还计划把古建保护工作也发展起来，这样我们就具备针对不同文物种类全方位的修复保护技术了。当然这些年我们特别重视与高校和科研单位的合作，像浙江大学、武汉大学、北京建筑大学、中国文化遗产研究院，以及敦煌研究院，目前与我们合作的有几十家单位，通过这些合作也提升了我们的能力。

保护工作也推进了云冈景区的全面发展，比如说，这些年在云冈做大了的前提下，我们不断地在景区充实文化内容，建起了石兵美术馆、陈云岗雕塑艺术馆、云冈放映厅、云冈院史馆、皮影木偶表演馆等等文化文物艺术展示场馆。我们的想法就是让云冈变成多元文化的景区，这些展览场馆里摆设的许多文物，都是经过我们修复保护之后，作为陈列品放过去的。而且我觉得通过多方面的发展，我们在保护研究方面的事业更宽阔了，比如以前我们根本就没有想到我们会做青铜的保护修复、铁器的保护修复，甚至是纸质文物的保护修复，但这些方面的工作我们现在都在做。在不久的将来，云冈保护的中心还会继续增加，我们的保护队伍会继续壮大，保护的能力会不断提升，保护的内容会成为一个大的集合体。

（部分内容由卢继文、宁波、苑静虎访谈补充）

能为云冈石窟做些工作很快乐

王 恒

1953年生，1985年至2002年任云冈石窟研究所书记，文博研究员，大同市三晋文化研究会副会长。1989年至今出版《云冈石窟佛教造像》《雕凿永恒》《云冈石窟》《云冈石窟辞典》等著作14部，发表有各类研究文章60余篇。

文物保护
人人有责

王恒 二〇一九.三.廿

民国时的云冈

　　云冈石窟历史上第一次大规模拆迁民居，其实是在蒋介石来云冈之后。当年这儿有一个驻守大同的司令叫赵承绶。赵承绶在 1933 年的时候在云冈石窟盖了一个房子，叫云冈别墅。这个云冈别墅就在第 5 窟的东侧，稍微向前一点，那个地方曾经有过我的办公室。现在那个办公室拆了，别墅也拆了，只剩下当年我们种下的树。

　　夏天云冈石窟比较凉快，人也少，所以 1933 年左右，赵承绶就会住到云冈别墅来避暑。后来蒋介石夫妇来参观云冈，就在那儿接待的。蒋介石来的时候怕人知道，那当地的村民咋弄呢？于是在晚上七八点钟，让老百姓举着火把、站成两列，背对背分开，你朝这头，我朝那头，把这个路打明了，蒋介石从中间走过，但大家看不见这是谁。蒋介石当时从第 5、第 6 窟开始看，因为那会儿叫大庙，住着和尚，他们管理这两窟。从第 5、第 6 窟出来，走到第 7、第 8 窟，蒋介石发现洞窟里里外外住的全是老百姓，有的在洞窟里头盖房子，有的在洞窟前头盖房子。洞窟后室的造像保存还是比较好的，但周围都养着牲口，堆放着柴火，用作碾坊等等。他对赵承绶说：老百姓这么多，住在洞窟里头不太合适吧？这么好的东西，你是不是可以考虑把老百姓搬出去？于是云冈石窟就进行了第一次搬迁，把老百姓从洞窟里头搬出来。他们就在洞窟前大约五六百米的位置盖了许多窑洞。很可惜，这些窑洞后来被拆掉了。

　　这些窑洞房子还没来得及分，日本军队就来了。有些机灵的老百姓就先搬进窑洞了，还有一部分仍然在洞窟里头住着。日本人对石窟感兴趣，发布告说云冈这个地方如何如何，但一看老百姓还住在洞窟里头，就调了一个中队，把云冈封了起来，进行所谓的保护。当时在我国的两个日本学者，一个叫水野清一，一个叫长广敏雄，他们俩就来了。以他们两个为核心，日本政府调用了全日本最好的摄影师、最好的测绘专家，组成了最好的一个队伍，对云冈石窟作测绘调查。他们在来云冈之前就对我国新疆，以及印度、阿富汗、巴基斯坦等等石窟寺进行了调查，之后决定对云冈石窟进行考古学调查。为什么选择云冈石窟呢？因为云冈石窟是一个多元的石窟寺，是一个集中了欧亚大陆文明的石窟寺，不像龙门石窟是我们（佛教）中国化以后的造像，不像莫高窟是唐代以后的壁画。云冈石窟这里留存了欧洲的造像理念，包括欧罗巴人种的形象都有。所有文化人来到云冈石窟，都会说很震撼。为什么震撼呢？人的心灵不用解释，他有一种感觉，这种感觉语言都说不出来。这就是我理解的云冈石窟。

　　日本人选择云冈石窟调查，出了十六卷本考古学调查报告。这些工作里只有一项是我国人干的，就是拓片。日本人干不了，因为找了半天，日本全国没有搞拓片的人，就用了这个人。这个人前几年才过世，一直在北京大学做工人，拓片拓得好，那个照片里头都有，戴了一个圆毡帽，挺朴实的这么一个人。现在我们不敢取拓片，因为云冈石窟是砂岩，如果拓的话，会对文物造成损坏。所以我们一直用的这一批拓片。这些材料日本人都在书里印了出来。凡是印出来了的，我们都可以选用。凡事一分为二，因为有的东西留下了，有的因为风化等等，现在就没有了。所以他们那会儿记录下来的资料也很宝贵。日本人在这儿搞了七八年，每年夏天在这里下工夫，一点时间都不浪费。但是他们也会休息，每星期到城里一个南海宾馆娱乐休闲，这个宾馆采用木板地，天花板都是日式的。这些房子也都拆了。

日本人为了做调查，迁走了居住在石窟里的老百姓，通过给钱，把人全部清走。所以，这可以说是第一次拆迁彻底实施完成。

1945 年日本人走了，这里由僧人管理，老百姓没有再进洞窟。1949 年，新中国成立之后，中华人民共和国接管了这里的工作，于是开始一步一步走向正轨。

建国后的云冈

我是 1985 年由大同市文化局派来这儿工作的，主要做的是党务工作。这个工作当时挺重要，为什么？因为云冈石窟在 1949 年新中国成立之前几乎是荒芜的，没什么人管理，只有一些和尚在这儿住。1950 年之后，国家从僧人手里把云冈石窟接管了过来，成立了专门的保护管理部门，叫山西云冈保养所。50 年代到 70 年代，云冈的职工大部分都是工人，这些工人主要的工作就是搞保护、搞加固，但是相关的保护管理工作在当时比较缺乏。

早期云冈的经济、社会发展，以及人的素质等方面，水平还不太高。在 1950 年到 1959 年，这十年的工作都刻在了旧山门内的一块大理石碑上。这阶段都做了一些什么工作呢？主要是修理厕所、铺平道路、拉灯安线等，也就是说早期十年，主要是为观众参观云冈石窟创造一些必要的基础条件。在当时云冈保养所这个机构管理的是什么？它管理大同市所有地上的文物，除了云冈之外，还有华严寺、善化寺、九龙壁等等，这些地上文物全部归这儿管。

到了 1960 年，云冈石窟的面貌就有了较大的变化了。这个变化是从第 1、第 2 窟开始的，当时主要对石窟寺进行了加固。这个加固工程对云冈来讲非常重要。为什么？云冈一千五百多年了，石窟里外结构都有很大的危险，裂隙发育相当严重。从 1960 年开始，中国文物研究所的专家来到了云冈，拉开了云冈石窟现代科学技术保护的序幕。北京古建筑修整所的高级工程师常年住在云冈石窟，那会儿的专家和现在的专家不一样，现在专家做工作是蜻蜓点水，不深入。那会儿尽管云冈石窟没有食堂，人也少，专家们住这儿很艰苦，但他们要把石窟保护工作做好。当时的高级工程师都要自己做饭，要不就在家属院，也就是我们老所长家里起火。但是我觉得他们非常乐观。接下来就是 70 年代的三年工程，当时的契机就是周总理到云冈来，据说好像是国家给了 160 多万。这些早期的工程代表着云冈石窟保护管理工作正式步入正轨。

开放和研究是保护的基础

我觉得，石窟保护要多和国内外机构合作，要互通有无，让大家一起坐下来，真正地去研究和交流。比如说，关于石窟寺修复保护材料采用水泥会产生副作用，是一个德国小组来云冈石窟交流的时候说的。那大约是 90 年代初吧，同济大学戴仕炳教授领着几个德国人来交流。那个时候才知道，不提倡用水泥。

云冈第 3 窟除了主造像，里面的大洞窟全是风化了的壁面，大约是三年工程前后，在上头刷保护材料做了试验。当时用了好几种材料，这是一个探索的过程。但最早的时候，在我们云冈这里，根本就不知道有什么硅酸乙脂材料。所以我觉得和先进地区、先进国家去交流，这是保护工作的基础。

我们国家也有好的传统经验。云冈第 13 窟，七佛立像最东边两个造像，有两个头，那两个头是辽代装上去的，它们的面容不是北魏的，走到跟前一看就会发现，两个头是安上去的，后面还有一个缝。人家已经快一千年历史了，现在也没掉。那当时的人们是用什么方法安上去的呢？用的什么材料，我们需不需要研究呢？我想是非常需要的，希望能够成立国家项目来研究它。既然 X 光可以探我们身体，可不可以探它背后的秘密呢？

另外，明清大量采用的包泥技术，我觉得这种方法已经不可取了。康熙皇帝曾经给第 6 窟题了四个字，叫"庄严法相"。现在那个窟门上还有两个钩子，那两个钩子就是曾经挂康熙皇帝那四个大字的。清朝那会儿有清朝的宗教需求、国家理念和僧人民众，所以石窟是庄严法相的。但我们今天难道还是庄严法相吗？还要包泥吗？我们不是，我们是文物保护。所以石窟它是一种流传下来的宗教文化遗产，但今天我们看它更主要的是艺术。宗教作为一驾车，从古代把艺术拉到我们这儿了。好不容易它拉到我们这儿了，我们就要用最先进、最科学的理念去保护它。

调查研究

我后来在市委上班，也是每天研究云冈石窟，一直研究到退休。云冈现任领导张焯院长，曾经来过我办公室三次。他说，既然日本人能做出关于云冈的调查报告，我们为什么不可以做？我过 55 岁生日的时候，给张焯打了个电话，问他还打不打算编制我们自己的云冈石窟调查出版物？张焯接到电话非常高兴，下午就把我拉到石窟去了。到现在已经 11 年了，我 66 岁了，我已经回到云冈 11 年。我非常乐意做这些事，为云冈石窟做调查研究，哪怕是业余的。我星期六、星期天经常来云冈石窟，有一次因为劳累，我在第 6 窟的中心塔柱上就睡着了,而且望远镜摔坏了七八个。因为太高、太远了,那会儿也没有照相机,我基本上全是拿笔记做的调查记录。这些研究和调查,始终让我觉得能为云冈石窟做一些工作很快乐。

后 记 一

王金华

　　石窟寺是我国十分重要的文化遗产类型，其规模之大、分布之广、体系之完整，在中国文化遗产中占有独特的地位，在世界文化遗产中也是独具中国特色的文化遗产类型：

　　（1）石窟寺是传承脉络最清晰，关联性最密切，体系最完整的文物类型。石窟寺以佛教为主线，沿丝绸之路由西向东分布，向南至西藏地区，时间及传播脉络十分清晰。中国石窟寺规制相似，文化内涵相同，内容关联密切，自成体系。与古建筑、古遗址、古墓葬等文物类别相比，石窟寺体系是最完整的。

　　（2）石窟寺分布广泛，是规模最大的文物类别。根据现有考古资料，我国有各种级别的石窟寺及摩崖造像群，数量超万座，如果按单个窟、龛核计，则有几十万处，而且在全国各地都有分布。

　　（3）石窟寺是内容最为丰富的文物类型。其内容包括古建筑、古遗址、洞窟构筑物、壁画、彩塑、石雕像、题刻等，丰富多彩。

　　（4）石窟寺是真实性、完整性保存最好的文物类别。虽然石窟寺原有寺庙建筑以及环境遭到严重损毁，但现存洞窟构筑物、石雕、壁画、彩塑等内容，基本保持建造时期的状态，内容真实性及完整性是最好的。

　　（5）石窟寺是人工建构与自然地质岩体相结合的文化景观。古人在选择石窟寺雕凿地点时，大多选择在风光旖旎、景观独特的河流阶地，或景观独特的沟谷，既有人为建造、艺术创作的特点，又有自然地质岩体的构造、结构特征，与欧洲石质文物相比，中国石窟寺具有文化景观的独特性。

石窟保护工作涉及考古学、美术学、建筑学、地质学、工程学、化学、物理学等多个学科，是一门综合性的保护科学，而且其保护工作的精细化、精准化、干预少的特点，决定了石窟保护工作的复杂性。

由于石窟寺的重大价值以及亟须保护的紧迫形势，新中国成立后的70年间，石窟保护一直是我国文化遗产保护的重点领域之一。我国在保护石窟方面取得了许多成果，基本上代表了我国文物保护工作的发展水平，某些石窟保护成果具有典型性和代表性，并提升了我国文化遗产保护事业的科技水平，如有"中国特色，敦煌经验"美名的敦煌石窟保护模式在国内外形成了重大影响；而且石窟保护更具国际性，石窟保护领域的国际合作在我国文化遗产保护科技国际交流与合作中发挥了重要作用。

十分感念中国文化遗产研究院的平台，笔者在大学毕业后的30年间，利用这一平台，承担并完成了大量石窟保护的勘察、规划、设计、施工及研究工作，并因此与我国石窟保护中的人和事结下了深深的缘分。

2017年年底笔者调入复旦大学，工作环境和工作模式发生了变化，在梳理、总结我国石窟保护历程时，深感我国石窟寺价值及重要意义有待深入挖掘，对石窟保护工作重要性和迫切性的认识有待提升，保护的基础工作及学术工作有待加强。

2018年11月2日至4日，复旦大学牵头举办了"2018年复旦大学文化遗产保护高峰论坛暨'一带一路'背景下的中国石窟寺保护"学术论坛，论坛得到了敦煌研究院、大足石刻、龙门石窟、云冈石窟、北京大学、上海大学、同济大学、陕西省文物保护研究院等高等院校、科研机构、世界文化遗产地、社会企业等单位的大力支持,以及全国著名石窟保护、研究专家学者的积极响应,论坛取得了圆满成功,并对我国石窟寺及石窟保护工作达成了共识:石窟寺作为古代"丝绸之路"最具代表性的文化遗产,它不但记载了古代中西文化的交流、融合与发展,更是中华民族文化自信的见证。新中国成立近70年来,中国在石窟保护研究方面取得了许多成果,基本上代表了中国文物保护工作的发展水平。但是,在"一带一路"国家战略背景下,石窟寺的作用仍未得到有效发挥,基础工作薄弱,学科建设滞后,很多关键技术难题仍没有得到解决。这些观点得到了与会者的共鸣。会后,黄克忠、马家郁等石窟保护前辈,倡议值此共和国成立70周年之际,应好好总结我国70年石窟保护工作的历程、成果,既是向共和国七十周年华诞献礼,对与共和国共同成长的老一辈石窟寺人的奉献精神的纪念,又对石窟保护未来发展规划和学科建设有重要意义,有助于提升我国石窟保护科技水平。

在老先生的敦促鼓励下,笔者还得到了时任敦煌研究院院长王旭东先生、大足石刻研究院院长黎方银先生等相关领导、学者的热烈响应和积极支持。由此,我与中国文物报社郭桂香编审筹划实施了我国石窟保护70年口述史采访及编辑计划。

2019年3月初,我国石窟保护70年口述史实施计划启动工作会在大足石刻研究院召开,会议就实施计划的内容、原则、时间、人员等方面进行了充分的讨论,计划首先以口述史的方式,采访与共和国共同成长的老一辈石窟人,记录他们的人生经历、重要保护工作事件等,记录并总结我国石窟保护工作历程;然后再逐步完善,形成我国石窟保护系列成果。

石窟人口述计划共采访了我国24位实施石窟保护的老前辈。他们中有我国石窟保护工作开创者、98 岁高龄的余鸣谦先生、96 岁高龄的孙儒僩先生；有 88 岁高龄仍然吃住工作在文物保护第一线，我国文物界第一位大国工匠李云鹤先生；有被党中央、国务院授予"改革先锋称号""文物保护杰出贡献者"的"敦煌女儿"樊锦诗；有孜孜不倦、心系石窟，为我国石窟保护事业仍然不辞劳苦，奔波于全国石窟保护工作一线，在文物保护理论和保护实践卓有建树的资深专家黄克忠先生；有开创敦煌石窟保护科技事业、创建和壮大敦煌石窟科技保护队伍、为我国石窟寺科技保护作出重大贡献的李最雄先生[1]；有为我国石窟保护、文物保护的科技发展作出突出贡献的陆寿麟先生；有为石窟保护事业奋斗一生并引以为豪的贾瑞广先生；有因为一份国家文物保护科技技术通知书，而与石窟保护结缘一生，在保护材料领域作出突出成就的马家郁先生；有将一生才气奉献给大足石刻，为大足石刻申报世界文化遗产作出突出贡献的郭相颖先生；有最早探索石窟寺科技保护，一生奋斗在云冈石窟保护工作第一线的解廷凡先生；有与石窟寺结缘一生，初中毕业自学成才，视龙门石窟为自己生命，情系龙门石窟一生的刘景龙先生；有"文革"期间不顾自己的身家性命，奋不顾身阻挡"革命小将"炸毁石刻，保护大足石刻的邓之金先生；还有因为各种因缘结缘石窟，并为石窟保护作出突出贡献的河南省博物馆陈进良先生，麦积山石窟张锦秀、蒲成生先生，云冈石窟王恒、唐贵先生等等。同时为让大家了解新时代我国石窟保护的发展趋势和各种需求，我们还采访了原敦煌石窟研究院掌门人王旭东先生、现敦煌石窟研究院掌门人赵声良先生、大足石刻研究院掌门人黎方银先生、龙门石窟研究院掌门人余江宁先生、云冈石窟研究院掌门人张焯先生等。

---

1. 2019 年 6 月 26 日项目组采访李最雄先生。7 月 2 日李最雄先生仙逝，先生的口述史作为最珍贵的资料，是对先生一生奉献敦煌石窟、奉献我国文物保护事业的纪念。

但由于种种原因，许多为我国石窟保护作出重大贡献的石窟人没有纳入我们的采访编制计划，他们中有胡继高先生、姜怀英先生、杨玉柱先生、高念祖先生、蔡润先生、曾中懋先生等等，他们的许多工作也是我国石窟保护历程的重要节点，是我们石窟保护工作的重要组成部分，我们不能忘记。

采访中，老一辈石窟人追求理想、奉献一生和与共和国共命运的情怀，让我们这些后辈十分感动，并油然而发崇高敬意。他们的口述中的闪光之语，是他们内心真实情怀的表达，是我们应该传承和弘扬的："个人命运与国家命运相结合，再苦再难，无怨无悔"、"听从国家召唤，服从国家需求，是我们那代人基本的情怀"、"一代人有一代人的使命，一代人有一代人的担当，我们是与共和国共同成长的一代人，奉献是我们的使命"、"石窟寺壁画、彩塑是有生命力的，你只有充满感情地爱护他、理解他、敬重他，才能真正保护好他"、"虽然我80多岁，做过很多石窟保护工作，但我仍然认为还有不足，需要完善，我仍然希望在未来的修复保护工作完善它，保护得更好，把更好的保护技术传承下去"、"有生之年最大的希望是把我们的经验教训传授给年轻人，提高我国石窟保护科技水平"、"情系石窟，心系石窟，一生与石窟保护结缘，无怨无悔"、"若有来世择业时，再卧青灯古佛前"、"年轻人遇到了好的时代，在国家高度重视文化遗产保护的新形势下，应该更加珍惜，加倍努力，敢于担当，为我国石窟保护贡献力量"，等等。

本书能够顺利编辑完成，感谢黄克忠老先生、马家郁老先生的鼓励和指导！感谢敦煌研究院、陕西省文化遗产研究院、大足石刻研究院、陕西省文物保护研究院砖石文物保护科研基地、广西鼎之晟园林古建筑工程有限公司的资助；感谢暴风影像集团张旭东先生在采访音像录制技术、人员等方面的全力支持，以及采访团队的付出！感谢敦煌研究院原院长王旭东、现任院长赵声良，大足石刻研究院院长黎方银、龙门石窟研究院院长余江宁、云冈石窟研究院院长张焯、麦积山石窟艺术研究所所长李天铭等石窟掌门人的鼎力支持！感谢苏伯民、汪万福、杜晓东、董广强、蒋思维、赵刚、陈建平、黄继忠、卢继文、闫宏斌、丁淑君、王玺等同仁的支持；感谢陈嘉琦、周孟圆、江姝、曹晓楠、程邦等同学在采访活动中的付出以及采访口述资料的编辑整理；尤为感谢郭桂香女士的筹划和编辑，支撑了在如此仓促的时间内出版工作的完成！

感谢中国文物保护基金会励小捷理事长，中国科学院院士、中国岩石力学与工程学会何满潮理事长为本书作序！

中华优秀传统文化是中华民族的根和魂，文物是有生命力的，像爱护眼睛一样守护我们的文化遗产，是时代赋予我们当代人的使命！

2019年金秋，共和国七十年华诞于复旦

后 记 二

郭桂香

有一个成语叫"坚如磐石"。石窟寺虽历经千年，丰韵犹存，可在遇到柔韧的水、尖利的风以及热胀冷缩、虫咬蚁蛀的交相侵凌，年深日久，也要被渐渐磨蚀掉、淘空了。这大概就是另类的"滴水穿石"、"风沙走石"吧。许多石窟寺，已如进入垂暮之年的老人，不再有往日的强挺硬朗、雄武靓丽，大都外糙内虚、骨质疏松、蓬头垢面、百病缠身了。然而，石窟寺不是普通的石头，也不是一般的寺庙，而是我们的先人以石头为材，因地就势，用智慧创造的神圣建筑。她们将历史生活的积淀和科学技术的发展艺术地保存，并直观地展示给公众；她们承载着中华民族敢于斗争、敢于拼搏、敢于胜利，勇往直前的创造精神，求同存异、和而不同、海纳百川的开放精神，她们凝聚着生生不息的中华文化和绵绵不断的民族情感。如何让其葆有健康，有尊严地活在当下，既抚慰人们的心灵，又服务于社会发展，并将中华民族优秀的文化薪火千秋万代流传下去，怀揣着这样一个美丽的梦，有一群"石窟人"以对石窟文化的至崇至敬，对石窟艺术的万般柔情，不辞辛苦，奔走在祖国的山山水水、四面八方，守护石窟，守护文明，守护历史，前赴后继在探索。

70年过去了，这群人的足迹遍及祖国天南地北的悬崖绝壁。他们穿梭于大大小小的石窟之间，用他们的思想和行动、理论和实践，保护着石窟、传承着石窟寺文化，从理念、原则到保护技术，发出了文物保护的最强音，抒写了弘扬中华优秀传统文化的最美篇章。

为了赓续他们坚实而宏伟的事业，己亥初春，我们满怀对前辈的崇敬，在大足开启了一个走进石窟、拜访石窟人的文化之旅。从大足出发一路走来，辗转往来于北京、洛阳、大同、敦煌、兰州、瓜州（榆林窟）、天水等地。在我们访问的专家学者中，大多已是80岁、90岁的高龄。在没有见到之前，期待、担心，各种各样的想法不断在心里翻滚，而在访谈进行中，先生们带给我们的却是不断的惊喜、震撼。

大足开好头

万事开头难，我们在大足却开了一个很好的头。在这里，我们共访问了5位保护人。

就在3月6日下午，我们的首场视频访谈在郭相颖先生的画室里开始了。郭老先生已是83岁了。他是大足石刻博物馆的老馆长，曾经担任过大足县的副县长、政协副主席。他本就是一位优秀的演讲家，事先还准备了个提纲，说起话来不急不慢，条理十分清晰，说到激动处，两手还不时比划着，真是风度翩翩不减当年。当年，他独自一人守北山，以手绘石刻线图代照相做档案，为国家领导人做讲解，申遗……随着他的思绪，我们穿越到了那个激情燃烧的岁月，仿佛自己也是其中的一员了。

马家郁老师是特别开朗、活泼的一个人，潇洒优雅就是他的形象。他大学毕业后被分到四川省文化局下的电影制片厂，去干那浪漫而富有激情的电影事业，想想都心花怒放。然而，报到时却被截留在了文物局，因为一份国家科委下达的有关文物保护的科研项目任务通知，需要成绩优秀的学生来承担。看着别的同学在干着自己喜欢的事情，好不羡慕。但羡慕归羡慕，他并不抱怨，安然接受了组织给予的使命，走进了石窟寺，走进了这个需要不同学科的专业人才来呵护的文物领域。经过几十年的摸爬滚打，他成了西南石质文物保护的开拓者，满肚子的故事信手拈来。面对即将开始的视频访问，马老师依然非常认真，甚至到大足，还让大足研究院的工作人员为他找一本档案资料来佐证他的记忆，以确定一件事的具体时间。

　　大足，那充满浓郁生活气息的摩崖造像石刻在"文革"期间曾被当作"牛鬼蛇神"要炸毁！怎么办？赶紧报告县委领导。可那个时候组织不能出面，却也出了金点子。在领导的点拨下，邓之金老师他们发动当地群众成立"群文小组"，日夜轮班守护，向串联的红卫兵宣传文物政策，终于使这些珍贵的文物度过了险情。特殊时期形成的这级组织大概是当下文保员制度的雏形了吧。

　　黎方银院长是全国劳模。他看起来就是一介文弱书生，但面对各种诱惑，内心却是那样强大，30余年初心不改守在大足。春天的夜晚，他终于放下白天的忙碌，在办公室里和我们谈起了他与他挚爱的大足石刻。人生有多种选择，生命的价值有不同的追求，可以是金钱，可以是名利。于他，则是守着大足、研究大足，让大足的光辉传播到更远。办公室里那一字排开的《大足石刻全集》足有一米长，那是他领着一个小组耗时十几年，采用近景摄影测量、考古调查等手段和方法，对纳入《世界遗产名录》的宝顶山、北山、南山、石篆山、门山等5座山的石刻一一现场拍摄、测量、绘制、记录、研究的成果，沉淀其中三十载不变的激情与执着扑面而来。"将工作与爱好能够完美地结合在一起，是多么的幸福！"这种幸福感发自内心，也洋溢在他的脸上。

　　从20世纪50年代初起，尽管刚刚经历了长年战火的新中国经济基础极其薄弱，国家还是从石窟寺开始，组织专人对文物进行调查、保护，并于 60 年代调集专门人才成立了石窟保护组。从此，石窟保护国家队日益壮大。他们是当年的救火队、消防员，哪里有险情，他们就出现在哪里。在这一段时间里，我们幸运地访问了开石窟保护先河的余鸣谦先生、极重实践的贾瑞广先生、潜心化学保护研究的陆寿麟先生，还有一辈子心系石窟、现在还依然行走在石窟保护路上的黄克忠先生，他们的身上，闪耀着国家队的风采。

三访世纪老人

在我们的访谈对象中，最长者是年近百岁的余鸣谦先生。以前只闻大名，了解老人家在包括石窟寺在内的不可移动文物保护上做出了很多成绩，他惜字如金，一生淡泊名利。

首次采访是 3 月 16 日，一个春和景明的日子，在北京远大园区余老的居所里，我们见到了这位业界"男神"。因先前已与余老的儿子余和研约好，我们到的时候，余老已等候在客厅里，余老的女儿余和潜女士与余和研先生一起作陪。余大姐告诉我们，老人每天还坚持写一个多小时的字，思维仍清晰，但行动已不太方便了，要借助助步器才能挪动。她和保姆一起帮助余老坐到我们准备好的坐椅上。

按照事先电话沟通，余老准备了一个谈话提纲，尽管思维清晰，毕竟岁数大了，只能简单说点过程。因是视频访谈，面对镜头，老人多少有些紧张，于是有了后来第二次、第三次访谈。去掉了摄像机，老人明显地自在了不少，声音清脆，说起过去的事，依然简而概之。1951 年，老人第一次去敦煌做调研，就住了 3 个月。说起当年在莫高窟调查生活的情形，非常恬淡，住在窟区前面"一个很普通的土坯盖的房子里，这个房子也有年头了，吃是和研究所的人一样"，他手绘了一个当年居住的场所示意图。

1956年夏季，余老和杨烈、律鸿年等3位先生自带平板测量仪等设备又去了敦煌，完成了第249窟到第259窟支顶加固的测量与设计工作。笔者曾经在宽敞明亮的室内，扒在绘图板跟前设计图稿，深知设计画图之苦，但不知在土坯房昏暗光线下设计，该是一个怎样的情形呢？

在历时3年的云冈修复工程中，余老仍负责设计。此间，除了冬季，他都住在那里。余研和先生还记得，第一次去云冈赶在了一个大雨天，"下着大雨，非要出差"。因为周总理在全世界记者面前许下了庄严承诺，三年要修好云冈石窟。为了落实总理指示，为了云冈安全，余老等保护人风雨无阻，义无反顾。

除了请余老讲过去的故事外，还请老人为我们的活动题字。初次拜访就提出这要求，我们觉得有点唐突，老人家却爽快地答应了。

这位"世纪老人"对过往的从容、淡定，善待他人的境界，一次次地感动着我们。"上善若水，水善利万物而不争，处众人之所恶，故几于道。居，善地；心，善渊；与，善仁；言，善信；正，善治；事，善能；动，善时。夫唯不争，故无尤。"这是老人摘自《道德经》的一段话，挂在书房写字台前。当时拍下这条幅并不觉得如何，此刻越发觉得应是余老的座右铭，也是老人一生的写照："夫唯不争，故无尤。"他为我们写的留言是："怀着崇高心情向石窟研究、保护、一切工作人员致意！"这种境界令我终身难忘。

正如余和研先生所说，父亲从事的工作无论是石窟寺还是古建筑，都是在荒郊野外，清苦于他乃家常便饭，不说甘之如饴，却早就习以为常了，在他的眼里，实在不足为道。问起当年困顿的工作环境和生活条件，没有只字怨悔；说到工作成绩，多归于他人；而给家人大概是多多的亏欠。墙上那首余老手书的苏东坡《江城子》词"十年生死两茫茫，不思量，自难忘……"字字句句，情真意切，表达的是老人家对已故爱人浓浓的爱意和深深的思念吧？念着念着，不觉得泪水模糊了视线。

不知疲倦的行者

黄克忠先生还未走出学校，就开始与石窟寺打交道了。他亲历了石窟保护的各个发展阶段，现在依然行走于天南地北的石窟寺之间。整整六十年，一个甲子的思索、实践，再思索、再实践，他与石窟保护路上老中青三代都有交集，名副其实是一位不知疲倦的行者。云冈、麦积山、大足、莫高窟、龙门……石窟保护从无到有起步了，和着前进的脚步，经验、教训都有。保护理念就是在这些保护项目的实践中反复思索、一点一滴总结出来的。黄工是一位极忠厚的长者，非常随和，而在事业上原则性却是极强的。就在我们的漫谈中，黄工不仅为我们讲述了当年不为人知的一些故事，厘清了一些张冠李戴、有争议的问题，系统梳理了石窟保护的发展阶段，成功的经验与今后应汲取的教训。中国文物保护的国际合作是从石窟保护开始的。国际合作不仅拓宽了保护人的视野，学到了国际上先进的经验，也学会了怎样与不同文化背景的人交流，表达中国的愿望、诉求，推介中国的实践和理论。几十年的石窟保护国际合作，也成就了《中国文物保护准则》这份几十年保护实践的理论成果。黄工亲历了石窟保护合作的全过程，也是保护准则制定、修订两个阶段的唯一参与者。说起这个过程，其中的蹉跎、跌宕，仍然感慨再三。他恳切地说，准则"为我们工程的实践立下了非常好的规矩，它的影响是深远的，这一点，我感觉到在我整个工作生涯中，是我一个很重要的成果"。也很遗憾，修订版出来后推广不是很理想。合作是双方的相向而行，互相尊重、互相包容、共同发展、共享成果是合作成功与否的基础。从接受援助到输出技术，黄工为我们说明了这样一个道理。

　　站在大足狭小的136窟里，就像说书先生，纸扇一摇，手指顶板上依稀可见的从前到后贯通的大裂隙，当年这里是什么样，水是怎样流下来的，风化有多严重，他们怎样查找病因、研制材料、怎样灌浆……黄工和马家郁老师两位前辈把我们带进了当年修复的现场。20多年过去了，这里一切安好。浮现在二老脸上的是满意的笑容，当年所有的艰辛都不值一提了。

　　可以说，黄克忠先生和马家郁先生是我们活动的总策划师。黄工尤其是我们活动的总顾问。活动启动前，我们就去登门拜访他，听取他的建议，包括应该从哪里开始、找些什么人、怎样设计路径等。遇到问题，我们就去求助黄工。老人家总是有求必应，为我们找线索，疏通堵点。因各种原因一些访问对象一开始婉拒了我们，他都替我们出面进行了沟通。我们还有一位特别可亲的"志愿者"，就是黄工的夫人杨阿姨。每次上他家，阿姨都会热情招待我们，不时为我们添茶倒水上果子，安静地坐在一旁听我们说话，记下我们提出的要求，督促黄工"完成"。

龙门比儿女亲

　　在龙门，我们拜访了一踏进龙门就再无"二心"的刘景龙先生。在访谈的诸位先生中，他的年岁不算太高，或者说稍偏年轻，可惜身体不好，已经坐轮椅很多年了，且说话有障碍，基本开不了口。拜访之前，我们已经了解到他的身体状况，原来没想与他交流，只是希望能拍下几个镜头留作纪念。进到他的居所，他坐在靠窗的摇椅上，他的老伴和女儿已经为他收拾妥当。他不仅欢迎我们，且有话要说。我们喜出望外，于是就"聊"上了一个多小时。因为他的记忆力、说话能力都有限，实际上，我们并不能与他正常交流，只能从耳机里听到他的声音，从他的表情上揣摩、感知他的态度。问起过去的事，他爱憎分明。谁、谁、谁，来过龙门，对龙门做过保护，他点头赞许，和颜悦色；又是谁在龙门的保护上起过不好的作用，他激烈地摇头，发出的声音也激烈了许多，我们担心老人血压，只有赶紧将话岔开。龙门，是他一生所爱、一生所系。因而，他极其坚强地用那颤颤巍巍的手，握住签字笔，在我们的留言本上写下了一行蝌蚪似的文字，细细辨认方知是："龙门石窟的保护是从1966年开始的，从刘景龙到云冈学习石窟保护技术开始的。"

他的女儿告诉我们，龙门比他儿女要亲得多。平日里几乎不开口，听说我们要采访他，激动得流泪。再翻阅一大箱子各式各样的荣誉证书、奖状，以及老相册，他于龙门的心心念念，我们感同身受。

终于见到解廷凡先生

在云冈，有一位老先生从一开始就经历了石窟保护，他就是解廷凡先生。然而，他的健康状况不是太好，已有很多年不与外界联系了。托黄工的福，7月间一个骄阳似火的日子，我们终于见到了解老，且由黄工带队，我们十几人的队伍，浩浩荡荡地，将解老家的客厅都挤满了，阿姨为我们准备了清凉的瓜果。黄工和解老是60年代的舍友，后来在保护中更是结下了浓浓的情谊，老哥俩也有很多年没有见面了。他们聊的依然是当年的保护。我国石窟寺的科技保护，是60年代从云冈第一窟、第二窟的实验开始的，那时起，解先生就是其中的主力参与者，从与他的聊天中，看不出有半点的镜头打开，我们的访谈开始，从60年代的实验、70年代的"三年大会战"，再至八五工程，当时云冈石窟的病害有些什么，怎么从不知到知之、怎样捋出头绪，现在云冈 20 窟大佛为什么成了露天大佛？……回忆起当年奋斗的青葱岁月，老人家思绪清晰，侃侃而谈。在这里，我们见到了最早的实验方案和报告，还有 1978 年全国科学大会的奖状。说起过去的荣光，解先生依然充满自豪，言语却是那样的谦逊。"我在云冈干了几件大事、实事，但是我觉得国家花钱把我培养出来，我不能对不起国家。另外，还得对得起老佛爷（石窟中的佛祖）。"这就是我们眼前的老人用他的付出诠释出来的对国家的忠诚、对事业的敬重。

"世界上历史悠久，地域广阔，自成体系，影响深远的文化体系只有四个，中国、印度、希腊、伊斯兰，再没有第五个。而这四个文化体系汇流的地方只有一个，就是中国的敦煌和新疆地区，再没有第二个。"季羡林先生曾这样说。

在莫高窟的日子里，每天清晨，独自步入窟区前，伫立在九层楼的栏杆外，静静地等候，等候那微风拂动中响起的清澈铃声。这里是一方净土，播撒着真的意念，飞舞着善的丽质，洋溢着美的力量。尽管这真、这善、这美，在不同的时代、不同人的眼里，抑或在同一个人不同的时间段里，有着不同的诠释，然而，自古丝绸之路的畅通到一带一路的倡议，无不是与人为善，睦邻友好，互相包容、共同发展，各美其美、美美与共。

不舍的目光

经过夜晚的安抚，清晨的莫高窟褪去了白天的喧嚣，是那样的澄静、肃默。阳光从三危山上穿过林梢，柔柔地洒在这从南到北一字排开的窟壁上。居于中位的九层楼的砖红色重檐斗栱，像那窟中的宝相莲花，庄重而华美。微风掠过，风铃轻轻响起。

王旭东院长来了，就在这样一个清晨，和我们分享对莫高窟价值的认识。28年前，他在这里看到的不过是一些石头、泥巴和各种颜料，渐渐地，这些客观的物质和化学成分有了文化的内涵，有了生命。她们是珍贵的文化遗产，她们的价值在不断地更新、丰富，佛教的、艺术的、文化的、历史的、科技的、建筑的……从单一到多维，再将视野放到整个丝绸之路，放到不同文明交融、互鉴背景下的世界范围，便是不同民族、不同宗教、不同地域的人们，在特定社会条件下相互依存、相互尊重、共同发展的见证。对其价值的挖掘是没有止境的，是不断螺旋式上升的，需要多学科的融合，需要从不同学科背景去解读它。这样的石窟寺，价值就更丰满，生命力越发的鲜活。

就在前一天，即将离任敦煌研究院的王旭东院长，在与研究院、与地方紧张的交接间，居然抽出了半天的时间给我们。在85窟，面对镜头，他为我们讲述在敦煌所经历的28年峥嵘岁月中的艰苦奋斗，所收获的丰硕成果，从偶然的结缘，到在参与各个保护项目中对石窟寺价值认知的不断的递进、升华，反复的研究总结出的一套系统的理论和工艺程序；从改革开放到国际合作，时代赋予莫高窟、莫高人的机遇、注入的精神动力；从单一保护到领导大家开展以质量为核心，保护、研究、弘扬平衡发展的综合体系的建设……他传递给我们的始终是自豪与欣慰。这其中凝结的汗水和情感，用文字来形容实在是太苍白。

"敦煌的美在每个人的心中是不一样的，与我们的生活阅历、知识结构、成长背景有关的。莫高窟整个环境是非常美的，洞窟里面彩塑的美，壁画的美，不同时期表现的美是不一样的。但是这种美代表了每个时代的人们对于美的追求，对于美的认识，对于美的向往。这个美可以成就我们每一个人。"

面对就要离去的敦煌,他内心多有不舍。在 85 窟访谈结束时,他默默凝视着南壁那铺壁画……与窟外盎然的春意相比,壁画里的绿肥红瘦不仅见证了古代丝绸之路上国际邦交的点点滴滴,也见证了包括他在内的新时代莫高人构筑合作平台、与世界共进共荣的美丽故事。

大国工匠的襟怀

在敦煌的采访过程中,有两次前往榆林窟,拜访大国工匠李云鹤先生。第一次是到达敦煌的次日,即 4 月 16 日。我们将会以怎样的形式见到这位传说中的老爷子呢?当天清早,就这么想着,期待与好奇充盈于胸。在敦煌研究院保护研究部汪万福副部长的陪同下,面包车在一路戈壁中穿行了两个多小时,11 点到了榆林窟。一下车,万福就与李先生取得了电话联系,然后领我们进了榆林窟保护所宋所长的办公室。不一会儿,一个高高大大的身影出现了,一身的蓝色工作服,带顶阔沿帽,架着一副方形眼镜。没有任何人陪伴,也没有居高临下,我们一眼看到的是一位老成学者的质朴与慈祥。他就是 87 岁仍坚持在修复一线的李云鹤先生。如果不是事先做功课,很难想到眼前这一位竟是几近米寿的长者。

在洞窟壁画修复现场,老人和我们不紧不慢地侃着他成长的经历。青年时代的李先生是立志要去边疆大展宏图的,却因为一次顺道探亲访问,被渴望人才的常书鸿先生以大漠需要有志青年中途"拦截"了,与莫高窟结下了一辈子的缘分。既然选择了莫高窟,就定下心来,将根扎下,第二年就将家属接到了敦煌,当时那个除了沙漠还是沙漠的所在。老人家是一个特别爱琢磨的人,从简单的清理、守护、陪伴,琢磨着应如何修复那破损的五颜六色的壁画。从一窍不通,到不断尝试、摸索、创新,再到技艺炉火纯青,多次开壁画修复先河,最终成为石窟类壁画修复界的"一代宗师"。他也是国内石窟整体异地搬迁复原成功的第一人,是2018年全国十位"大国工匠年度人物"之一。他的技艺已传给了儿子、孙子,传给了各地的学生。他的儿孙也已成为壁画修复的佼佼者,忙碌在敦煌各个壁画修复现场,忙碌在全国有壁画的各处文保场所。先生已是功成名就,可他依然活跃在修复第一线,每天仍要在脚手架上爬上爬下,来来回回六七次。他说,干一项事情就要干好。他对自己所做的每一个项目,除了项目单位的验收外,另有自己的一个十年质量跟踪,每年他都要对它们进行检查、评估,分析得失,看哪些还需要完善。这样的要求,无疑也从一个侧面印证了敦煌研究院质量平衡管理体系的建设。这就是一个大国工匠的匠心。要预估所有的风险,文物保护任务太重,我们的队伍还跟不上,质量还跟不上,做得不到家,拔了萝卜没洗泥……本应在家安享晚年的李先生,心心念念的是还有好些事没有解决。"保护的任务太多了,就拿莫高窟来说,不同时代的层层壁画怎么分的,我也做过实验,怎么才能把它分开,预防性的问题怎么解决,变色问题怎么解决,还有一些病害,不管你的工艺也好,材料也好,还值得改进。做得再好,我感觉还是不满意。因为在那么艰苦的条件下,它们保存下来了,如果通过咱们这一代毁掉,对得起祖先和子孙吗?壁画、塑像,它们也是有生命的,它们只是不会说话,它们要是会说话,就要告你去,你这样虐待它。"遇到不太认真的学生,他也发脾气。"我跟着您学的已经够吃一辈子的了。"一位学生很高兴地说出这感恩的话,他却不爱听。"我现在还在积极想办法,有很多问题都没有解决呢。年纪轻轻,你就可以了?"他埋怨学生不思进取,他希望他们干活认认真真的。他说,搞壁画没有细心、决心和耐心,绝对搞不好。

九旬青春"葆"

我们带着鲜花拜访 94 岁的孙儒僩先生,由孙老主说。老人耳朵不太好使,但思路清晰,条理分明,从他到敦煌开始,分阶段为我们讲述他的经历、他的苦闷、他的彷徨、他的爱情、他的委屈、他的工作,点点滴滴,滔滔不绝,两个多小时的讲述,中间只停顿了一次,他吃了颗巧克力,说是"加点油"。真是好可爱!再看他为我们的留言:"当年万里苦追求,相伴赴沙州。岩泉坎坷寻梦,危崖千窟游。事未就,鬓已秋,伴要游,此生将了,祝愿莫高,万载千秋。"

这哪是一位 90 岁老人,分明是一位 90 后青年。其实,青春没有年龄的界限,只要心底有朝气、有阳光,就会有熠熠生辉的青春。孙老就是青春"葆",那些坎坷人生,经他娓娓道来,给我们的是一份别致的美丽。

燕园里的真性情

"祖国的需要就是我的志愿。"非常有幸,在北大燕园,我们见到了"改革先锋""敦煌的女儿"樊锦诗先生。说起怎么就去了那个西北,就是这样的一句简单的话。也许,现在的年轻人会说,这不过是豪言壮语,是虚幻的口号;然而,在 20 世纪 60 年代,却是真实的存在。这位 60 年代从燕园走出的天之骄子,就是以这样的信念从首都奔赴西北大漠,把根牢牢地扎在了大漠中的莫高窟。这一去便是一辈子。中间,也有想到条件好一点的大城市去,为了她的爱人,为了她的孩子。可是,最终的权衡,莫高窟的文化"绊住"了她,她的心已经交给了莫高窟,交给了国家的文物保护事业,因为"祖国的需要"。

尽管头上的桂冠是那样的闪亮，她却依然还是那样质朴，对待荣誉是那样淡然，而让她惦念的还是文物的保护与利用。在接受我们访谈时，不仅自己准备了提纲，还为我们准备了《文物保护法》《中国文物古迹保护准则》以及习近平总书记关于文物保护的重要论述等文件，听到有些地方本末倒置，滥用文物，只顾眼前短利，或者是个人政绩，将文物放到影视部门管理，她十分生气，痛斥"这是违法、违规的行为，是与中央背道而驰的决策"。她的率真、她的刚直，让我们肃然起敬。

妈妈的味道

"四大石窟，风景这边独好，不愧秦地林泉冠；六朝艺术，佳作此地最多，堪称东方雕塑馆。"在张锦秀先生的家里，他从一副自制的对联打开了话匣子。张锦秀，因麦积山石窟加固工程，从兰州来到了天水，这一来，也就将家带来了。也因为这个工程，成就了他与麦积山剪不断的浓浓情缘。他在电脑上做了一个提纲，用这副对联开始，将麦积山艺术与保护工程概括下来。老人本就擅长文字工作，他用心细致，分石窟艺术、加固工程、石窟志撰写等方面详述了当年的故事。他是办公室文秘，但不仅仅是文字工作，从工程的各项文字资料的整理、材料采购、会议张罗，都有他的身影，而后，麦积山石窟的艺术研究、保护志的撰写、麦积山石窟文化的弘扬，都与他密切相关。

就在我们现场访谈那天，他还沿着一层一层陡峭的栈道，一步一步地爬上去，一个一个窟龛地察看，因为有好多年没有来了，他要好好地看一遍。麦积山是他的骄傲。

张先生的夫人杜秀英阿姨一直在厨房里忙碌，要亲自做拉面招待我们。真情难拒，客随主便，访谈结束，几个别致的小菜、一碗精致的拉面就上桌了。然后加上醋和辣椒，又是另一番风味，既有品相又有味道。果然是妈妈的味道，为我们的工作平添了家的温暖。

此心安处是吾乡

受敦煌艺术的感染，赵声良院长大学还未毕业就选择了敦煌。毕业一出校门，未及探望日思夜想的爹娘，就背起行囊直接踏上了去敦煌的火车，唯恐意志不够坚定，一旦先回家经不起家人的劝说而改了主意。喝着大泉河里的碱水，咽着南方人不太喜欢的面食。这算得了什么？天天能够享受世界顶级的艺术，与它们对话，了解它们、研究它们、守护它们、传播它们，能不安心、能不快乐吗？！温文尔雅的赵院长说起他与敦煌，尽管身在此处，依然一往情深。谈起未来的愿景，虽然执掌院长的时间还不长，已然成竹在胸。因为改革开放，才有了敦煌学的振兴和发展，才有了敦煌影响力。经过几代人的努力，敦煌研究院已经建立起了一套完整的保护、研究、弘扬三位一体的质量管理体系，"我们要把敦煌艺术对于整个社会、对于全人类的价值发扬光大"。我们的道路是正确的，要坚持这样的方针走下去，继续改革创新，引领敦煌的未来；坚持开放包容，成就世界的敦煌。

悲之恸之，最雄老师

6月27日上午9点，我们在大雨中走进了李最雄老师家，首先见到的是他的夫人鲁芸老师。虽然是第一次见面，但她是《中国文物报》的作者，我们早在文字上就相识了，也就没有陌生感。

在小伙伴们准备灯光时，我和李老师进行了交流，他正在写回忆录，我从他的电脑里拷了一点相关的资料。李老师是我国文化遗产领域第一位文物保护博士,曾在很多场合见过面,而这样面对面的交流并不多。听他再讲述 PS 的研发,以及他在敦煌段文杰先生的支持下开展的各项工作。他是莫高窟的一面旗帜,他的努力、他的学术追求,为后来的年轻人树立了好榜样。而这面旗帜的竖立与具有远见卓识的段文杰先生戚戚相关,是段先生将日本的教授请到了敦煌莫高窟,为他举行了隆重的博士学位颁发典礼。这样的场面有多振奋!这不仅是李老师的荣誉,更激励了研究院的年轻人,当场就有人表示也要攻读博士,要多做保护研究。事实的确如此。在李老师的带动效应下,敦煌一批博士成长起来了,一支强有力的保护队伍逐步建设起来了……相对于李老师丰富多彩的人生,两个多小时的访谈,实在太短,除了工作与研究,家庭、生活一点都不曾涉及。我们与他合影,留下了愉快的瞬间。

　　中午,雨还很大,李老师夫妇依然坚持请我们午餐,原本要婉拒的,知道他腿脚不是太好,又下雨,不忍心,却也无法拂了老师的美意,还是共进了午餐。就在小区边上的一家餐馆,吃手抓羊肉,喝他女儿从法国带回的红酒,真的好开心。我们惬意地享受着,借老师的酒,敬老师和鲁芸阿姨健康长寿。饭桌上,鲁芸阿姨翻阅我们的纪念册。看到孙儒僩老师写的诗,李老师让鲁芸老师也赋诗一首。那兰州特色小吃油香,轻轻咬一口,酥酥的,从嘴里一直香到心里,我们都很喜欢,却吃不动了,最后申请打包。真是吃了还要兜。没承想,这竟是我们最后的聚餐,分手那一握竟成了永别。

　　大概那天李老师说话太多,有点累,没有按惯例在现场给我们题字。6 月 28 日,李老师便将他题的字通过微信发我了,说要扫描后发到我邮箱里。因一心想着要原件,我便先回说了"不急",也就没及时将邮箱告诉老师。

7月2日10点许，接到王金华教授打来的电话，上来就说告诉你一个不好的消息。呼吸停了一下。怎么个不好法，是不是我们的工作受到阻碍，有变故？已然不是容易激动的年龄了，想着不管怎样，来了问题坦然接受就是，便平静地对他讲，你说吧。而下来的话却如晴空霹雳："李最雄老师走了！"电话里，半天无话。说什么呢？！就在6月26日，仅仅几天前的一个上午，我们还在他温馨的家里，和他聊着敦煌保护的发展、保护队伍的建设、数字化的建设。他虽然退休了，还在带着敦煌年轻人做研究，还在计划着新的课题。因为知道我也退休了，还邀请我加入他们的团队。惊悉噩耗，夫复何言！

　　再读他提供的材料，一位孜孜不倦、沉溺于文物保护技术研究的学者，一位不满足于现有成果，不断从问题出发，提出新课题、新目标，不断挑战学术高地、挑战保护高地的智者，一位提携后辈、关爱人才的长者，跃然纸上。

　　翻看手机里几天前拍的照片，怎么也不能相信，好好的李老师，前几天还和我们谈笑风生，怎么就这样急急地走啦，不和我们打个招呼，哪怕有一个暗示也好。我们的稿件还没成型，还没有请您审核呢，您怎么就这般撒手了呢？

　　再往前数大概是2010年，也是7月仲夏时节，在新疆交河故城，我和科技日报社游雪晴女士到了李老师的修复工地。在吐鲁番烤得鸡蛋熟的烈日下，李老师头戴一顶草帽，带我们缓缓穿行在交河故城的残垣断壁间，告诉我们哪里加固过，加固过程要注意什么，并将手里的矿泉水倒在上面，让我们看效果。前几天，我们聊天时，老师再一次强调，再好的保护材料也不是万能的，一定要有前期适用性研究，他的PS材料只适用于半干旱、干旱地区土遗址的加固，且工艺也会因时因地而有所不同。这些情景，历历在目，怎能相信如此匆匆阴阳两隔呢？然而，事实就是这样的残酷！悲恸、难过之后，只有捋清思路，抓紧时间工作，将遗憾降到最低，早日完成好任务，以告慰逝者英灵。

想起段文杰先生赠给李老师的话：人海阔，无日不风波。痛定思痛，拟就一副挽联："穷究一生致力保护，提携后学精炼队伍，树立敦煌旗帜功不可没；从此脱离纷纭人海，抛却功名除去利禄，驾鹤西去天国尽享安宁。"谨以此沉痛悼念李最雄老师，并对李老师的风范致以崇高敬意！

最后，愿以此文，向过去70年以及现在仍然致力于中国石窟保护、研究、工作的人们致敬并表示感谢！本书能够如期出版，要特别感谢敦煌研究院、大足石刻研究院等单位及专家、学者们的大力支持，以及参与协助视频访谈的各位家属、亲人，感谢上海古籍出版社的大力支持，也感谢团队成员的奉献。

因为时间紧迫，加上能力有限，虽然成书，定有很多需要改进完善的地方，竭诚祈望广大读者，特别是文物保护工作者，予以批评指正，提出宝贵意见。

图书在版编目(CIP)数据

守护石窟：石窟人诉说石窟保护的奉献与情怀/王金华，郭桂香编著. —上海：上海古籍出版社，2019.11
ISBN 978-7-5325-9383-5

Ⅰ.①守… Ⅱ.①王…②郭… Ⅲ.①石窟-文物保护-概况-中国 Ⅳ.①K879.29

中国版本图书馆CIP数据核字(2019)第232002号

守护石窟

石窟人诉说石窟保护的奉献与情怀

王金华　郭桂香　编著

上海古籍出版社出版发行

（上海瑞金二路272号　邮政编码200020）

(1) 网址：www.guji.com.cn
(2) E-mail：guji1@guji.com.cn
(3) 易文网网址：www.ewen.co

苏州市越洋印刷有限公司印刷

开本890×1240　1/16　印张15.875　插页8　字数381,000
2019年11月第1版　2019年11月第1次印刷
ISBN 978-7-5325-9383-5
K·2722　定价：98.00元

如有质量问题，请与承印公司联系